人身保险实务

（第二版）

RENSHEN BAOXIAN SHIWU

主　编　黄　素　王　蓓
副主编　李一鸣　李　丽

中国金融出版社

责任编辑：张菊香
责任校对：刘　明
责任印制：丁淮宾

图书在版编目（CIP）数据

人身保险实务/黄素，王蓓主编．—2版．—北京：中国金融出版社，2018.12
金融保险丛书·高等院校实务教程
ISBN 978-7-5049-9834-7

Ⅰ.①人…　Ⅱ.①黄…②王…　Ⅲ.①人身保险—高等学校—教材
Ⅳ.①F840.62

中国版本图书馆CIP数据核字（2018）第245353号

人身保险实务（第二版）
RENSHEN BAOXIAN SHIWU（DI-ER BAN）
出版发行　中国金融出版社
社址　北京市丰台区益泽路2号
市场开发部　（010）66024766，63805472，63439533（传真）
网上书店　www.cfph.cn
　　　　　（010）66024766，63372837（传真）
读者服务部　（010）66070833，62568380
邮编　100071
经销　新华书店
印刷　北京七彩京通数码快印有限公司
尺寸　185毫米×260毫米
印张　22.5
字数　506千
版次　2013年2月第1版　2018年12月第2版
印次　2025年1月第5次印刷
定价　79.00元
ISBN 978-7-5049-9834-7

编辑部邮箱：jiaocaiyibu@126.com

《金融保险丛书·高等院校实务教程》
丛书编委会

总　序

教材是教育与培训的基本工具，也是相应领域科研成果的学术积淀与系统反映，任何一个学科领域的成长与发展都离不开教材建设的推动。对于金融保险这样一个急需大力发展的专业领域而言，高质量系列教材的编著工作显得尤其重要。与中国金融保险行业同步互动的金融保险类专业高等院校教材建设，经过多年的发展，已经走过了对国外资料的翻译、介绍、消化和吸收的阶段，开始步入序列化、系统化发展时期，基础理论、应用理论和操作技能层次清晰。为此，全国各高等院校和出版机构都积极探索具有中国特色的金融保险类专业教材建设之路，并已经出现了一批高水平的教材建设成果。

有鉴于此，具有近三十年开办金融保险类专业的历史经验和师资、规模优势的保险职业学院（其前身为中国保险管理干部学院），根据教育部关于高等教育“专业课程等依据教学大纲组织自编教材”的精神，结合学院多年教学改革成果，组织编写了这套“金融保险丛书·高等院校实务教程”系列教材。本套教材针对高等院校尤其是高职高专金融保险类专业，以及金融保险系统员工培训的知识结构与素质要求，注意把握金融保险类专业的教学需要，努力做到金融保险理论与我国金融保险行业的具体特征相结合，并以知识性和实用性为基本导向，在重点、扼要、完整论述基本理论知识的同时，增加图、表、典型案例、补充阅读资料等内容的比例，设置课堂讨论题、自测题、实训题和复习思考题，以强化理论与实际的结合、学习知识与开发智力的结合、动脑思考与动手操作的结合，这是本系列教材所具有的鲜明特性。

目前，中国的金融保险高等教育教材，特别是高职高专与企业员工培训教材的建设还处于不断完善的进程中。本套教材的出版也只是这一进程中难以计数的群体努力之一，希望能有越来越多的类似成果源源不断地涌现，推动中国金融保险教育与科研工作进入一个新的阶段。

丛书编委会
二〇一二年一月

前　言

保险行业是21世纪的朝阳产业，保持着高速发展。2017年，人身保险全行业共实现原保险保费收入26746亿元，是财产保险的2.51倍，保费规模仅次于美国和日本，位列世界第三。与此同时，行业整体防范、化解风险，服务经济社会发展的能力增强，2017年，人身保险累计原保险赔付支出达6093亿元，行业社会影响力持续扩大。目前，我国保险市场已驱成熟，经营主体逐年增加，截至2017年底，人身保险市场主体已达86家，其中包括8家专业养老险公司和6家专业健康险公司，基本形成了国有控股（集团）公司、股份制公司、专业险公司、外资保险公司等多种组织形式及多种所有制成分并存、竞争与发展共存的市场格局。当前，我国经济发展正从高速增长阶段转向高质量发展阶段，老龄化进程进一步加速，对人身保险行业服务经济社会发展的能力提出了更高的要求。近年来出台的一系列金融扩大开放专项政策，保险市场大幅放宽外资准入限制及外资股比，也将推动我国人身保险行业进入新的发展快车道。

《人身保险实务》教材自2013年出版以来，得到了广泛认可。本此修订顺应市场需求和高等职业教育发展，结合近几年来国内外保险业发展实际，针对高职高专金融类专业的教学特点和需要，采用项目式编写，以项目任务为主线，以寿险公司业务流程和相关工作岗位任务要求为依据，以教师为引导、学生为主体，将人身保险理论知识有机地融于工作过程中，突出教材的应用性和操作性。强调“教、学、做、练一体化”的设计理念，案例丰富、突出实用、操作性强。本书可作为各大中专院校人身保险课程教材，也可以作为保险从业人员的培训教材或业务工具书。

本书共9个项目，即初识人身保险、人身保险合同、人寿保险产品、人身意外伤害保险产品、健康保险产品、人身保险营销渠道、人身保险理财规划、人身保险核保与承保及人身保险客户服务。本书由黄素、王蓓担任主编，李一鸣、李丽担任副主编，田建湘、刘桂梅和马丽华参编。各位编写人员都是从事保险专业教学与行业培训教育多年的专任教师，具有扎实的理论功底和较丰富的实践经验。本书在内容选取、素材收集以及整体编写上，有幸得到新华人寿海南分公司副总经理谭邦永、恒大人寿保险有限公司产品精算中心副总经理林晓亮等业内专家的全程参与和指导帮助，特别表示感谢！

本书在编审与出版过程中，得到了中国金融出版社王效端主任和张菊香编辑的鼎力相助。此外，我们还参考了不少专家学者的论文著作、各保险公司的实务资料、众多网络资讯等，谨在此一并表示诚挚的谢意！

因编写人员水平所限，疏漏与错误在所难免，恳请各位专家和读者予以批评指正。

编者

2018 年 12 月于长沙

金融保险丛书
高等院校实务教程

目　录

项目一

初识人身保险

【知识目标】

□ 掌握人身保险的概念，熟悉人身保险的类别
□ 掌握人身保险的特征，辨析人身保险与财产保险的区别
□ 熟悉人身保险的功能，理解其与储蓄、社会保险的关系
□ 了解人身保险的发展历程，熟悉我国人身保险的现状

【能力目标】

□ 能运用合理的方法确定人身保险的保险金额
□ 能向客户解释现金价值及寿险储蓄性的含义
□ 能说明人身保险对企业和家庭的意义
□ 能说明人身保险对社会保险的补充作用

【引导案例】

空难后保险理赔受关注　有无投保悬殊460万元之多

“8·24”伊春空难发生后，黑龙江保险业立即启动应急预案，积极做好遇难者和幸存者投保情况排查和理赔服务工作。截至8月30日下午16时，经确认，遇难者中有35人在20家保险公司投保，预计赔付2551.93万元，已经赔付1659.37万元；幸存者中有38人在20家保险公司投保，预计赔付1706.71万元。

有业内人士大致算了一笔账，如果遇难者没有任何保险，那么只能得到航空公司的企业赔付，此赔付额一般是40万元，这次赔付较高达96万元；如果遇难者在机场投保了航空意外保险，就能得到96万元+40万元=136万元赔偿；如果遇难者平时投保了一般意外保险，又在机场投保了航空意外保险，可能得到96万元+40万元+40万元=176万元赔偿；如果遇难者平时投保了终身寿险和附加了意外医疗险、意外伤害险，又在机

场投保了航空意外保险，那么赔偿还会更高。在这次空难中，单笔最大保险赔额达460万元，就是因为投保者投的是较全面的综合性保险。

资料来源：http：//u. vobao. com/634317813199/art/668076169459. shtml。

在人们的生活当中，存在着许多风险，尤其是意外伤亡、生老病死等人身风险，每个人都不得不面对。当这些风险发生在自己和家人身上的时候，将会对人们的生命安全、身体健康和经济生活造成无法挽回的损失与情感负担。因此，人们可以通过投保人身保险来转嫁这些风险，以保障自身和家人的生活安定。

模块一　了解人身保险

任务一　认识人身保险

【任务情景】

案例1：王某为自己新购进的一辆东风雪铁龙汽车投保了车辆损失险，当车辆遭受合同约定的碰撞（包括车碰和货碰）和非碰撞（包括自然灾害及意外事故）造成保险车辆的损失，以及合理的施救、保护费用，由保险人负责赔偿。

案例2：某化工机械厂投保了雇主责任险，当其雇员从事与职业有关的工作遭意外而致伤、残、死亡时，应由化工机械厂承担的赔偿责任，由保险人负责赔偿；此外还包括：雇员患职业病而致残、死亡的赔偿责任，化工机械厂应承担的医药费，应支出的法律费用等。

案例3：李女士投保重大疾病保险，保险人承担如下赔偿责任：若李女士一年内初患重大疾病或因疾病身故，按所交保费给付保险金；若李女士一年后初患重大疾病或因疾病身故，按保额给付保险金；若李女士因意外伤害身故，按保额给付保险金。

请分析判断，在以上三个案例中哪个属于人身保险？依据是什么？

【基础知识】

一、人身保险的定义

人身保险是指以人的生命或身体作为保险标的，当被保险人在保险期限内发生死亡、伤残或疾病等保险事故，或生存至规定时点时，由保险人给付被保险人或其受益人保险金的保险。

人身保险的保险标的是被保险人的生命或身体。人的生命以生存或死亡两种状态存在，针对生存或死亡风险，寿险公司设计出了定期死亡保险、终身死亡保险、定期生存保险、年金保险、生死两全保险等险种。当以人的身体为保险标的时，主要是以人身的健康、生理机能、劳动能力等状态作为保险对象，为此寿险公司设计出了疾病保险、意外伤害保险等险种，为人们提供经济生活保障。

可见，人身保险的保险责任包括生、老、病、死、伤、残、收入的减少等各个方面，其对于各类偶然性或纯粹性风险能够提供较为全面的保障，为人们的经济生活提供一定的经济保障。在人身保险合同有效期内，当被保险人遭受人身保险合同范围内的保险事件，从而导致人身保险合同规定的保险责任发生时，由寿险公司按合同约定进行相应的经济给付。

二、人身保险的分类

（一）按保障范围分类

按保障范围分类，人身保险可以分为人寿保险、人身意外伤害保险和健康保险三大类，这是人身保险的基本分类方法。人寿保险是以人的寿命为保险标的，以被保险人在保险期间内死亡或生存为保险事故的人身保险。人身意外伤害保险是以被保险人的身体为保险标的，保险人对被保险人因遭受意外伤害事故造成的死亡或伤残，给付保险金。健康保险是指以被保险人的身体为保险标的，当发生疾病或意外事故时，保险人对由此导致的医疗费用或损失予以补偿的人身保险。

（二）按投保方式分类

按投保方式分类，人身保险可以分为个人保险和团体人身保险两大类。个人保险是以个人或家庭为保险对象的保险，是为了满足个人或家庭需要而设计的，一张保险单只为一个人或一个家庭的成员提供保险保障。团体人身保险是向一个团体的成员提供人身保险，是以一张总的保险单为一个团体单位的所有成员或其中的大多数成员（一般要求至少为总人数的75%）提供保障的保险。

（三）按需求效用分类

按需求效用来分类，人身保险可以分为保障型、储蓄型和投资型险种三大类。保障型险种是指以提供保障为主要功能的人身保险险种，如传统的定期寿险、意外伤害保险、短期健康保险等。储蓄型险种是指体现保险储蓄功能的人身保险险种，如年金保险、子女教育婚嫁金保险、两全保险、终身寿险等。投资型险种有时又称为新型险种，是指除提供保障功能外，还为人们提供投资功能，让购买者能从中获得投资收益，主要有分红险、投资连结险与万能险几类。

（四）按实施方式分类

按实施方式分类，人身保险可以分为强制保险和自愿保险两大类。强制保险也称法定保险，是根据法律规定开办的保险业务。自愿保险是保险双方当事人在公平自愿的基础上，通过订立保险合同自愿缔结保险关系的一种保险，保险人可以选择被保险人，投保人有自由选择保险人和退保的权利。目前，绝大部分人身保险都是自愿保险。

（五）按保险期限分类

按保险期限分类，人身保险可以分为长期险种、1 年期险种和短期险种三大类。长期险种是保险期限超过 1 年的人身保险业务。人寿保险、年金保险一般属于长期险种，健康保险也可以是长期险种。1 年期险种是保险期限为 1 年的人身保险业务，主要是人身意外伤害保险，健康保险也可以是1年期险种。短期险种是保险期限不足1年的人身保险业务，如旅游人身意外伤害保险、旅客人身意外伤害保险、公共场所游客人身意外伤害保险。

此外，还有其他分类方法，如按被保险人是否参加体检分类，人身保险可以分为验体保险和免验体保险；按保险标的风险程度分类，可以分为标准体保险和次健体保险（或弱体保险）；按被保险人年龄，可以分为成年人保险和少儿保险；按合同的主次，可以分为主险和附加险等。

三、人身保险的特征

（一）保险标的的不可估价性

财产保险是以财产及其相关利益为保险标的的保险，保险标的具有估价性，可以用货币衡量。人身保险是以人的身体或生命为保险标的，而人的身体或生命是很难用货币衡量或估价的。当人们不幸丧生、遭遇意外或身患疾病，其给被保险人本人及其家人带来的精神伤害和经济损失难以用货币衡量。可以说，正是因为人身保险保险标的的特殊性，决定了人身保险与财产保险的本质区别。

虽然人身保险的保险标的具有不可估价性，但人身保险的契约性决定了保险人在承保时，必须对人的生命价值即保险金额加以确定。常用的方法有生命价值法、收入置换法和需要法三种。

1. 生命价值法。美国人寿保险大师休伯纳（S. S Huebner）于1942年提出了人的生命价值理论，用以分析个人所面临的基本经济风险。按照休伯纳的解释，人们挣的钱要比维持自身生活所需的费用多，因此，他们对受抚养者来说具有货币价值，人的生命价值就是一个人扣除自己生活费用后的将来净收入的资本化价值。其简单的方法就是：首先估计某人工作预期寿命期间的年平均收入；其次从其年平均收入中扣除税收、保险费和本人的生活费用，其余金额可供受抚养人使用；最后确定该人离退休年龄的年数，并使用一个合理的贴现率求家庭在上述时期内所分享收入的现值，即得出其生命价值。

2. 收入置换法。收入置换法类似于生命价值法，是根据一个人的家庭需求、收入等来确定其保险金额，并同时考虑社会保险和通货膨胀等相关因素。保险金额通常用其家庭年收入的倍数来表示。在寿险经营实践中，许多人寿保险公司根据这种方法，编制了各种年龄和收入阶段的人所需的人身保险金额（见表1－1）。

表1－1　合理的保险金额与年龄、年收入之间的关系

年龄（岁）	最高保险金额（人寿保险加意外伤害保险）
16～30	14倍年收入
31～35	13倍年收入
36～40	12倍年收入
41～45	10倍年收入
46～49	9倍年收入
50～52	8倍年收入
53～56	6倍年收入
57～60	4倍年收入

资料来源：张洪涛，庄作瑾．人身保险［M］．北京：中国人民大学出版社，2002.

3. 需要法。需要法是根据假设被保险人死亡后其家庭的各种需要来确定保险金额的一种方法，这种方法既简单又实用。家庭需要一般包括子女的生活抚养费用和教育费用、偿还家庭债务、家庭成员的医疗费和丧葬费等项目，以此来确定某人所需的人身保险金额。

虽然确定人身保险金额的理论很多，但是在现实生活中，人身保险金额主要是根据投保人的保险需求和交纳保险费的能力来确定的。

（二）保险金额的定额给付性

由于人身保险的保险金额确定的特殊性，除健康保险中的医疗保险外，人身保险合同一般是定额给付性合同。由于人的生命和身体是无价的，因此不存在重复投保、超额投保（少儿保险除外）、共同保险、不足额保险等情况或问题，只要被保险人发生了保险事故，保险人就必须按约定金额进行给付。比如，某人投保了一份普通人寿保险合同，保额 50 万元，某日出差，公司为其投保意外险 20 万元，上飞机时又购买了航空意外险 20 万元。假若该飞机出事导致其死亡，则他可从寿险公司获得总计 90 万元的给付。因此人身保险是给付性质的业务，这是人身保险与财产保险的关键差别所在。

（三）保险期限的长期性

财产保险的期限比较短，一般为 1 年，也可以是一个航程或一项工程的工期。但在人身保险中，投保人主要是为了在自己过早死亡后，为家庭提供经济保障，或为自己年老后提供经济保障，这种保障的需求是长期的，因此，人身保险主要以长期性合同为主。除健康险合同和意外险合同外，一般的人寿保险合同均在三五年以上。在西方成熟的保险市场中，90% 以上的人寿保险业务都是超过 1 年期的长期险，所以国外通常把人寿保险称为长期性保险。在长达数年甚至几十年的保险期限中，往往会发生很多以前无法预料的情况而导致保险合同各个要素的相关情况发生变动，如利率的上调或下降，通货膨胀或通货紧缩的发生，投资收益发生变化，出现了新的疾病等，这样就给人身保险合同的双方当事人提出了挑战，坚持人身保险合同签订时认定的承诺就显得非常重要，从而也凸显出最大诚信原则在人身保险合同签订和履行中的重要地位。为满足长时期内合同适应相关要素可能发生的变化，在人身保险合同中往往规定保险单所有人享有增减保险金额、保单贷款、恢复失效保单的效力等权利。

（四）费率机制的特殊性

人身保险中保险费率计算的三要素是：预定死亡率、预定利率和预定费用率，其中死亡率是计算各年龄的被保险人应交纯保费的主要依据。根据生命表所示，人的死亡率除幼年外，通常是随着人的年龄增大而不断增高的，尤其是 40 岁以后。如果按照自然保费，也就是根据被保险人在各年龄的死亡率计算出的逐年更新的死亡危险保费，则对于年龄大的被保险人来说，在其老年应负担的自然保费将不断增加且数额巨大，这样就出现了一个矛盾，即当被保险人年轻能赚钱时却只需交纳很少的自然保费，而当其年老丧失了工作能力并且急需保障时却要交纳数额很大的自然保费，这就会导致一些年龄较大的被保险人因为保费负担不断加重丧失投保能力而失去保障，这也不利于寿险公司的持续稳定经营。

为了解决上述矛盾，人身保险中尤其是人寿保险实务中多采用均衡保费。所谓均衡保费是指投保人在保险交费期间的每一年所交纳的保费都是一样的，即相对于自然保费来说，在年轻时多交纳一点，在年老时少交纳一点，将年轻时多交纳的保费用来弥补年老时少交纳的保费，从而实现在不同的生命周期中进行保费再分配，减轻年龄较大时的保费负担，减少老年被保险人因为无法承担高额保费而丧失投保的概率。自然保费和均衡保费的关系如图1－1所示，两者的比较如表1－2所示。

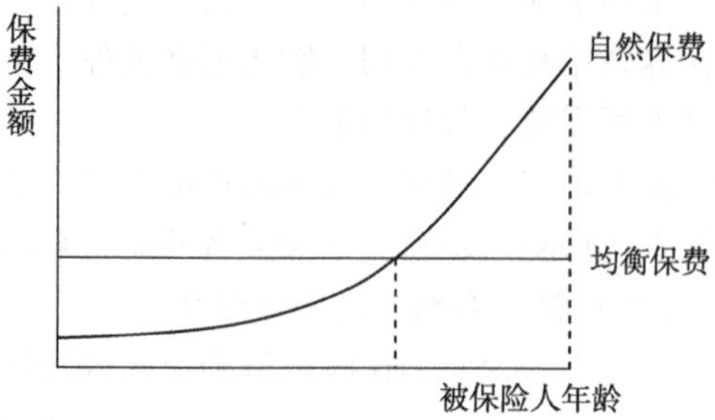

图1－1　自然保费与均衡保费示意图

表1－2　自然保费与均衡保费的比较

年龄（岁）	死亡率（‰）	自然保费（元）	均衡保费（元）
35	2.51	2.44	16.29
40	3.53	3.43	16.29
45	5.35	5.19	16.29
50	8.32	8.08	16.29
55	13.00	12.62	16.29
60	20.34	19.75	16.29
70	49.79	48.33	16.29
80	109.98	106.77	16.29
90	228.14	221.49	16.29

资料来源：魏华林等．保险学［M］．北京：高等教育出版社，1999.

这样，当均衡保费高于自然保费时，其多出部分相当于被保险人储蓄在保险公司的用于未来交纳自然保费的准备基金，这一部分准备基金的所有权在发生保险事故前是属于保单所有人的，保险公司只拥有使用权，因此，保险公司应该在保险合同后面附上每年度该保单所拥有的这部分基金的现值，这部分现值又称为现金价值。当保单所有人发生经济困难时可以将保单进行抵押以获得部分现金价值来应对，也可通过退保来获取，这也充分体现了人身保险的储蓄性和作为有价证券的特征。

（五）保险合同的储蓄性

人身保险在为被保险人面临的风险提供保障的同时，兼有储蓄性的特点。这是由于人身保险费率采用的是均衡费率，在保险合同的前期，保险人每年收取的保险费超过其当时需要承担的义务。这个超过的部分就是投保人提前交给保险人用于履行未来义务的资金，这部分资金由保险人投资并产生利息。投保人多交的保费连同产生的利息，每年滚存积累起来，形成了保单的现金价值，相当于投保人在保险合同中的一种储蓄。

正因为大多数人身保险包含储蓄功能，保单所有人享有财产保险所没有的储蓄权利，例如保单质押贷款、退保、选择保险金给付方式等权利。

【延伸阅读】

现金价值表

太平洋寿险公司太平盛世·长安定期寿险A款3年末现金价值表（男表）（摘要）

单位：元/份

投保年龄	趸交								年交							
	10年期	15年期	20年期	30年期	保至55周岁	保至60周岁	保至65周岁	保至70周岁	10年期	15年期	20年期	30年期	保至55周岁	保至60周岁	保至65周岁	保至70周岁
18	59	91	125	222	322	414	525	654	0	0	0	0	0	0	0	0
19	58	91	129	234	326	423	539	674	0	0	0	0	0	0	0	0
20	57	92	133	249	330	431	553	694	0	0	0	0	0	0	0	0
…	…	…	…	…	…	…	…	…	…	…	…	…	…	…	…	…
56	941							1572	27							50
57	1029							1535	29							49
58	1125							1486	32							47
59	1228							1422	35							43
60	1340							1340	38							38

注：该表为保单正常交费且有效的情况下经过3足年的现金价值。

（六）保费核算的科学性

在人身保险中，不同年龄被保险人的死亡率不同，这种风险的特殊性，形成了保险费计算和责任准备金确定上的一整套科学完备的体系，被人们称为寿险精算。作为人身保险重要部分的人寿保险业务，需要根据被保险人签订合同时的年龄、经济状况、健康情况、投保期限和保证利率等多种因素，经过经验测算，以及数学、统计学方法的应用，以生命表为依据来确定保险费和责任准备金，这种确定方法由于有着科学的计算过程和可靠的统计资料，因而预测的准确性很高。

活动一 如何确定人身保险合同的保险金额

【活动内容】

每3~5个同学为一组，分组讨论以下内容：

（1）宋先生是某公司经理，现年35岁，年收入15万元，消费支出是6万元，他打算65岁时退休。假设贴现率为4%，请采用生命价值法来估算宋先生需要购买的人寿保险保额。

（2）小青的父亲今年43周岁，是一名出租车司机，年收入约6万元。试用收入置换法来估算小青父亲需要购买的人寿保险保额。

活动二　认识生命表

【活动内容】

每3～5个同学为一组，分组练习以下内容：

根据某寿险公司关于某地区的一张生命表（摘录，如下表）解答下列各题：

（1）某人今年50岁，他当年去世的概率为多少？他活到80岁去世的概率为多少？

（2）如果有20000个50岁的人参加人寿保险，当年死亡的被保险人人均身故保险金为10万元，预计该年保险公司需支付身故保险金的总额为多少？

年龄（岁）	活到该年龄的人数（人）	该年龄的死亡人数（人）
40	80500	892
50	78009	951
60	69891	1200
70	45502	2119
80	16078	2001

【延伸阅读】

寿险公司与生命表

通常说的普通生命表和国民生命表是以一国（或地区）全体人口为对象编制的生命表。经验生命表，指以加入人寿保险的被保险人为对象，根据这些特殊人口集团的死亡记录（经验）所编制的生命表，它是寿险公司按照投保人的实际死亡统计资料编制而成，反映的是投保于该公司的被保险人的死亡规律。在经验生命表中反映的死亡概率要小一些，由此而得到的平均寿命也要长一些。寿险公司真正需要的是根据寿险业务统计为基础的经验死亡率，即经验生命表。它是计算寿险费率和责任准备金的依据，是人寿保险经营中的损益风险测算的工具，它使人寿保险精算建立在科学的基础上，在人寿保险经营中起重要作用。

1995年7月，我国顺利完成了“中国人寿保险经验生命表（1990—1993）”的技术编制工作，根据《中国人民银行关于统一使用“中国人寿保险经验生命表（1990—1993）”的通知》规定，从1997年4月1日起中国境内开发的所有人寿保险险种，都必须以该表作为保单定价、计算退保金和准备金的依据。中国经验生命表的诞生，结束了寿险企业借用日本生命表的历史，也标志着我国精算实践向前迈出了重要的一步。

由于20世纪90年代出台的生命表已经不能适应形势发展的变化，我国国民人均寿命有了明显提高，人民寿命的真实状态在旧生命表中无法得到更加科学、真实的反映，原中国保监会自2003年起便着手制定新的生命表。此次编制的新生命表以1996—2003年中国人寿、太平洋人寿、平安人寿、新华人寿、泰康人寿和友邦6家保险公司所拥有的客户为基础，观察实际签发保单的、实际的死亡信息，集聚1亿多条数据，更加科学地反映了现阶段我国寿险保民寿命的真实状态。同时，由于核保环节的增加和信息技术水平的提高，也使得这次统计的数据准确率得到了可靠的保障。新生命表修订完成后已于2006年1月1日起正式启用。

自2006年近十余年来，中国人口死亡率已经发生了明显的变化，预期寿命显著提高；此外，保险产品类型日益多元，原有的养老和非养老两张表也难以满足产品精细化定价的需要，因此要求对于生命表进行重新编制。2014年我国第三套生命表的编制工作启动，共收集3.4亿张保单、185万条赔案数据，覆盖了1.8亿人口。经历了数据收集、数据校验和清洗、生命表编制以及审议评审四个阶段，我国第三套生命表于2017年1月1日正式启用。相较于第二套生命表，第三套生命表被保险人群的死亡率得到明显改善，其中男性和女性寿命分别为79.5岁和84.6岁，较第二套生命表数据分别提高2.8岁和3.7岁。

任务二　感受人身保险的功能

【任务情景】

保险代理人小陈在展业时，客户唐女士对于购买人身保险究竟能起什么作用提出了质疑。小陈必须阐明人身保险的功能，以争取唐女士的认同。

大多数客户对于人身保险的功能缺乏清晰的认识，这也是导致人们不认同保险或投保时犹豫不决的重要原因。那么，人身保险到底能为客户带来怎样的功用呢？

【基础知识】

一、人身保险的功能

（一）人身保险的保障功能

人身保险的保障功能是由人身保险的本质和内容所决定的。人身保险以人的生命或身体作为保险标的，当被保险人在保险期限内发生死亡、伤残或疾病等保险事故，或生存至规定时点时由保险人给付被保险人或其受益人保险金。生活中人们必然面临生、老、病、死、伤、残、收入减少等各种人身风险，为避免可能出现的人身风险而造成经济困难，人们通过投保相应的人身保险产品将这些风险转嫁给保险公司，这是一种未雨绸缪的准备。当发生合同约定的保险事故时，保险公司给付的保险金为人们的生活提供了保障资金。所以人身保险最本质的功能就是保险保障功能。

（二）人身保险的资金融通功能

首先，从保险公司的角度看，经营人身保险业务具有资金融通功能。寿险公司通过资金的积聚、流通和分配来实现资金融通功能，具体来说就是保险费等资金的集聚、保险资金的投资运营，以及保险资金及收益的分配。由于保险资金具有规模大、期限长的特点，充分发挥保险资金的融通功能，一方面可以积聚大量社会资金，增加居民储蓄转化为投资的渠道，分散居民储蓄过于集中在银行所形成的金融风险；另一方面可以为资本市场的发展提供长期的、稳定的资金支持，实现保险市场与货币市场、资本市场的有机结合和协调发展。正是由于保险具有资金融通功能，进而具备了金融属性，因此保险业便与银行业、证券业一起成为金融业的三大支柱。保险资金融通功能发挥的空间非常广阔，保险业已在金融市场中占据非常重要的地位，是资产管理和股市的重要参与者，持有很大比例的上市公司股票，市值很高。

目前，我国保险资金运用主要采取两种模式，一种是保险公司内设投资部，负责保险资金的投资运营，另一种是通过保险资产管理公司来实现保险资金的投资运营。保险资产管理公司一般由保险公司或保险公司的控股股东发起，其主要业务是接受保险公司委托管理保险基金，目标是使保险基金保值、增值。截至2017年，我国已经批准成立的保险资产管理公司共有23家。

其次，从保险客户的角度看，购买人身保险能实现资金的融通功能。长期寿险保单通常具有储蓄性，合同积存有现金价值。当面临资金困难时，投保人还可以以保单进行质押，在现金价值额度内向保险公司贷款，实现资金的融通功能。目前国内销售的分红保险、投资连结保险和万能保险还具有投资功能，投保人在获得保险保障的同时，享有保险公司经营成果的分享权或保险费等资金的收益权，实现了保险保障与资金收益的并举。

（三）人身保险与遗产规划

遗产的传承和分配是我们生活中都会面对的问题。如果没有细致和周到的计划，我们的遗产将会在传承和分配过程中，承受由税务、管理费和遗嘱认证费造成的各种损失。遗产规划不仅仅是立遗嘱这么简单，还包括对个人名下财产和公司财产的划分、确立执行人、保障家庭用度、确保财产保值增值和资产变现等。通常情况下，整个规划应该包括遗嘱、明确受益人的保险产品、信托产品、家庭规划和应急规划等多种产品组合。其中，人身保险作为一种金融产品，受到国家法律的严格保护，是遗产规划的理想工具。

投保人身保险可以获得过早离世的经济补偿，即进行身故风险防范。投保人交纳首期保费、保单生效后，被保险人就可以拥有高额的身故保障，受益人依据合同领取身故保险金是免税的。目前，很多国家都在征收高税率的遗产税，虽然我国尚未立法，但相关政策已在研究之中，预计未来中国富裕人士的子女需要支付高额的遗产税后才能继承遗产。由于保险金是免税的，购买人寿保险、将子女指定为受益人便成为一种合理有效规避遗产税的选择。

【知识链接】

遗产税

遗产税是一个国家或地区对死者留下的遗产征税，国外有时称为“死亡税”。遗产税有助于加强对遗产和赠与财产的调节，防止贫富过分悬殊，开征遗产税已列入我国税制改革的议事日程。遗产税是以被继承人去世后所遗留的财产为征税对象，向遗产的继承人和受遗赠人征收的税。征收遗产税，对于适当调节社会成员的财富分配、增加政府和社会公益事业的财力具有一定的意义。遗产税常和赠与税联系在一起设立和征收。但是，为了吸引投资和资金流入，也有一些国家和地区故意不设立遗产税或者废除遗产税。

下面介绍一下美国遗产税的情况。美国政府的遗产税是个人资产转移税的一部分，也是联邦税中税率最高的一种。政府规定的遗产包括了一个人生前的所有财产：动产、不动产、股票、债券、保险收入、退休金等。但并非全部遗产都要纳税——在扣除了丧葬费、生前债务、慈善捐款、个人豁免额等之后，政府再对余下部分征税。联邦政府对遗产税使用的是累进税率，即应纳税遗产越多，遗产税率越高。此外，个人豁免额和税率也会随着通胀的变化而变化。在奥巴马政府时期，个人豁免达到了549万美元，遗产税的最高税率降至40%。与遗产税密切相关的还有赠与税，这是美国联邦政府于1924年开征的税种。赠与税是联邦政府为防止公民通过生前赠与或以信托方式转移遗产，从而逃避遗产税而设立的，这让富人们不仅无法在死后把全部遗产留给后代，就连活着的时候主动转让财产，也要付出相应的代价。按照赠与税的规定，除了将一定量的财产赠与配偶、政治组织或慈善机构，或为某人支付教育和医疗费用无须纳税外，其他超过豁免额的财产赠与都需要纳税。2017年12月6日，备受瞩目的特朗普税改方案以51票赞成、49票反对的微弱优势获得了美国参议院的通过，在此税改方案中，遗产税被取消。这一举措，也对全球遗产税产生深远影响。

自20世纪90年代以来，我国财政部会同国家税务总局等部门一直在认真研究相关问题，收集、梳理了部分国家和地区遗产税的通行做法，并积极关注相关国家税制发展趋势。从研究情况看，遗产税具有以下三个特点：一是征税范围复杂。遗产形态多种多样，既包括房地产等不动产，也包括银行存款、现金、股票、证券、古玩、字画、珠宝等动产，还包括知识产权等无形资产，开征遗产税需要全面、准确掌握居民财产信息，以及遗赠、继承等具体情况。二是征管程序复杂。遗产税需要对各类财产进行合理估价，需要大量专业人员从事相关估价工作，征管中极易产生争议，争议解决程序通常也较为复杂。三是征管配套条件要求高。开征遗产税还需要具备相应的征管条件，如不同政府部门的紧密配合、对拒不交税的纳税人在法律中做出税收保全和强制措施制度安排等。下一步，财政部将继续跟踪国际上遗产税的发展趋势，进一步研究遗产税有关问题。应该说，国内近期开征遗产税的可能性比较小。

【模块加油站】

一、单选题

1. 人身保险是以（　　）为保险标的，在被保险人在保险期限内发生保险事故或生存至保险期满时给付保险金的保险业务。

A. 生存或身体　　B. 生存或死亡　　C. 生命或身体　　D. 健康或疾病

2. 以下关于人寿保险保费陈述不正确的是（　　）。

A. 均衡保费将死亡风险所造成的损失均匀地分摊于整个保险期间

B. 采用均衡保费制计算保费可以减轻投保人晚年的费用负担

C. 均衡保费可以反映被保险人当年的死亡率

D. 人寿保险早期的均衡费率高于自然费率，而后的自然费率高于均衡费率

3. 我国第一张自己编制的生命表1995年完成，于1997年开始使用，名称是(　　)。

A.《中国人寿保险业生命表（1993—1995)》

B.《中国人寿保险业经验生命表（1990—1993)》

C.《中国人寿保险业经验生命表（1993—1995)》

D.《中国人寿保险业生命表（1990—1993)》

二、多选题

1. 在保险实务中，人身保险金额的确定无客观依据，通常采用约定的方式确定。其考虑的主要因素有（　　）。

A. 保险人的承保能力　　B. 投保人的交费能力

C. 被保险人的保险需求　　D. 代理人的协调能力

2. 按需求效用来分类，人身保险可分为（　　）。

A. 保障型　　B. 传统型　　C. 储蓄型　　D. 非传统型

E. 投资型

3. 以下属于人身保险特征的有（　　）。

A. 保险标的的不可估价性　　B. 保险合同的储蓄性

C. 保险期限的长期性　　D. 保险合同的补偿性

E. 保险金额的定额给付性

三、判断题

1. 人身保险是以人的生存、死亡两种形态为给付保险金条件的保险合同。（　　）

2. 人寿保险合同不存在超额保险，也不存在不足额保险及重复保险。（　　）

3. 寿险保单具有的储蓄性是由于寿险保单具有现金价值。（　　）

4. 人身保险资金是金融市场重要的资金来源，成为推动国民经济发展的重要因素。（　　）

模块二 生活中的人身保险

任务一 了解人身保险发展历程

【任务情景】

保险制度发端于14、15世纪的意大利，后在以英国为中心的欧洲地区得以逐步发展与完善。中国虽然有着悠久的救济后备制度及保险思想，但因为长期中央集权的封建制度和重农抑商的传统观念，商品经济发展缓慢，商业保险因为缺乏生长土壤，并没有在古代中国产生。保险制度对于我国来说，是一个舶来品。

从世界范围来看，人身保险是何时出现的，经历了怎样的发展历程？我国人身保险的发展情况与未来趋势如何呢？

【基础知识】

一、人身保险发展简史

人身保险制度的产生，可以从海上保险开始溯源。在15世纪海上贸易发展过程中，作为商品的奴隶被以货物的形式投保，其后发展到以自由人如船员、旅客为保险标的的人身保险。近代对人身保险制度形成有重大影响的有基尔特、公典和年金等制度。

（一）基尔特制度

基尔特即行业公会，是相同职业者基于相互扶助的精神所组成的团体。13、14世纪直到16世纪是欧洲基尔特兴盛的时期。基尔特的功能包括保护职业利益，为会员的死亡、火灾、疾病、盗窃等风险提供相应的保障与补偿，通过共同出资和互助共济的方式来进行。其后在城市化进程和商品经济的发展过程中进行了演变，其组织与会员之间逐渐形成债权债务关系，运营接近保险公司的运作模式，如英国的友爱社、德国的火灾互助会等逐渐演变为近代的人寿保险公司与财产保险公司。

（二）公典制度

这是一种慈善性质的金融机构，以对抗犹太人的高利贷而形成，15世纪后半叶在意大利北部及中部城市出现，资金来源于捐赠，其后因经营原因开始吸纳存款，存款者在最初一段时期不计利息，其后在满足相应条件时可获得数倍于本金的本利和。例如，1551年德国纽伦堡市市长博尔茨舒尔创立了一种适合任何阶层的儿童强制保险，其办法是儿童一出生，其父母就必须每年储蓄一塔来耳（古普鲁士银币）到国库，当子女成年婚嫁时，政府给予三倍于本金的给付。这种做法非常类似于现在的儿童保险或子女婚嫁教育金保险。

（三）年金制度

年金制度在中世纪开始实行，16、17 世纪在英国、荷兰最为盛行，著名的有佟蒂年金，也称联合养老年金，其影响很大。佟蒂是 17 世纪意大利那不勒斯的一个银行家，当时担任首相秘书，他提出一种为国库募集国债的计划，每位认购国债的人需向国库交纳一定的本金，国库按一定的利息率每年向生存的认购人支付利息；同时按年龄将认购人分为 14 个组，不同的组支付不同的利息，年龄高的组支付的利息高，每组认购者随着时间的流逝而生存者不断减少，直到全部死亡时停止利息支付，本金永不退还。佟蒂年金在 1689 年法国路易十四那个年代曾经首次实行，1726 年全部认购者死亡时，获得全面成功，并从此成为欧洲许多国家效仿的对象。但佟蒂年金因为本金永不退还变成掠夺人民财富的方式，其后被欧洲绝大部分国家的立法所禁止，但对生命与年金方面的探讨与结合，以及利息计算与寿命方面的联系，成为近代人身保险制度的重要理论基础与尝试。

（四）精算技术

在上述相关制度的影响下，随着经济和社会的发展，人们进一步加大了在人身风险防范与制度安排方面的探索。1661 年，英国数学家约翰·格兰特根据教区公布的死亡记录发表了关于生命表构想的论文。1671 年，荷兰数学家约翰·德威特应用概率论原理，根据人的生存概率计算出年金的现值。17 世纪末，英国天文学家哈雷根据德国布勒斯劳市 1687—1691 年按年龄分类的居民死亡统计资料，在 1693 年编制了第一张完整的生命表，为现代人寿保险的发展奠定了数理基础。18 世纪英国盛行一种“福利社团”的组织，该组织对其成员由于死亡等原因而产生的费用在会员中进行分摊，由于年龄大者与小者分摊比例一样，导致许多年轻人脱离社团，因此不少社团规定加入者年龄必须在 45 岁以下。1756 年，詹姆斯·道德森在加入该种社团时因年龄问题被拒，他认为应制定一种更为科学的费率，使不同年龄的会员交纳分摊的费用不同，于是他根据哈雷的生命表计算了各年龄组的人投保定期寿险的保险费（自然保费），并在此基础上提出了均衡保费理论，将交费期延长到数十年。

此后，生命表被不断编制出来，寿险精算科学初具雏形，英国伦敦精算师协会的成立，标志着寿险精算学科的建立。此后人身保险业务得到快速发展，1762 年英国公平人寿保险公司创立，它是世界上第一家真正科学经营的人寿保险公司，标志着现代人身保险制度的形成。

二、我国人身保险的发展历程

（一）新中国成立前我国人身保险的发展情况

我国很早就有预先提存后备、养老恤贫、互助共济以保生活安定的思想，如孔子提出的“耕三余一”就是典型的建立后备以应对风险的思想，《礼记》也有“大道之行也，天下为公；选贤与能，讲信修睦，故人不独亲其亲，不独子其子，使老有所终，壮有所用，幼有所长，鳏寡孤独废疾者皆有所养”。这都反映了我国人民对稳定生活的向往与建立相应的保障制度的探索。

在历朝历代中施行的各种赈济、仓储、养恤、施粥、居养等制度是我国保险或人身保险制度的早期雏形，充分体现了管理阶层与人民对防范各类风险包括人身风险的技术手段的摸索与改进。

在民间也存在类似人身保险组织的互助会，如长寿会、福利会、葬亲会等，通过储蓄的方法来预筹亲友或本人死后的丧葬费，采取民间组织的形式，通过契约进行限制。

真正意义上的现代形式的人身保险是随帝国主义入侵而传入我国的。1846 年英国人在上海设立了永福和大东方两家人寿保险公司，后又有美国人设立的联邦和友邦人寿保险公司以及加拿大的永明、永康、宏利等公司。其中由美国人斯塔尔于 1921 年和 1931 年分别设立的亚洲人寿保险公司和友邦保险公司，现在发展成为美国国际集团 AIG。

从 19 世纪末开始，中国民族资本家开始创设人寿保险公司。1899 年成立的永宁人寿保险公司是我国自己经营的最早的人寿保险公司，1912 年成立的华安合群保险公司是实力最强的华商人寿公司。1933 年 7 月和 1934 年 4 月，中国保险公司和太平保险公司分别设立寿险部，并改组为中国人寿保险公司和太平人寿保险公司。

抗日战争中，国民政府在迁都重庆后，曾制定了《国民寿险章程》《健康保险草案》和修正的《简易人身保险法》等相关保险法律法规，中央信托局也曾设立保险部，经营公务员和军人的人身保险，并指定邮政部门办理简易人寿险。

据统计，到 1947 年 3 月底，全国保险业的分支机构曾达到 602 家，但到解放战争开始后，由于通货膨胀严重摧残了人身保险业，加之战争破坏，保险机构锐减，大部分机构名存实亡。

（二）新中国成立后的人身保险业

我国政府非常重视保险业的发展。新中国成立后，于 1949 年 10 月 20 日，成立中国人民保险公司，并对原有的保险市场进行清理与整顿，接管官僚资本的保险公司和整顿私营保险公司，开办了职工团体人身保险、渔工团体人身保险、个人人寿保险、简易人身保险、铁路轮船飞机旅客意外伤害保险等险种。由于我国当时经济不发达，人们的保险意识不强，人身保险的业务量并不大，但对我国的经济建设与提高生产积极性发挥了不可低估的作用。

到 1958 年，我国开展人民公社化运动，鉴于实行人民公社后保险的作用已经消失，于是在 1959 年 10 月召开的西安财贸工作会议上，决定停办国内保险业务，铁路、轮船、飞机旅客意外伤害强制保险分别移交铁路、交通、民航部门办理。

党的十一届三中全会后，我党和全国人民的注意力集中到社会主义现代化建设上来，我国的人身保险业也迎来了新生。1979 年国务院批转中国人民银行关于恢复办理国内保险业务的报告，中国人民保险公司于 1980 年开始恢复办理财产保险业务。1982 年 3 月的全国保险工作会议决定：在有条件的地区开办 1 年期职工团体人身保险和人身意外伤害保险，并在上海试办简易人身保险、集体企业职工和个体户的养老年金保险。1983 年中国人民保险公司正式升格为国务院直属局级经济实体，1984 年正式从人行分设出来，但归其领导。1984 年开始，中国人民保险公司陆续在全国各地开办统筹养老金保险业务，只收取少量的管理费用，既不盈利也不负亏损责任。

1985 年我国成立新疆兵团保险公司，并在 20 世纪 80 年代后期开始引入市场竞争机制，我国寿险市场格局发生了深刻的变化。1988 年 3 月成立平安保险公司，1991 年 4 月太平洋保险公司在上海正式开业。自此以后，我国在相当长的一段时期内形成了国内保险业三足鼎立的态势。保险市场趋于活跃，保险产品日益增多。

1992 年友邦保险公司上海分公司成立，标志着我国保险市场的对外开放。友邦保险公司将个人代理人营销机制引入我国寿险市场，带来了寿险业务的快速发展，保险从业人员迅速增加，我国寿险市场日益繁荣。

1995 年 10 月 1 日，我国《保险法》颁布实施，从而为我国保险业的发展创造了良好的外部法律环境，市场监督开始提上议程，市场行为得到规范，有效地抑制了一些不良市场竞争行为，保险市场无序竞争的局面得到扭转。

其后，随着国际金融形势的发展与我国金融业对外开放步伐的加快，1995 年中国人民银行提出保险业的产寿险分业经营要求。1996 年 2 月中国人民保险公司改为集团公司，下属中保财险、中保人寿、中保再保三大集团。分业经营后，寿险业务迅猛发展，1997 年我国的寿险保费收入首次超过财险保费。

其后大量的寿险公司涌现，1999 年 1 月中保人寿正式改组成立中国人寿保险公司。1996 年 8 月泰康人寿成立，1996 年 9 月新华人寿成立。

自 1996 年起，随着保险从业人员的日益增多，我国开始引入保险从业人员的资格认证，1996 年我国举办首次全国保险代理人资格考试，1999 年 5 月举办首次全国保险经纪人资格考试，2000 年 12 月举办首次全国保险公估人考试。自此我国建立起了较为完善的保险从业人员资格认证体系。

1999 年前后，我国寿险市场又迎来了转型时期，以平安保险公司的投资连结险种的投放为标志，中国人寿保险公司推出了分红险种，太平洋保险公司推出了万能险种，以上投资型险种在市场上的热卖和在保险业务中的比例不断提高，标志着我国寿险业务从传统型险种开始进入新型险种的发展时期，也意味着我国寿险产品创新能力的提高。

2001 年 12 月 11 日我国正式成为世贸组织成员国，寿险业迎来新的发展机遇和挑战。我国保险业加入世贸组织承诺中有关人身保险的内容有：中国将按照审慎原则而非经济需求测试指标，进行保险公司市场准入的审批；外资寿险公司可以合资公司的形式来中国设立营业性机构，可自由选择合资伙伴，但外资股比不超过 50%；外资寿险公司可以对中外客户提供个人人寿保险业务服务，加入世贸组织后 3 年内，则可提供健康险、团体险和养老金业务服务；外资经纪公司方面，合资经纪公司外资股比可达 50%；外国人寿保险公司可在上海、广州、大连、深圳、佛山提供服务，加入世贸组织后 2 年内，再增加开放 10 个城市，加入世贸组织 3 年后无地域限制；外国（再）保险公司以分公司、合资公司或独资子公司的形式提供人寿保险和非人寿保险的再保险业务，且没有地域限制。

2001 年 12 月中国加入世界贸易组织，开始对外开放保险市场。经过三年过渡期，2005 年中国全面放开保险市场，取消了外资保险公司在中国保险市场的地域限制，这就意味着某些地区由中资寿险公司一统天下的局面被打破。我国中资寿险公司迎来了激烈的市场竞争时期，民族寿险业的竞争能力得到锻炼与提高，民众的寿险意识得到极大的加强，寿险产业也越做越大。

（三）我国人身保险的发展趋势

自 1997 年以来，我国人身保险市场发展迅猛，年均增速均远高于 GDP 的增速。2014 年保险业“新国十条”的出台，为保险业尤其是寿险业的发展开辟了广阔的发展空间。总的来看，人身险市场继续保持了良好的发展势头，改革开放不断深化，结构调整稳步推进，市场竞争日益充分，保险创新层出不穷，服务领域持续拓宽，功能作用逐步显现，保险监管日趋成熟，人身险市场也将迎来更辉煌的明天。

1. 人身保险业继续保持较快的发展速度。从政策层面看，“新国十条”出台后，政策推动的效果在以后年度逐步显现出来，政策层面的资源将成为促进我国保险业发展的重要动力。从经济发展看，2017 年我国人均 GDP 突破 8500 美元，保险业迎来消费升级的“黄金时期”。从社会发展看，老龄化进程的加快对完善社会保障体系提出了巨大的需求，人身险市场面临着难得的发展机遇。虽然我国已经进入一个加息周期，资本市场向好将继续分流保源，但综合来看，外部环境总体趋势向好，人身险市场将继续保持较快的发展速度。2017 年我国人身险保费收入已达到 2.67 万亿元，保费规模仅次于美国和日本，位列世界第三。2000—2017 年人身险保费的年均复合增速高达 20.9%。其中，仅 2004 年、2011—2013 年的人身险保费同比增速低于 10%。

2. 人身保险产品结构调整，回归保障本质。随着中国经济的发展，人民对美好生活的向往，广大消费者的保险意识逐渐增强。保险业在创新发展的同时，回归本源，强化“保险业姓保”。2016 年以来，原保监会出台《中国保监会关于进一步完善人身保险精算制度有关事项的通知》（保监发〔2016〕76 号）、《中国保监会关于强化人身保险产品监管工作的通知》（保监寿险〔2016〕199 号）、《中国保监会关于规范人身保险公司产品开发设计行为的通知》（保监人身险〔2017〕134 号）。三个文件围绕“保险业姓保”的核心思想，对中短存续期产品进行了限制，从产品设计上提高了保险产品的保障额度，建立了保险产品的问责制度，指明了人身险产品的发展方向。在此背景下，保险公司加大了产品的创新力度，加之保险费率市场化改革的进一步深化，人身险市场的产品结构发生了较大变化。普通寿险业务成为主要增长点，投连险、万能险增长放缓。2017 年普通寿险业务增长幅度最大，同比增长 23.77%，分红寿险业务同比增长 22.14%，投连险业务同比增长 1.49%，万能险业务同比增长 4.75%，健康险业务同比增长 8.58%，人身意外险业务同比增长 20.19%。

3. 延税型养老保险政策落地，撬动商业养老保险市场需求。个人税收递延型养老保险是投保人在税前列支保费，在领取保险金时再交纳个人所得税的养老保险。政府通过税收延迟交纳的激励方法来鼓励个人购买商业养老保险，筹集养老金，能够缓解政府养老金的压力，对促进我国养老保险“第三支柱”的发展、构建多层次养老保障体系发挥了积极作用。自 2018 年 5 月 1 日起，上海市、福建省（含厦门市）和苏州工业园区开始实施个人税收递延型商业养老保险试点。随后，银保监会等四部门联合发布《个人税收递延型商业养老保险产品开发指引》。2018 年 6 月 8 日，太平洋人寿上海分公司签出全国首张税延养老保险保单，标志着个人税收递延型商业养老保险试点政策正式落地实施。延税型养老险借力税收优惠政策，直接刺激个人交纳保费的积极性，撬动了国内商业养老险市场巨大的保费增量需求。

4. 保险监管从严，推动市场环境净化。近年来，在保险业高速发展的同时，也暴露出一些新问题。特别是在寿险领域，重理财轻保障的产品“高歌猛进”，与保险重保障的本质要求有所偏移；险企集中举牌、跨领域或跨境并购、激进投资等乱象层出不穷，少数保险公司甚至通过虚假出资和虚假增资，追求快速扩张。在保险行业快速发展但“偏离轨道”的背景下，保险监管部门多次强调“保险姓保”“监管姓监”，保险监管朝着标准化、规范化、法制化、制度化方面大步迈进。监管的理念越来越成熟，监管效率进一步提高，监管科学性、针对性和有效性进一步增强，监管促进发展的效应将进一步显现。

2017 年以来，原保监会从严监管，把防控风险放到更加重要的位置，重点围绕公司治理、保险产品和资金运用三个关键领域，从严从实加强监管履责。保险监管部门制定下发“1+4”系列文件，集中开展治乱象、防风险、补短板、服务实体经济的相关工作，切实维护保险业的稳定健康发展，提升服务实体经济的效率和质量，引导行业强化长期保障的良性发展之路。

5. 互联网保险业务的快速发展。随着互联网在整个金融行业的发展，无论是银行业、证券业还是保险业都不同程度地感受到了来自互联网金融对传统金融业务的冲击，也都纷纷根据行业特点制定了各自的互联网金融发展战略。与银行业和证券业相比，保险行业的互联网金融业务起步较晚，但是互联网保险的经营模式正在快速发展并逐渐渗透到保险产业链的各个环节中。

中国保险行业协会的数据显示，国内获准经营互联网保险业务的公司从 2011 年的 28 家上升到 2017 年的 124 家，保费规模也从 32 亿元激增至 2347 亿元，7 年的时间翻了将近 73 倍，其中人身险公司互联网业务保费收入为 1382.3 亿元，比 2011 年增长了 133 倍。

在互联网保险业务快速发展的同时，其运营模式也开始向着多样化发展。各保险公司根据自身特点，通过借助保险公司网站、网上商城、离线平台以及第三方电子商务平台等多种形式开展互联网保险业务。相信未来随着互联网和保险行业的不断融合深化，以平台建设、渠道拓展、客户资源以及大数据精准营销为主要着力点的互联网保险将迎来高速发展的时代。

活动一　调查当地人身保险市场基本状况

【活动内容】

请每位同学利用各种渠道，了解家乡的人身保险市场情况，主要包括市场主体情况、保费收入情况等。

【延伸阅读】

我国人身保险市场主体及保费规模情况一览

据原保监会公布的统计数据，截至2017年底，全国共有85家人身保险公司，其中中资公司数量达到57家，比2016年底增加8家；外资公司数量与2016年底持平，为28家。从总体趋势上来看，由于我国保险行业业务对于外资公司尚未完全开放，所以近年来外资公司数量基本持平，维持在25~28家；中资公司业务开展不受限制，数量呈上涨趋势。我国保险市场形成了国有控股（集团）公司、股份制公司、专业险公司、外资保险公司等多种组织形式及多种所有制成分并存，公平竞争、共同发展的市场格局。

2017年寿险、健康险、意外险占人身险保费收入的比例分别为80%、16%和4%，其中“寿险”包含年金险、两全险、终身寿险、定期寿险等，即涵盖了全部理财型业务（年金险、两全险为主）。虽然寿险仍占最大份额，但2011年以来健康险的增速显著高于寿险，2011—2017年寿险、健康险、意外险的年均复合增速分别为12%、31%和19%，健康险的保费占比从2010年的6%提升至2017年的16%。2017年，健康险保费（剔除和谐健康）同比增长36%，大幅高于寿险（23%）和意外险（21%）。

2017年人身保险市场规模保费收入排名前十位的中资保险公司有：中国人寿保险股份有限公司，中国平安人寿保险股份有限公司，安邦人寿保险股份公司，中国太平洋人寿保险股份有限公司，泰康人寿保险股份有限公司，太平人寿保险股份有限公司，新华人寿保险股份有限公司，中国人民人寿保险股份有限公司，华夏人寿保险股份有限公司，富德生命人寿保险股份有限公司。

任务二　比较人身保险与储蓄

【任务情景】

每3~5个同学为一组，分组讨论以下两个案例：

（1）刘女士每年将2000元存入银行，在复利计息的情况下，假设年利率为3%，请分析：刘女士在第一年、第二年、第十年的时候，能够积累并使用的资金是多少？

（2）赵先生为自己购买了一份保险期限为10年的生死两全保险，年交保费为2000元，保险金额为40000元。请分析：赵先生在这10年内所拥有的保险保障金额是多少？具有怎样的特点？

通过上述两个案例的分析，认识储蓄与保险的联系与区别。

【基础知识】

保险与储蓄的比较

保险与储蓄都是为将来的经济需要进行资金积累的一种形式，但两者存在着显著的不同，主要表现如下。

1. 保险与储蓄体现的经济关系不同。储蓄是单独、个别进行的自助行为，储蓄者之间不存在经济联系，储蓄者可以利用的金额以自己的存款金额为限。而保险属于一种互助性的经济关系，投保人数足够多是保险活动得以顺利开展的前提。人们通过交纳保险费购买人身保险，能获得大大超过保险费金额的保险保障，相当于在瞬间拥有了大额的“存款”。

2. 保险与储蓄聚集起来的资金的使用权和所有权转移不同。储蓄存款的所有权归储蓄者所有，储蓄者可以任意提取使用，随着积存时间的推移，获取本金和利息，至于储蓄者存储多少资金，什么时间需要，需要多少，都不必用特殊方法进行计算。保险则不同，它是依靠多数单位或个人的互助共济来实现的。投保人（被保险人）共同交付的保险费都是根据概率论计算出来的。集聚的保险基金，由保险人统一管理使用，被保险人或受益人只有在赔付时才能领取保险金。

3. 保险与储蓄的给付均等原则不同。储蓄的给付是建立在个体均等关系上，保险的给付不是建立在个体均等关系上，而是建立在总体均等关系上。也就是说，保险人保持一定的偿付能力，能够应付保险赔款或给付保险金即可。

当然，在现实生活中，人身保险与储蓄也有着密切的联系，表现为带有储蓄性质的保险业务的存在，人寿保险具有储蓄的功能，对保单持有人而言，能够通过人寿保险进行储蓄，而具有现金价值的人寿保险保单，也就具有了金融储蓄的显著特征。人寿保险保单的现金价值直接代表着人寿保险的储蓄功能，表现为：当保单解约时，保单持有人可获得保单的现金价值；责任发生或保单期满，保单持有人可获经济给付。因此，具有现金价值的人寿保险保单作为一种金融资产，可以被人们当作一种金融储蓄的工具或手段。

任务三　比较人身保险与社会保险

【任务情景】

保险代理人小陈在为客户周大叔介绍保险产品的时候，周大叔说自己已经上了保险了，当问到投保的是什么产品时，周大叔答不上来了，只知道是退休后有钱领，单位给统一买的保险，自己每月也要交钱。通过进一步了解，小陈才弄清楚情况，原来周大叔说的是社会养老保险，并不是寿险公司出售的商业保险。

谈到保险时，很多人会混淆社会保险与商业性的人身保险，那么两者究竟有怎样的关系呢？

【基础知识】

人身保险与社会保险的比较

社会保险是一国社会保障制度的核心。社会保障制度是指国家通过立法，采取强制手段对国民收入进行分配和再分配，形成社会消费基金，对基本生活发生困难的成员给予物质上的帮助，以保证社会安定的一系列有组织的措施和制度的总称。社会保障是社会成员应享有的基本权利，也是国家应该履行的确保社会成员基本生活的一种法律责任。社会保障主要包括：社会保险、社会救济、社会福利、医疗卫生等内容。其中的社会保险，是国家通过立法采取强制手段，对国民收入进行分配和再分配，形成专门的消费基金，对劳动者因为年老、患病、生育、伤残、死亡等原因，丧失劳动能力和失业而中断劳动，导致本人及其家庭失去生活来源时，由国家（或社会）提供物质帮助的各种经济制度，包括养老保险、医疗保险、生育保险、工伤保险和失业保险等。

社会保险与人身保险有许多相似之处，从举办目的来看，都是为了保障人们生活安定、社会稳定和推动一国经济的发展；从保险标的来看，都是以人的身体或生命作为保险标的；从经营方式来看，都是采取后备基金的方式，通过收取保险费来建立后备基金以应对未来的人身风险；从经营技术来看，都以大数法则为经营数理基础，以精算技术作为保障制定保险费和赔付金额。但二者的性质有较大的区别，主要体现在如下几个方面。

1. 性质不同。人身保险由专门经营该业务的商业寿险公司举办，遵循等价有偿的商业原则，并以盈利为目的；而社会保险是为了确保社会经济生活的安定而实施的一项社会保障政策，强调基本需要与公民权利，一般由国家政府特设的部门经营管理，或者在国家的严格监督下由自治性的社会团体经营管理，通过社会保险立法，明确界定社会保险的范围，以社会安定为目的，不追求盈利。

2. 实施方式不同。人身保险一般是自愿保险，投保人根据自身实际需要和交费能力，做出投保选择；而社会保险是强制实施，即通过社会保险法律或法令，要求规定范围内的所有社会成员必须投保，社会成员没有选择权。

3. 保险对象不同。一般人身保险的保险对象、保险范围比较灵活，可由个人根据需要选择投保；而社会保险的对象是社会劳动者，有的甚至扩大到全体国民，凡是法律规定属于社会保险的对象，都必须依法投保，其社会化程度较人身保险高。

4. 保障水平不同。人身保险可以满足人们对于保障的不同需要，即投保人可以根据自己面临的危险、对危险的估计、对保障的需要以及自己对费用的负担能力，自行确定保险的险种和保险金额；而社会保险的保障水平是基本生活需要，即特定国家和特定时期的基本生活需要，其水平在贫困线以上、一般生活水平之下。

5. 保险费负担原则不同。人身保险的经营作为一种商业活动，强调等价交换和权利义务的对等，即“多买多保，少买少保，不买不保”，其费率根据危险程度的高低确定，保险费主要是由投保人负担；而社会保险的保险费由劳动者个人、雇主（企业）和政府三方共同承担，费率的确定原则主要是保障最低生活需要，而不特别强调权利与义务的对等，被保险人在一定的工资范围内按照同一比率交纳社会保险费，因此工资高的人多交纳，工资低的人则少交纳。

6. 给付原则不同。人身保险强调合同约定，发生保险事故时严格按照双方约定的保险金额进行给付，体现了权利义务对等，多买多得，少买少得，其理赔是建立在精算对等的原则上的；而社会保险则突出了国民财富再分配的性质，其给付依照国家的相关经济政策而定，以一定的工资水平为基准，这样一般贫困阶层交付的社会保险费相对较少，所得到的相对其交费要多，而富裕阶层所交费用相对较多而所得的相对较少，体现了向中低阶层倾斜的国家政策。

7. 法律依据不同。人身保险合同属于经济民事合同，适用于民法调整，属于部门立法范畴；社会保险体现的是社会成员劳动、学习、生存、享受和发展的基本权利，涉及的是国家经济、劳工和福利等政策，因此受国家根本大法——宪法的制约和调整，属于社会立法范畴。

人身保险和社会保险虽然从经济学上可以划为替代品，但两者之间也体现出互补和相互促进、共同发展的关系。社会保险为社会公众提供基本生活保障，应该根据需要和国力，不断扩大保障范围，调整给付水平；而人身保险为人们提供超过其基本需要的保障，以满足人们较高的保障需要，是对社会保险的重要补充，尤其在多层次的养老保险体系和医疗保险体系中，人身保险功不可没。一些以“福利大国”著称的国家，同时也是人身保险最发达的国家。以日本为例，日本的寿险市场就是在社会保险较充分的基础上发展起来的。日本的社会保险的投保率达到98%以上，其商业性寿险业务发展也高居世界首位。

【延伸阅读】

我国社会保险的主要内容

现阶段，我国社会保险制度中主要的项目有五项，分别是社会养老保险、社会医疗保险、失业保险、工伤保险和生育保险。

社会养老保险是国家根据人民的体质和劳动力资源情况，规定一个年龄界限，当劳动者达到这个年龄界限时作为年老丧失劳动能力、解除劳动义务，由国家和社会提供物质帮助，保障其晚年基本生活的一种社会保障制度。目前我国规定的这个年龄界限，正常情况下是男性60岁，女职工50岁，女干部55岁。社会医疗保险是国家和社会根据一定的法律法规，为向保障范围内的劳动者提供患病时基本医疗需求保障而建立的社会保险制度。目前我国社会医疗保险包括基本医疗保险和大额医疗救助，提供的保障范围主要包括门诊大病报销和住院报销。失业保险是指国家通过立法强制实行的，由社会集中建立基金、对因失业而暂时中断生活来源的劳动者提供物质帮助的制度。工伤保险是劳动者在工作中或在规定的特殊情况下，遭受意外伤害或患职业病导致暂时或永久丧失劳动能力以及死亡时，劳动者或其遗属从国家和社会获得物质帮助的一种社会保险制度。生育保险是国家和社会对生育的职工给予必要的经济补偿和医疗保健的社会保险制度，通过立法，在怀孕和分娩的妇女劳动者暂时中断劳动时，由国家和社会提供医疗服务、生育津贴和产假等保障。

以上五个项目基本上涵盖了劳动者因年老、疾病、暂时失业、因工伤害、因生育暂时停止劳动所造成的家庭经济负担。需要指出的是，社会保险的保障水平是和社会经济发展水平相适应的，我国社会保险发展进入到较快发展的阶段，但总体上还存在着“广覆盖、低保障”的制度特点。

活动一　认识人身保险对社会保险的重要补充作用

【活动内容】

每3～5个同学为一组，分组讨论如下案例：

某企业退休职工顾大伯，每月退休金大约900元，他参保了城镇职工基本医疗保险。顾大伯因患冠心病和糖尿病需要常年服药治疗，平时均在药店自行购药服用，药物花费每月平均400元左右。2011年11月，顾大伯因糖尿病并发症住院治疗近半月，产生医疗费用3600元。

请分析，顾大伯2011年支出的医疗费用中能从其参保的城镇职工基本医疗保险中报销多少？对于顾大伯而言，这样的医疗保障是否足够？

【知识链接】

社会医疗保险

我国的社会医疗保险是国家通过立法形式强制实施，由用人单位和职工按一定比例交纳保险费，建立社会医疗保险基金，支付职工医疗费用的一种医疗保险制度。

按照覆盖人群的不同，现阶段我国的社会医疗保险体系由城镇职工基本医疗保险、城镇居民医疗保险、新型农村合作医疗等多个部分构成。

其中城镇职工基本医疗保险的覆盖范围为：企业、机关、事业单位职工，以及社会团体、民办等非企业单位职工。制度模式为社会统筹与个人账户相结合的模式。交费标准为：用人单位按照单位职工月平均工资总额的8%交纳保费，参保职工个人按照本人上年度平均工资的2%交纳保费。门诊医疗费用通常由个人账户（也就是个人医保卡）支付，统筹账户则支付在住院期间和门诊特定项目发生的起付标准以上至最高支付限额以下的主要医疗费用。统筹起付标准按当地上年度职工社会平均工资的10%，并根据医疗机构级别分档确定，最高支付限额为当地上年度本市社会平均年工资的4倍。

【延伸阅读】

中国步入老龄化社会

老龄化社会是指老年人口占总人口达到或超过一定的比例的人口结构模型。按照联合国的传统标准是一个地区60岁以上老人达到总人口的10%，新标准是65岁老人占总人口的7%，即该地区视为进入老龄化社会。

我国老龄化速度快于世界老龄化速度。据联合国预测，1990—2020年世界老龄人口平均年增速度为2.5%，同期我国老龄人口的递增速度为3.3%，世界老龄人口占总人口的比重从1995年的6.6%上升至2020年9.3%，同期我国由6.1%上升至11.5%，我国无论从增长速度还是老龄人口的比重都超过了世界老龄化的速度和比重，到2020年我国65岁以上老龄人口将达1.67亿人，约占全世界老龄人口6.98亿人的24%，即全世界4个老年人中就有1个是中国老年人。

发达国家老龄化进程长达几十年至100多年，如法国用了115年，瑞士用了85年，英国用了80年，美国用了60年，而我国只用了18年（1981—1999年）就进入了老龄化社会，而且老龄化的速度还在加快，同时还呈现"未富先老"的特征。老龄化的加速对经济和社会都将产生巨大的压力，尤其是社会养老压力和医疗压力剧增。

【模块加油站】

一、单选题

1. 在1693年，天文学家哈雷编制了一张（　　），精确表示了每个年龄的死亡率，为寿险计算提供了依据。

A. 人身保险表　　B. 费率表　　C. 统计表　　D. 生命表

2. 储蓄和保险一样，都具有以现在的积累解决以后问题的特点，但是与保险不同的是储蓄属于（　　）。

A. 互助行为　　B. 他助行为　　C. 自助行为　　D. 群体行为

3. 与银行储蓄性表现不同，人寿保险的储蓄性表现为（　　）。

A. 保险费的积累　　B. 本金加利息之和　　C. 现金价值　　D. 保险金额

二、多选题

1. 社会保险与人身保险的区别在于（　　）。

A. 属性不同　　B. 保险对象的作用不同　　C. 权利和义务的对等关系不同

D. 待遇水平不同　　E. 立法范畴不同

2. 与商业保险不同，社会保险是国家立法强制实行的一种经济保障制度，其主要项目包括（　　）等。

A. 养老保险　　B. 医疗保险　　C. 失业保险

D. 工伤保险　　E. 意外伤害保险

三、判断题

1. 人身保险提供生存、死亡、疾病和残疾保障，完全可以替代社会保险。（　　）

2. 人身保险和储蓄一样都是自助行为。（　　）

3. 人身保险作为应付人身风险的对策，它起源于古代的互助团体。（　　）

4. 公典制度的做法非常类似于现在的养老保险。（　　）

项目训练

一、名称解释

人身保险　自然保险费　均衡保险费　现金价值　生命表

二、简答题

1. 至少列举出三种人身保险的分类方式及其含义。

2. 简述人身保险与财产保险的区别。

3. 分析人身保险在养老规划和遗产规划中的作用。

4. 通过查找阅读资料，分析我国社会保险制度的构成及其不足。

5. 分析中国老龄化社会的演进给人身保险的发展带来了哪些契机。

三、实训练习

1. 通过各种渠道（网络、书籍等），关注现阶段我国人身保险市场的时事和主要热点问题。

2. 选取一家寿险公司，通过查找相关资料，形成一份公司简介和现状分析资料，在课堂上分享或在同学之间交流。

项目二

人身保险合同

【知识目标】

□ 熟悉人身保险合同的形式及其适用情况
□ 掌握人身保险合同的主体，熟悉人身保险合同的客体和内容
□ 掌握人身保险合同的标准条款和附加特约条款

【能力目标】

□ 能正确填写人身保险合同单证
□ 能灵活运用人身保险合同的条款
□ 能运用人身保险合同的相关知识进行赔案处理

【引导案例】

2018 年 5 月 30 日，中国银行保险监督管理委员会发布 2018 年第一季度保险消费投诉情况。整体来看，2018 年第一季度，银保监会及各保监局接收涉及保险公司的保险消费投诉 22651 件，较 2017 年同期下降 9.90%。其中，涉嫌违法违规投诉 361 件，占投诉总量的 1.59%；保险合同纠纷投诉 22290 件，占投诉总量 98.41%。

人身险方面，投诉涉及人身保险 11707 件，占总投诉件的 51.89%。其中，销售纠纷投诉 4907 件，占人身保险投诉总量的 41.92%，主要反映为夸大保险责任或收益，未如实说明保险期间、不按期交费后果、解约损失和满期给付年限等重要合同内容，以及虚假不实宣传等问题。理赔纠纷投诉 3246 件，占比 27.73%，主要反映为核赔阶段责任认定争议、核赔时效慢、核赔金额争议等问题。退保纠纷投诉 1140 件，占比 9.74%，主要反映退保金额争议、退保时效慢等问题。涉及险种方面，疾病保险、医疗保险等保障型产品投诉显著增加，同比增长 41.63%。

资料来源：http：//money.163.com/18/0601/02/DJ6CHJ5U002580S6.html。

保险合同是投保人与保险人约定保险权利义务关系的协议。人身保险合同的订立和履行过程中会涉及多方的利益，相对比较复杂，在实务中，保险纠纷大多也是围绕着保险合同展开的。

模块一　人身保险合同基本认知

任务一　认识人身保险合同的形式

【任务情景】

张先生想为自己投保一份人寿保险，但在填写投保单时却对保险公司的合同文本产生了质疑。他认为保险公司的投保单要求提供的客户信息太过详细，侵犯了客户的个人隐私，因此，不愿意完成投保单的填写。

很多客户在填写投保单时过分注重隐私，填写的资料不完整，或者不准确。那么，填写投保单该注意什么？

在人身保险业务经营中还会涉及哪些合同形式？

【基础知识】

保险合同的形式是订立保险合同的书面证明，在人身保险业务的经营中涉及的主要保险合同形式有以下几种。

一、投保单

投保单又称“投保书”或“要保书”，是投保人向保险人申请订立保险合同的书面要约。投保单是由保险人事先印制，具有统一格式，其内容包括投保人、被保险人、受益人的有关事项和投保要约事项、告知事项及申明、签字等。投保人按所列项目逐一如实填写，即向保险人陈述有关保险的事项，保险人据此决定是否承保或以何种条件、何种费率承保。投保单本身并非正式合同的文本，但一经保险人接受，即成为保险合同的一部分。如果投保但填写资料不实或有隐瞒和欺诈行为，将会影响保险合同的效力。

个人寿险投保书

体检件□　免体检件□

<table>
<tr><td rowspan="4">投保人</td><td>姓名：</td><td>男□
女□</td><td>未婚□
已婚□</td><td>行业
（工种）</td><td></td><td>职业编码</td><td>□□□□□□</td></tr>
<tr><td colspan="2">出生日期：
年　月　日</td><td colspan="3">身份证号码
□□□□□□□□□□□□□□□□□□</td><td>与被保险人关系</td><td></td></tr>
<tr><td colspan="5">工作单位</td><td>电话</td><td></td></tr>
<tr><td colspan="5">通讯地址或收费地址：</td><td>邮政编码</td><td>□□□□□□</td></tr>
</table>

续表

被保险人	姓名	男□ 女□	未婚□ 已婚□	行业 （工种）		职业编码	
	出生日期： 年　月　日		身份证号码□□□□□□□□□□□□□□□□□□□□ （其他证件号码请顶格填写并注明证件名称）			
	工作单位				电话	
	通讯地址：				邮政编码	□□□□□□

	受益顺序	姓名	性别	出生日期	与被保险人的关系	受益份额	证件名称	证件号码
受益人								

投保事项

	险种名称	保障类别	保额或份数	费率或交费标准	被保险人职业加费	暂收保险费
基本险						¥：
附加险						¥：
						¥：
						¥：

暂收保险费合计：（大写）　万　仟　佰　拾　元　角　分　¥：

交费方式：　趸交□　年交□　半年交□　季交□　月交□

交费期限：　趸交□　10年交□　15年交□　20年交□　30年交□　其他□

年金领取方式：　定期□　一次性□　月领□　领取年龄：

年金领取形式：　自领□　银行转账□　账户姓名：
账号：□□□□□□□□□□□□□□□□□□□□□□

交费形式	首期	集体交费□ 个人交费□	现金□　支票□（支票号：　）　委托银行转账□ 账户姓名： 账号：□□□□□□□□□□□□□□□□□□□□□□
	续期	集体交费□ 个人交费□	现金□　支票□（支票号：　）　委托银行转账□ 账户姓名： 账号：□□□□□□□□□□□□□□□□□□□□□□

被保险人是否投保过或正在申请其他人寿保险：　是□　否□

承保公司	险种名称	份数或保额	承保日期	保单现状态	备注
其他声明					

请填写或回答下列问题，并在所选项后的“□”中打“√”。选“是”者，请在“健康备注”中详细说明。		
被保险人健康告知书	1. 目前是否接受任何药物治疗或外科手术	1. 是□　否□
	2. 目前是否使用成瘾药物、麻醉剂或接受戒毒治疗	2. 是□　否□
	3. 目前是否吸烟，若“是”，已吸烟____年，每天____支，若“否”，你（你们）是否曾经吸烟，若“是”曾经吸烟，何时因何种原因停止吸烟____	3. 是□　否□
	4. 目前是否饮酒，若“是”，已饮酒____年，每日饮____（种类），____（数量）	4. 是□　否□
	5. 是否接到过医生对你（你们）吸烟、饮酒的建议和警告	5. 是□　否□
	6. 被保险人或配偶是否曾经接受艾滋病毒（HIV）的检查（如有请提供检查结果）	6. 是□　否□
	7. 被保险人或配偶在过去六个月内是否持续超过一星期有下列病症：疲倦、体重下降、食欲不振、盗汗、腹泻、淋巴结肿大或不寻常之皮肤溃烂	7. 是□　否□
	8. 家属是否曾患小儿麻痹、肾病、心脏病、高血压、多种硬化症、肝硬化症、糖尿病、精神病、结核病、白血病、瘫痪、肌肉萎缩症、切除任何囊肿或增生物、患癌或曾被发现为乙型或非甲非乙型肝炎带菌者	8. 是□　否□
	9. 直系家庭成员中是否有早于60岁以前去世者	9. 是□　否□
	被保险人是否曾治疗或被告知患有下列疾病：	
	10. 眼、耳、鼻、喉或口腔之疾病、或鼻腔出血	10. 是□　否□
	11. 晕眩、抽搐、瘫痪、多次晕倒、任何精神病、脑病或神经系统之疾病	11. 是□　否□
	12. 吐血、久咳、肺结核、哮喘、胸膜炎或任何呼吸器官或肺部之疾病	12. 是□　否□
	13. 经常消化不良、溃疡、疝气、结肠炎、呕血、尿血、便血或任何有关肝、胆、胃、大小肠、直肠或肛门之疾病	13. 是□　否□
	14. 肾结石或任何生殖泌尿系统之疾病	14. 是□　否□
	15. 糖尿病、甲状腺肿大或其他内分泌疾病	15. 是□　否□
	16. 风湿病、关节炎、痛风或任何脊椎、椎间盘突出、骨节、肌肉、肌肉组织、结缔组织皮肤等疾病	16. 是□　否□
	17. 癌、瘤、囊肿或任何增生物	17. 是□　否□
	18. 性传播疾病	18. 是□　否□
	在过去五年内你（你们）是否曾：	
	19. 被建议不宜献血	19. 是□　否□
	20. 做过X光、CT、心电图、活体检查、血液检验或其他（如有请提供诊断报告）	20. 是□　否□
	21. 患有以上未述及之疾病或接受任何外科手术、诊疗或住院接受诊断或治疗	21. 是□　否□
	22. 有任何残疾、异常或健康不良	22. 是□　否□
	妇女适用：	
	23. 现在是否怀孕，若“是”，已怀孕____个月	23. 是□　否□
	24. 曾否有任何乳房或妇科病症或分娩前后期综合征	24. 是□　否□
	25. 曾否被建议做重复的宫颈涂片、乳房检查、乳房X光检查或乳房活体检查	25. 是□　否□
	26. 曾否因为月经不调、性传播疾病或其他女性生殖器官疾病而就诊	26. 是□　否□
	27. 家庭成员中，曾否有人患过乳腺癌	27. 是□　否□
	28. 被保险人是否有危险嗜好或从事危险活动	28. 是□　否□

续表

被保险人健康告知书	29. 您配偶的寿险保额____，投保公司为____、____、____。如果被保险人是两人，则寿险保额总计为____	
	30. 身高____厘米，体重____公斤，最近一次体检时间为____年____月____日，体检医院为____，体检结论：____，如果被保险人是两人，则另一人情况请在后面重复____。	
健康备注	上述问题如答“是”请注明编号并详细说明，如有诊治，请告知原因、日期、医院名称、详细诊断结果、诊治情况及目前状况。对本投保书及告知内容，本公司承担保密义务。	
声明	本人对保险条款已了解，对受益人的指定均认可，且在投保书中的所有陈述和告知均完整、真实，如有隐瞒或日后发现与事实不符，即使保险单已经签发，贵公司仍可依法解除本保险合同，不负给付责任。 投保人（签章）：　　年　　月　　日　　　　被保险人（签章）：　　年　　月　　日	
声明与授权 1. 本人谨此代表本人及被保险人声明并同意：向贵公司投保上述保险，对保险条款的各项规定均已了解，所填投保单各项及告知事项均属事实并确无欺瞒。上述一切陈述及本声明将成为发出保单的依据，并作为保险合同的一部分。 2. 本人谨此授权凡知道或拥有任何有关本人或被保险人健康及其他情况的任何医生、保险公司、其他机构或人士，均可将所需的有关资料提供给中国人寿保险公司。此授权书的影印本也同样有效。 被保险人（签名）　　　投保人（签名）　　　投保申请日期　　年　　月　　日		
业务员　　代码　　营业部　　经理		
公司批注专用 年　　月　　日		

【延伸阅读】

投保单的填写注意事项

在填写人身保险个人投保单时，应注意以下事项。

(1) 对投保人、被保险人和受益人的姓名、性别、年龄、职业、地址、电话等内容按照投保时的实际情况填写，姓名和身份证号码要与身份证或户口簿上所登记的内容相符；在填写地址时，要详细写明地址全称。一般情况下，应填写常用的通讯地址，以方便保险公司联系。

(2) 准确填写要求投保的产品名称、保险金额及相关信息。

(3) 投保人及被保险人应如实回答投保单上所提的问题，对投保单上要求提供详细情况的问题，应在投保单备注栏中说明详情或提供相关的书面材料。

(4) 投保人在填写完毕后，应对投保单内容进行复核，确认内容真实完整，并应亲笔签名确认。必要时，被保险人也需要亲笔签名确认，如签订以身故为保险金给付条件的合同时。投保人、被保险人切勿在空白或未填写完整的投保单上签字。

二、保险单

保险单简称为保单，是保险人与被保险人订立保险合同的正式书面证明。保险单必须明确、完整地记载有关保险双方的权利义务，保险单记载的内容是合同双方履行保险合同的依据，也是保险合同成立的证明。保单上主要载有保险人和被保险人的名称、保险标的、保险金额、保险费、保险期限、赔偿或给付的责任范围以及其他规定事项。

三、保险凭证

保险凭证又称"小保单"，是保险人出立给被保险人以证明保险合同已有效成立的文件，实际上是一种简化的保险单。保险凭证与保险单具有同等效力，凡是保险凭证上没有列明的，均以同类的保险单为准，二者的内容抵触时保险凭证的内容具有优先效力。在人身保险实务中，常见的保险凭证主要是人身意外伤害保险凭证和团体人身保险凭证。

四、暂保单

暂保单又称"临时保单""临时保险书"，它是保险人或其代理人在正式保险单签发之前出具给被保险人的临时保险凭证。它表明保险人或其代理人已接受了保险，等待出立正式保险单。暂保单的内容比较简单，只载明被保险人的姓名、承保危险的种类、保险标的等重要事项，凡未列明的均以正式保险单的内容为准。暂保单具有和正式保险单同等的法律效力，但一般暂保单的有效期不长，通常不超过 30 天。当正式保险单出立后，暂保单就自动失效。如果保险人最后考虑不出立保险单时，也可以终止暂保单的效力，但必须提前通知投保人。

五、批单

批单是指保险人签发的同意被保险人要求变更保险单内容的书面文件。它是保险人对投保人提出的补充或变更保险单的内容进行审核，同意后向投保人另外出具的一种凭证，上面注明了保险人对保险单的补充或更改内容。一般保险批单须粘贴在保险单上，并加盖骑缝章，作为保险单的一部分。

六、其他保险凭证

除上述文件外，还有一些其他的相关法律文书也可以视为保险合同的重要组成部分。如体检报告书、业务员报告书和保险费收交凭证等。

活动一　填写投保单

【活动内容】

请根据以下信息，填写一份投保单。

丈夫杜文涛，身份证号码为：360101197407123021，联系方式为13912345678。妻子陈玉佳，身份证号码为：360101197703120022，联系方式为13512345678。二人连同儿子杜小光（身份证号码：360101200801052035）共同居住在江西省南昌市青山湖区朝阳路53号白云小区21栋502室。

杜文涛系江西省南昌市宏大贸易公司总经理（职业代码为1050102，风险等级为一级）。其本人身高173厘米，体重67公斤，年收入约30万元，有驾照，驾龄约8年，有吸烟习惯，每日吸烟约6支，无其他不良嗜好。杜文涛曾于2008年4月15日投保泰康人寿的世纪泰康险10份，目前该保单有效，未办理过理赔，目前身体状况良好。

妻子陈玉佳是南昌市一中的教师（职业代码为2090301，风险等级为一级）。本人身高162厘米，体重47公斤，年收入约10万元，无不良嗜好，身体状况良好。

妻子陈玉佳准备为丈夫投保某保险公司的定期寿险，附加重大疾病保险和意外伤害险，保额分别为130万元、30万元和40万元，交费期间和保险期间均为20年，年交保费为7820元、2430元和1200元，首期保费的交纳方式为银行转账，开户银行为工商银行，账号为：3345286001123578598。受益人指定为儿子杜小光。

【模块加油站】

一、单选题

1.（　　）是保险合同中最重要的文件，因为保险人与投保人约定的事项，都要记录在其中，它完整地体现了保险合同的内容。

A. 投保单　B. 暂保单　C. 保险单　D. 保险凭证

2. 投保人与保险人订立的正式书面合同是（　　）。

A. 投保单　B. 暂保单　C. 保险单　D. 批单

3. 在保险合同发生变更的情况下，保险人用以记录变更事项的独立单证是(　　)。

A. 投保单　B. 暂保单　C. 保险单　D. 批单

二、多选题

1. 以下属于书面形式的保险合同有（　　）。

A. 投保单　B. 暂保单　C. 保险凭证　D. 保险单　E. 批单

三、判断题

1. 暂保单的效力期限有限制，一般是30天。（　　）

2. 投保人向保险人要约的书面材料通常是保险单。（　　）

3. 保险单是对批单内容的修改，因此保险单的效力大于批单。（　　）

模块二　人身保险合同要素认知

任务一　人身保险合同的主体

【任务情景】

丈夫张某为妻子李某购买了一份意外伤害险，在填写投保单时，将他们的儿子张子作为受益人。这一保险合同关系中，投保人、被保险人、受益人分别是谁？他们三者之间有什么关系？

半年后，丈夫想要将受益人变更为自己，他可以自己去保险公司办理变更吗？

【基础知识】

人身保险合同的主体是人身保险合同订立、履行过程中的参与者，也就是根据保险合同的约定，享有相关权利并承担相应义务的人。人身保险合同的主体主要包括当事人、关系人和辅助人。

一、人身保险合同的当事人

保险合同的当事人是指订立并履行合同的自然人、法人或其他组织。人身保险合同的当事人包括保险人和投保人。

（一）保险人

保险人又称承保人，是与投保人订立保险合同，收取保险费，在保险事故发生时承担赔偿或给付保险金责任的人。保险人是保险合同的一方当事人，也是经营保险业务的人。大多数国家的法律规定只有法人才能成为保险人，自然人不得从事经营保险业务。根据我国《保险法》的规定，我国的保险公司必须是采取一定组织形式的法人。但也并非所有的法人都可以从事人身保险业务，凡从事保险业务的法人必须具备一定的条件，同时要经过国务院保险监督管理机构批准。

（二）投保人

投保人又称要保人，是与保险人签订人身保险合同并承担交纳保险费义务的人。作为直接参与保险合同订立的当事人，投保人须符合下列条件。

1. 投保人必须具备完全民事行为能力和民事权利能力。保险合同和一般合同一样，要求当事人具有完全的权利能力和行为能力，这对法人和自然人均相同。未取得法人资格的组织不能成为保险合同的投保人，无民事行为能力的自然人不能成为保险合同的投保人。对于限制民事行为能力的自然人，经其法定代理人同意，可以作为投保人订立保险合同。

【知识链接】

民事权利能力和民事行为能力

所谓民事权利能力，就是指法律所规定的，自然人或社会组织参加民事法律关系、享有民事权利和承担民事义务的资格。民事权利能力是自然人或法人享有民事权利的前提，但它不是具体的民事权利。我国《民法总则》规定，自然人从出生时起到死亡时止，具有民事权利能力，依法享有民事权利，承担民事义务。自然人的民事权利能力一律平等。涉及遗产继承、接受赠与等胎儿利益保护的，胎儿视为具有民事权利能力。但是胎儿娩出时为死体的，其民事权利能力自始不存在。

民事行为能力是民事主体独立地以自己的行为为自己或他人取得民事权利和承担民事义务的能力。按照自然人的年龄和精神状态的不同情况，可将公民分为无民事行为能力人、限制民事行为能力人和完全民事行为能力人。我国《民法总则》规定：

十八周岁以上的自然人为成年人。不满十八周岁的自然人为未成年人。成年人为完全民事行为能力人，可以独立实施民事法律行为。十六周岁以上的未成年人，以自己的劳动收入为主要生活来源的，视为完全民事行为能力人。

八周岁以上的未成年人为限制民事行为能力人，实施民事法律行为由其法定代理人代理或者经其法定代理人同意、追认，但是可以独立实施纯获利益的民事法律行为或者与其年龄、智力相适应的民事法律行为。不能完全辨认自己行为的成年人为限制民事行为能力人，

不满八周岁的未成年人为无民事行为能力人，由其法定代理人代理实施民事法律行为。不能辨认自己行为的成年人为无民事行为能力人，由其法定代理人代理实施民事法律行为。

2. 投保人必须对被保险人具有保险利益。保险利益是指投保人或被保险人对保险标的具有的法律上承认的经济利益。保险利益原则是保险的基本原则之一，同样适用于人身保险，投保人对被保险人不具有保险利益的，保险合同自始无效。

3. 投保人应当具有交纳保险费的能力。商业保险公司经营保险业务是一种商业逐利行为。一般情况下，投保人想要使保险人在未来能够按照保险合同的约定承担保险责任、向被保险人提供保险保障，就必须在同保险人订立保险合同后，按照合同约定向保险人支付一定的保险费作为代价。因此，投保人购买保险除了考虑被保险人的风险保障需求外，还需要考虑到自身的交费能力，量力而行。

二、人身保险合同的关系人

人身保险合同的关系人是指虽不直接参与签订保险合同，但与保险合同有经济利益的人。人身保险合同的关系人包括被保险人和受益人。

（一）被保险人

被保险人是受保险合同保障，当保险事故发生后有权按照保险合同的约定，向保险

人请求保险金给付的人。被保险人的生命和身体是人身保险合同的保险标的，是保险事故的主体对象。显然，在人身保险合同中，被保险人只能是自然人，且不受民事行为能力的限制。

由于人身保险合同的订立涉及被保险人的人身权利、经济利益，甚至有可能影响被保险人的人身安全。为防范道德风险，保护被保险人的权益，在订立人身保险合同时，若投保人和被保险人不是同一人，要求保险合同的订立必须经过被保险人同意。我国《保险法》第三十四条规定："以死亡为给付保险金条件的合同，未经被保险人同意并认可保险金额的，合同无效。"

但人身保险合同的被保险人不受民事行为能力的限制，当被保险人为无行为能力人或者限制行为能力人时，由于他们缺乏足够的辨别能力，其关于是否同意订立保险合同的意思表示没有法律效力。为了保护无行为能力人和限制行为能力人的利益，许多国家禁止为无行为能力人和限制行为能力人订立以死亡为给付责任的人身保险合同。我国《保险法》第三十三条规定："投保人不得为无民事行为能力人投保以死亡为给付保险金条件的人身保险，保险人也不得承保。父母为其未成年子女投保的人身保险，不受前款规定限制。但是，因被保险人死亡给付的保险金总和不得超过国务院保险监督管理机构规定的限额。"

在不违背法律的限制性条件下，保险人可以限制不同险种被保险人的投保条件，对被保险人的年龄、职业和健康方面进行限制。目的在于防止逆向选择，稳定保险人的经营。

【知识链接】

父母为未成年子女投保以死亡为给付保险金条件的人身保险的保额限制

为保护未成年人的合法权益，原保监会在2015年第90号文件中规定：根据我国《保险法》第三十三条规定，现就规范父母作为投保人为其未成年子女投保以死亡为给付保险金条件人身保险的有关问题通知如下：

一、对于父母为其未成年子女投保的人身保险，在被保险人成年之前，各保险合同约定的被保险人死亡给付的保险金额总和、被保险人死亡时各保险公司实际给付的保险金总和按以下限额执行：

（一）对于被保险人不满10周岁的，不得超过人民币20万元。

（二）对于被保险人已满10周岁但未满18周岁的，不得超过人民币50万元。

二、对于投保人为其未成年子女投保以死亡为给付保险金条件的每一份保险合同，以下三项可以不计算在前款规定限额之中：

（一）投保人已交保险费或被保险人死亡时合同的现金价值；对于投资连结保险合同、万能保险合同，该项为投保人已交保险费或被保险人死亡时合同的账户价值。

（二）合同约定的航空意外死亡保险金额。此处航空意外死亡保险金额是指航空意外伤害保险合同约定的死亡保险金额，或其他人身保险合同约定的航空意外身故责任对应的死亡保险金额。

（三）合同约定的重大自然灾害意外死亡保险金额。此处重大自然灾害意外死亡保险金额是指重大自然灾害意外伤害保险合同约定的死亡保险金额，或其他人身保险合同约定的重大自然灾害意外身故责任对应的死亡保险金额。

三、保险公司在订立保险合同前，应向投保人说明父母为其未成年子女投保以死亡为给付保险金条件人身保险的有关政策规定，询问并记录其未成年子女在本公司及其他保险公司已经参保的以死亡为给付保险金条件人身保险的有关情况。各保险合同约定的被保险人死亡给付的保险金额总和已经达到限额的，保险公司不得超过限额继续承保；尚未达到限额的，保险公司可以就差额部分进行承保，保险公司应在保险合同中载明差额部分的计算过程。

四、保险公司应在保险合同中明确约定因未成年人死亡给付的保险金额，不得以批单、批注（包括特别约定）等方式改变保险责任或超过本通知规定的限额进行承保。

（二）受益人

受益人是人身保险合同的关系人之一。我国《保险法》第十八条规定：“受益人是指人身保险合同中由被保险人或者投保人指定的享有保险金请求权的人。投保人、被保险人可以为受益人。”受益人的权利是在被保险人死亡后向保险人申请受领死亡保险金，其只享有权利，而不需承担义务。

1. 受益人的指定。受益人的资格一般不受任何限制。法人、自然人均可被指定为受益人。指定自然人为受益人，不以具有民事行为能力的人或者与被保险人有利害关系的人为限。胎儿也可以为受益人，但以出生时存活为必要条件；即便受益人因为犯罪等原因剥夺政治权利，也不影响其应享有的受益权。

在人身保险中，受益人是由投保人或被保险人指定的，当投保人指定受益人时，须经被保险人的同意。投保人为与其有劳动关系的劳动者投保人身保险，不得指定被保险人及其近亲属以外的人为受益人。被保险人为无民事行为能力人或者限制民事行为能力人的，可以由其监护人指定受益人。

投保人或被保险人可以指定一人或者数人为受益人。如果被指定一人为受益人，受益权由该人行使，并获得给付保险金的全部利益。如果指定数人为受益人，保险金请求权由该数人行使，投保人或被保险人可以确定其受益顺序和受益份额，未确定的，受益人按相等份额享有受益权；指定受益顺序的，受益顺序在先的受益人先有权领取保险金。当受益顺序在先的受益人发生死亡或丧失受益权后，后一顺序的受益人才可享有保险金请求权。

【延伸阅读】

指定受益人的常见误区及注意事项

在保险实务中，由于少数保险业务员专业性不强，投保人对保单相关的知识也不了解，导致在指定受益人的时候常常出现如下问题。

1. 未指定或指定不明。有的保单在受益人一栏未填写，或虽然填写姓名但没有填写身份证号码导致无法具体认定，这种情况属于受益人未指定或指定不明。根据《保险法》第四十二条的规定，在保单受益人未指定或指定不明的情况下，保险金将作为被保险人的遗产由被保险人的继承人按照《继承法》的相关规定进行继承。在这种情况下，投保人和被保险人将面临两大风险：一是保险金将面临被保险人债务及税务（遗产税）的威胁，因为保险金作为被保险人的遗产需先清偿其税款和债务，《继承法》第三十三条规定："继承遗产应当清偿被继承人依法应当交纳的税款和债务，交纳税款和清偿债务以他的遗产实际价值为限。超过遗产实际价值部分，继承人自愿偿还的不在此限。"二是保险金有可能传承给被保险人并不愿意给予的继承人，同时由于面临多人分配可能导致家庭不和。因为按照《继承法》的规定，在这种情况下，保险金一般按照法定继承办理，由被保险人的法定第一顺位继承人继承。而被保险人的法定继承人按照《继承法》第十条的规定："遗产按照下列顺序继承：第一顺序：配偶、子女、父母。……本法所说的子女，包括婚生子女、非婚生子女、养子女和有扶养关系的继子女。本法所说的父母，包括生父母、养父母和有扶养关系的继父母。"也就是说被保险人的子女、养子女、继子女、父母、养父母、继父母、配偶都是第一顺位继承人，都有权继承该保险金。

2. 仅填写"法定"或"法定继承人"。在保单受益人一栏仅填写"法定"或"法定继承人"。保单一栏仅填写"法定"是否属于"未指定或指定不明"？对此很多人有误解，很多保险业务员会宣称如果仅填写"法定"属于"未指定或指定不明"，保险金将会作为被保险人的遗产进行分配。对此，《最高人民法院关于适用〈中华人民共和国保险法〉若干问题的解释（三）》第九条对此做了专门规定："当事人对保险合同约定的受益人存在争议，除投保人、被保险人在保险合同之外另有约定外，按以下情形分别处理：（一）受益人约定为'法定'或者'法定继承人'的，以继承法规定的法定继承人为受益人；"而《继承法》规定的法定继承人有明确的范围，因此，此种情况不属于"未指定或指定不明"，保险金应支付给被保险人的法定继承人，而不是作为被保险人的遗产进行分配。当然，此种情况下，对于投保人或被保险人来说很难实现其财富传承的真正意愿，一方面由于法定继承人众多，加上复杂的程序，可能导致保险金的领取难度很大、持续时间长；另一方面，保险金也很难按照被保险人的意愿指定传承。

3. 指定多人，未明确份额及顺序。在保单受益人一栏填写多人，但未明确份额及顺序，或仅明确份额未明确顺序，或仅明确顺序未明确份额。《最高人民法院关于适用〈中华人民共和国保险法〉若干问题的解释（三）》第十二条规定："投保人或者被保险人指定数人为受益人，部分受益人在保险事故发生前死亡、放弃受益权或者依法丧失受益权的，该受益人应得的受益份额按照保险合同的约定处理；保险合同没有约定或者约定不明的，该受益人应得的受益份额按照以下情形分别处理：（一）未约定受益顺序及受益份额的，由其他受益人平均享有；（二）未约定受益顺序但约定受益份额的，由其他受益人按照相应比例享有；（三）约定受益顺序但未约定受益份额的，由同顺序的其他受益人平均享有；同一顺序没有其他受益人的，由后一顺序的受益人平均享有；

（四）约定受益顺序及受益份额的，由同顺序的其他受益人按照相应比例享有；同一顺序没有其他受益人的，由后一顺序的受益人按照相应比例享有。”根据该条可以推论出，受益人为多人，份额和顺序均未明确的，由全部受益人平分保险金；只约定份额的，全体受益人按约定份额分配保险金；只约定顺序的，由同一顺位受益人平分保险金。因此，我们可以看出，要实现指定传承的目的，在受益人为多人时应根据家庭情况约定顺序及受益份额。

4. 受益人身份变化未及时变更或变更无效。在保单受益人一栏填写身份+姓名，如“妻子王某某”或仅填写身份“妻子”。当随后被保险人婚姻发生变化，即被保险人的妻子变成“谢某某”，此时保单受益人究竟是“王某某”还是“谢某某”，还是指定不明？如果保单受益人仅约定为身份关系的，《最高人民法院关于适用〈中华人民共和国保险法〉若干问题的解释（三）》第九条规定：“……（二）受益人仅约定为身份关系的，投保人与被保险人为同一主体时，根据保险事故发生时与被保险人的身份关系确定受益人；投保人与被保险人为不同主体时，根据保险合同成立时与被保险人的身份关系确定受益人；……”也就是说这种情况下，要确定谁为受益人，需要确定保单的投保人和被保险人是否同一人，如果不是同一人，受益人为保单订立时被保险人的妻子即被保险人的前妻“王某某”；如果保单的投保人和被保险人为同一人的，受益人为保险事故发生时被保险人的妻子即现任妻子“谢某某”。

如果保单受益人约定为身份+姓名的，《最高人民法院关于适用〈中华人民共和国保险法〉若干问题的解释（三）》第九条规定：“（三）受益人的约定包括姓名和身份关系，保险事故发生时身份关系发生变化的，认定为未指定受益人。”按照此条规定，如果后来身份发生变化的，视为未指定受益人，则保险金将作为被保险人的遗产按照《继承法》的规定进行法定继承。

指定受益人的注意事项：

1. 在签订保单时须在保单上明确指定受益人；

2. 指定受益人时需考虑到受益人的人身风险，建议做好预案即约定好第二顺位、第三顺位受益人，如果想一次指定几位受益人，可以同时约定几位受益人并约定好受益份额；

3. 明确填写受益人姓名及身份证号码，一般不建议在指定受益人时仅填写身份或身份+姓名，如填写为身份的，要关注保单上受益人身份的变化，如因家庭变动受益人身份发生变化的，投保人及被保险人要及时根据自己的意愿更改受益人。

资料来源：http：//www.lawtime.cn/article/lll119868151119873245oo512328。

2. 受益人的变更。人身保险合同具有长期性的特征，指定的受益人与被保险人的关系、投保人的主观愿望都有可能发生变更。因而赋予被保险人或投保人指定受益人权利的同时，赋予其变更受益人的权利才可能体现投保的真实意图。

我国《保险法》第四十一条规定：“被保险人或者投保人可以变更受益人并书面通知保险人。保险人收到变更受益人的书面通知后，应当在保险单或者其他保险凭证上批注或者附贴批单。投保人变更受益人时须经被保险人同意。”

为了避免因变更受益人而产生不必要的纠纷，《保险法》对受益人的变更规定了较为严格的通知义务，即要求被保险人或者投保人以书面形式将变更受益人的决定通知保险人，否则保险人可以不受该项变更的约束，在给付保险金时，依法仍然只能将保险金给付给原来的受益人。

3. 受益权的丧失。由于被保险人是否在保险期限内死亡是一个随机事件，被保险人或投保人又可能随时变更受益人，所以受益人领取保险金的权利，在被保险人死亡前是一种与其身份相联系的期待权，只有当被保险人死亡时，受益人的期待权才转化为债权。与身份相关的期待权不能继承或转让，而债权属于财产权利，可以继承或转让。

《保险法》第四十二条规定："被保险人死亡后，有下列情形之一的，保险金作为被保险人的遗产，由保险人依照《中华人民共和国继承法》的规定履行给付保险金的义务：

（一）没有指定受益人，或者受益人指定不明无法确定的；

（二）受益人先于被保险人死亡，没有其他受益人的；

（三）受益人依法丧失受益权或者放弃受益权，没有其他受益人的。

……"

《保险法》第四十三条规定："……受益人故意造成被保险人死亡、伤残、疾病的，或者故意杀害被保险人未遂的，该受益人丧失受益权。"

【知识链接】

受益权与遗产继承权的异同

受益权是指在人身保险合同中，受益人合法地享有保险金的请求权。遗产继承权是指在民事法律关系中，遗产继承人合法享有的遗产继承的权利。《保险法》明确提出受益权及遗产继承权之间的转换关系。但在保险实务中，由于没有受益人领取保险金，因而按继承权分配导致较多的争议及纠纷，这主要是对受益权与遗产继承权的理解及适用上存在一定的偏差。

受益权与遗产继承权的相同点

1. 都是一种期得权利。所谓的"期得权"是与"既得权"相对应的，指在一定条件下才可获得的利益。受益权是在保险合同约定的条件成就时，如被保险人死亡等才可享有保险金的请求权，而继承权同样需要在被继承人死亡时才能享有财产继承的权利。

因为是期得权利，所以受益权与继承权在期得的条件未实现时，未实现其权益前，不得将此项权利进行转让，除放弃该权利外，他对所拥有的受益权没有任何处分的权利。

2. 都具有排他性。除同一顺序的权利人外，其他人均无权分享或剥夺权利人享受权利。保险合同的受益人除非丧失受益权，否则其他顺序的权利人或任何的个人、法人均不能干涉其领取保险金的权利。同样，在有指定继承人的遗嘱中，其他继承人均不能剥夺指定继承人的遗产继承权；如果没有指定继承人的，则第二顺序的继承人或其他法人或自然人均不能剥夺第一顺序继承人的继承权。

3. 权利的丧失。为了防止道德风险，当受益人或继承人对授权的主体有故意谋害行为时，都会丧失其应享有的权利。

受益权与遗产继承权的不同点

1. 适用的法律不同。保险金的受益权属合同法的范畴，受《保险法》的约束；继承权属民法的范围，受《继承法》的约束。

2. 享受权利的主体及主体产生的方法不同。受益权的主体是受益人，受益人是人身保险合同中由被保险人或者投保人指定的享有保险金请求权的人。所以受益人的产生须满足两个条件：第一，在人身保险合同有注明的。《保险法》第四十一条规定：“被保险人或者投保人可以变更受益人并书面通知保险人。保险人收到变更受益人的书面通知后，应当在保险单上批注。”第二，须由被险人或投保人指定的。《保险法》第三十九条规定：“人身保险的受益人由被保险人或者投保人指定。投保人指定受益人时须经被保险人同意。被保险人为无民事行为能力人或者限制民事行为能为的人，可以由其监护人指定受益人。”

继承权的主体是被继承人。继承人的产生有两种。一种是法定继承，法定继承是由法律直接规定继承人的范围、顺序、分配原则的继承方式，第一顺序的继承人为：配偶、子女、父母，第二顺序的继承人为：兄弟姐妹、祖父母、外祖父母。法定继承中同一顺序的继承人可以均分遗产的份额。另一种是遗嘱继承，遗嘱继承是公民以立遗嘱的形式将个人财产指定由法定继承人的一人或数人继承。

3. 义务不同。受益人除了在合同约定的事件发生时有及时通知保险人的义务外，不承担任何其他义务。继承人的义务有：遗嘱继承附有的义务。

三、人身保险合同的辅助人

人身保险合同的辅助人是协助人身保险合同当事人订立保险合同或履行保险合同的人，主要包括代理人和经纪人。

（一）代理人

保险代理人，是指根据保险人的委托授权，代理其经营保险业务，并收取代理费用的人。保险代理人在保险人授权的范围内以保险人的名义进行业务活动。保险代理人在授权范围内，以被代理人的名义独立实施一切法律行为，其后果由被代理人即保险人承担。通常保险代理人分为专业代理人、兼业代理人和个人代理人三种。

（二）经纪人

保险经纪人是基于投保人的利益，为投保人与保险人订立保险合同提供中介服务，并依法收取佣金的机构。保险经纪人应当具备国务院保险监督管理机构规定的条件，取得保险监督管理机构颁发的经营保险代理业务许可证、保险经纪业务许可证。保险经纪人因过错给投保人、被保险人造成损失的，依法承担赔偿责任。

活动一　调查了解寿险公司的基本状况

【活动内容】

选择不同的寿险公司直接关系到消费者的根本利益，这是消费者在购买人寿保险产品时必须了解和关注的内容。将每班同学分为几组，收集我国人身保险市场上几家大型寿险公司的资料，在课堂进行分享和讨论。

（1）分组介绍不同寿险公司的基本情况。

（2）讨论：从客户的角度分析应当如何正确选择投保的保险公司。

活动二　正确指定受益人

【活动内容】

将每班同学分为几组，结合以下资料，在课堂上进行分享和讨论。

吴女士婚后给自己投保了一份保额为 20 万元的人寿保险和 30 万元的意外险，在填写受益人时，面对自己深爱的丈夫和未成年的女儿，还有年近 70 岁生活在农村的父母，吴女士不知该填谁为受益人。请你帮助她指定受益人，并谈谈这样指定的原因。

活动三　实训案例讨论

【活动内容】

将同学分组，根据所学知识，分析讨论以下案例应如何处理。

1. 2015 年，王某未婚，王母为他投保了某终身寿险，并代王某交纳了保费，在保险单的“受益人”一栏填写了“法定”二字。2016 年，王某与张女士结婚，后生一男孩。人有旦夕祸福，王某出差时遭遇车祸，不幸离世。保险公司按规定应支付 10 万元身故赔偿金，但王母与张女士为赔偿金发生了争执，张女士认为自己是法定受益人，理所当然有权分割保险金。王母却认为自己是投保人，并且保费是自己交的，投保时王某未婚，因而投保时的法定受益人应是父母。你认为本案应该如何处理？

2. 2010 年，张先生向某保险公司为自己投保一份保额为 30 万元的人寿保险，年交费 8000 多元，交费期 10 年，受益人一栏填写的是“妻子”；2014 年，张先生和黄女士离婚后，2015 年与夏女士结合。2017 年，张先生因意外去世。前妻和现任妻子均以受益人身份要求保险金。那么，保险金应该归谁呢？如果这份保单的投保人是黄女士，保险金又该如何处理呢？

任务二 人身保险合同的客体

【任务情景】

2015 年，赵先生为妻子李某购买了一份保险期限为 15 年的生死两全保险，年交保费为 4000 元，保险金额为 60000 元，指定受益人为赵先生。上个月，二人因感情不和离婚。

请分析：赵先生为妻子购买的这份保险合同还有效吗？

【基础知识】

人身保险合同的客体是指保险合同主体的权利和义务共同指向的对象。人身保险合同保障的不是保险标的本身的安全，而是保险标的受损后投保人或被保险人、受益人的经济利益。因此，人身保险合同的客体不是保险标的，而是投保人对保险标的的保险利益。

一、人身保险的保险利益

保险利益原则是保险经营中遵循的基本原则之一。这一原则要求投保人必须对保险标的具有保险利益，否则订立的保险合同自始无效。这一原则同样适用人身保险。人身保险的保险利益是指投保人对被保险人的生命或身体所具有的经济利害关系，即被保险人的生命或身体遭受伤害或被保险人生存到一定年龄时，均会使投保人在经济上的支出增加。在人身保险业务经营中坚持保险利益原则可以在相当程度上排除投保人可能进行的赌博、投机或者谋财害命行为，保护被保险人的人身安全。

二、我国对人身保险保险利益的法律规定

人身保险的保险利益事关被保险人的身体健康与生命，不能像财产保险标的一样有客观明确的估测标准，相对而言具有其特殊性和不确定性，一般是通过法律的直接规定来确定人身保险的保险利益。我国《保险法》第三十一条规定："投保人对下列人员具有保险利益：

（一）本人；

（二）配偶、子女、父母；

（三）前项以外与投保人有抚养、赡养或者扶养关系的家庭其他成员、近亲属；

（四）与投保人有劳动关系的劳动者。

除前款规定外，被保险人同意投保人为其订立合同的，视为投保人对被保险人具有可保利益。"

本人是指投保人自己。任何人对于自己的身体或者寿命，具均有无限保险利益。

配偶是指与投保人有合法婚姻关系的另一方，夫妻间互为配偶。

投保人的子女是指投保人最近的晚辈直系亲属，包括投保人的婚生子女、非婚生子女、养子女和有抚养关系的继子女。

投保人的父母包括生父母、养父母以及有抚养关系的继父母。但是，除父母为其未成年子女投保的人身保险外，以死亡为给付保险金条件的合同，未经被保险人书面同意并认可保险金额的，合同无效。也就是说，以死亡为给付保险金条件的合同，除父母为其未成年子女投保的人身保险外，不仅要具有保险利益，而且要取得被保险人书面同意并认可保险金额。

家庭其他成员、近亲属主要有投保人的祖父母、外祖父母、孙子女以及外孙子女等直系血亲；投保人的亲兄弟姐妹、养兄弟姐妹、有扶养关系的继兄弟姐妹等旁系血亲。投保人对家庭其他成员、近亲属有保险利益，必须以投保人与家庭其他成员、近亲属有抚养、赡养或者扶养关系为前提。否则，投保人对其没有保险利益。

另外，被保险人同意投保人为其订立合同的，视为投保人对被保险人具有保险利益。

可见，我国《保险法》是以投保人和被保险人之间的人身依附关系和信赖关系为基础，严格限定人身保险的保险利益范围。

三、人身保险保险利益的时效要求

人身保险的保险利益必须在合同成立时存在，否则，订立的合同无效。在人身保险合同效力持续时间内和发生保险事故时，保险利益是否存在，对合同的效力没有影响。如夫妻一方作为投保人为另一方投保后离婚，离婚后保险利益虽然已经不存在，但已经订立的保险合同并不因失去保险利益而失效。

活动一　实训案例讨论

【活动内容】

将同学分组，根据所学知识，分析讨论以下案例应如何处理。

1. 2014 年 8 月，李某为婆婆张某购买了一份保额为 30 万元的 10 年期定期寿险，双方约定由李某按月支付保险金额，指定受益人为年仅 10 岁的李某的儿子。而后，张某通过书面认可了受益人为其孙子的保险和保险金额。3 年后，李某因家庭纠纷与张某儿子离婚，且未获得孩子的监护权，但其依旧按月支付张某的保险费直至 2017 年 12 月张某去世。2018 年初，李某向保险公司申请给付保险金，但保险公司认为李某因离婚对保险人已不存在保险利益拒付保险金。你认为保险公司的做法正确吗？为什么？

2. 张某（男）和李某（女）是大学同学，在读书期间两人确定恋爱关系，毕业之后两人在不同城市工作。张某生日快到了，为了给他一个惊喜，李某悄悄为张某投保了一份人寿保险，准备作为生日礼物送给他，因为不想让男友知道，便自己替他签了名字，受益人写成了自己。谁知天有不测风云，张某赶往李某所在城市时，遭遇到了车祸，当场死亡。悲痛之余，李某想到了自己为张某投保的保单，于是向保险公司申请给付死亡保险金。保险公司在核赔时发现，这份人寿保险是在张某不知情的情况下，由李某私自购买的。于是，保险公司以李某没有保险利益为由，拒绝给付保险金。李某因此将保险公司告上法庭。你认为本案应该如何处理？

【模块加油站】

一、单选题

1. 被保险人属于保险合同中的（　　）。

A. 当事人　　B. 关系人　　C. 中间人　　D. 既是当事人又是关系人

2. 寿险中，要求投保人在（　　）时具有可保利益。

A. 投保时　　B. 理赔时

C. 投保时或理赔时　　D. 投保时和理赔时

3. 满期保险金和残疾保险金等在被保险人生存的条件下给付，应当由（　　）受领。

A. 投保人　　B. 继承人　　C. 被保险人　　D. 被保险人亲属

4. 甲（被保险人）和乙（受益人）一道出海捕鱼遭遇风浪，甲死于沉船，乙经抢救无效，后死在医院。据此，甲的死亡保险金应该付给（　　）。

A. 甲的继承人　　B. 乙的继承人

C. 甲、乙的继承人平分　　D. 保单持有人

5. 人身保险合同的客体是（　　）。

A. 保险标的　　B. 保险利益

C. 被保险人的生命或身体　　D. 保险单

6. 在保险事故发生前，受益人受领保险金的权利是一种（　　）。

A. 债权　　B. 期待权　　C. 继承权　　D. 以上都不对

二、多选题

1. 下列关于受益人的说法错误的有（　　）。

A. 受益人是由保险人或被保险人指定的

B. 受益人是由投保人或被保险人在给付保险金时指定的

C. 受益人不可以随时变更

D. 受益人只能是一名自然人

2. 人身保险合同中的受益人可以是（　　）。

A. 无民事行为能力的人　　B. 限制民事行为能力的人

C. 法人　　D. 活体胎儿

3. 被保险人死亡后，遇有下列情况之一的，保险金作为被保险人的遗产，由保险人向被保险人的继承人给付保险金（　　）。

A. 没有指定受益人　　B. 受益人先于被保险人死亡，没有其他受益人

C. 受益人和继承人不是同一人　　D. 受益人依法丧失受益权，没有其他受益人

4. 在人身保险中，下列关系正确的有（ ）。

A. 保险人不可能同时又是被保险人

B. 保险人不可能同时又是投保人

C. 投保人不可以同时又是受益人

D. 投保人不可以同时又是被保险人

5. 人身保险合同的当事人包括（ ）。

A. 保险人 B. 投保人 C. 被保险人 D. 受益人

三、判断题

1. 由于身故保险金可以视为被保险人的遗产，因此被保险人的债权人可以扣押属于受益人的身故保险金。（ ）

2. 根据我国《保险法》规定，被保险人指定受益人必须经过投保人的同意。（ ）

3. 父母可以为其未成年子女投保以死亡为给付保险金条件的人身保险。（ ）

4. 受益人在保险合同中有着独特的法律地位，享有受益权而无须承担任何义务。（ ）

5. 人身保险的保险利益必须在保险合同订立时存在，而不要求在保险事故发生时具有保险利益。（ ）

模块三 人身保险合同条款认知

任务一 人身保险合同的标准条款解读

【任务情景】

王先生是某保险公司代理人小张的客户，一天小张如约来到王先生家商谈购买保险的事宜，并携带了该公司保险合同和产品条款，客户在看到密密麻麻的保单条款后，感到既头痛又困惑。

人身保险合同中有哪些条款，这些条款应该如何正确使用，请你为客户解读人身保险合同的主要条款。

【基础知识】

一、不可抗辩条款

根据保险的最大诚信原则，保险合同的效力取决于投保人或者被保险人的告知与保证义务的履行。这意味着在被保险人或者受益人索赔时，只要保险公司发现投保人有违反保证或者不如实告知的行为，保险公司就可能以此为由解除合同，拒绝赔付。但当保险事故发生后，如果保险合同已经生效数十年，保险人再以投保人不如实告知认定保险合同无效，拒绝向被保险人或受益人履行赔付义务，这使得购买了保险的善意被保险人无法得到预期的经济保障。因此，为了保护被保险人和受益人的利益，在保险经营中引入不可抗辩条款，从期限上限制了保险人因投保人如实告知上的瑕疵而解除合同的权利。

不可抗辩条款又称为不可争条款，是指人寿保险合同生效一定时期之后（两年），保险合同就成为不可争议的文件，保险人不能再以投保人在投保时违反最大诚信原则，没有履行如实告知义务而主张解除合同或拒绝给付保险金。保险人可以解除合同的期限称为可抗辩期，可抗辩期以外就是不可抗辩期。在可抗辩期内保险人可以以投保人未如实告知为由解除合同，超过了法定期限，保险人就丧失了以投保人不如实告知为由解除合同的权利。

我国《保险法》第十六条规定："……投保人故意或者因重大过失未履行前款规定的如实告知义务，足以影响保险人决定是否同意承保或者提高保险费率的，保险人有权解除合同。前款规定的合同解除权，自保险人知道有解除事由之日起，超过三十日不行使而消灭。自合同成立之日起超过二年的，保险人不得解除合同；发生保险事故的，保险人应当承担赔偿或者给付保险金的责任。……"

【延伸阅读】

不可抗辩条款的例外

不可抗辩条款一般仅限于保单有效性的争议，旨在禁止因投保人欺诈、隐匿或重大误述而对保单的有效性提出争议。该规则也有例外情况，在欺诈性冒名顶替、缺乏可保利益、蓄意谋杀被保险人等情况下，即使争议期结束，保险人也可以提出抗辩。一般来说，保险人基于以下几种事由所提出的抗辩不受不可抗辩条款的拘束：(1) 在不可抗辩期间发生事故的，解除权不因不可抗辩期间的届满而消灭，保险人仍可以告知义务有瑕疵而解除合同。英美立法一般规定"本契约自成立日起经过一年以后，订为不可争，但以被保险人未亡为条件"以防止投保人或受益人可能进行的规避。(2) 未交纳保险费的情形，不受不可抗辩条款的约束。(3) 投保人必须对保险标的具有可保利益，以防止利用生命赌博和道德危险因素。因此，保险利益的争辩不在此规则的调整范围内。(4) 此规则虽适用一般的欺诈行为，但特别严重的欺诈行为仍可能使合同无效，如冒充被保险人进行体检等行为。在保险实务中，不可抗辩条款主要存在于具有长期性的人寿保险、健康保险、意外伤害保险合同中。

资料来源：https：//baike. baidu. com/item/不可抗辩条款/2491542？fr = aladdin。

二、年龄误告条款

在人寿保险合同中，年龄是决定保险费率的重要依据，也是保险公司在承保时测量危险程度，决定可否承保的依据。根据不可抗辩条款的规定，保险合同在生效两年后保险人不得再以投保人或被保险人不如实告知解除保险合同，但在年龄误告的情况下，如果仍按照原保险合同的约定给付保险金，显然对保险人不公平。

年龄误告条款是指人身保险投保时如果误报了被保险人的年龄，保险金额将根据真实年龄予以调整的合同规定。年龄误告一般分为两种情况。

1. 年龄不真实影响保险合同效力的情况。如果被保险人真实年龄不符合合同约定的年龄限制的，保险合同为无效合同，保险人可以解除保险合同，并向投保人退还保险单的现金价值。

2. 年龄不真实影响保险费及保险金额的情况。投保人申报的被保险人年龄不真实，致使投保人支付的保险费少于应付保险费或多于应付保险费，保险金额根据被保险人真实年龄进行调整。调整的原因在于年龄是人寿保险对风险估计与计算保险费率的主要因素。这种调整又分为两类：所填报年龄高于实际年龄以及所填报年龄低于实际年龄。

（1）当所填报年龄低于被保险人的实际年龄，投保人实交保费小于应交保费时，保险费的调整一般分为两种情况：一种是在合同有效期间，要求投保人补交少交的保险费。另一种是在保险事故发生时，按实交保费调整给付金额，调整公式为

应付保险金＝约定保险金额×（实交保险费/应交保险费）

上式中的实交保险费指投保人按错报年龄实际已交纳的保险费，应交保险费是按被保险人的真实年龄计算应该交纳的保险费。

（2）当所填报年龄高于被保险人的实际年龄，投保人的实交保费多于应交保费，其调整方法一般为退还多交的保险费。

我国《保险法》第三十二条规定："投保人申报的被保险人年龄不真实，并且其真实年龄不符合合同约定的年龄限制的，保险人可以解除合同，并按照合同约定退还保险单的现金价值。保险人行使合同解除权，适用本法第十六条第三款、第六款的规定。投保人申报的被保险人年龄不真实，致使投保人支付的保险费少于应付保险费的，保险人有权更正并要求投保人补交保险费，或者在给付保险金时按照实付保险费与应付保险费的比例支付。投保人申报的被保险人年龄不真实，致使投保人支付的保险费多于应付保险费的，保险人应当将多收的保险费退还投保人。"

三、自杀条款

自杀条款是保险合同中关于保险人对被保险人因自杀死亡是否承担保险责任的规定，一般是出现在人寿保险合同中。人寿保险是以被保险人的生死为给付条件的保险，自杀也是被保险人死亡的因素之一。因此，在保险实践中出现了被保险人为了使遗属获得一笔钱财而投保高额的人寿保险，然后自杀的现象。保险公司若对自杀行为均给付保险金，无疑会引发道德风险，助长投保后自杀以谋取保险金的行为，损害保险公司和其他投保人的利益；若对自杀行为完全免责，那么受益人的利益会受到损害，违背了人寿保险的初衷；而且保险公司计算保险费所依据的死亡率中包含各种死亡因素，其中也有自杀，保险人对自杀完全免责也不合理。因此，大多数国家对自杀都作了时间上的限制，即只有在保险合同生效后一定期限内所发生的自杀行为作为除外责任，超过一定期

限后的自杀，保险人承担给付保险金的责任。

根据自杀条款的规定，在保险合同生效后的一定时间内（一般为2年）被保险人因自杀死亡属于除外责任，保险人不给付保险金，仅退还保单现金价值或所交保费；而保险合同生效满一定时期之后被保险人因自杀死亡，保险人要承担保险责任，按照合同的约定给付保险金。

需要注意的是法律上所讲的自杀，是指故意用某种手段结束自己生命的各种行为。构成自杀必须同时具备两个条件：（1）主观上有终结自己生命的意图；（2）客观上实施了足以使自己死亡的行为，这两个条件缺一都不构成自杀。

我国《保险法》第四十四条规定："以被保险人死亡为给付保险金条件的合同，自合同成立或者合同效力恢复之日起二年内，被保险人自杀的，保险人不承担给付保险金的责任，但被保险人自杀时为无民事行为能力人的除外。保险人依照前款规定不承担给付保险金责任的，应当按照合同约定退还保险单的现金价值。"

【实训案例】

1. 2016年3月，汽车司机张某投保了一份人寿保险，保额30万元。9月的某一天，张某酒后驾车撞人，造成他人重伤终身残疾，有关部门判定张某负全责。因压力、恐惧等原因，张某白天精神恍惚，晚上夜不能寐，于2017年1月因精神错乱而自杀。

2. 某18岁女学生因被男友抛弃导致心情沉重而自杀。生前曾于2015年2月购买人寿保险，自杀时间为2016年10月。

3. 一名7岁男童因不满父母未记得其生日遂服毒自杀，父母打牌回家后发现。该男童父母曾于2016年10月为其购买意外伤害保险，其自杀时间为2017年9月。

结合以上三个案例，请你分析自杀条款的适用情况。

四、宽限期条款

大多数的长期保险产品都会采用分期交纳保费的方式，而"续期保费"的按期交纳是保险人提供保险保障的先决条件，并影响保险合同的效力。但投保人可能因为疏忽、外出、经济变化等原因无法按时交纳续期保险费，从而导致保单失效。对于保险人而言，这会影响保单的持续性，不利于保险公司经营的稳定性；对于投保人而言，会因其客观原因而非主观意愿失去保障，从而不得不反复办理恢复合同效力的手续，这对保险双方都是费时费力的事情。因此很多国家或地区的保险法都会有关于保费交纳宽限期的规定。

宽限期条款是分期交费的人寿保险合同中关于在宽限期内保险合同不因投保人延迟交费而失效的规定。在分期交纳保险费的保险合同中，如果投保人没有按时交纳续期保费，保险公司会给出一个宽限期间（一般为30天或60天）。在宽限期内保险合同仍然有效，如果发生保险事故，保险人仍然要承担责任，但是要从保险金中扣除所欠的保险费。简言之，宽限期即为允许欠交"续期保费"而不受处罚的规定期间。

我国《保险法》第三十六条规定：“合同约定分期支付保险费，投保人支付首期保险费后，除合同另有约定外，投保人自保险人催告之日起超过三十日未支付当期保险费，或者超过约定的期限六十日未支付当期保险费的，合同效力中止，或者由保险人按照合同约定的条件减少保险金额。被保险人在前款规定期限内发生保险事故的，保险人应当按照合同约定给付保险金，但可以扣减欠交的保险费。”

五、复效条款

复效条款是指人身保险合同因逾期未交纳保险费而失效，自保单失效之日起的一定时间内（一般为 2 年），投保人可以向保险人申请恢复原保险合同效力，经保险人审查同意后，投保人补交失效期间的欠交保费及利息并履行相应的手续后，保单的效力即可恢复，但保险人对于保单失效期间发生的保险事故仍不负责。复效条款是以因欠交保费引起的失效为前提的，其他原因引起的失效不适合本条款。

复效须经投保人提出复效申请，并与保险人达成复效协议方可。为了防止逆向选择，保险人对于申请复效，一般都规定了条件。

1. 复效申请必须在自保险合同失效之日起的一定时间内（一般是 2 年）提出，超过这个期限，就不能复效，保单终止。

2. 复效时，投保人应补交逾期未交的保险费及利息，但保险人对于失效期间发生的保险事故不负赔偿责任。

3. 需提交可保证明。与申请投保一样，申请复效仍要尽告知义务。复效时，投保人提供的可保证明不仅要说明被保险人复效期间身体健康情况，还须对被保险人的职业危险水平、生活环境、财力状况以及有无民事纠纷或犯罪等问题加以说明。只要被保险人的健康状况符合承保条件，一般保险人不会拒绝复效。

4. 复效时须归还保单的未偿贷款，或重新办理借款手续。

5. 投保人不曾退保。

我国《保险法》第三十七条规定：“合同效力依照本法第三十六条规定中止的，经保险人与投保人协商并达成协议，在投保人补交保险费后，合同效力恢复。但是，自合同效力中止之日起满二年双方未达成协议的，保险人有权解除合同。保险人依照前款规定解除合同的，应当按照合同约定退还保险单的现金价值。”

【知识链接】

复效与重新投保的比较

人身保险合同失效后，被保险人要想重新获得保险保障，有两条途径：一是申请复效，二是重新投保。复效与重新投保是不同的，两者之间的区别非常明显，主要表现如下。

1. 复效是原合同的延续，原合同的主体、客体与权利义务约定不变。而重新投保与原合同无关，是一份全新的寿险合同。

2. 重新投保是按再投保时的被保险人的年龄来计算保费，其重新投保的合同的相关权利义务都与原合同无任何继承关系，其险种、保险期间、保险责任、给付方式等均是重新约定。

大部分情况下，复效对于被保险人来说更为有利，可以为被保险人带来以下一些实惠：

1. 复效时的年龄仍按原投保年龄计算，因此复效时保险费与原合同保险费保持一致。重新投保按投保时被保险人的年龄计算保险费，保险费必然高于原合同。

2. 复效后保单的现金价值也得以恢复。重新投保要重新积累现金价值。

3. 复效可以防止被保险人的年龄过高，超过了保险人可以承保的年龄而不能重新投保获得保障。

4. 保险人已经停止发售的某些险种，被保险人可以继续获得保障。

六、自动垫交保费条款

根据自动垫交保费条款的规定，在保险合同生效满一定的期限之后（一般为两年），如果投保人超过宽限期仍未按期交纳续期保费，而保险单的现金价值足以垫交其应交保费及利息时，除投保人事先另以书面做反对声明外，保险人将运用该保单的现金价值自动垫交其应付保费及利息，保单继续有效。在垫交保险费期间如果发生保险事故，保险人要从应给付的保险金中扣除垫交的保险费和利息。当垫交保费的本息和超过了保单的现金价值时，保险合同即行终止。

自动垫交保费条款的“自动”需具备两个条件：

1. 保单此时有效，具有现金价值，且保单的现金价值足以抵交续期保费。

2. 投保人选择了该条款。自动垫交保费条款多是寿险合同的自选条款，在寿险合同订立时，投保人可以自主选择该条款，并需要投保人提交书面申请。

七、保单贷款条款

保单贷款条款又称保单质押贷款条款，是人寿保险合同中关于允许投保人向保险人申请贷款的规定。根据保单贷款条款的规定，人寿保险合同生效满一定的时期（一般为两年）后，投保人可以以保单为抵押向保险人申请贷款，贷款的金额以低于该保险单项下积累的现金价值为限，一般为现金价值的80%。同时，由于人寿保险计算保费时已包含预定利率，保单贷款后影响保险人的资金运用，难以获得预定收益，所以投保人应支付利息。保单贷款利率一般参考市场利率而定，投保人应按期归还贷款并支付利息。保单贷款期限一般为6个月，时间短、额度小、笔数多，一般贷款的净收益低于保险人的投资收益，所以该条款是保险人向投保人的优惠行为。如果在归还贷款本息之前发生了保险事故或退保，保险人则从保险金或退保金中扣除贷款本息。当贷款本息达到责任准备金或退保金的数额时，保险合同即行终止。

八、不可没收现金价值条款

不可没收现金价值条款又称为不丧失现金价值条款，是人寿保险合同中关于当投保人无力继续交纳保险费时，由投保人选择如何处理保险单项下积存的现金价值的条款。

人寿保险单的现金价值主要来自均衡保费制下投保人早期超交的保险费及利息累积。从来源上看，现金价值属于投保人所有，投保人对保单上的现金价值的权益不会因为保险合同效力的变化而丧失，保险人也无权将保单上的现金价值占为己有。在保险实务中，保险公司都会在保险合同中载明现金价值，一般为了简明易读，都会采用表格形式，并且在相关的条款中明确现金价值的计算方法，以及所采用的利率。

所谓不可没收现金价值，就是当保单正式生效并经过一段时间后，投保人因为种种原因，不愿意或者不能持续交费，保单此时已经产生的现金价值，不会因此而消失，仍旧属于投保人。不可没收现金价值条款提供了三种处理现金价值的方式供投保人选择。

1. 解约退保，领取退保金。将保单项下积存的现金价值扣除退保手续费后，作为退保金以现金的形式返还给投保人。投保人在保险期限内可以随时提出退保，停交保险费，领取退保金。

2. 将原保单改为减额交清保险。将保单的现金价值作为一次性趸交保费，投保与原保险合同相同的保险，保险期限和保险责任保持不变，保险金额为原保险单现金价值减去未偿还贷款和利息之后所能购买险种的最高金额。

3. 将原保单改为展期保险。将保单的现金价值作为一次性趸交保费，投保与原保险合同保险金额相同的定期寿险，保险期限为趸交保费允许的最长期限。如果是两全保险合同，经过一段时间后，保单上的现金价值用于交付原合同期限相同的定期寿险后仍剩余，其剩余部分可投保生存保险。

九、红利任选条款

分红保险的保单所有人可以红利的方式，根据保险公司的经营状况分享公司的经营成果。红利任选条款则提供给投保人多种可选择的领取红利的方式，主要有以下六种。

1. 领取现金。领取现金，即保单所有人以现金方式领取保单红利。

2. 累积生息。累积生息是指将每年分得的现金红利留存在保险公司，按照保险公司保证的利率累积生息。在保单有效期内，投保人可以随时提取部分或全部红利及其累积利息。若投保人要求退保，保险公司则将累积红利和退保金一起退还。保险合同效力终止时，将累计红利支付给投保人。

3. 抵交保费。抵交保费是指将每年分得的红利用于交付续期保费，保险公司向投保人寄送红利通知书，列明每期的红利金额和扣除红利后应交的保险费。

4. 交清增额。交清增额是指根据被保险人获得红利时的年龄，以当年获得的保单红利作为一次交清的保险费，按相同的保险条件，相应地增加原保险合同的基本保险金额。

5. 增额定期。增额定期是指根据被保险人获得红利时的年龄，以当年获得的保单红利作为趸交保费购买一年期的定期寿险。但该险的最高保额不得超过保单的现金价值，如果超过，超过的部分保险人将根据红利的其他选择权来处理。

6. 提前满期。提前满期是指在生存保险中将红利并入责任准备金，使被保险人可以提前领取保险金。在生存保险中，当保单的责任准备金累积到与保险金额相等时，就是保单满期的时刻，如果在未满期责任准备金内加入一笔资金，就可以使责任准备金的数额提前达到积累额。

在保险经营实践中，前四种方式是保险公司通常采用的红利领取方式。在保险合同的有效期内，投保人可以申请变更红利领取方式，新的领取方式将在保单下一年度生效。

【知识链接】

英式分红和美式分红

英式分红，又称增额红利，是以增加保单现有保额的形式分配红利，保单持有人只有在发生保险事故、期满或退保时才能真正拿到所分配的红利。英式分红下的增额红利由定期增额红利、特殊增额红利和末期红利三部分组成。定期增额红利每年采用单利法、复利法或双利率法将红利以一定的比例增加保险金额；特殊增额红利只在一些特殊情况下如政府税收政策的变动时将红利一次性地增加保险金额；末期红利一般为已分配红利或总保险金额的一定比例，将部分保单期间内产生的盈余递延至保单期末进行分配，减少了保单期间内红利来源的不确定性，使每年的红利水平趋于平稳。

增额红利法赋予寿险公司足够的灵活性对红利分配进行平滑，保持每年红利的平稳，并以末期红利进行最终调节。由于没有现金红利流出以及对红利分配的递延增加了寿险公司的可投资资产，同时不存在红利现金流出压力，寿险公司可以增加长期资产的投资比例，这从很大程度上增加了分红基金的投资收益，提升了保单持有人的红利收入。但是在增额红利下，保单持有人处理红利的唯一选择就是增加保单的保险余额，保单持有人选择红利的灵活性较低，丧失了对红利的支配权。此外在增额红利分配政策下，红利分配基本上由寿险公司决定，很难向投保人解释现行分配政策的合理性以及对保单持有人利益产生的影响，尤其在寿险公司利用末期红利对红利进行平滑以后，缺乏基本的透明度。增额红利法是英国寿险公司采用的一种红利分配方法，这种分配方法必须在保险市场比较成熟的环境下运用。

美式分红，又称现金红利，是指每个会计年度结束后，寿险公司首先根据当年度的业务盈余，由公司董事会考虑指定精算师的意见后决定当年度的可分配盈余，各保单之间按它们对总盈余的贡献大小决定保单红利。保单之间的红利分配随产品、投保年龄、性别和保单年限的不同而不同，反映了保单持有人对分红账户的贡献比率。一般情况下，寿险公司不会把分红账户每年产生的盈余全部作为可分配盈余，而是会根据经营状况，在保证未来红利基本平稳的条件下进行分配。未被分配的盈余留存在保险公司，用以平滑未来红利、支付末期红利或作为股东的权益。现金红利法下盈余分配的贡献原则体现了红利分配在不同保单持有人之间的公平性原则。

在现金红利法下，保单持有人可以选择将红利累计生息、现金支取、抵扣保费等方法支配现金红利，对保单持有人来说，现金红利的选择比较灵活，满足了对红利的多种需求。对保险公司来说，现金红利在增加公司的现金流支出的同时减少了负债，减轻了寿险公司的偿付压力。但是，现金红利法这种分配政策较为透明，公司在市场压力下不得不将大部分盈余分配出去以保持较高的红利率来吸引保单持有人，这部分资产不能被有效地利用，使寿险公司可投资资产减少。此外每年支付的红利会对寿险公司的现金流量产生较大压力，为保证资产的流动性，寿险公司会相应降低投资于长期资产的比例，这从一定程度上影响了总投资收益，保单持有人最终获得的红利也较低。现金红利法是北美地区寿险公司通常采用的一种红利分配方法。

英式分红法和美式分红法的比较见表 2－1。

表 2－1　　英式分红法和美式分红法的比较

分红方式	美式分红（现金红利法）	英式分红（增额红利法）
采用的国家和地区	美国、日本、中国台湾等	英国、澳大利亚等
分红形式	现金分红	增加保额
红利来源	两差或三差	多差（全部盈余）
红利种类	年度红利	年度红利＋终了红利
红利分配形式	现金领取、累计生息、抵交保费、交清增额	年度红利增加保额终了红利现金
有效保额	保额不变、交清增额部分通常不参与下年度分红	逐年增加、红利保额参与下年度分红
红利分配比例	可分配盈余的 70% 以上，未分配盈余不再分配	可分配盈余的 70% 以上产生年度红利 未分配盈余的 70% 以上产生终了红利
分红复杂性	容易理解	相对复杂
资金流动性要求	高	较低
红利变现能力	通常可以随时提取	只能通过减保/退保实现
红利再投资风险	由客户承担	由保险公司承担

十、保险金给付选择权条款

保险金给付选择权条款是指为了在保险事故发生后，被保险人或受益人更有效地使用资金，有计划地安排生活，由投保人选择的给付保险金的方式。一般来说，保险金给付方式有以下五种。

1. 一次性现金领取。一次性现金领取即被保险人或受益人一次性以现金的方式领取全部保险金。

2. 利息收入方式。利息收入方式是指将保险金留在保险公司，保险公司将保险金进行投资，所产生的利息定期支付给受益人。一般保险合同有最低利率保证，保险公司通常会给予一个更高的利率。领取周期可以按年、季度或月计算。受益人死亡后，可以由他的继承人领取保险金的全部本息。

3. 定期给付方式。定期给付方式是指在一个确定的期限内以确定年金的方式提供保险金给付，时间通常不超过25年或30年，同时保险公司保证最低利率，每次给付的金额大小取决于保险金额、期间长短、最低保证利率、给付频率等。如果受益人死亡，其继承人可以继续按约领取也可以一次性领取余额。

4. 定额给付方式。定额给付方式也是一种确定年金，但它固定的是给付金额而不是给付期限。即保险公司按约定的金额、约定的利率、定期进行等额给付，直至保险金的本息付清为止。定额给付方式比定期给付方式有更多的弹性，多数保险公司允许在不同的时间选定不同的金额，受益人也有提领全部或部分金额的权利。如果受益人尚未领完本息就死亡，剩余的本息可由受益人的继承人继续领取。

5. 终身年金方式。在这种方式下，保险金作为一笔趸交保费投保一份终身年金，在受益人生存期间定期给付保险金，每次给付的数额取决于所选择年金的种类、保险金数额、预定利率、受益人性别和开始给付的年龄等因素。

十一、共同灾难条款

共同灾难，是指被保险人和第一受益人死于同一的意外事故。共同灾难条款是为确定在发生被保险人与受益人同时遇难事件时，保险金的归属问题的条款。

发生共同灾难，可能出现下列三种情形：（1）明确知道两者死亡的先后顺序。（2）明确知道两者为同时死亡。（3）无法知道两者死亡的先后顺序。就第一种情况而言，如果被保险人先于第一受益人死亡，保险金应归第一受益人；如果相反，保险金归第二受益人，如果保险合同只有一个受益人，则应作为无受益人合同处理，保险金归被保险人，由其继承人领取。但是对于第二、第三种情况，则较麻烦，容易引起许多法律上的纠纷。为了避免争端，美国大部分州通过了统一同时死亡法案，该法案认定在第二、第三种情况下，第一受益人先死，被保险人后死，在无指定第二受益人的情况下保险金归被保险人所有，如有则归第二受益人。

《保险法》第四十二条规定：“……受益人与被保险人在同一事件中死亡，且不能确定死亡先后顺序的，推定受益人死亡在先。”

活动一　年龄误告的业务处理

【活动内容】

根据所学知识，请同学们对如下业务进行处理。

（1）被保险人32岁时投保终身死亡保险，保额为50万元，每年交付保费3559元，30岁时投保，每年交付保费3189元。如果被保险人投保时的真实年龄为32岁，却误报为30岁，保险事故发生后，应该如何处理？

(2) 被保险人35岁时投保终身死亡保险，保额为10万元，每年交付保费3000元，36岁时投保，每年交付保费3200元。如果被保险人投保时的真实年龄为35岁，却误报为36岁，保险事故发生后，应该如何处理?

(3) 被保险人李某为自己投保了5份五年期简易人身险（简易人身险的承保年龄最高为65岁），每月交纳保费40元。在投保时，李某故意将自己的年龄由67岁改为64岁。一年后的某一天，李某在家中因煤气中毒死亡，其家人迅速向保险公司报案，本案应该如何处理?

活动二　有效利用保险条款，解决资金燃眉之急

【活动内容】

将同学分组，根据所学人身保险的基础知识，讨论如下案例。

张先生8年前给自己的儿子投保了一款教育储蓄保险，每年需要交费17000元，共交10年。但近两年由于企业连连亏损，资金周转困难，张先生觉得支出这笔保费的压力过大，他正考虑是否可以退保，以减轻财务负担。

像张先生这样的客户并非少数，虽然明知退保虽然有损失，可一旦出现急需现金周转、无力续交保费，不退保还有其他办法吗?

活动三　退还现金价值的情形

【活动内容】

请每位同学根据《保险法》的规定，查找关于退还现金价值的几种情况。

活动四　保费“自动垫交”双刃剑

【活动内容】

将同学分组，组织课堂讨论：

自动垫交保费是保险公司为方便客户并充分保障客户利益的一项人性化服务，深受现代社会高强度、快节奏生活下白领的青睐。然而，这一灵活性的保险条款也是一把双刃剑，它在为你带来便利服务的同时也可能给你带来损失，让你欢喜的同时也让你忧烦在心。

请分析自动垫交保费的优缺点，并指出该条款主要适合的人群。

活动五 人身保险合同标准条款的运用

【活动内容】

将同学分组，根据所学知识分析，组织课堂讨论：

在人身保险合同的保单中有哪些条款的设置可以防止保险合同失效？

活动六 实训案例讨论

【活动内容】

将同学分组，根据所学知识，分析讨论以下案例应如何处理。

1. 丰丰是学前班里的一个聪明可爱的小女孩，很受老师和同学喜欢，2016 年 6 月 10 日，丰丰的母亲于某为其购买了一份保额为 10 万元的少儿终身寿险。2017 年 7 月 3 日晚，于某生二胎后因产后抑郁，携丰丰及其妹妹从所住楼房 8 层坠楼身亡，经公安机关调查取证，认定母女死因系自杀。丰丰身故后，丰丰的父亲向保险公司提出索赔，保险公司对该案进行了细致的调查，保险公司认为被保险人自杀属于免责情况，且未过 2 年不可争议期，因此拒赔，双方遂对簿公堂。请你进行分析，该案应如何处理？

2. 2013 年孙某为自己投保了一份终身寿险保险，约定每年的交费日期为 3 月 1 日。2014 年 3 月 1 日，孙某未按照约定按期交纳续期保费，此保险合同的效力于 2014 年 5 月 1 日中止。2015 年 5 月 25 日，孙某补交了其欠交的保费及利息，经保险双方协商后达成协议，保险合同效力恢复。2016 年 10 月 10 日，孙某自杀身亡，其受益人向保险公司提出给付保险金的请求。你认为保险公司应如何处理？

3. 2017 年，陈先生购买了一份 10 万元的两全保险，保险时间为 10 年，并交了保费。当时，他填写的受益人为儿子小陈。没想到，在 2018 年的一次交通意外中，父子二人均不幸身故。此后，在保险金的给付上，陈太太与陈先生的父母产生了矛盾。陈太太认为，陈先生的受益人是儿子小陈，小陈去世后自然由她这个母亲一人继承保险金。而陈先生的父母则认为，儿子和孙子同时死亡，他们也应当拥有一份继承权。请你分析，本案应如何处理？

4. 投保人戴某，女，48 岁，于 2014 年 1 月 27 日在两家人寿保险股份有限公司为自己投保了两份重大疾病保险，基本保额共计 200 万元。戴某根据合同约定如期交纳了三年保险费，2016 年 4 月 6 日，戴某因身体不适前往解放军 302 医院就诊，被确诊为脑膜瘤，戴某随即向保险公司申请理赔。保险公司在调查时调取了戴某投保前在某医院住院期间的病案记录，据病案记载，戴某在入院时主诉既往史检查患有脑膜瘤，且出院记录诊断患有脑膜瘤。2016 年 5 月 27 日，保险公司以戴某在投保时未履行如实告知义务为由，不予给付保险金，同时解除合同并不退还保险费。你认为本案应该如何处理？

任务二　人身保险合同附加特约的选择

【任务情景】

张先生，现年35岁，是某大型企业的营销总监，收入颇丰。两年前其妻子因病早逝，留下了一个可爱的儿子齐齐。考虑到自己经常出差，风险较大，张先生想为齐齐购买一份教育储蓄险，以防止意外事故发生给儿子生活带来的影响。

如果你是保险公司的工作人员，请你分析这种投保行为是否妥当？根据张先生家庭的情况，目前寿险公司有哪些附加特殊约定可供张先生选择，使其利益得到充分保障。

【基础知识】

单一的人身保险产品所包括保险责任是有限的，很难满足被保险人多方面的保险需求。因此，保险公司为投保人提供了多样化的附加特约条款，使被保险人的利益得到充分保障。

一、免交保费附加特约

免交保费附加特约，也称保费豁免条款，是指在保险合同规定的交费期内，投保人或被保险人达到某些特定的情况（如身故、残疾、重疾或轻症疾病等），保险公司同意豁免投保人未到期的保费，而保险合同继续有效。死亡保险金的给付、保单贷款、现金价值的增长和保单红利等如同已交纳保险费一样处理。

保费豁免条款通常分成投保人豁免保费与被保险人豁免保费两种。前者指当投保人由于意外或疾病等而完全丧失劳动能力，保险公司豁免投保人应交的保费，使被保险人的保障权益仍然有效。这类条款适合子女为父母购买保险或家长为子女投保等情况。而后者是指被保险人由于意外或疾病而完全丧失劳动能力，保险公司豁免其应交保费，通常这条款更适合投保人给自己购买保险。

保费豁免目前主要有三种形式：第一种是作为单独的附加险出现，这种豁免应用面比较宽，可以附加在多种主附险之上；第二种是作为附加险与特定主险相捆绑，其豁免利益有更加明确的针对性；第三种就是直接在保险合同中以条款形式出现。

【延伸阅读】

保费豁免：保单的免死金牌

保费豁免最早出现在少儿险中，当作为投保人的家长遭遇不幸丧失工作能力时，没有经济收入的孩子仍可继续获得保险的庇护，这一举措受到了普遍欢迎。随着市场竞争的加剧，各种养老险、终身险、两全险也都纷纷披上豁免的外衣，成为一种宣传的“卖点”。但是，豁免的前提是必须符合所投保保险公司的保险合同中所规定的种种特定情况。这就意味着各家保险公司的豁免规定有所不同，仔细看来，小小的豁免其实大有文章。

投保人豁免保费一般需要另外附加购买，保费豁免必须达到一定的条件，具体如下。

1. 投保人或被保险人必须在规定的年龄或期限之前丧失工作能力，通常为55岁或60岁。

2. 投保人或被保险人丧失工作能力必须持续6个月，既有一个6个月的等待期，以证明其丧失工作能力的长期性；如果投保人或被保险人被证实完全丧失工作能力，则保险人退还等待期内已交保费。

3. 投保人或被保险人丧失工作能力必须符合附加特约中所规定的完全丧失工作能力的界定。

4. 投保人或被保险人必须向保险人提供丧失工作能力的确实证据，保险人也有权要求其每年均提供类似证据。

不同的豁免合同约定的内容是不一样的。有些保险合同只约定身故或全残能够豁免，有些合同约定投保人身故、全残、重疾都是可以豁免保费的，有些公司甚至提供对于投保人罹患轻症的豁免。所以我们在选择关于投保人的豁免的时候，要看清楚约定在什么样的状况下才能够豁免。

对很多合同来说，对于被保险人的豁免往往约定在主合同里，不需要另外购买，也就是说合同本身自带豁免。现在市面上销售的大部分重疾险，主险的保额与附加险重疾保障的保额是一样的，在这样的情况下被保人罹患重疾后，赔付完保额，保险合同就终止了，也就不存在豁免保费的情况了。但有部分保险主险的保额与附加险重疾保障的保额是不一样的，在这种情况下，就存在被保人罹患重疾后豁免保费的可能性了。这类保险，赔付完重疾保额后，合同还有一定的身故保障或其他的保障，这些保障原则上是需要支付保费的。

保费豁免的购买方法。

1. 给孩子买保险，“投保人豁免”更实用。一些少儿重疾险中，可能有“被保险人轻症豁免”“被保险人特定重疾豁免”“投保人豁免”……五花八门，但是你只需要理解这一点：谁的风险更大，豁免就应该针对谁。无论是疾病还是意外，绝对是成年人的风险更大。所以，给孩子买保险，关注有没有“投保人的豁免”，这个更关键。

2. 给自己买保险，“被保险人轻症豁免”更实用。对于成年人而言，轻度重疾的发生概率，一般是高于重疾的，所以，如果能在轻症阶段就能豁免后期保险，无疑更加实用。所以，给自己买保险，关注有没有“轻症豁免”这个关键词。

3. 给配偶买保险，巧用豁免规则，确定谁当投保人，让自己利益最大化。假如一款保险只有“投保人重疾豁免”，夫妻在投保时，丈夫可以作为投保人，为妻子投保，这时丈夫如果得了重疾，就可以豁免保费，相当于为夫妻双方买了份双保险。

二、意外死亡双倍（多倍）赔付附加特约

意外死亡双倍（多倍）赔付附加特约，是指在保险期限内，如果被保险人的死亡是

由于意外事故造成的，保险人给付双倍（多倍）的保险金。但要获得多倍的赔偿，必须符合如下条件。

（1）死亡的近因必须是意外伤害。

（2）必须是在意外事故发生后的90天（120天、180天或1年）内死亡，以确保被保险人死亡的近因是意外伤害。

（3）必须是在规定的年龄前死亡，通常为60岁或55岁。

（4）不属于附加特约中约定的除外责任所造成的意外伤害，如自残、战争等。

一般保险公司的意外死亡双倍（多倍）赔付附加特约除了提供死亡保险金外，还按照被保险人的伤残程度提供意外残疾保险金。

【延伸阅读】

"传奇"保单

2009年6月1日，法航AF447客机失踪，引起了全世界的关注，而当搜救组织预计可能无一人幸免的论断公布后，与历史上最为惨重的空难事件同时发生的是，客机上的一位中国乘客刷新了当时中国保险史上个人保额新纪录。

事故中失踪的中国人保寿险客户，于2008年购买了该公司"畅享人生"年金保险产品，保险金额为24万元。根据条款规定，如客户发生航空意外，将可以获得40倍保险金额的赔付。事故发生后，中国人民人寿保险股份有限公司支付航空意外保险960万元，加上该客户之前投保的太平洋保险等保险公司赔付的保额，这位乘客个人保额有可能超过千万元。

三、丧失工作能力收入附加特约

丧失工作能力收入附加特约，是指在保险期限内如果被保险人丧失工作能力，保险人将按照保险金额的一定比例按月给付收入保险金。但需符合如下条件。

（1）被保险人必须在规定的年龄之前丧失工作能力，通常为55岁或60岁。

（2）被保险人丧失工作能力必须符合附加特约中所规定的完全丧失工作能力的界定。

（3）被保险人丧失工作能力必须持续6个月，即有一个6个月的等待期，等待期内的保险费不退还。

（4）对65岁以上继续丧失工作能力的被保险人不再继续给付该部分保险金，而是将保险金以养老保险的方式给付，如果是两全保险，则在保单期满时停止收入保险金给付。

（5）被保险人必须符合严格的承保标准，通常该险种只向全日制工作的员工提供，而且规定了较多的除外责任，如自残、战争等。

（6）被保险人丧失工作能力期间，保单继续有效，但当被保险人恢复工作能力时，则停止收入保险金的给付。

四、保证加保选择权附加特约

保证加保选择权附加特约，是指保险公司给予被保险人在未来某个日期增加人寿保险合同的保险金额，而无须提供可保性证明的条款。

该选择权主要有以下两项规定。

（1）保险金额。被保险人在规定的年龄前可以行使这种选择权，在每次加保日期（通常每隔三年一次）能够购买的保险金额只限于原保险合同保险金额的一定比例或该附加特约规定的金额，以两者低的为准。

（2）提前加保特权。如果被保险人结婚或者生小孩，可以在下一个加保日期之前提前加保，但加保的总次数不变。

保证加保选择权其实是一种期权，如果被保险人不行使该权利，则过期作废。

五、提前给付死亡保险金附加特约

提前给付死亡保险金附加特约，是指保单所有人可以在被保险人死亡之前向保险公司申请提前领取部分或者全部保险金，保险人相应减少被保险人死亡后向受益人给付的保险金数额。通常有两种方式。

（1）重大疾病保险金。被保险人经保险公司认可的医院诊断确定为严重疾病末期，并经保险公司医师认定其所患疾病依现有医疗技术无法治愈，且根据医学及临床经验其平均存活期在一定期限（一般为 6 个月）以下者，可向保险公司申领“提前给付保险金”，但申领有次数限制。

（2）长期护理保险金。如果被保险人需要长期护理，保险人按照死亡保险金的一定比例，如 2%，向保单所有人按月给付长期护理保险金，直至一个约定的数额（保险金的 50% ~100%）。长期护理保险金的领取一般需在保单生效一年以上，且有一个 90 天的等待期。

活动一　保费豁免条款的应用

【活动内容】

每 3 ~5 个同学为一组，以小组为单位，选取某家保险公司的重大疾病保险或少儿保险，在其中寻找保费豁免条款，分析保费豁免的对象、条件等。

【模块加油站】

一、单选题

1. 关于保费豁免特约，下列说法不正确的是（　　）。

A. 保险人豁免保费后，相应的保单现金价值、死亡给付、红利与已交纳保费后的情形相同

B. 要获得保费豁免，必须有一定的等待期

C. 保费豁免特约对被保险人丧失工作能力的年龄没有限制

D. 保费豁免的前提是被保险人完全丧失工作能力

2. 合同约定分期支付保险费，投保人支付首期保险费后，除合同另有约定外，投保人自保险人催告之日起超过 30 日未支付当期保险费，或者超过规定的期限 60 日未支付当期保费，合同效力中止，或者由保险人按照合同约定的条件减少保险金额。该条款规定“或者由保险人按照合同约定的条件减少保险金额”。该规定属于（　　）。

A. 合同部分失效　　B. 展期保险　　C. 减额交清保险　　D. 以上都不对

3. 刘某于 2015 年 3 月 8 日向某人寿保险公司投保两全保险。2016 年 3 月 8 日刘某因经济上的原因未能交纳到期保费，保险合同于 2016 年 5 月 8 日中止。2017 年 3 月 8 日刘某向保险公司申请复效，经保险公司审核，投保人刘某在补交了欠交保费和利息后保险合同复效。2018 年 1 月，刘某因生意失败在家中自杀身亡，事后，保单的受益人向保险公司提出给付保险金的申请，则以下说法正确的是（　　）。

A. 保险合同生效已满两年，在自杀免责期外保险公司应承担给付保险金的责任

B. 复效后两年内被保险人自杀，保险公司不承担给付保险金的责任

C. 复效后是否适用两年自杀免责期仍存在争议，应由受益人和保险公司协商通融赔付

D. 保险公司承担一半保险金赔偿责任

4. 不丧失价值条款规定，当投保人没有能力或不愿意继续交纳保险费时，保险单已经积存的（　　）可以作为退保金以现金返还给投保人。

A. 保险金额　　B. 保险价值　　C. 现金　　D. 现金价值

5. 陈某于 2013 年投保一份人寿保险，因欠交保费保单在 2015 年 4 月失效，但又于次年 10 月复效。陈某后因患癌症厌世，于 2017 年 5 月自杀身亡。据此，保险人(　　)。

A. 应给付保险金金额　　B. 不应给付保险金

C. 应给付部分保险金　　D. 双方协商确定

二、多选题

1. 以下关于宽限期后保险合同效力说法正确的有（　　）。

A. 投保人超过规定的期限 60 日未支付当期保费的，合同效力中止

B. 投保人超过规定的期限 60 日未支付当期保费的，合同效力终止

C. 投保人超过规定的期限 60 日未支付当期保费的，保险人可按合同约定条件减少保险金额

D. 投保人因逾期未付保费，致使合同效力中止的，在投保人补交保费后，合同效力可恢复

E. 自合同效力中止之日起一年内双方未达成协议的，保险人有权解除合同

2. 在人身保险合同中的自杀条款所定义的自杀为故意自杀，需要具备两个条件(　　)。

A. 非他杀　　B. 有结束自己生命的愿望

C. 具民事行为能力　　D. 实施了足以使自己死亡的行为

3. 人身保险合同复效的条件有（　　）。

A. 保险人没有解除合同　　B. 投保人申请复效的时间符合法律规定

C. 受益人没有变更　　D. 保险金未曾支付

E. 被保险人符合投保条件

4. 对减额交清保险与展期保险的描述正确的有（　　）。

A. 两者都是将保单所具有的现金价值扣除保单贷款本息后作为趸交保费

B. 改为交清保单则保险金额不变

C. 改为展期保单则保险金额不变

D. 改为交清保单则保险责任与保险期限不变

5. 关于复效合同与重新投保合同的描述正确的有（　　）。

A. 复效合同的权利义务与原合同一致

B. 重新投保合同按失效合同的重新生效处理

C. 重新投保合同与复效合同是同一件事的不同描述

D. 重新投保合同是一份新合同，与原合同无关

三、判断题

1. 保单复效类似于新合同的签订。（　　）

2. 保险合同应交保费之日起的60天内为法定宽限期。（　　）

3. 宽限期过后，投保人仍未交纳保险费，保险合同并不必然中止，保险人可以按照合同的约定降低保险金额。（　　）

4. 自动垫交保费期间发生保险事故，保险公司承担赔偿责任，保险金给付额要扣除垫交保费和利息。（　　）

5. 按照我国《保险法》的规定，被保险人在保险期限内自杀，不论其精神是否正常，保险人均不负给付保险金的责任。（　　）

项目训练

一、名称解释

受益人　不可抗辩条款　年龄误告条款　宽限期条款　复效条款　不可没收现金价值条款　自动垫交保费条款　自杀条款　红利任选条款

二、简答题

1. 简述人身保险合同的不同主体分别有哪些资格要求。

2. 简述人身保险合同的主要形式及其适用情况。

3. 分析怎样正确指定受益人，在哪些情况下应及时变更受益人。

4. 分析人身保险条款中有哪些条款可以防止保单失效。

三、实训练习

1. 通过各种渠道（网络、书籍等），了解目前我国人身保险市场的主要主体有哪些。

2. 根据自己家庭的情况，选择一个保险产品，正确填写一份人身保险投保单。

四、案例分析

1. 蒙某，14 岁，2016 年 9 月 25 日，其父亲为其投保了定期寿险，保险期限 30 年，保险金额为 30 万元。2017 年 4 月 29 日，蒙某因成绩下滑压力很大，从自家卫生间跳楼身亡。事情发生后，其父母很快向保险公司报案，要求保险公司给付身故保险金，保险公司却拒绝给付，你认为保险公司的处理方法正确吗？为什么？

2. 2015 年 7 月，刘某为自己购买了一份保额为 30 万元的终身寿险，受益人一栏为空白。2016 年 5 月，刘某与彭某结婚。彭某是再婚，与前夫生有一子，归彭某抚养。2017 年 2 月，被保险人刘某在家中阳台晾晒衣服时，不慎失足坠楼，在送往医院途中死亡。事故发生后，其妻彭某向保险公司报案。保险公司经调查、审核后认定属于保险责任范围，决定给付 30 万元人身保险金。但在该笔保险金的分配上发生了争执。刘某健在的父亲以法定继承人的身份要求分取该笔人身保险金的二分之一部分。而刘某的妻子彭某则提出，先分取该笔人身保险金的一半，剩下的 6 万元再由其本人及其与前夫的儿子与刘某的父亲三人均分。请分析保险公司应该向谁支付保险金。

3. 40 岁的赵先生于 2013 年购买了一份 30 年期生死两全保险，选择 10 年分期交纳保费，保险金额为 30 万元。2013 年 5 月 8 日，他首期交纳保费 1 万元，保险合同生效。该合同规定，被保险人如在 60 周岁前身故，其受益人将获得 2 倍于保险金额的保险金。2017 年 5 月 8 日，赵先生因出差没能按时交纳续期保费。5 月 11 日，赵先生在返回途中因车祸罹难。于是其家属向保险公司提出了索赔。请问保险公司应如何处理？

4. 李某与妻子马某于 2015 年协议离婚，双方约定 8 岁的儿子随马某一起生活，每周六儿子到李某处生活一天。后来李某与赵某再婚，由于李某的儿子活泼可爱，加上赵某不能生育，所以特别喜欢李某的儿子。于 2016 年 5 月以孩子母亲的身份为孩子买了人身保险合同，约定受益人为李某。2017 年 6 月，李某的孩子在游泳时溺水身亡。李某向保险公司提出索赔，保险公司以赵某对保险标的不具有保险利益为由，拒绝支付保险金。赵某遂将保险公司起诉到法院。

项目三

人寿保险产品

【知识目标】

□ 了解人寿保险的概念、特征及分类
□ 掌握普通人寿保险的险种特点及种类
□ 掌握简易人寿保险的特点及次标准体保险的承保方法
□ 掌握创新型人寿保险的险种特点

【能力目标】

□ 能比较分析各种人寿保险产品的特点
□ 能向客户解释人寿保险产品
□ 能帮助客户设计人寿保险计划书
□ 能正确运用投资型人寿保险产品帮助客户理财

【引导案例】

一位单身母亲留给儿子最珍贵的礼物

王女士是新华保险的一名客户，保险意识很强，同时具有理性的投资观念。早在2013年，她便投资了新华保险公司红双喜盈宝顺两全保险，保额152280元。随着风险意识的增强，王女士又于2016年1月17日为自己购买该公司健康无忧C款重大疾病保险，保额12万元，同时，此保单还附加了5万元的意外伤害，5000元的意外伤害医疗及1万元的附加住院费用，涵盖了重大疾病、意外伤害、意外医疗及身价保障，保障可谓十分全面。

王女士是一位单身母亲，离异后一直独自带着孩子，为了给孩子储备一份创业基金，2016年8月30日为儿子小贾购买了新华保险公司祥和万家两全分红型保险，保额5万元，同样附加08重大疾病保险，保额5万元，此外，还附加了5万元的意外伤害，

5000 元的意外伤害医疗及 1 万元的附加住院费用，涵盖了重大疾病、意外伤害、意外医疗等多项保障。

人无千日好，花无百日红。就在一切都顺风顺水之时，命运的小船说翻就翻。2018 年 1 月 3 日，被保险人王女士在山东泰安市居住地因煤气中毒身故。2018 年 1 月 5 日，新华保险接到报案后，陕西及山东两地理赔人员迅速联动调查，落实了保险责任。2018 年 1 月 24 日，家属前来该公司申请理赔。由于前期已经落实保险责任，2018 年 1 月 25 日案件顺利结案，王女士的身故保险金共计赔付 492585.7 元。此外，王女士给小贾投保的祥和万家两全保险具有豁免功能，此后 18 年的保费合计 39610 元均可豁免。

无奈王女士遭受了不幸，无法享受保单所带来的老有所养、病有所医的利益。但长期储备，转移风险、投资理财的作用均通过此次赔付得以体现。王女士虽遭遇不幸，但通过保险保障，留给小贾一笔创业基金、婚嫁基金乃至生存基金，让小贾在此后的生活中可以从容应对，笑对人生。这，也许是王女士留给小贾这一生最珍贵的礼物。

资料来源：http：//xian. qq. com/a/20180313/034404. htm。

人寿保险对人类而言，是每个人对他自己及家庭应尽的责任，是一种支付人生必需费用的手段。人寿保险的推出是人类解决人生问题最伟大的发明，其现实意义和深远的社会及家庭意义越来越为社会公众所认同。虽然人寿保险不能阻止悲剧的发生，但它无疑可以减轻、缓解悲剧的蔓延和加剧，从而可以拯救和防止很多家庭因此而无助和破损。

模块一　认识人寿保险

任务一　初识人寿保险

【任务情景】

刚刚工作不久的张小姐，每月收入 4000 元，她准备买一份人寿保险，但自己以前从未认真了解过任何保险险种和具体产品。和代理人沟通后，在一大堆令她眼花缭乱的保险产品中，她始终搞不清楚自己最应该选择哪一种。

请根据案例分析：什么是人寿保险？你能帮助张小姐选择一款合适的寿险产品吗？

【基础知识】

一、人寿保险的概念

人寿保险就是我们常说的寿险，又称为生命保险，是以被保险人的生命作为保险标的，以被保险人的生存或死亡作为保险事故，当发生保险责任范围内的事故时，保险人依照保险合同给付保险金的人身保险。人寿保险是人身保险中最基本、最主要的组成部分。被保险人在保险期限内死亡或期满，都可以作为保险事故，即当被保险人在保险期内死亡或达到保险合同约定的年龄、期限时，保险人按照保险合同约定给付死亡保险金或期满生存保险金。

二、人寿保险的特征

人寿保险是人身保险业务中的重要组成部分，它除了具备人身保险的一般特征外，还具有许多自身的特点。

（一）危险特殊，经营稳定

人寿保险所面对的人身危险是人的生存或死亡，生存或死亡风险与被保险人的年龄密切相关：在每一年龄有着较稳定的死亡概率，并且这种死亡概率随着年龄的增长显现规律性变化。

在人寿保险实务中，保险人以生命表作为预测风险和计算、确定纯保险费的基础。生命表的数据来源于保险人多年经营人寿保险的实践中无数被保险人生存、死亡的生命情况，用以反映某一年龄的人生存或死亡的概率。与其他保险相比，人寿保险在风险处理方面，尤其是在预测保险事故发生的可能性上更加准确。因而人寿保险业务经营具有较好的稳定性。理论上只要保险人选用的生命表以及预定利率适当，就不会发生大的业务亏损。

（二）人寿保险合同期限较长

与意外伤害保险等不同，人寿保险的保险期限一般较长，通常保险期限短则三五年，长则十几年、几十年乃至一生。投保期限的长短是由投保人根据自身需求与条件自行决定的。正因为人寿保险合同通常是长期性合同，无论对被保险人，还是保险人而言，利率、通货膨胀率等经济因素的影响都是十分显著的。

（三）人寿保险保单具有储蓄性和投资性

由于人寿保险采用均衡保费制，纯保险费中的大部分用来提存责任准备金，它是保险人的负债，为了实现对被保险人的承诺，保证偿付能力，寿险公司必须利用这些准备金进行可靠的资产增值以取得足够的投资收益。所以投保人寿保险，除了可以获得保障外，同时也是一种投资和储蓄，投保人可以从保险公司得到投资收益——红利和储蓄收益——利息。而且保险单所有人还可以享有诸如保单抵押贷款、退保、选择保险金给付方式等权利。

三、人寿保险的种类

按照不同的分类标准，人寿保险可以分为不同的类别。

（一）死亡保险、生存保险与两全保险

按照保险责任的不同，人寿保险可以划分为死亡保险、生存保险及两全保险三种。死亡保险是指以被保险人的死亡为保险金给付条件的人寿保险，即当被保险人在保险期限内死亡，由保险人给付约定的保险金。死亡保险是人寿保险中最基本的组成部分。依

据保险期限的不同，死亡保险又分为两个基本险种，即定期死亡保险和终身死亡保险。生存保险是以被保险人于保险期满或达到某一年龄时仍生存为给付条件的一种人寿保险。两全保险是指无论被保险人在保险期内死亡还是保险期满时生存，保险人均要给付保险金的一类人寿保险，它为被保险人同时提供了死亡保障和生存保障。

（二）普通人寿保险与特种人寿保险

按照承保风险和承保方式的不同，人寿保险可以划分为普通人寿保险和特种人寿保险。普通人寿保险主要是指按照标准费率承保的一般性寿险险种。特种人寿保险是指那些从普通寿险发展而来，在寿险保单条款的某一方面或某几个方面做出特殊规定而形成的新险种。主要有简易人寿保险、次标准体保险和团体保险等，一般需要采取特种方法或特种费率来承保。

（三）传统型人寿保险与新型人寿保险

按照设计类型的不同，人寿保险可以划分为传统型人寿保险和创新型（或投资型）人寿保险。传统型人寿保险主要提供纯粹的保险保障功能，其中长期业务也具备储蓄功能。创新型人寿保险则在提供保障功能的同时还兼具投资功能，保险资金的合理投资运用成为保险经营的重要内容，其主要种类有分红保险、变额寿险和万能寿险等。

（四）分红保险与不分红保险

按照有无利益分配为标准，人寿保险可以划分为分红保险和不分红保险。分红保险又称为利益分配保险，是指保险人约定将每期盈利的一部分分配给保单持有人的保险。不分红保险又称无利益分配保险，是指投保人交纳保险费后，无营业盈余分配的保险业务。

（五）健体保险与次健体保险

按照被保险人的危险程度不同，人寿保险可分为健体保险和次健体保险。健体保险是指生命危险程度可依保险公司所订标准或正常费率来承保的人寿保险，普通人寿保险一般都是健体保险。次健体保险又称弱体保险，是指危险程度较高而不能按正常费率承保，但可用特别条件来承保的一类特殊人寿保险业务。

此外，按照投保方式的不同，人寿保险可划分为个人人寿保险和团体人寿保险；按照被保险人年龄情况则可以划分为少儿保险和成人保险等。

【延伸阅读】

日本人均 6 张寿险保单

日本人有一种习俗，在订婚的时候，男方要买一张寿险保单，写上女方的名字，这是一种爱与责任的体现。同时要考虑，原有的保单不能满足需求，就要增加和扩大。35 岁以后，还贷压力很大，需要买一份保险，要为家庭提供财富保障。买一份与贷款相当金额的人寿保险，比如贷 80 万日元，就为自己买一份 80 万日元保险。万一出问题，有保险公司替还房贷。到了四五十岁，应该考虑养老。养老保险是越早买越好。这个时候，房子买了，孩子大了，应该考虑增加一份养老金。到了 50 岁，快退休了，要考虑一旦去世，遗产税很高，又会买一份保险避税。

【模块加油站】

一、单选题

1. 我们一般提到人身保险的时候更多具体指的是（　　）。

A. 人寿保险　　B. 健康保险　　C. 意外伤害保险　　D. 医疗保险

2. 以被保险人生存或者死亡为给付保险金条件的人身保险是（　　）。

A. 年金保险　　B. 人寿保险　　C. 人身意外伤害保险　　D. 健康保险

3. 经营人寿保险的保险人承担了被保险人死亡或生存的风险，因此实务中以（　　）作为预测风险和计算、确定纯保费的基础。

A. 费率表　　B. 保险合同　　C. 投保单　　D. 生命表

4. 由于被保险人的生命是无价的，所以人寿保险单都属于（　　）的保险合同。

A. 稳定性　　B. 长期性　　C. 储蓄性　　D. 给付性

5. 根据（　　）的不同，人寿保险可以分为死亡保险、生存保险和两全保险。

A. 承保方式　　B. 保险责任

C. 有无红利　　D. 被保险人危险程度

6.（　　）是指危险程度较高而不能按正常费率承保，但可以用特别条件来承保的一类特殊人寿保险业务。

A. 健体保险　　B. 次健体保险　　C. 普通寿险　　D. 特种寿险

7. 根据（　　）的不同，人寿保险可以分为传统型寿险和新型寿险。

A. 投保方式　　B. 承保风险　　C. 保险责任　　D. 设计类型

8.（　　）在提供保障功能的同时兼具投资功能，保险资金的合理投资运用成为保险经营的重要内容。

A. 新型寿险　　B. 年金保险　　C. 人寿保险　　D. 传统型寿险

二、多选题

1. 人寿保险中保险人计算纯保费的依据有（　）。

A. 生命表　　B. 损失率　　C. 生存率　　D. 死亡率

2. 人寿保险是以被保险人的（　　）作为保险事故的人身保险业务。

A. 意外　　B. 健康　　C. 生存　　D. 死亡

3. 人寿保险在保险风险方面的特殊性在于（　　）。

A. 整体的死亡率是相对稳定的　　B. 整体的死亡率随着年龄的增大而增大

C. 死亡率的变化受到很多因素的影响　D. 死亡率的变化没有规律可循

4. 人寿保险按照保险责任划分可以分为（　　）。

A. 死亡保险　　B. 生存保险　　C. 分红保险　　D. 两全保险

5. 我国市场上现有的主要新型人寿保险包括（　　）。

A. 养老保险　　B. 投资连结保险　C. 分红寿险　　D. 万能寿险

三、判断题

1. 人寿保险是以被保险人的生命和身体作为保险标的的保险。　　（　　）

2. 人寿保险的保障项目包括期满生存和死亡两项，如果被保险人在保险期限内死亡或者保险期限届满时仍存活，保险人就按照约定支付死亡保险金或生存保险金。（　　）

3. 人寿保险合同是仅以被保险人的死亡为给付保险金条件的人身保险合同。（　　）

4. 人寿保险经营中，死亡风险与被保险人的年龄密切相关，而生存风险则与被保险人的年龄无甚关系。（　　）

5. 按照承保风险和承保方式的不同，人寿保险可以划分为普通人寿保险和特种人寿保险。（　　）

6. 简易寿险、次健体保险和团体保险等属于特种人寿保险，是可以按照标准费率承保的一般性寿险险种。（　　）

模块二　走进普通人寿保险产品的世界

任务一　认识死亡保险

【任务情景】

小徐，28 岁，家中独子，某银行普通职员，年薪 4 万元，有社保无负债，目前与父母住在一起，父母已年老。

张先生，33 岁，某外企部门主管，年薪 14 万元，有社保。有一个 3 岁小孩，一套住房按揭房贷 60 万元，期限 20 年。

从事卫浴生意的郑先生事业有成，不过，让郑先生头疼的是，唯一的儿子对家族生意毫无兴趣。留学澳大利亚的儿子只想搞艺术，且无意回国，花钱如流水，这成为郑先生最大的心病。尽管父子多有争执，但毕竟是自己的亲生儿子，郑先生想把自己多年辛苦赚来的财产留给儿子，又担心儿子把钱很快挥霍掉。他想为儿子买份保险，能够给儿子一生的保障，给儿子一个富足的人生。

上面三个人都担心自己万一发生意外或疾病身故后，家人生活无着，房贷无法偿还。请根据这三个人的具体情况，推荐一款为他们身故提供保障的人寿保险产品。

【基础知识】

死亡保险是以被保险人在保险有效期内死亡或直到终身为保险金给付条件的保险。保险人承担的责任是被保险人的死亡。死亡保险分为定期寿险和终身寿险。

一、定期寿险

定期寿险，又叫定期死亡保险，是指在合同约定的保险期限内被保险人发生死亡事故，由保险人一次性给付死亡保险金的一种人寿保险。定期寿险的保险期限由保险双方当事人约定，如5年、10年、20年等，或者至被保险人到达某个年龄为止，如被保险人年满50周岁时合同满期。定期寿险只对在保险期限内死亡的被保险人承担给付保险金的责任，如果被保险人在保险期满时仍然生存，则保险合同终止，保险公司不再承担任何给付义务，也不退还保费。

（一）定期寿险的特点

与其他人身保险产品相比，定期寿险具有以下特点。

1. 费率较低廉，保障高。定期寿险的保险费是根据被保险人的死亡率计算的，不包含储蓄因素，只以死亡作为给付条件，是一种纯保障型保险产品，所以在保险金额相等的条件下，投保定期寿险所交纳的保险费低于其他寿险，适合于低收入而急需较高保险保障的人。这是定期寿险最显著的特点和优点。

2. 保险期限固定。通常，定期寿险的期限不少于1年，可以由某一确定的年数来界定，如1年、5年、10年、20年等。有时根据具体情况，保险人也为特定的被保险人提供极短期的定期寿险，可能是几个月，还可能是几天。如在对外劳务输出中，外派公司常为其雇员购买与服务期相同的定期寿险。定期寿险也可以用满期时被保险人的达到年龄来表示，如65岁满期的定期寿险是指保险期限截至被保险人65岁的定期寿险。若被保险人投保时的年龄是25岁，则65岁满期的定期寿险的保险期限是40年。

3. 属于纯保障型产品。定期寿险的被保险人如果在保险期间内死亡，保险人向指定受益人给付保险金；如果被保险人在保险期满时仍然生存，保险人不必给付保险金，不像终身寿险和两全保险那样具有任何现金价值。

（二）定期寿险的两个重要条款

1. 可转换权益条款。该条款允许投保人将定期寿险保单转换为终身寿险、两全保险或年金保险，而且在行使转换权益时，不必提供被保险人的可保证明。转换后的终身寿险的保费只能按事先约定的保险费率收取，不能根据特定被保险人的死亡风险而提高保费。由于可转换权益条款也会给保险人带来逆选择风险，可转换定期寿险的保险费率通常会略高于类似的不可转换定期寿险。为了尽量减少逆选择，保险公司通常对投保人的可转换权有一定的限制。比如，某些保单规定，当被保险人达到一定年龄如55岁或65岁后不允许转换保单，某些保单规定，定期寿险生效超过一定年限后不允许行使转换权，如10年定期寿险通常只允许投保人在前7年或前8年行使转换权。此外，也可以将转换后的保额限制为原保额的一个百分比。比如，某10年定期寿险允许投保人在前5年按原保额进行转换，在后5年只能按原保额的60%进行转换。当投保人将可转换定期寿险转换成终身寿险时，保险公司通常会签发一个新的保单，并通常根据转换时被保险人的年龄计算保险费率。比如，王先生在32岁时为自己投保了一份10年期的可转换定期寿险，4年后，他因为自己的收入提高而决定将该保单转换成终身寿险，则终身寿险的保险费率按照被保险人36岁计算。

2. 可续保条款。该条款允许投保人在约定的保险期间末续保一个定期寿险，而且在续保时，不必提供被保险人的可保证明。换言之，被保险人不必进行体检或向保险公司提供关于最近健康状况的证明材料。如果投保人要求续保，则不论被保险人健康状况如何，保险公司都必须给予续保。多数可续保定期寿险规定，投保人可以续保一个期限、保额与原保单相同的定期寿险。可续保定期寿险可能会给保险人带来逆选择风险，因此，保险人通常会对投保人的续保权利有一定限制。常见的限制有：投保人续保时的年龄不能超过约定的年龄或者规定续保的最高次数。续保定期寿险的保费取决于被保险人达到的年龄，即被保险人在续保时的实际年龄。由于死亡率通常随着年龄的增加而不断提高，因此，续保保费将逐渐增加。由于可续保条款消除了投保人在定期寿险满期时成为不可保风险的可能性，因此，在同等情况下，可续保定期寿险的续保保费将略高于不可续保定期寿险。

（三）定期寿险的种类

定期寿险是开办较早的一类寿险产品，在长期的发展过程中其种类日渐丰富。以保险金额是否变化为标准，可将定期寿险分为固定保额定期寿险、保额递增定期寿险和保额递减定期寿险三类。

1. 固定保额定期寿险。固定保额定期寿险又称为平准型定期寿险，其保险金额在整个保险期限内保持不变。例如，张三投保了一份保额为 10 万元的 10 年期定额定期保单，如果张三在未来 10 年内死亡，且保单仍然属于有效保单，则保险人将支付保单受益人 10 万元的死亡保险金。我国现阶段各寿险公司销售的定期寿险绝大部分属于此类产品。

【产品示例】

国寿祥福定期寿险条款（节选）

第二条　投保范围

凡十六周岁以上、五十五周岁以下，身体健康者均可作为被保险人，由本人或对其具有保险利益的人作为投保人向本公司投保本保险。

第三条　保险期间

保险期间分五年、十年、二十年、三十年、至被保险人生存至五十五周岁的年生效对应日止和至被保险人生存至六十周岁的年生效对应日止六种，投保人在投保时可选择其中一种作为本合同的保险期间，但保险期间届满时被保险人的年龄不得超过七十周岁。

第四条　保险责任

在本合同保险期间内，本公司承担以下保险责任：

一、被保险人于本合同生效（或复效）之日起一年内因疾病导致身故，本公司按所交保险费（不计利息）给付身故保险金，本合同终止；被保险人因意外伤害或于本合同生效之日起一年后因疾病导致身故，本公司按保险单载明的保险金额给付身故保险金，本合同终止。

二、被保险人于本合同生效（或复效）之日起一年内因疾病导致身体高度残疾，本公司按所交保险费（不计利息）给付身体高度残疾保险金，本合同终止；被保险人因意外伤害或于本合同生效之日起一年后因疾病导致身体高度残疾，本公司按保险单载明的保险金额给付身体高度残疾保险金，本合同终止。

第六条　保险费

保险费交付方式分为趸交和年交两种，分期交付保险费的交费期间分为五年、十年、二十年和三十年四种，由投保人在投保时选择。

【投保示例】

李先生，30 周岁，投保 10 万元保额，保险期间为 20 年，20 年交费，年交费：380 元。

身故保险金：

1 年内因疾病身故，身故保险金为 380 元，合同终止。因意外伤害身故，或 1 年后因疾病身故，身故保险金为 10 万元，合同终止。

身体高度残疾保险金：

1 年内因疾病残疾，保险金为 380 元，合同终止。

因意外伤害高残或 1 年后因疾病高残，保险金为 10 万元，合同终止。

2. 保额递增定期寿险。保额递增定期寿险是指死亡保险金额会在初始保额的基础上按约定的金额或比例逐期递增。例如，某 60 岁满期递增定期寿险的初始保额为 10 万元，以后保额逐年递增 5%，或者按照生活费用的增长来调整保额的递增速度。其保险费也会随着保额的增加而增加。与定额定期寿险产品相比，投保人购买增额定期寿险，可以将通货膨胀而导致的购买力下降风险转移给保险人。太平洋寿险股份有限公司的太平盛世·长安定期寿险（B 款）就是这样一款产品。

【产品示例】

太平盛世•长安定期寿险（B 款）条款（节选）

第一条　投保范围

凡年满 18 周岁，具有完全民事行为能力且对被保险人具有保险利益的人，均可作为本合同的投保人。凡 18～60 周岁，身体健康的人，均可作为本合同的被保险人。

第二条　保险责任

在本合同有效期内，保险人对被保险人负下列保险责任：

（1）被保险人在本合同生效或复效（以后发生者为准）180 日内因疾病身故或全残，保险人将给付保险金，数额等于投保人已交保险费之和，不计利息，本合同终止。

（2）被保险人因意外伤害所致身故或全残，或在本合同生效或复效（以后发生者为准）180 日后因疾病所致身故或全残，保险人给付合同约定保险金额全数，本合同终止。

第四条　保险期间

本保险为定期保险，保险期间分为 8 种：10 年，15 年，20 年，30 年，至被保险人年满 55、60、65、70 周岁的合同生效日对应日前一日 24 时止。投保人可为每一被保险人选择一种保险期间投保，但至保险期满时被保险人年龄以不超过 70 周岁为限。

本合同的效力和保险责任自保险人同意承保并收到首期保险费的次日零时开始，至约定的保险期满或本合同列明的终止性保险事件发生时止，保险人签发保险单作为保险凭证。

第五条 保险金额和保险费

本合同的保险金额按份计算，投保人可为每一被保险人投保一份或多份，在第一保单年度内，每份保险金额为人民币10000元，第二保单年度起每一个保单年度每份保险金额增加人民币500元，直至本合同期满或约定的终止性保险事故发生时止。

本合同的保险费交费标准视被保险人的性别、投保年龄、保险期间及所选定的交费方式而定。

本合同设趸交和年交两种交费方式，采用年交方式的，最后一次交费日为保险期满日前一个合同生效日对应日。

第六条 保险权益的转换

被保险人身故后，受益人可将身故保险金以趸交方式投保申请转换当时保险人认可的定期、终身、两全、年金保险合同。保险人审核同意后，按受益人申请转换时年龄所对应新合同趸交保险费的95%收取保险费。

【投保示例】

30岁男性，选择保险期间至60岁，交费期30年，保额10万元。

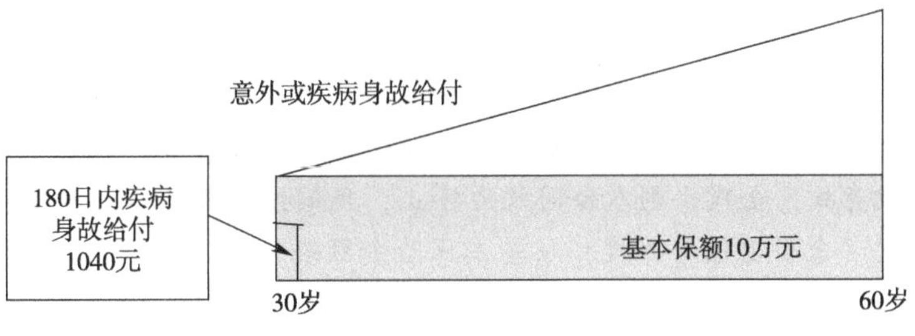

年交保费1040元，每月只需86.7元，(或趸交保费17950元)

保障：

1. 疾病身故或全残：180日内给付1040元，180日后至保险期满前因疾病身故或全残给付当年度保险金额。

首年为10万元，以后每年递增5000元保额，最高可获24.5万元保障。

2. 意外身故全残：保险期间因意外身故或全残给付当年度保险金额。

首年为10万元，以后每年递增5000元保额，最高可获24.5万元保障。

当年度保险金额 = 10万元×［1+0.05×（保单年度数-1)］

3. 保额递减定期寿险。与递增型产品相反，保额递减型定期寿险是指死亡保险金额随着保单年度的递增而逐年递减。这类产品一般是为分期还款的贷款合同而设置的险种，保险期限通常等于合同期限，保险金额随债务的偿还而逐步减少，如果被保险人（即债务人）在保险期限内死亡，作为受益人的债权人就从保险人处申领死亡保险金，金额等于被保险人尚未偿清的款项。

【产品示例】

中荷人寿顾家宝定期寿险条款（节选）

1.1 投保：18～45 周岁（含），被保险人须为投保人本人。

1.2 保障期间：可选 10 年、15 年、20 年、25 年、30 年。

1.3 交费期间：交费年期 = 保险期限 -5 年。

1.4 保额上限：一类城市最高 150 万元，二类城市最高 120 万元，其他城市最高 100 万元，每年减少 5 万元保额。

1.5 有效保额：第 t 个保单年度对应的

有效保额 = 首年保额 - （t-1） × 基本保额（基本保额 = 首年保额 ÷ 保险期间）

2.1 保险金额

本合同所称的基本保险金额是指由投保人在投保时与我们约定，并在保险单上载明的金额。若该金额按本合同其他条款的约定而发生变更，则以变更后的金额为基本保险金额。

2.2 保险责任

在本合同有效期内，我们承担以下保险责任。

2.2.1 身故、全残给付

若被保险人因意外伤害事故导致身故、全残，或于本合同持续有效一百八十日（若本合同中止后复效，则以最后复效日起持续有效一百八十日为准）以后因意外伤害事故以外的原因导致身故、全残，则本合同效力终止，我们按被保险人身故、全残时本合同的剩余保单年度（含当前保单年度）×基本保险金额给付身故、全残保险金（若被保险人同时发生一项以上全残情形时，该给付以一项为限）。

若上述保险金给付低于被保险人身故、全残时本合同已交保险费的 160%（百分之一百六十），则我们按照本合同已交保险费的 160% 给付身故、全残保险金。

2.2.2 保险金给付限

若被保险人于本合同生效之日起持续有效一百八十日（若本合同中止后复效，则以最后复效日起持续有效一百八十日为准）以内因意外伤害事故以外的原因导致身故、全残，我们不承担给付保险金的责任，本合同效力终止，我们将无息全额退还本合同已交的保险费。

【投保示例】

30 岁小王，北京人，贷款 150 万元买房，自己是家庭的经济支柱，但经济实力一般。为了避免自己突然离世，而造成家庭的财务风险，投保了中荷顾家宝，保障期间 30 年，交费期间 25 年，年交保费 1512 元。那么，每年定期寿险保额的变化如图 3-1 所示。

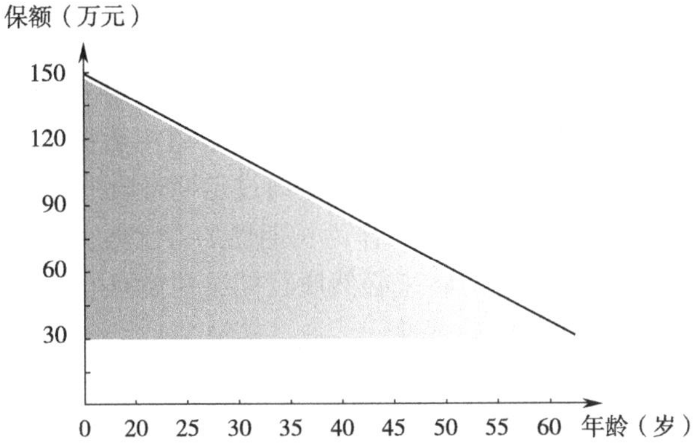

图 3－1　保额递减示意图

此外，随着人们保障需求多样化的变化，作为最传统的只提供死亡保障的定期寿险也在悄然发生改变。目前，一些定期寿险产品增加了残疾保险责任，如泰康人寿吉祥相伴定期寿险除提供死亡保障外，还提供高残责任。还有一些则附加了豁免保费（如华泰人寿附加豁免保险费定期寿险）、减额交清等功能，以满足不同投保人的保障需求。

（四）定期寿险的作用

定期寿险以其保费低廉、保障程度高等优点越来越受到人们的重视，许多国家定期寿险保单销售都呈上升趋势。定期寿险在下列几方面的作用是其他险种无法取代的。

1. 对收入低、保险需求高的个人或家庭具有重要作用。由于定期寿险保费低廉，以较少的保费来转嫁风险，可以降低保单所有人的担忧，提高其工作效率。定期寿险适用于收入低而急需较高保险金额的人群购买，如刚结婚并有了孩子的年轻夫妇。

2. 作为终身寿险或两全保险的有效补充。交付同样的保险费可以购得比终身寿险和两全保险保险金额高许多倍的定期寿险。因而定期寿险还适合作为终身寿险或两全保险的补充。

3. 可以作为改善信用的有效手段。在借贷关系中，债务人可以通过投保定期寿险来担保其对债权人的债务，以借贷金额为保险金额、以债权人作为受益人，如果债务人死亡，定期寿险的保险金刚好可以用来偿清债务。所以定期寿险可以作为一种信用保证手段。

二、终身寿险

（一）终身寿险的概念及特点

终身寿险又称终身死亡保险，是指从保险合同生效之日起，被保险人在任何时间内死亡，保险人向受益人给付保险金，或者被保险人生存到 100 岁时，保险人向被保险人给付保险金的人寿保险。终身寿险的保险期间不确定，保险人向被保险人提供终身死亡保险保障，因此，终身寿险的死亡给付是必然的。

终身寿险是一种常见的寿险产品，它的主要特点如下。

1. 死亡给付必然发生。人的生命是有限的，终有一死，不管被保险人的死亡发生在何时，保险人均要承担给付死亡保险金的责任。

2. 期交保单采用均衡保险费率，费率高过定期寿险。终身寿险业务中，由于趸交费率很高，投保人往往选择分期交纳保险费。期交保单采用均衡保费制度，由于保险期限长，死亡给付百分之百会发生，因此其费率明显高过定期寿险的费率。

3. 保单具有现金价值，储蓄性明显。作为长期性的寿险业务，终身寿险保单具有现金价值，其金额逐年增加。为了应对将来必然履行的给付责任，保险人要逐年提取责任准备金，因此终身寿险具有较强的储蓄性。

（二）终身寿险的种类

根据交费方式的不同，终身寿险可分为以下两类。

1. 普通型终身寿险。普通终身寿险又称终身交费的终身寿险，保险合同明确规定，投保人必须按期交纳保险费直至被保险人死亡时止，即交费期等于保险期。如果中途停交保险费，除非保单另有规定，保险单将丧失效力。也就是说，被保险人在享受终身保障的同时，要交纳保险费至终身。

2. 限期交费终身寿险。限期交费终身寿险是指保险费在规定期限内分期交付，期满后不再交付保险费，但仍享有保险保障的终身寿险。限期交费终身寿险的交纳期限可以是一定年限，也可以规定交费到某一特定年龄，如交费5年、10年，或者保费交至被保险人60周岁、65周岁为止。在相同保险金额下，交费期限越长，投保人每期应交的保险费就越少。

【产品示例】

中国人寿祥泰终身寿险条款（节选）

第二条　投保范围

凡出生三十日以上、五十五周岁以下，身体健康者均可作为被保险人，由本人或对其具有保险利益的人作为投保人向本公司投保本保险。

第三条　保险期间

本合同的保险期间为本合同生效之日起至本合同终止日止。

第四条　保险金额

本合同基本保险金额是指保险合同上载明的保险金额。

第五条　保险责任

在本合同保险期间内，本公司承担以下保险责任。

一、身故保险金

被保险人于本合同生效之日起一百八十日内因疾病导致身故，本公司按所交保险费（不计利息）给付身故保险金，本合同终止。

被保险人因意外伤害或于本合同生效之日起一百八十日后因疾病导致身故，本公司按以下规定给付身故保险金：

1. 被保险人于年满十八周岁的年生效对应日前身故，本公司按所交保险费（不计利息）的150%给付身故保险金，本合同终止；

2. 被保险人于年满十八周岁的年生效对应日至年满六十周岁的年生效对应日之间身故，本公司按基本保险金额的300%给付身故保险金，并返还被保险人身故当时本合同所交保险费（不计利息），本合同终止；

3. 被保险人于年满六十周岁的年生效对应日后身故，本公司按基本保险金额的100%给付身故保险金，并返还被保险人身故当时本合同所交保险费（不计利息），本合同终止。

二、身体高度残疾保险金

被保险人于本合同生效之日起一百八十日内因疾病导致身体高度残疾，本公司按所交保险费（不计利息）给付身体高度残疾保险金，本合同终止；

被保险人因意外伤害或于本合同生效之日起一百八十日后至年满六十周岁的年生效对应日之间因疾病导致身体高度残疾，本公司按基本保险金额的100%给付身体高度残疾保险金，但给付以一次为限，本合同继续有效。

三、豁免保险费

在本合同交费期间内，被保险人因意外伤害或于本合同生效之日起一百八十日后因疾病导致身体高度残疾，本公司豁免被保险人身体高度残疾之日以后至本合同终止前的各期应交保险费，视同投保人交纳了被保险人身体高度残疾之日以后至本合同终止前的各期保险费，本合同继续有效。

第七条　保险费

保险费的交付方式为年交、半年交、季交和月交四种，交费期间分为十年、十五年和二十年三种，由投保人在投保时选择。

【投保示例】

被保险人，张先生，今年30周岁，为自己投保国寿祥泰终身寿险，基本保险金额10万元，交费期间20年，年交保费7820元，可获得如下保障。

一、身故保险金

1. 合同生效之日起180日内因疾病导致身故，本公司按所交保险费（无息）7820元给付身故保险金，本合同终止。

2. 因意外伤害或合同生效之日起180日后因疾病导致身故，本公司按以下规定给付身故保险金：至年满60周岁的年生效对应日之间身故，本公司按基本保险金额的300%给付身故保险金，并返还身故当时所交保险费（无息），最高可达456400元，本合同终止。

3. 60周岁的年生效对应日后身故，本公司按基本保险金额的100%给付身故保险金，并返还当时所交保险费（无息），即156400元，本合同终止。

二、身体高度残疾保险金

180日内因疾病导致身体高度残疾，按所交保险费（无息）7820元，给付身体高度残疾保险金，本合同终止。

因意外伤害或180日后至60周岁的因疾病导致身体高度残疾，本公司按基本保险金额的100%，即10万元，给付身体高度残疾保险金，以一次为限，本合同继续有效。

3. 趸交保费终身寿险。趸交终身寿险是指在投保时一次全部交清保险费的终身寿险。趸交保费终身寿险也可以认为是限期交费终身寿险的一种特殊形态。

4. 保费可调整型终身寿险。它是普通终身寿险的一个变种，在起初的几年内，年保险费低于普通终身寿险单的年均衡保险费，此后高于年均衡保险费，也可以使用其他保险费调整方式。

5. 利率敏感型终身寿险。这种终身寿险通过对当前的投资收益以及死亡率的状况分析，调整投保人需交纳的保险费或死亡保险金或保单的现金价值来体现利率的变化。

此外，根据被保险人数量的不同，终身寿险还可以分为个人终身寿险和联合终身寿险。

个人终身寿险即一份保单只对一个被保险人的生命提供保障。当一份人寿保险单承保两个或两个以上人的生命时，就被称为联合人寿保险单。在此类保险单中只要任何一个被保险人死亡就给付保险金，合同即告终止。如果以最后一个被保险人的死亡为给付保险金的条件，则称为最后生存者保险单。联合终身寿险适合夫妇投保，当一方死亡时，保险公司向另一方提供生活所需的资金；或父母与子女共同投保，当父母遭受不幸时，保险金可作为子女的生活费用和教育费用。

【产品示例】

新华人寿全家福联合寿险条款（节选）

第二条　投保范围

一、被保险人范围：凡双方年龄均在法定结婚年龄以上、六十周岁以下，身体健康，能正常工作或劳动的合法夫妻，可共同作为被保险人参加本保险。

二、投保人范围：被保险人本人、对被保险人有保险利益的其他人可作为投保人。

第三条　保险责任

在本合同有效期内，本公司负下列保险责任：

一、被保险人之一因意外伤害导致身故或身体高残，或因疾病导致身故或身体高残，本公司按保险单所载保险金额一次性向受益人给付保险金，本合同效力终止。

二、被保险夫妻因同一意外伤害事故导致自保险事故发生之日起一百八十日内先后身故或身体高残，本公司按保险单所载保险金额的双倍一次性向受益人给付保险金，本合同效力终止。

【投保示例】

林先生，31岁，在机关工作；林太太，28岁，在公司上班。两人有一个3岁的儿子。家庭年收入4.5万元左右。投保新华“全家福联合寿险”，保额10万元，选择30年交费，年交保费2100元，30年累计交纳保费63000元。

保障收益：林先生和林太太同为被保险人。当意外或疾病原因导致的高残或身故不幸降临任一被保险人时，受益人均可获得10万元保险金给付；当两位被保险人不幸因同一事件身故时，受益人可获得20万元的保险金给付。除一次性领取外，保险金还能以养老年金及教育年金的形式领取。

（三）终身寿险的适用范围

1. 家庭责任较重的被保险人。如果上有老、下有小，投保终身保险就比较适合。

2. 保费负担能力比较强的人。终身寿险适合于收入比较稳定，较高资产，希望有稳定的回报又不想自己参与投资的人士。

3. 有遗产规划需求的人。终身寿险很多情况下是最适合遗产规划的险种。一是它在被保险人死亡后才赔付；二是作为保险受益金赔付给指定受益人，不仅可以完全按照投保人的意愿分配，而且受法律保护，免征遗产税。

4. 计划以退休金当作退休生活费或其他用途的被保险人。终身寿险保单具有较强储蓄性和灵活性，被保险人在退休时可将保单变换为年金保单，作为退休生活费的保障。

活动一　中低收入家庭的保险选择

【活动内容】

每3~5个同学为一组，分组讨论以下案例。

（1）小徐今年30岁，是家里的顶梁柱，平均每月收入2500元，徐太太每月收入1000元，两人有个1岁的女儿，除了日常的生活开支外，无其他的大额支出。为了在自己万一遭遇不幸时，妻女不至于无依无靠，小徐最想投保一款在自己身故后能给家人一定经济补偿的险种。你能为他选择一款合适的险种吗？

（2）韩旭，今年30岁，刚刚结婚，贷款买房，贷款需20年还清。他为自己投保了30万元的泰康人寿吉祥相伴定期寿险，选择20年的保险期限，交费期20年，每年交保费732元。如果投保一年内因疾病导致身故或高残，可给付保险金3732元（按保险单所列明保险金额的10%给付身故保险金，并无息返还所交保险费）；若一年内因意外导致身故或高残，可以得到保险金给付30万元。投保满一年后，不论何种原因导致不幸身故或高残，家属均可得到保险金给付30万元。你认为韩旭的选择对吗？

活动二　比较定期寿险和终身寿险

【活动内容】

每3~5个同学为一组，分组讨论以下案例。

李先生，34岁，某私营企业老总，年收入50万元左右，有房两套，其中一套贷款50万元，其家庭还有两个家庭成员：李妻，家庭主妇，无工作。李子，今年4岁，正在上幼儿园中班。李先生之前也没有投保商业人身保险。现提供某保险公司如下的两款寿险产品。

某保险公司 A 产品

投保范围：凡16～65周岁、身体健康者均可作为被保险人，由本人或对其具有保险利益的人作为投保人，向本保险公司投保本保险。

保险期间：保险期间分5年、10年、15年、20年4种，投保人可选择其中一种作为本合同的保险期间，但保险期满时被保险人的年龄不得超过70周岁。

保险责任：在本合同有效期间内被保险人身故，本公司按保险单载明的保险金额给付保险金，本合同终止。

某保险公司 B 产品

投保范围：凡出生30日以上、65周岁以下，身体健康者均可作为被保险人，由本人或对其具有保险利益的人作为投保人向本保险公司投保本保险。

保险期间：本合同的保险期间为本合同生效之日起至被保险人身故时止。

保险责任：在本合同有效期间内，本公司负以下保险责任：被保险人身故，本公司按基本保险金额给付身故保险金，本合同终止。

请根据资料回答下列问题。

（1）根据保险合同条款的具体规定分析以上保险产品的种类；

（2）请分析两款产品的主要特点并进行简单的对比；

（3）根据李先生家庭的风险情况，用这两款产品为李先生制做简单的保险规划，并说明原因。

任务二　认识生存保险

【任务情景】

李萌是北京一家咨询公司的业务总监，年薪18万元，丈夫33岁，是国有企业的高管，年薪25万元。之前育有一子，已3岁。今年又喜得一千金，凑足了“好”。如今有了两个孩子，在深感经济压力的同时，李萌也想未雨绸缪，提前把孩子的教育金准备好，但不知该如何规划，想咨询有关专家：新增二孩家庭怎样买保险为孩子准备教育金？

市民张先生在杨家坪西城天街开了一家花店，去年在江北又开了家分店，年收入有20多万元。他早在2016年就想购买一份养老保险了，张先生说：“对于我这种自主创业的人来说，养老问题是我必须考虑的，因为在未来没有人会给我发退休金。”不过在养老保险产品的选择上他很困惑，不知如何购买。

【基础知识】

一、生存保险

生存保险，是以被保险人在保险期满或达到某一年龄时仍然生存为给付保险金条件的人寿保险。只要被保险人生存到约定的时间，保险人就给付保险金。若在此期间被保险人死亡，则保险人不承担给付保险金的责任，也不退还所交保险费。单纯的生存保险一般不单独办理，保险人也不设计只提供生存保障的保单。它往往与其他险种结合，以满足人们多方面的需求，如与定期寿险结合形成两全保险。年金保险是生存保险的一种特殊形式。

生存保险的主要特点如下。

（1）如果保险期间内被保险人死亡视为未发生保险事故，保险人不负保险责任，也不退还已交纳的保险费。因此，保险公司依照合同给付给生存者的保险金，不仅包括其本人所交纳的保费及其衍生利息，而且包括保险期内死亡者所交纳的保险费及衍生利息。

（2）投保生存保险的主要目的，是在一定时间之后被保险人可以领取一笔保险金，以满足生活等方面的需要。例如，为年幼的子女投保子女教育保险，可以使其在读大学时有一笔教育基金。

（3）生存保险是为保障被保险人今后的生活或工作有一笔基金，以满足未来消费开支，类似于一种储蓄。

二、年金保险

（一）年金保险的概念和特点

年金保险是指保险人在被保险人生存期间，按照合同约定，每隔一定的周期支付一定的保险金额的一种生存保险。简言之，以年金的方式支付保险金的生存保险就是年金保险。该定期支付可以按年、半年、季度、月支付，但分期给付期限间隔一般不超过一年（含一年）。这种支付可以是定期的（支付一个固定时期或者支付到年金受领人死亡时为止，以两者先发生的为准）。

年金保险的特点：年金保险是生存保险的特殊形态，其特殊之处在于保险金的给付采取了年金的方式，而非一次性给付。与死亡保险不同，参加年金保险的被保险人，通常是身体健康、预期寿命长的人，因此无论团体投保还是个人投保，一般不需要进行体检。

（二）年金保险的分类

1. 按保险费交付方式不同，分为趸交年金和期交年金两类。采取一次性地交清全部保险费方式购买的年金称为趸交年金；以分期交纳保险费方式购买的年金称为期交年金。分期交费方式中可以采取固定数目的定期交费，也可以是灵活的交费。

2. 按年金给付开始的日期不同，分为即期年金和延期年金两类。即期年金中，保险人在合同生效后即给付第一期年金，它必须用趸交保费方式购买。延期年金是在隔了一定时期后才开始给付年金，延期年金可以用趸交保费方式购买，也可以用分期交费方式购买。

3. 按被保险人的人数不同，分为个人年金、联合年金和联合及最后生存者年金三类。个人年金又称为单生年金，被保险人为独立的一人。联合年金是指两个或两个以上的被保险人中，只要其中一个人死亡就终止保险金给付的年金产品。它是以两个或两个以上的被保险人同时生存为给付条件的。联合及最后生存者年金是指两个或两个以上的被保险人中，在约定的给付开始日，至少有一个生存即给付保险年金，直至最后一个生存者死亡为止，保险人就终止年金给付。此种年金的被保险人多为夫妻，通常规定，若一人死亡则给付的年金数额按约定比例相应减少。

4. 按给付期限不同，分为终身年金、定期年金和最低保证年金三类。终身年金是指年金受领人自年金给付日起一直领至死亡时为止的年金产品。定期年金是指保险人与被保险人有约定的年金给付期限的年金。定期年金有两种：一种是确定年金，只要在约定的期限内，无论被保险人是否生存，保险人的年金给付直至年金给付期限结束；另一种是生存年金，在约定给付期限内，只要被保险人生存就给付年金，直至被保险人死亡。最低保证年金分为两种：一种是确定给付年金，即规定一个最低保证给付年数，在规定期间内，无论被保险人生存与否均可得到年金给付，若被保险人在领满固定年金后仍生存，可继续领取年金直至身故；另一种为退还年金，即当年金受领人死亡而其年金领取总额低于所交保费时，保险人以现金方式一次或分期退还差额。

5. 按年金给付金额是否变动，分为定额年金和变额年金两类。定额年金的年金给付额是固定的，不会因为市场利率的变化或通货膨胀的存在而发生变化。通常变额年金具有投资分离账户，变额年金的保险年金给付额随投资分离账户的资产收益状况的不同而不同。变额年金具有投资性质，这类年金产品能够较好地应对通货膨胀对年金受领人生活状况的不利影响问题。

（三）年金保险的作用

1. 提供晚年生活保障。年金保险最基本的作用就是提供年老时的生活保障。伴随着“银发社会”的来临，养老年金越来越被大家所重视。

2. 建立子女教育基金。这种类型的年金保险一般支付周期为年，给付期为子女教育期间，并且一般都附加了意外伤害或死亡保险。

3. 具有现金价值。因此有人也把年金保险作为一种安全投资的方式，而且还可获得税惠。

【产品示例】

太平人寿个人税收递延型养老年金保险（2018）B1款（节选）

第二条　投保范围

一、被保险人范围：凡16周岁以上，符合个人税收递延型养老年金保险的相关政策规定，依法支付个人所得税且投保时年龄未达到国家规定退休年龄的个人，均可作为本合同的被保险人。

二、投保人范围：本合同的投保人为被保险人本人。

第四条　保险期间

本合同的保险期间自本合同生效日零时起至本合同约定的终止时止，并在保险单上载明。

第五条　养老年金开始领取日及领取方式

被保险人在达到国家规定的退休年龄后，可以申请领取养老年金，确定养老年金开始领取日及养老年金领取方式。开始领取养老年金后，不得变更养老年金领取方式。养老年金领取方式包括保证返还账户价值终身月领（或年领）、固定期限15（或20）年月领（或年领）。

第六条　保险责任

在本合同保险期间内且本合同有效，我们按照下列约定承担给付相应保险金的责任。

一、养老年金

如果被保险人申请领取养老年金，我们将养老年金开始领取日的产品账户价值，按被保险人选择的养老年金领取方式，根据我们提供的领取标准表确定被保险人月领（或年领）养老年金领取金额（有关领取标准表，请参照本合同附表），并按规定从当期给付的养老年金中扣除对应的应纳税款。被保险人开始领取养老年金后，我们注销产品账户。

我们提供的养老年金领取方式包括保证返还账户价值终身领取、固定期限15（或20）年领取：

1. 保证返还账户价值终身领取。如果被保险人在养老年金开始领取日及其后每月或每年的对应日生存，按确定的领取金额领取养老年金，每次领取金额要扣除对应的应纳税款，直至被保险人身故或全残（有关全残定义，请参照本合同第二十四条）。

如果被保险人身故或全残时已领取养老年金总和（扣除应纳税款前）小于养老年金开始领取日的产品账户价值，我们按两者的差额，扣除对应的应纳税款后的余额，向其受益人一次性给付，本合同终止。

2. 固定期限15（或20）年领取。如果被保险人在养老年金开始领取日及其后每月或每年的对应日生存，按确定的领取金额领取养老年金，每次领取金额要扣除对应的应纳税款，直至固定领取期限届满。

如果被保险人在固定领取期限届满前身故或全残，我们按在固定领取期内尚未领取的养老年金之和（扣除应纳税款前），扣除对应的应纳税款后的余额，向其受益人一次性给付，本合同终止。

二、身故保险金

如果被保险人在开始领取养老年金之前身故，且身故发生在60周岁的保险单周年日零时之前，我们给付申请身故保险金时的产品账户价值，并扣除对应的应纳税款，同时按申请身故保险金时的产品账户价值的5%额外给付身故保险金，注销产品账户，本合同终止。

如果被保险人在开始领取养老年金之前身故，且身故发生在60周岁的保险单周年日零时之后，我们给付申请身故保险金时的产品账户价值，并扣除对应的应纳税款，注销产品账户，本合同终止。

三、全残保险金

如果被保险人在开始领取养老年金之前全残，且全残发生在60周岁的保险单周年日零时之前，我们给付申请全残保险金时的产品账户价值，并扣除对应的应纳税款，同时按申请全残保险金时的产品账户价值的5%额外给付全残保险金，注销产品账户，本合同终止。

如果被保险人在开始领取养老年金之前全残，且全残发生在60周岁的保险单周年日零时之后，我们给付申请全残保险金时的产品账户价值，并扣除对应的应纳税款，注销产品账户，本合同终止。

第八条　保险费的支付

一、本合同生效后至被保险人达到国家规定退休年龄前，您可按本合同的约定按年或按月支付保险费，具体交费方式和交费标准由您在投保时与我们约定，约定的交费方式和交费标准将在保险单上载明。

附表：养老年金终身领取标准表（每万元产品账户价值）

单位：人民币元

领取年龄（周岁）	每月领取金额		领取年龄（周岁）	每年领取金额	
	男性	女性		男性	女性
45	38.2	36.5	45	448.3	428.8
46	38.6	36.8	46	453.1	432.8
47	39	37.2	47	458.2	437
48	39.5	37.6	48	463.4	441.5
49	40	38	49	469	446.1
50	40.5	38.4	50	474.8	451
51	41	38.9	51	480.9	456.1
52	41.6	39.3	52	487.3	461.5
53	42.2	39.8	53	494.1	467.2
54	42.8	40.3	54	501.2	473.1
55	43.5	40.9	55	508.7	479.3
56	44.1	41.5	56	516.7	485.9
57	44.9	42.1	57	525.1	492.8
58	45.7	42.7	58	533.9	500.1
59	46.5	43.4	59	543.3	507.7
60	47.4	44.1	60	553.2	515.8
61	48.3	44.8	61	563.6	524.3
62	49.2	45.6	62	574.7	533.2
63	50.3	46.4	63	586.4	542.5
64	51.4	47.3	64	598.7	552.4

续表

领取年龄（周岁）	每月领取金额		领取年龄（周岁）	每年领取金额	
	男性	女性		男性	女性
65	52.5	48.2	65	611.7	562.8
66	53.7	49.2	66	625.6	573.7
67	55	50.2	67	640	585.3
68	56.4	51.3	68	655.4	597.3
69	57.8	52.4	69	671.7	610
70	59.4	53.6	70	688.7	623.4
71	61	54.8	71	706.8	637.3
72	62.7	56.1	72	725.7	652
73	64.5	57.5	73	745.5	667.6
74	66.4	58.9	74	766.8	683.6
75	68.4	60.5	75	788.5	700.5
76	70.4	62.1	76	811.5	718.3
77	72.6	63.7	77	836	736.6
78	74.9	65.5	78	860.8	756
79	77.4	67.3	79	887.3	776.3
80	79.9	69.2	80	915.4	797.1
81	82.6	71.2	81	943.8	819.3
82	85.4	73.3	82	974.5	842.4
83	88.4	75.5	83	1007.1	866.2
84	91.5	77.9	84	1039.9	891.8
85	94.9	80.3	85	1075.6	918.6

【投保示例】

蔡先生，35 周岁，销售主管，每月工资薪金 25000 元。

他选择投保了“太平人寿个人税延养老年金保险（2018）B1 款”，并选择 65 周岁开始领取养老金。

1. 获享税收优惠。每月少交个税 250 元；积累期暂免个税 90000 元。

2. 账户价值积累。每月交 1000 元，扣除每次初始费用 10 元，其余皆进入账户积累，享有保证利率 2% 以上的浮动增值收益。

至 40 周岁保单年度末，账户价值可高达约 7 万元（中）、6 万元（低）。

至 50 周岁保单年度末，账户价值可高达约 25 万元（中）、21 万元（低）。

至 60 周岁保单年度末，账户价值可高达约 54 万元（中）、38 万元（低）。

3. 养老金终身领取。从养老金开始领取日至终身，每月可领取养老金约：3605 元

（中）、2366 元（低）。

至 70 周岁保单年度末，共可领取养老金约 22 万元（中）、14 万元（低）。

至 80 周岁保单年度末，共可领取养老金约 65 万元（中）、43 万元（低）。

至 90 周岁保单年度末，共可领取养老金约 108 万元（中）、71 万元（低）。

至 105 周岁保单年度末，共可领取养老金 173 万元（中）、114 万元（低）。

注：

1. 上述案例的税收优惠部分根据《中华人民共和国个人所得税法》（2011 年修订）测算。

2. 月领养老金为已按规定扣除对应递延税款的金额；对个人达到规定条件时领取的商业养老金收入，其中 25% 部分予以免税，其余 75% 部分按照 10% 的比例税率计算交纳个人所得税。如有更新，按最新规定执行。

3. A 款和 B1 款之间可按规定进行转换。

【新闻链接】

税延养老保险 5 月起试点　商业养老保险迎巨大发展空间

“犹抱琵琶半遮面”的税延型养老保险终于落地了。近日，财政部、税务总局、人社部、银保监会、证监会五部门联合发布《关于开展个人税收递延型商业养老保险试点的通知》，自 2018 年 5 月 1 日起，在上海市、福建省（含厦门市）和苏州工业园区实施个人税收递延型商业养老保险试点。试点期限暂定一年。

“开展个人税收递延型商业养老保险试点，是贯彻落实党的十九大精神，推进多层次养老保险体系建设，对养老保险第三支柱进行的有益探索。”财政部相关负责人表示。

通知明确，对试点地区个人通过个人商业养老资金账户购买符合规定的商业养老保险产品的支出，允许在一定标准内税前扣除。取得工资薪金、连续性劳务报酬所得的个人，其交纳的保费准予在申报扣除当月计算应纳税所得额时予以限额据实扣除，扣除限额按照当月工资薪金、连续性劳务报酬收入的 6% 和 1000 元孰低办法确定。取得个体工商户生产经营所得、对企事业单位的承包承租经营所得的个体工商户业主等，其交纳的保费准予在申报扣除当年计算应纳税所得额时予以限额据实扣除，扣除限额按照不超过当年应税收入的 6% 和 12000 元孰低办法确定。

计入个人商业养老资金账户的投资收益，在交费期间暂不征收个人所得税。个人领取商业养老金时再征收个人所得税。对个人达到规定条件时领取的商业养老金收入，其中 25% 部分予以免税，其余 75% 部分按照 10% 的比例税率计算交纳个人所得税，税款计入“其他所得”项目。

国务院发展研究中心金融研究所保险研究室副主任朱俊生表示，试点方案采取 EET 的税收优惠模式，即交费和投资环节不交税，领取环节交税，发挥税收递延的激励作用，有利于提升商业养老保险需求，促进商业养老保险的发展。可以增加养老资产、改善养老金体系存在的结构失衡、缓解基本养老保险的可持续压力以及弥补企业年金发展的不足，对于完善“三支柱”的养老金体系具有重要的意义。商业养老保险具有参与机制开放、激励机制有效、运行机制灵活等优势，有利于发挥市场机制在养老金体系中的作用，在我国高储蓄率的国情下具有巨大的发展空间。

资料来源：中财网，2018－04－13。

【知识链接】

年金与年金保险

日常经济生活中，年金随处可见，是有规则地定期收付一定款项的方法，即每隔一定的时间（如一年、一个季度、一个月等）间隔，有规则地收付款项，如银行的零存整取、整存零取业务就是一种年金。又如单位每月对职工发放工资，若月工资固定不变，对单位而言就是支出年金，对职工而言就是收入年金。年金并非以年为周期收付款项的，实际上年、半年、季、月都可以成为年金的周期，不过一般以年为周期。

年金保险是按年金的方法支付保险金的保险，即按照合同的规定，在被保险人生存期间，每隔一定的周期支付一定的保险金给被保险人。在年金保险中，领取年金的人称为年金受领人，保险人定期给付的金额称年金领取额，投保人交付的保险费称年金购进额。

人们习惯将年金保险称为年金，但二者是有区别的：年金是大概念，而年金保险只是年金的一种。年金的收付有确定的期间，与收付款者的生命无关，而年金保险的给付取决于被保险人的生命，人的生死事先又是不能预料的，因而其给付期是不确定的。为区别二者，也有称前者为确定年金，称后者为不确定年金。

任务三　认识两全保险

【任务情景】

王女士家住高县庆岭乡桥坎村，虽然家庭并不富裕，但一家三口过着幸福的生活。像大多数不了解保险的家庭一样，王女士觉得在家庭经济较紧张的情况下不应乱花钱，认为没必要把钱花在这些没用的地方。在业务员不断地耐心讲解和丈夫的影响下，王女士逐渐对保险有了新的认识。2013 年 11 月，王女士为自己购买了某人寿保险公司一款两全保险。

然而谁也没想到，不幸突然就降临在这个幸福的家庭。2017 年 11 月初，王女士感觉到胸闷、气短，身体变得虚弱。随后去医院进行检查，被确诊为肥厚性心肌病。经过一段时间的治疗，病情有所好转，王女士便回到家中休养，但是，11 月 25 日王女士病情恶化突然离世，给这个家庭带来了沉重的打击。保险公司的业务人员听说后第一时间赶到王女士家中进行慰问，帮助家属处理后事，查勘人员也迅速前往客户家中办理移动理赔，公司及时进行了流程审理。12 月 14 日结案，共计赔付理赔金 29.6

万元。在理赔会上，王女士的家人感言道："这次家庭变故给我们带来了无尽的忧伤，但是保险公司的理赔款帮助了我们，也减轻了我们家庭的负担，还在上学的女儿学费有了着落。"

请问什么是两全保险？两全保险有什么特点？

【基础知识】

一、两全保险的概念及特征

两全保险又称生死合险，是以被保险人无论在保险期限内死亡还是期满生存，保险人都给付保险金的一种人寿保险。两全保险的保险期间可以特定的年数或特定的年龄来表示，如5年、10年、20年或到被保险人60岁、70岁。由于人非死即生，被保险人不是在保险期内死亡就是生存至满期，因此，与终身寿险相似，两全保险的保险金给付是必然会发生的。

两全保险的主要特征如下。

1. 责任最全面。两全保险不仅可以保障被保险人生存的需要，而且可以解决由于被保险人死亡给家庭经济生活带来的困难。它是死亡保险和生存保险结合的产物，是寿险业务中保险责任最全面的险种之一。

2. 保险费率高。两全保险既保生存又保死亡，一旦投保，必然发生给付。两全的保费既有保障的因素，又有储蓄的因素，而且储蓄因素占主导。因此，两全保险的费率比其他寿险的费率高。从精算角度来讲，两全保险的保费等于定期寿险与生存保险的保费之和。

3. 保单具有现金价值，储蓄性明显。两全保险有时被称为储蓄保险。在两全保险中，由于保单的现金价值随保险合同的生效逐年增加，且增幅较大，因此具有较强的储蓄功能，可以作为强制储蓄的手段。

二、两全保险的种类

（一）普通两全保险

普通两全保险即无论被保险人在保险期限内死亡还是期满生存，保险人给付的保险金均相同。如中国人寿的"福馨"和"福瑞"两全保险。

（二）双倍两全保险

双倍两全保险有期满双倍两全保险和死亡双倍两全保险两种类型。满期双倍两全保险是指如果被保险人生存至期满，则保险人给付合同约定保险金额的两倍，如果被保险人在保险期内死亡，则保险人仅给付合同约定的保险金额。例如，某投保人投保了一份保额为5万元、保期为10年的期满双倍两全保险，如果被保险人在10年内死亡，其受益人可申领5万元保金；如果被保险人10年期届满仍然生存，则可获得10万元保险金。这种类型的两全保险更加注重生存保障。死亡双倍两全保险是指如果被保险人在保险期内死亡，则保险人给付合同约定保险金额的两倍，如果被保险人生存至期满，则保险人仅给付合同约定的保险金额。这种类型的两全保险更加注重死亡保障。

（三）两全保险附加定期保险

如果投保这种保险的被保险人生存到保险期限届满，保险人按保险金额进行给付；如果被保险人在保险期内死亡，保险人则按保险金额的多倍进行给付。因此，这种保险侧重于对被保险人家属经济生活的保障，较适宜家庭生计的主要负担者投保。

（四）联合两全保险

这种保险承保两人或两人以上的生命，在保险期内，如果被保险人中的任何一人先死亡，其余人将得到全部保险金，保险责任终止；如果无任何一人死亡，在保险期满时，由全体被保险人共同领取保险金。这种保险常用于家庭投保。

【产品示例】

国寿福馨两全保险条款（节选）

第二条　投保范围

凡十六至六十周岁、身体健康者均可作为被保险人，由本人或对其具有保险利益的人作为投保人向中国人寿保险公司（以下简称本公司）投保本保险。

第四条　满期年龄及保险期间

满期年龄分五十、五十五、六十、六十五周岁四种，投保人可选择其中一种作为本合同的满期年龄。保险期间为本合同生效之日起至被保险人生存至约定满期年龄的生效对应日止。

第五条　保险责任

在本合同有效期间内，本公司负以下保险责任：

一、被保险人生存至约定满期年龄的生效对应日，本公司按保险单载明的保险金额给付满期保险金，本合同终止。

二、被保险人身故，本公司按保险单载明的保险金额给付身故保险金，本合同终止。

第七条　保险费

保险费的交付方式分为趸交、年交、半年交和月交，分期交付保险费的交费期间又分为十年、十五年和二十年，由投保人在投保时选择。

【投保示例】

张先生 30 岁，作为被保险人投保福馨两全保险 10 万元。每年交费 3050 元，交费期 20 年，总共交纳保费 61000 元。保险期限：年满 65 岁。

张先生获得的保险利益如下：

被保险人生存年满 65 岁，保险公司给付满期保险金 10 万元，本合同终止。被保险人 65 岁前身故，保险公司给付身故保险金 10 万元，本合同终止。

活动一　寿险产品保费比较

【活动内容】

30岁王先生，保额10万元，交费年期20年。请同学们选择中国人寿保险公司投保，比较在同一年龄，投保相同保额的定期寿险、终身寿险和两全保险，客户所交纳的保费差别。

【模块加油站】

一、单选题

1.（　　）最大的优点是可以用极为低廉的保险费获得一定期限内较大的死亡保险保障。

A. 生存保险　B. 终身寿险　C. 两全保险　D. 定期寿险

2.（　　）是指定期寿险的保单所有人在保险期满前可以申请将该保单转换为终身寿险、两全保险或年金保险而无须提供可保性证明。

A. 射幸性　B. 可续保性　C. 可转换性　D. 储蓄性

3. 以下各项中，不属于终身寿险特点的是（　　）。

A. 给付必然发生　B. 保单具有储蓄性

C. 属于长期保险业务　D. 保险费率低廉

4. 对于那些收入较低、子女尚未成年，其生命对家庭有重要意义的人可以投保（　　）。

A. 终身寿险　B. 定期寿险　C. 变额寿险　D. 两全保险

5. 某投保人，现年20岁，购买了一份终身寿险。如采用以下4种交费方式，则25岁时的保单现金价值从大到小排序依次是（　　）。

①趸交　②交费10年　③交费20年　④交费至60岁

A. ①②③④　B. ④③②①　C. ②③④①　D. ③④①

6. 年金保险中，被保险人（　　）进行体检。

A. 需要　B. 不需要　C. 不一定需要　D. 视年龄确定是否需要

7. 按年金给付开始日期划分，年金保险可分为（　　）。

A. 即期年金与延期年金　B. 趸交年金与分期交年金

C. 定额年金与变额年金　D. 个人年金与联合年金

8. 以下各寿险产品中，费率水平最高的是（　　）。

A. 终身寿险　B. 定期寿险　C. 生存保险　D. 两全保险

9. 两全保险是既可以保障生存又可以保障死亡的险种，若重点在于保障被保险人本人的利益，这样的两全保险是（　　）。

A. 普通两全保险　B. 期满双倍两全保险

C. 养老附加定期保险　　　　　D. 联合两全保险

二、多选题

1. 以下各项中，属于定期寿险特点的有（　　）。

A. 保险费率低廉　B. 保单可续保　C. 保单可转换　D. 没有逆向选择

2. 以下各项中，属于终身寿险特点的有（　　）。

A. 给付必然发生　　　　　B. 保单具有储蓄性

C. 属于长期保险业务　　　　D. 保险费率低廉

3. 按照年金给付开始的时间不同，年金保险可以分为（　　）。

A. 生存者年金　B. 即期年金　C. 延期年金　D. 分红年金

4. 刘某于2005年1月购买了保额为10万元的某保险公司的年金保险产品。根据保险合同的约定，投保人分10年交纳保险费，每期保费6500元，2018年开始领取生存保险金，每期领取额为保险金额的8%，若被保险人身故则停止给付，但保证领取额不低于其所交保费的总和。那么刘某购买的年金保险属于（　　）。

A. 期交年金　B. 趸交年金　C. 即期年金　D. 延期年金

E. 金额保证年金

5. 宋女士在50岁时收到20万元的现金收入，她用这笔现金购买了一个年金，满60岁时开始按月领取年金收入，保证领取20年。宋女士购买的年金属于（　　）。

A. 趸交年金　B. 即期年金　C. 延期年金　D. 终身年金

6. 两全保险的特点有保险范围广，保险费率高和（　　）。

A. 期限短　B. 具有储蓄性　C. 具有投资性　D. 给付必然发生

7. 两全保险一般规定一个期限，期限的表示方法有（　　）。

A. 以特定的年限表示，如10年、15年、20年等

B. 以被保险人的交费年限表示，如10年、15年、20年等

C. 以特定的年龄表示，如55岁、60岁、65岁等

D. 以生命的特定周期表示，如少儿期、青年期、壮年期、老年期等

E. 以保险责任期限表示，如某年某月某日至某年某月某日

三、判断题

1. 定期寿险最显著的特点和优点是费率低、保障高。（　　）

2. 保单所有人在行使定期寿险的可转换与可续保权益时，均无须提供可保性证明。（　　）

3. 终身寿险是为了受益人的利益而投保的险种。（　　）

4. 终身寿险的保险期限不确定，保险人向被保险人提供终身死亡及终身生存保险保障。（　　）

5. 年金保险的定期支付可以按年、半年、季度、月支付，分期给付期间隔一般不超过一年。（　　）

6. 购买年金保险的被保险人，通常是身体较弱、预期寿命短的人。（　　）

7. 两全保险的被保险人无论期内死亡还是期满生存，保险人都要承担给付保险金的

责任。（ ）

8. 两全保险的保单具有现金价值，储蓄性明显。（ ）

模块三 认识特种人寿保险产品

任务一 了解简易人寿保险与次标准体保险

【任务情景】

30 岁的张先生，家住农村，靠打零工为生，收入不高，可是经常有做保险的人向他推销保险。他认为，买保险是有钱人家的事情，与自己无关，况且买保险又要去体检，每年交一次保险费，自己也一时拿不出这么多钱。你能为他推荐一款投保简单，不需体检，交费间隔期短的保险险种吗？

2017 年初，张先生在太平人寿为妻子杨女士投保了一份重疾保险，保额 30 万元。然而，在投保前的体检时，杨女士被诊断出患有高血压、高血脂和胆囊结石。依据体检结果，杨女士如投保重疾险，作为非健康体，她的年交保费需比健康人士增加 3700 余元。对于这一结果，杨女士起初并不乐意，但考虑到已过不惑之年，健康保障十分必要，张先生仍然决定加费为妻子购买这份保障。你认为“非健康体”加费投保“吃亏”吗？为什么？

【基础知识】

一、简易人寿保险

（一）简易人寿保险的概念

简易人寿保险是为低收入阶层获得保障而开办的险种。它是一种小额的、免体检的两全性质的人寿保险，具有保险保障和储蓄的双重作用。它始于英国，在 20 世纪三四十年代，简易人寿保险的发展达到了鼎盛，曾一度成为英、美等保险发达国家的主要险种之一。在我国，简易人寿保险在 20 世纪 80 年代后期与 90 年代早期也曾一度得到迅速发展。由于简易人寿保险具有低保额的特点，它通常是各国寿险公司创业初期广泛开办的险种，当其发展到一定水平和规模时，业务量就会逐渐减少，最后被其他寿险业务淘汰。

（二）简易人寿保险的特点

1. 被保险人免体检。这是为了充分体现投保此险种的方便性，但要求被保险人如实告知健康状况，不符合健康标准的被保险人将被拒绝承保。

2. 保额较低。简易人寿保险是为了满足只能负担少量保费的低收入者而设计的，所以，保险金额比较低。对每张保单或每位被保险人的保险金额有最高额限制。例如，在美国通常为每张保单或每位被保险人最高保险金额为5000美元，而我国则限制为最高保额为人民币1万元。

3. 内容简单，容易为投保人所接受。保费按份计收，而不是按保险金额单位出售，如以5美元保险费单位出售一份简易人寿保险。保险金额是根据被保险人的年龄段和所选择的保险期限确定。

4. 保险费率。简易人寿保险的保险费率相对高于普通寿险。主要原因在于：被保险人未经过体检，又是工作环境、生活条件较差的低收入者，死亡率相对较高；保险金额很小，各项业务费用支出大于一般寿险；保险单续保率较低。

5. 采取标准化格式。保险期限分5年、10年、15年、20年等供投保人选择；保险费统一化，保险金额分组化，投保人不分男女一律按份投保，每份交纳的保险费相同。

6. 交费频繁，交费间隔期短。考虑到低收入者的负担能力，简易人寿保险的保险费一般是采取按月或按周交纳，因为交费频繁，一般由保险公司代理人上门收费，或者由被保险人单位在发放工资时代为扣交，这使得简易人寿保险的工作比普通人寿保险烦琐，费用开支也多。

【延伸阅读】

我国农村小额人身保险

小额人身保险是一类面向低收入人群提供的人身保险产品的总称，具有保费低廉、保障适度、保单通俗、核保理赔简单等特点，是小额金融的重要组成部分，也是一种有效的金融扶贫手段。

2008年6月17日原中国保监会发布《农村小额人身保险试点方案》的通知，通知鼓励符合试点条件的保险公司，以农村低收入群体为主要目标市场，通过提供保费低廉、保障适度、保单通俗、核保理赔简单的保险产品，使保险真正惠及广大低收入群体，大力发展农村地区小额人身保险业务。通过小范围试点，为全面推广小额保险积累产品设计、销售模式、售后服务和风险管控等方面经验，扩大低收入群体的保险覆盖面。

小额保险试点产品，应是满足以下条件的普通型人身保险产品：一是保险金额在1万至5万元；二是价格低廉；三是保险期间在1～5年；四是条款简单明了，除外责任尽量少；五是核保理赔手续简便；六是主要针对低收入群体销售。在首批试点过程中，应着力推广多种形式的意外伤害保险，兼顾适量的定期寿险，择机推出可承保多个生命的联生保险，为农村单一家庭提供整体保障，解决低收入群体突出关心的意外风险和死亡风险。

对于居住地集中，或同属某个组织的客户，可采用团体方式承保。如果以个险方式承保，保险公司可以只向客户提供简单的保险凭证。凭证上包含投保人、被保险人、受益人、保险种类和保险名称、保险金额、保险期间、每期保费、交费期限、保险责任及除外责任、承保人地址和客户服务热线等必要信息。同时，将保险条款公开备置于保险公司营业场所、客户集中居住地或客户所属组织等地，方便客户随时查询。

二、次标准体保险

（一）次标准体保险的概念

所谓次标准体保险是指由于被保险人风险程度较高不能按标准费率承保，但可附加条件承保的人寿保险。次标准体保险又称弱体保险、次健体保险，即与一般的人相比较，身体有缺陷的人，或者从事危险职业的人。由于这部分人群死亡率较高，为保证公平性，不能按照标准的人寿保险费率来承保，必须采取特定方法或特殊技术来承保的人寿保险。

（二）次标准体保险的承保方法

1. 保险金削减法。允许次标准体仍按标准风险的正常费率交纳保险费，但在保险期限的一定期间内按比例减少保险金的给付。这种方式通常仅在保险单生效开始的若干年内予以按比例削减，之后逐渐趋于正常，但在削减期内，对遇意外事故死亡或得法定传染病死亡的被保险人，通常仍全额给付。这种承保方法通常适用于递减性危险的被保险人。例如，刚进行过手术处于恢复或愈合期的被保险人。

2. 增龄法。一般而言，除幼年外，死亡率是随着人们年龄的增加而递增的，所以提高投保年龄可以相对地提高保险费率，用这种方法来计算次标准体的保险费称为增加年龄以提高费率法，简称年龄增加法。这种方法通常适用于那些具有递增性的额外风险的被保险人，如患有糖尿病、显著的肥胖症等。

3. 特别保险费（额外保费）法。对于次标准体的被保险人，按照其实际额外死亡率的高低，征收一定额度的额外保险费。这种方法通常适用于固定性的额外危险。例如，我国一些保险公司对吸烟的被保险人加收 50 元的额外保险费即是一个范例；又如，对职业性危险、酗酒、肺结核等被保险人也可采取该法承保。

【模块加油站】

一、单选题

1. 为了防止逆选择，简易人寿保险大多采用的方法是（　　）。

A. 体检　　B. 规定等待期　　C. 提高保险费率　　D. 增加保额

2. 与普通人寿保险相比，简易人寿保险的保额方面的特点是（　　）。

A. 保额相对较低　　B. 保额相对较高

C. 保额自由约定　　D. 保额不受限制

3. 简易人寿保险是指用简易的方法所经营的人寿保险，适合投保简易人寿保险的人群是（　　）。

A. 无工资收入人群　　B. 低工资收入人群

C. 高工资收入人群　　D. 处于失业状态人群

4. 次标准体保险也称弱体保险或次健体保险，此类保险的被保险人死亡率与标准体保险的相比（　　）。

A. 较低　　B. 相等　　C. 较高　　D. 无规律性

5. 人身保险的保险标的有标准体和次标准体之分。对于标准体，保险人承保时适用的保险费率是（　　）。

A. 标准保险费率　　B. 特别保险费率

C. 浮动保险费率　　D. 优惠保险费率

6. 在次标准体保险中，保险金削减法通常适用于（　　）额外风险的情况，如刚做过手术处在恢复期的被保险人。

A. 递减性　　B. 递增性　　C. 固定性　　D. 均衡性

二、多选题

1. 为了适应低收入工薪阶层的需要，产生的简易寿险具有（　　）的特点。

A. 保险金额较低　　B. 费率较低

C. 不检查被保险人身体　　D. 保险费按月或按周收取

2. 简易人寿保险保险费率略高于普通人寿保险保险费率的主要原因有（　　）。

A. 业务琐碎使附加管理费增加　　B. 免体检，死亡率高于普通寿险

C. 保单续保率低　　D. 业务较大使附加经营费减少

3. 对于次标准体，保险人不能按照标准保险费率承保，但可以使用特别附加条件承保，如（　　）。

A. 增收特别保费法　　B. 增加特别责任

C. 削减保险金额法　　D. 年龄增加法

4. 对于弱体保险，下列说法中正确的有（　　）。

A. 弱体保险又称为次健体保险

B. 大部分人寿保险险种都是弱体保险

C. 发生保险事故的可能性超过正常标准

D. 在承保时通常采用保额削减法等

三、判断题

1. 由于简易寿险承保对象是低收入的劳动者，其健康状况不容乐观，所以被保险人必须要体检。（　　）

2. 简易寿险为适应投保人低收入的特点，采取的费率也低于普通寿险。（　　）

3. 次标准体保险是指危险程度较高而不能按正常费率承保，必须采用特别条件或特殊技术来承保。（　　）

4. 年龄增加法是指按照一定的标准人为地增大被保险人的年龄，依据增大后的年龄采用其所对应的费率作为保险费率进行承保的方法。（　　）

5. 对于危险程度较高的次标准体，保险人应该直接拒保。（　　）

模块四　走进创新型人寿保险产品的世界

任务一　认识分红寿险

【任务情景】

30岁的王先生想为自己提早准备一笔资金，作为今后生活及医疗储备使用。在某银行他看到分3年交费的某款分红型保险理财产品，每年投入30000元。10年后可以领到一笔丰厚的资金，包括：期满收益+10年累计红利+第5年末的生存保险金及5年复利+第10年末的生存保险金。王先生在这10年期间得到的满期收益是28270元，还拥有最高可达300000元的意外身故保障。投入产出比达31.41%。王先生心动之余也有些疑惑，这到底是保险产品还是投资工具？是否真的安全又有高收益？请你为王先生解答这几个问题：到底什么是分红保险？分红保险的红利从哪里来？红利能不能保证？

【基础知识】

一、分红寿险的定义与特点

分红寿险又称为利益分配保险，是指签订保险合同的双方事先在合同中约定，当投保人所购险种的经营出现盈利时，保单所有人享有红利的分配权。这是一种保险人约定将每期盈利的一部分分配给保单持有人的人寿保险产品。寿险公司经营时，必须将分红寿险与非分红寿险分设账户，独立核算。

分红寿险的特点如下。

1. 具有风险保障和投资理财双重功能。分红保险在拥有投资功能的同时，还拥有保障功能，既符合传统寿险产品的特点，同时又在一定程度上满足了客户对投资功能的需求。尤其是像传统保障类分红险种，不仅保障程度较高，而且拥有投资功能，可以满足投保者对保障和投资的双重需求。投资收益成为决定红利高低的重要因素。

2. 保单持有人享受保险人的经营成果，参与其利益分配。保险公司每年要将经营分红险种产生的部分盈余以红利的形式分配给保单持有人，这样投保人就可以与保险公司共享经营成果，保险给付、退保金中含有红利，这就是分红型保险最主要的特点。

3. 客户承担一定的投资风险。由于红利的分配具有不确定性，分红水平主要根据当年度的保险人的资金运用和业务经营情况进行核算。因此，当保险人经营理想时红利就高些，当经营状况不好时红利就低些，甚至没有。

4. 定价精算假设要比不分红寿险更加保守。寿险产品的定价主要是依据预定死亡率、预定费用率和预定利率来进行的。对于分红寿险，考虑到保单红利的分配，保险人在对这三者进行预估时比不分红保险更趋保守，所以分红寿险的费率要高于不分红寿险。

二、分红寿险的红利来源

分红寿险的红利主要来源于死差益、利差益和费差益。由于保险公司在厘定费率时要考虑三个因素：预定死亡率、预定投资回报率和预定营运管理费用，而费率一经厘定，不能随意改动。但寿险保单的保障期限往往长达几十年，在这样漫长的时间内，实际发生的情况可能同预期的情况有所差别。一旦实际情况好于预期情况，就会出现以上差益，保险公司将这部分差益产生的利润按一定的比例分配给客户，这就是红利的来源。

（1）死差益。实际死亡率小于预定死亡率所产生的盈余。其计算公式为

$$死差益=（预定死亡率-实际死亡率）\times风险保额$$

（2）利差益。实际投资回报率大于预定利率所产生的盈余。其计算公式为

$$利差益=（实际投资收益率-预定利率）\times责任准备金$$

（3）费差益。实际费用率小于预定费用率所产生的盈余。其计算公式为

$$费差益=（预定费用率-实际费用率）\times保险金额$$

除了上述“三差益”外，还有下列盈余来源可作为红利分配的利源：失效收益；投资收益及资产增值；残废给付、意外加倍给付、年金预计给付额等与实际给付额的差额。

三、红利的分配方式

每一会计年度末，分红保险业务的盈余结果计算出来后，由保险公司董事会讨论决定当年的可分配盈余，并在保单持有人和公司股东之间进行分配。按照原中国保监会颁布的《个人分红保险精算规定》的规定：红利的分配应当满足公平性原则和可持续性原则；保险公司每一会计年度向保单持有人实际分配盈余不低于当年可分配盈余的70%。每一特定的保单持有人分配的红利与其所交纳的保费、风险保额及保单年度等许多因素相关。

红利的分配方法主要有现金红利法和增额红利法。现金红利是直接以现金的形式将盈余分配给保单持有人。增额红利是指整个保险期限内每年以增加保险金额的方式分配红利。目前国内大多保险公司采取现金红利方式。

保单的所有人领取红利的方式主要有以下几种。

（1）现金领取。

（2）累积生息。红利留存于保险公司，按保险公司每年确定的红利累积利率，以复利方式储存生息，并于合同终止或投保人申请时给付。

（3）抵交保费。红利用于抵交到期应交纳的保费，若红利的金额不足以抵交到期保费，不足部分由投保人补齐。若抵交后仍有余额，剩余部分累计生息，也可以现金方式

支取。

（4）购买增额交清保险。依据被保险人当时的年龄，以红利作为趸交保险费，按相同的合同条件增加保险金额。

【产品示例】

国寿鸿盛终身寿险（分红型）利益条款（节选）

第二条　投保范围

凡出生三十日以上、六十五周岁以下，身体健康者均可作为被保险人，由本人或对其具有保险利益的人作为投保人向本公司投保本保险。

第三条　保险期间

保险期间为本合同生效之日起至被保险人身故时止。

第四条　保险责任

在本合同保险期间内，本公司承担以下保险责任：

被保险人身故，本公司按基本保险金额给付身故保险金，本合同终止。

第六条　红利事项

在本合同保险期间内，在符合保险监管机构规定的前提下，本公司每年根据上一会计年度分红保险业务的实际经营状况确定红利分配方案。如果本公司确定本合同有红利分配，则该红利将分配给投保人。

投保人在投保时可选择以下任何一种红利处理方式。

一、现金领取。

二、累积生息：红利保留在本公司以年复利方式累积生息，红利累积的年利率每年由本公司公布。

三、购买交清增额保险：依据被保险人当时的年龄，以红利作为一次交清保险费，购买交清增额保险。被保险人身故，本公司按交清增额保险累计增加的保险金额，增加被保险人的身故保险金。

若投保人在投保时没有选定红利处理方式，本公司按累积生息方式办理。

本合同在效力中止期间不享有本公司红利的分配。

本公司每年向投保人提供一份红利通知书。

第七条　保险费

保险费的交付方式分为趸交、年交、半年交和月交四种，分期交付保险费的交费期间分为十年和二十年两种，由投保人在投保时选择。

【投保示例】

刘女士，25岁，为自己投保了鸿盛终身寿险，选择了20年交费，每年交费2540元，刘女士将享有终身的身故保障，保额为10万元，并可以每年领取本公司红利，按中等红利水平计算，至刘女士80岁时，共可领取71350元。

【知识链接】

分红型保险的起源

1762年，英国公平人寿成立，它是英国乃至全球最古老、历史最悠久的相互人寿保险公司。在1776年成立15周年之际，公司进行年度结算时，发现实际责任准备金比将来给付保险金所必需的责任准备金多出许多，于是按已收保费的10%返还给投保者，1881年变为每年按保额的1.5%增加保额。这是最早的分红保险的雏形。

分红险起源于保单固定利率在未来很长时间内和市场收益率变动风险在投保人和保险公司之间共同承担。例如，在1994—1999年，保单预定利率一般在8%～10%，因为那个时候的银行存款也是这个利率。保单的这个预定利率是什么含义呢？意味着保险公司要按照这个利率给付投保人，那就肯定要求保险公司的投资收益率高于这个预定利率。但事实上，后来银行连续7次下调利率，导致保险公司的投资收益率达不到当初预定的8%～10%。假定投资收益率是3.5%，那么保险公司自己要贴补这个差额，这对保险公司是很不利的；而假定后来的投资收益率是15%呢，对客户又是很不利的。所以为了应付这个问题，就把利率（主要是利率）波动带来的风险由双方共同承担，这就产生了分红险这个概念，这意味着投资收益不好时没有分红；好的时候有分红。为了避免分红在不同年度间的波动，保险公司一般会把红利在不同年份之间平滑。

资料来源：http：//insurance. cnfol. com/120510/135，1516，12344349，00. shtml。

【延伸阅读】

中国保监会关于推进分红型人身保险费率政策改革有关事项的通知

保监发〔2015〕93号

各人身保险公司：

为进一步发挥市场在保险资源配置中的决定性作用，建立符合社会主义市场经济规律的人身保险费率形成机制，推动保险公司经营管理和保险监管的创新，切实保护保险消费者合法权益，促进人身保险业持续稳定健康发展，按照稳中求进的指导方针，我会决定推进分红型人身保险费率政策改革。现将有关事项通知如下。

一、自本通知实施之日起，分红型人身保险的预定利率由保险公司按照审慎原则自行决定。分红型人身保险未到期责任准备金的评估利率为定价利率和3.0%的较小者。

二、自本通知实施之日起，保险公司应按照《人身保险公司保险条款和保险费率管理办法》（保监会令2011年第3号）有关规定，对于开发的分红型人身保险产品预定利率不高于3.5%的，报送中国保监会备案；预定利率高于3.5%的，报送中国保监会审批。

三、保险公司用于分红保险利益演示的低、中、高档的利差水平分别不得高于0、4.5%减去产品预定利率、6%减去产品预定利率。

保险公司应当在分红保险产品说明书中用醒目字体标明保单的红利水平是不保证的，在某些年度红利可能为零。

对于保险公司在售的分红保险产品，如果连续3年实际分红水平达不到中档红利演示水平的，保险公司必须下调相关产品的中、高档红利演示水平，下调后的中档红利演示水平不得高于公司近3年实际平均分红水平。

保险公司新开发分红保险产品时，应根据公司历史投资回报率经验和对未来的合理预期，按照审慎原则确定各档红利演示水平。

四、保险公司应加强分红保险产品的信息披露工作，进一步增强产品透明性。鼓励保险公司逐步向客户披露分红保险产品的费用收取等情况，加深客户理解。

五、中国风险导向偿付能力体系（以下称偿二代）实施过渡期内，保险公司应按照《分红保险精算规定》（以下简称《规定》，详见附件），提取现行偿付能力体系下的分红保险法定责任准备金。偿二代所使用的准备金按照偿二代监管规则计算。

六、自本通知实施之日起，各公司新开发的分红保险产品应按照《规定》要求执行。各公司在本通知实施之日前已审批或备案的分红保险产品，可以继续销售。

七、自本通知实施之日起，《关于下发〈分红保险管理暂行办法〉〈投资连结管理暂行办法〉的通知》（保监发〔2000〕26号）及《关于印发人身保险新型产品精算规定的通知》（保监发〔2003〕67号）废止。

八、本通知自2015年10月1日起实施。有关规定与本通知不一致的，以本通知为准。

活动一　比较分红寿险与传统保障型寿险

【活动内容】

每3~5个同学为一组，分组讨论。

要求：上网查阅国寿祥泰终身寿险与国寿鸿盛终身寿险（分红型）条款及费率，比较分红寿险与非分红寿险的区别与联系。

任务二　了解变额寿险

【任务情景】

2010年9月，退休职工张女士在某银行储蓄所存款时，在业务员推荐下花40万元购买了一款理财产品。张女士说，她买的理财产品叫作“××理财投资连结保险”。家人听说张女士花40万元买了理财产品，都非常反对。随后经过一番考虑，张女士来到银行退保，却被告知已经过了10天的犹豫期，5年内退保需要交高额手续费。无奈之下，她只好等待5年。

然而，5年来张女士的理财产品不但没涨，反而不停地缩水。“自从买了之后就没涨过！”张女士的对账单显示，她的40万元到了2015年就变成了23万多元；到了2017

年，理财账户里只剩下 14 万多元了。此时，虽然到了退保不用扣手续费的年限，张女士却不敢退了。“这都是退休养老的钱，就这样打水漂了?”张女士说，她几次打电话向银行理财经理“求救”，但得到的答复都是“先搁着吧”。

请问文中提到的投资连结保险是什么样的险种？它有哪些特点？购买投资连结保险有风险吗？像张女士这样的人群适合购买投资连结保险吗？

【基础知识】

一、变额寿险的定义

变额寿险，也称为投资连结保险，是包含投资保障功能并至少在一个投资账户拥有一定资产价值的人身保险产品。投资连结保险产品的保单账户价值与保险公司为投资连结保险单独设立的投资账户的价值相对应，所以保单账户价值直接与独立账户的投资业绩相连，保险金额随着投资收益的变化而变化。

二、变额寿险的特征

变额寿险是一种保障与投资相结合的长期性寿险产品，具有以下特点。

1. 设立独立的投资账户。变额寿险的投资账户完全独立于保险公司的其他投资账户，该账户是变额寿险区别于其他类型投资产品的一个最主要的特征。保险公司收到保险费，在扣除了经营费用和风险保障费用后，按照事先的约定将保费的部分或全部转入投资账户，并以投资单位计价。账户价值计算根据保单项下的投资单位数和相应的投资单位价格计算。

2. 保险金额可变。变额寿险的保险金额由基本保险金额和额外保险金额两部分组成，基本保险金额是被保险人无论何时都能得到的最低保障金额，额外保障金额部分则设立独立的账户，由投保人选择投资方向委托保险人进行投资，根据资金运用的实际情况进行调节。在发生保险事故时，保险人最终给付的保险金额为基本保险金额和额外保险金额的总和，或者是两者中的最大值。因此变额寿险的保险金额具有可变性。

3. 投资风险由投保人承担。在变额寿险中，投保人交纳的保险费用于购买投资单位，单位价格随单位基金的资产表现不同而不同，当投资表现好时，保单所有人享有所有的回报，反之，当投资表现差时，保单持有人则要承担风险，保险公司只负责保单持有人资金的投资运作，不担保任何投资回报率，并收取一定比例的管理费用。

4. 高度透明性。变额寿险在操作上的透明度很高，投保人可以清楚地看到每笔交纳的保险费在投资账户、死亡成本及其他一些管理费用上的具体分配情况，也可以看清保费、风险保额、保单账户价值等要素的运作过程。透明性有利于减少保险公司与消费者之间的信息不对称，从而有助于提升消费者对产品的信心。

三、变额寿险与传统人寿寿险的区别

1. 保险的主要功能不同。传统寿险只具有保障或储蓄的功能，变额寿险具有保障和投资双重功能。

2. 保险金额的确定不同。传统寿险的保险金额一般是在投保时就已经确定，保障程度是固定的。变额寿险的保险金额由两部分构成：一部分为合同规定的最低死亡给付金额，是固定的；另一部分随资金运用情况的好坏而变动，是可变的。

变额寿险的死亡保险金额设计有两种方式：一种是给付保险金额和投资账户价值两者较大者（A方式）；另一种是给付保险金额和投资账户价值之和（B方式）。方式A的死亡保险金在保单年度前期不变，当投资账户价值超过保险金额后，随投资账户价值波动。方式B的死亡保险金额随投资账户价值而变化，但净风险保额（死亡保险金与投资账户价差）保持不变。

3. 专设投资账户。这是指为用于投资而专门分立的账户，并根据不同的资产配置设立不同类型的投资账户。可根据自身风险承受能力和对收益的要求，选择一个或多个投资账户组成个人的投资账户，并安排保费在其间的分配比例。投资收益通过投资单位的价格波动得以体现。

【产品示例】

泰康赢家理财投资连结保险（节选）

一、投保须知

1. 投保年龄：本产品接受的被保险人的年龄为出生满30天~65周岁。

2. 保险期间：本产品的保险期间为终身。

二、保险费支付

1. 支付方式：本产品保险费交纳的方式包括一次性交和不定期交。

投保人在交纳首期保险费并且保险合同生效后，可以随时追加额外保险费进行投资，但投保人交纳的首期保险费和每次追加交纳的额外保险费金额须符合该次交纳时本公司的限额规定。

2. 最低交费金额：目前本公司对交费金额的最低要求详见下表。

项目	最低要求（单位：人民币元）
首期保险费	最低不小于1万且为1000的倍数
额外保险费	最低不小于5000且为1000的倍数

三、保险责任

本产品为投资连结保险产品，偏重投资理财功能，并含有终身寿险保险责任，因而与传统保险的保险责任有所不同。请您务必仔细阅读、理解清楚。

本产品的保险责任分为基本部分和可选部分的身故保险金。投保本产品后可自动享有基本部分的身故保险金；此外，投保人还可自行选择可选部分的身故保险金，即额外增加身故保险金额。

基本部分身故保险金：被保险人基本部分身故保险金的金额为保单账户价值×101%，该保单账户价值按本公司收到身故保险金领取书面申请后的下个评估日的投资单位卖出价计算。

可选部分身故保险金：被保险人可选部分身故保险金的金额由投保人在投保时选定并于保险单上载明。如果该保险金额有所变更，以变更后的保险金额为准。变更保险金额时投保人所选择的保险金额须符合该次变更时本公司规定的最高和最低金额限制。

四、费用收取

1. 初始费用。投保人每次所交纳的保险费进入指定投资账户前，本公司将分别按照每笔保险费的一定比例扣除初始费用。本产品所收取的初始费用最高不超过投保人每次所交纳的保险费的5%。目前本公司对本产品规定的初始费用比例详见下表。

	当前费用比例	最高费用比例
首次交纳	3%	5%
追加交纳	3%	5%

2. 资产管理费。资产管理费于评估日评估投资账户价值时收取。本公司按各投资账户资产净值的一定比例收取投资账户资产管理费，资产管理费的标准于保险单上载明，此比例的年度百分比最高不超过2%。计算公式如下：

资产管理费＝投资账户资产净值×距上次评估日天数×资产管理费收取比例/365

目前本公司对不同投资账户规定的资产管理费收取标准见下表。

账户名称	当前资产管理费比例	最高资产管理费比例
积极成长型账户	2%	2%
平衡配置型账户	1.5%	2%
稳健收益型账户	1.3%	2%
基金精选账户	2%	2%

3. 保单管理费。本产品不向投保人收取保单管理费。

4. 风险保障费用。投保人如选择投保可选部分的保险责任，本公司将以中国人寿保险业经验生命表（CL 2000—2003）提供的预定死亡率为标准提供保障费率，并根据可选部分的保险金额、被保险人的性别和收取风险保障费用时被保险人的年龄确定风险保障费用。

风险保障费用的计算方式为：可选部分的保险金额乘以预定死亡率的一定百分比，该百分比不大于100%。目前本公司规定的现行预定死亡率比例标准为100%。

本公司在本合同的生效日及月生效对应日以扣除投资账户中投资单位数的方式收取当月的风险保障费用，并根据投保人选择的投资账户，按照稳健收益型账户、平衡配置型账户、积极成长型账户、基金精选账户的排列顺序，首先从排列顺序在前的账户中扣除，如果该账户内的投资单位数能够满足扣除要求，则不再在其他账户中扣除。

5. 退保费用。退保费用是投保人申请解除合同或部分领取保单账户价值时本公司收取的费用，本公司按解除合同时投保人名下的保单账户价值（按卖出价计算）的一定比例或部分领取金额的一定比例收取该项费用。

本产品的退保费用比例标准如下表所示并在保险单上载明。本公司收取的退保费用比例可在下表列明的最高标准范围内进行调整。本产品退保费用的当前收取标准和最高收取标准为：

保险单年度	退保费用收取当前标准	退保费用收取最高标准	保险单年度	退保费用收取当前标准	退保费用收取最高标准
第一年	1%	5%	第四年	0	2%
第二年	1%	4%	第五年	0	1%
第三年	1%	3%	第六年及以后	0	0

6. 投资账户间转换手续费。在每个保险单年度内，投保人可免费行使5次转换选择权，超过5次的转换本公司将收取投资账户间转换手续费，该项费用从转换金额中扣除。本公司保留调整此项费用的权力，但最高不超过100元/次，具体标准将于保险单上载明。目前本公司规定的投资账户间转换手续费收取标准为20元/次。

7. 部分领取手续费。投保人按保险合同约定进行部分领取时，本公司收取部分领取手续费，该项费用从申请部分领取的金额中扣除。本公司保留调整此项费用的权力，但最高不超过100元/次，具体标准将于保险单上载明。目前本公司规定的部分领取手续费收取标准为50元/次。

【投保示例】

30岁的王太太以自己为被保险人投保本产品，一次性交纳保险费10万元，在扣取初始费用3000元后，剩余的97000元进入王太太名下的保单账户。则王太太名下的保单账户价值金额和退保的现金价值如下表所示。

保险单年度末	年龄（岁）	假设低演示利率		假设中演示利率		假设高演示利率	
		保单账户价值（元）	退保现金价值（元）	保单账户价值（元）	退保现金价值（元）	保单账户价值（元）	退保现金价值（元）
1	31	99910	98911	101850	100832	103790	102752
2	32	102907	101878	106943	105873	111055	109945
3	33	105995	104935	112290	111167	118829	117641
4	34	109174	109174	117904	117904	127147	127147
5	35	112450	112450	123799	123799	136048	136048
6	36	115823	115823	129989	129989	145571	145571
7	37	119298	119298	136489	136489	155761	155761
8	38	122877	122877	143313	143313	166664	166664
9	39	126563	126563	150479	150479	178331	178331
10	40	130360	130360	158003	158003	190814	190814
15	45	151123	151123	201656	201656	267626	267626

续表

保险单年度末	年龄（岁）	假设低演示利率		假设中演示利率		假设高演示利率	
		保单账户价值（元）	退保现金价值（元）	保单账户价值（元）	退保现金价值（元）	保单账户价值（元）	退保现金价值（元）
20	50	175193	175193	257370	257370	375359	375359
25	55	203096	203096	328476	328476	526461	526461
30	60	235444	235444	419228	419228	738389	738389
35	65	272945	272945	535053	535053	1035628	1035628
40	70	316418	316418	682879	682879	1452522	1452522
45	75	366815	366815	871546	871546	2037238	2037238
50	80	425239	425239	1112338	1112338	2857331	2857331

注：1. 该演示纯粹是描述性的，不能理解为对未来的预期，实际投资收益可能出现负值；
2. 以上退保现金价值为年末的退保现金价值。

【知识链接】

投资连结保险精算规定（节选）

第四部分 费用的收取

十、投资连结保险可以并且仅可以收取以下几种费用。

（一）初始费用，即保险费进入投资账户之前扣除的费用。

（二）买入卖出差价，即投保人买入和卖出投资单位的价格之间的差价。

（三）死亡风险保险费，即保单死亡风险保额的保障成本。风险保险费应通过扣除投资单位数的方式收取，其计算方法为死亡风险保额乘以死亡风险保险费费率。

保险公司可以通过扣除投资单位数的方式收取其他保险责任的风险保险费。

（四）保单管理费，即为维护保险合同向投保人或被保险人收取的管理费用。

保单管理费应当是一个与保单账户价值无关的固定金额，在保单首年度与续年度可以不同。保险公司不得以保单账户价值一定比例的形式收取保单管理费。

对于团体投资连结保险，保险公司可以在对投保人收取保单管理费的基础上，对每一被保险人收取固定金额形式的保单管理费。

（五）资产管理费，按账户资产净值的一定比例收取。账户资产净值扣除保险公司本期应收取的资产管理费后，应当等于本规定第七条所列示的期末账户价值（NAV）。

（六）手续费，保险公司可在提供账户转换、部分领取等服务时收取，用以支付相关的管理费用。

（七）退保费用，即保单退保或部分领取时保险公司收取的费用，用以弥补尚未摊销的保单获取成本。

十一、期交保险费形式的投资连结保险的保险费由基本保险费和额外保险费构成。

基本保险费不得高于保险金额除以20，并不得高于6000元人民币。此处保险金额是指保单签发时的死亡保险金额。

保险公司对同一投保人、同一被保险人销售有多张同一产品的投资连结保单的，所有有效保单的基本保险费之和不得高于人民币6000元。

期交保险费高于基本保险费的部分为额外保险费。

十二、基本保险费初始费用的比例不得超过上表所示的上限。投保人暂缓支付保险费的，以后每次支付保险费时，其中基本保险费的初始费用上限应当参照该保险费原属保单年度的上限。

保单年度	初始费用上限	保单年度	初始费用上限
第一年	50%	第四、五年	10%
第二年	25%	以后各年	5%
第三年	15%		

十三、额外保险费初始费用比例的上限为5%。

十四、期交保险费保单追加保险费的初始费用比例的上限为5%。

十五、趸交保险费形式的投资连结保险初始费用的比例不得超过下表所示的上限。

保险费	初始费用上限
人民币50000元及以下部分	10%
人民币50000元以上部分	5%

趸交保险费保单追加保险费的初始费用比例的上限为5%。

十六、团体投资连结保险保险费的初始费用比例的上限为5%。

十七、投资连结保险的初始费用不得以减少保单账户价值的形式扣除。

十八、投资连结保险的买入卖出差价不得超过2%。

十九、投资连结保险资产管理费年度百分比最高为2%。

保险公司将账户资产委托第三方管理时，保险公司与第三方收取的资产管理费之和不得超过本条第一款规定的比例。

二十、对于趸交保险费形式的投资连结保险，保险公司收取的退保费用不得高于保单账户价值或者部分领取部分对应的保单账户价值的以下比例。

保单年度	若初始费用小于或等于零	若初始费用大于零	保单年度	若初始费用小于或等于零	若初始费用大于零
第一年	10%	10%	第七年	4%	0
第二年	9%	8%	第八年	3%	0
第三年	8%	6%	第九年	2%	0
第四年	7%	4%	第十年	1%	0
第五年	6%	2%	第十一年及以后	0	0
第六年	5%	0			

对于期交保险费形式的投资连结保险，保险公司收取的退保费用不得高于保单账户价值或者部分领取部分对应的保单账户价值的以下比例。

保单年度	退保费用	保单年度	退保费用
第一年	10%	第四年	4%
第二年	8%	第五年	2%
第三年	6%	第六年及以后	0

保单账户价值和现金价值（即保单账户价值与退保费用之间的差额）应当同时列示在利益演示表上。

活动一　比较分红寿险与变额寿险

【活动内容】

以小组为单位，选取某家保险公司的分红寿险产品和变额寿险产品，比较它们在费用的收取、风险承担、投资收益分配等方面的差异。

活动二　分析购买变额寿险要注意的问题

【活动内容】

查阅有代表性保险公司的变额寿险险种条款，仔细分析投保人在购买变额寿险时应注意些什么？哪些人适合购买变额寿险？

任务三　了解万能寿险

【任务情景】

在一家合资企业工作的王先生前几年通过朋友介绍买了一份人寿保险，最近王先生又找到那位朋友，询问有没有既能提供保障，又能灵活交费，还具有稳定收益的长期理财型保险，朋友马上向他推荐了“万能保险”。“万能保险”真的能满足王先生的需求吗？这种保险产品究竟有哪些“万能”之处呢？

【基础知识】

一、万能寿险的定义

万能寿险是指包含保险保障功能，并至少在一个投资账户拥有一定资产价值的人身保险产品。它是一种交费灵活、保险金额可调整、非约束性的人寿保险。保单持有人在交纳一定量的首期保费后，可以选择在任何时间支付任何金额的保费，只要保单的现金价值足够支付以后各期的成本和费用，有时甚至可以不再交费，而且保单持有人在具备可保险性的前提下，可以提高保额，也可以根据自己的需要降低保额。

二、万能寿险的特点

（一）保费交纳方式灵活

万能险的投保人可以用灵活的方式交纳保险费。保单持有人可以在保险公司规定的幅度内选择任何一个数额，在任何时候交纳保费。实际业务中，保险公司规定了首期保费最高限额、最低水平和续期保费的最高限额，投保人支付了首期保费之后，保单现金价值能够支付其应负担的成本与保障费用，续期保费交付时间、数额可以由保单持有人自己决定。但这种交费方式也带来了万能寿险保单容易失效的问题，因此，保险人通常会根据保单计划所选择的目标保费，向投保人寄送保费通知单，以提醒其在保单失效前交费。

（二）保险金额可以按约定调整

投保人可以确定一个初期保险金额，然后每年可以提高和降低保险金额。在提高保险金额时，通常要提供可保证明，目的是防止逆选择；在降低保险金额时，不需要提供可保证明。

一些保单还允许保单所有人选择带生活成本调整附加条约和可保选择权的万能寿险保单。生活成本调整附加条约的死亡给付金额可以随着物价指数的上升而提高；可保选择权是允许保单所有人在未来某一年或某一事件发生时，不必出示可保证明就可以增加保险金额的权利。

（三）设立独立账户，承诺最低保证利率

万能寿险为保户设立独立的投资账户，对账户内的资金进行投资运作。与变额寿险不同的是，通常万能寿险提供一个最低保证利率以保证投保人的最低投资收益水平，当个人账户的实际资产投资收益率低于最低保证利率时，应按最低保证利率结算计息；当个人账户的实际投资回报率高于最低保证利率时，保险公司就要与客户分享高于保证利率部分的收益，确保保单的实际结算利率。

（四）保单运作透明度较高

保险人定期向保单持有人公开组成账户价格的各种因素。保单持有人每年可以得到一份详细的保单信息状况表，包括保费、保险金额、结算利率、保险成本、各项费用及保单现金价值的数额及变动状况等信息，便于客户进行不同产品的比较，并监督保险人的经营状况。

三、万能寿险死亡给付方式

万能寿险在投保时，有两种死亡保险金给付方式可供选择，当然，给付方式也可以随时进行更改：一种是均衡给付，通常称为 A 方式，死亡给付金额等于保险金额，即给

付金额始终保持不变，净风险保额每期根据保单现金价值进行调整，等于均衡死亡给付额与现金价值之差；另一种是递增给付，通常称为 B 方式，死亡给付金额等于保险金额加上现金价值，现金价值的变化直接影响死亡给付额，即死亡给付额与现金价值成正比，如果现金价值增加了，死亡给付额就会等额增加，但是，不会改变净风险保额，净风险保额是不随时间变化的。

在《个人万能保险精算规定》中规定，万能寿险保单的有效期内，若被保险人身故，保险公司可按照身故时该保险年度的保险金额给予保险金，也可以以保险金额与当时个人账户价值之和作为身故给付；在保险合同有效期内，其风险保额应大于零。

【产品示例】

国寿鑫缘宝年金保险（万能型）（乐享版）条款（节选）

第二条　投保范围

凡出生二十八日以上、八十周岁以下，身体健康者均可作为被保险人，由本人或对其具有保险利益的人作为投保人向中国人寿保险股份有限公司（以下简称本公司）投保本保险。

第四条　保险期间

本合同的保险期间为本合同生效之日起至本合同终止日止。

第五条　保险责任

在本合同保险期间内，本公司承担以下保险责任。

一、年金

若本合同生效年满十个保单年度，且被保险人生存，年金受益人可向本公司申请年金。自年金受益人提出申请后的首个年生效对应日起，若被保险人生存至本合同的年生效对应日，本公司每年在本合同的年生效对应日按当时个人账户价值的5%给付年金。

二、身故保险金

被保险人在保险期间内身故，本合同终止，本公司按被保险人身故当时下列两者的较大值给付身故保险金。

1. 本合同所交保险费（不计利息），但须扣除被保险人身故时，投保人累计申请部分领取的金额和年金受益人累计领取的年金两者之和；

2. 本合同个人账户价值。

第七条　保险费

本合同保险费分为按本合同约定交纳的一次性交付保险费、按本合同约定自动转入的保险费和追加保险费。

一、按本合同约定交纳的一次性交付保险费

若投保人在投保本合同时和本公司约定部分领取个人账户价值用于交纳指定保险合同的首期保险费，投保人可以在投保本合同时向本公司交纳一次性交付保险费，在保险单上载明。一次性交付保险费的最高限额为指定保险合同的首期保险费。

二、按本合同约定自动转入的保险费

保险费的交纳由投保人与本公司约定，在保险单上载明。

三、追加保险费

在本合同保险期间内，投保人可以申请并经本公司审核同意后，向本公司交付追加保险费。

本公司有权调整交纳追加保险费的规定，投保人申请追加保险费须符合申请当时本公司的规定。

第八条　个人账户价值

本公司于本合同生效日为本合同设立个人账户。本合同终止，个人账户同时终止。在本合同保险期间内，个人账户价值按如下方法计算。

一、投保人按本合同约定交纳的一次性交付保险费计入个人账户；以后交付的追加保险费减去相应的初始费用后计入个人账户，按本合同约定自动转入的保险费计入个人账户。

二、在每月的结算日，本公司按公布的结算利率采用单利方式对个人账户结算利息，结算利息计入个人账户。

三、投保人申请部分领取个人账户价值时，从个人账户中扣除申请部分领取的个人账户价值。

四、年金受益人申请年金后，个人账户价值每年于年生效对应日按给付的年金金额等额减少。

五、本合同在非结算日终止时，本公司按本合同约定的最低保证利率对应的日利率采用单利方式对个人账户结算利息，结算利息计入个人账户。

本公司每年向投保人提供一份保单状态报告。

第九条　初始费用的收取

对于追加保险费，本公司扣除初始费用以后，剩余部分计入个人账户。

对于每笔追加保险费，初始费用比例为2%。

第二十一条　投保人部分领取个人账户价值处理

一、在本合同保险期间内，投保人可申请部分领取个人账户价值，但被保险人已发生保险事故或投保人有保险单借款未还清的，投保人不能申请部分领取个人账户价值。申请部分领取个人账户价值时，投保人应填写部分领取个人账户价值申请书，并提交下列证明、资料。

1. 保险单；

2. 被保险人的户籍证明；

3. 投保人的法定身份证明。

二、投保人申请部分领取个人账户价值的，本公司将在部分领取申请核准后三十日内给付部分领取金额，但在给付前需扣除部分领取手续费。

部分领取手续费占部分领取个人账户价值的比例为下表中各保单年度对应的数值：

保单年度	手续费比例	保单年度	手续费比例
第一年	1.5%	第三年	0.5%
第二年	1%	第四年及以后	0

三、投保人部分领取个人账户价值的，每次领取的金额及领取后个人账户价值不得低于领取当时本公司规定的最低标准。

第二十四条　现金价值

本合同的现金价值等于个人账户价值扣除相应的退保费用后的余额。

退保费用占个人账户价值的比例为下表中各保单年度对应的数值。

保单年度	退保费用	保单年度	退保费用
第一年	1.5%	第三年	0.5%
第二年	1%	第四年及以后	0

【延伸阅读】

中国保监会关于万能型人身保险费率政策改革有关事项的通知

保监发〔2015〕19 号

各人身保险公司：

为进一步发挥市场在保险资源配置中的决定性作用，建立符合社会主义市场经济规律的人身保险费率形成机制，推动保险公司经营管理和保险监管的创新，切实保护保险消费者合法权益，促进人身保险业持续稳定健康发展，我会决定实施万能保险费率政策改革。现将有关事项通知如下。

一、本通知所附之《万能保险精算规定》（以下简称《规定》）自 2015 年 2 月 16 日起实施。

二、自《规定》实施之日起，《关于印发投资连结保险、万能保险精算规定的通知》（保监寿险〔2007〕335 号）之《万能保险精算规定》废止。

三、自《规定》实施之日起，万能型人身保险的最低保证利率由保险公司按照审慎原则自行决定。

四、自《规定》实施之日起，万能型人身保险的评估利率上限为年复利 3.5%。

五、自《规定》实施之日起，保险公司开发万能型人身保险最低保证利率不高于中国保监会规定的评估利率上限的，应按照《人身保险公司保险条款和保险费率管理办法》（保监会令 2011 年第 3 号）的有关规定报送中国保监会备案。保险公司开发万能型人身保险最低保证利率高于中国保监会规定的评估利率上限的，应报送中国保监会审批。

六、自《规定》实施之日起，各公司应按照《规定》开发万能型人身保险产品，新开发的产品应按照《规定》要求设立万能单独账户、公布结算利率和提取准备金。

七、本《规定》实施之日前，各公司已审批或备案的万能型人身保险产品，应于

2015年7月1日前完成业务衔接工作：

（一）与《规定》不符的应停止使用，或按照《规定》修改后重新报送审批或备案；

（二）对于有效保单，应按照《规定》要求进行万能单独账户管理、公布结算利率和提取准备金。

2015年7月1日后，不符合本规定的万能型人身保险产品不得销售。

【知识链接】

《万能保险精算规定》对万能险费用的收取规定

第四部分 费用的收取

十一、万能保险可以并且仅可以收取以下几种费用：

（一）初始费用，即保险费进入万能账户之前扣除的费用。

（二）死亡风险保险费，即保单死亡风险保额的保障成本。

风险保险费应通过扣减保单账户价值的方式收取，其计算方法为死亡风险保额乘以死亡风险保险费费率。

保险公司可以通过扣减保单账户价值的方式收取其他保险责任的风险保险费。

（三）保单管理费，即为维护保险合同向投保人或被保险人收取的管理费用。

保单管理费应当是一个不受保单账户价值变动影响的固定金额，在保单首年度与续年度可以不同。保险公司不得以保单账户价值一定比例的形式收取保单管理费。

对于团体万能保险，保险公司可以在对投保人收取保单管理费的基础上，对每一被保险人收取固定金额形式的保单管理费。

（四）手续费，保险公司可在提供部分领取等服务时收取，用于支付相关的管理费用。

（五）退保费用，即保单退保或部分领取时保险公司收取的费用，用以弥补尚未摊销的保单获取成本。

十二、期交保险费形式的万能保险的保险费由基本保险费和额外保险费构成。

基本保险费不得高于人民币10000元。对于投保年龄在18周岁至60周岁的被保险人，基本保险费不得高于保险金额除以20。此处保险金额是指保单签发时的死亡保险金额。

保单年度	初始费用上限
第一年	50%
第二年	25%
第三年	15%
第四、五年	10%
以后各年	5%

保险公司对同一投保人并同一被保险人销售有多张同一产品的万能保单的，所有有效保单的基本保险费之和不得高于人民币10000元。

期交保险费高于基本保险费的部分为额外保险费。

十三、基本保险费初始费用的比例不得超过上表所示的上限。投保人暂缓支付保险费的，以后每次支付保险费时，其中基本保险费的初始费用上限应当参照该保险费原属保单年度的上限。

十四、额外保险费初始费用比例的上限为 5%。

十五、期交保险费保单追加保险费的初始费用比例的上限为 3%。

十六、趸交保险费形式的万能保险初始费用的比例不得超过右上表所示的上限。

保险费	初始费用上限
人民币 50000 元及以下部分	5%
人民币 50000 元以上部分	3%

趸交保险费保单追加保险费的初始费用比例的上限为 3%。

十七、团体万能保险保险费的初始费用比例的上限为 5%。

十八、万能保险的初始费用不得以减少保单账户价值的形式扣除。

十九、保险公司收取的退保费用不得高于保单账户价值或者领取部分对应的保单账户价值的比例。

保单账户价值和现金价值（即保单账户价值与退保费用之间的差额）应当同时列示在利益演示表上，如右下表所示。

保单年度	退保费用比例上限
第一年	5%
第二年	4%
第三年	3%
第四年	2%
第五年	1%
第六年及以后	0

活动一 比较变额寿险与万能寿险

【活动内容】

以 3 ~5 人为一组，阅读国寿裕丰投资连结保险与国寿瑞祥终身寿险（万能型）（A 款）险种条款，比较两个险种在保费收取、初始费用、投资风险、保险责任等方面的差异。

活动二 万能寿险保障计划制作

【活动内容】

李先生，30 岁，公司经理，年收入 20 万元，保险意识很强，自己和爱人都有适当的商业保险，他们希望刚出生的宝宝不要输在起跑线上，想尽早规划孩子的教育和创业资金问题，还要为健康和养老提供可靠的保障，满足不同人生阶段的需求，实现美好人生目标。请根据李先生的家庭情况，利用平安世纪天骄终身寿险（万能型），为李先生的宝宝制订一份保障计划。

【模块加油站】

一、单选题

1. 分红保险的特点不包括（　　）。

A. 保单持有人享受经营成果　　B. 客户不承担任何的投资风险

C. 定价的精算假设比较保守　　D. 保险给付、退保金中含有红利

2. 按照中国保监会颁布的《个人分红保险精算规定》，红利分配应当遵循的原则包括（　　）。

A. 公开性原则和无保留性原则　　B. 公开性原则和最大化性原则

C. 公平性原则和可持续性原则　　D. 公平性原则和可集中性原则

3. 关于分红寿险的利源分析，下列论述不正确的是（　　）。

A. 一般地，是否分配红利和分配多少红利由公司董事会每年决定一次，并在保单生效对应日公布应付红利

B. 因实际死亡率低于预期死亡率而产生的收益称为利差益

C. 公司向分红保单的投保人分配红利的过程非常复杂，首要考虑因素是公平性问题，即按照不同投保人的贡献大小来分配红利

D. 投保人实际获得的红利取决于公司实际的死亡率、投资收益率、经营费用水平以及险种、保费水平、保单有效时间等因素

4. 变额寿险的投资风险完全由（　　）承担。

A. 保险人　　B. 投保人　　C. 被保险人　　D. 受益人

5. 投资连结保险产品具备的特点不包括（　　）。

A. 必须包含一项或多项保险责任，并至少连结到一个投资账户上

B. 保险保障风险和费用风险由保险公司承担，投资账户的资产单独管理

C. 保单价值应当根据该保单在每一投资账户中占有的单位数及其单位价值确定

D. 每月至少应当确定一次保单的保险保障，每年至少应当确定一次保单价值

6. 以下产品中，投资功能最强大的是（　　）。

A. 万能寿险　　B. 不分红保险　　C. 变额寿险　　D. 分红保险

7. 万能寿险的最大特点是（　　）。

A. 保障性　　B. 投资性　　C. 灵活性　　D. 长期性

8. 万能寿险单独账户的投资及运作方式是由（　　）决定。

A. 保险公司　　B. 投保人　　C. 受益人　　D. 被保险人

9. 万能寿险与变额寿险的主要区别在于（　　）。

A. 万能寿险设立投资账户，而变额寿险没有投资账户。

B. 万能寿险的保险金额不变，而变额寿险的保险金额可以变动。

C. 万能寿险可以根据需要调整保费，而变额寿险的保费固定不变

D. 万能寿险保单运作具有透明性，而变额寿险不透明

二、多选题

1. 分红保险的主要特点有（　　）。

A. 具有风险保障和投资理财双重功能

B. 分账管理

C. 投保手续简便，便于消费者购买

D. 只有一个最低给付限额

E. 投资收益成为决定红利水平高低的重要因素

2. 分红保险分配给保户的保单红利来源于保单盈余，而保单盈余的来源包括（　　）等。

A. 死差损　　B. 死差益　　C. 利差益　　D. 费差益

3. 人身保险中，万能寿险、投资连结保险具有（　　）的特性。

A. 高保障　　B. 保障与收益相结合

C. 收益、保费比较灵活　　D. 保费较低

4. 投资连结保险的特点有（　　）。

A. 具有保障和投资理财的双重功能

B. 被保险人不承担风险责任

C. 具有很高的透明度

D. 设置独立投资账户

5. 万能寿险其中一个显著的特点是将各种定价因素分别列示，这些因素包括(　　)。

A. 死亡率　　B. 费用率　　C. 保单利率　　D. 银行利率

三、判断题

1. 相比传统寿险产品而言，新型寿险产品通常具有投资功能。（　　）

2. 寿险公司经营分红保险业务时，必须将该业务与非分红保险分设账户，独立核算。（　　）

3. 分红保险的经营者实际上将自身的投资风险部分转嫁给了分红保险的保单所有人。（　　）

4. 在我国，变额寿险通常被称为投资连结保险，是投资功能最弱的一类新型寿险。（　　）

5. 变额寿险的投资收益全归保户所有，投资风险则由保险人与投保人共同承担。（　　）

6. 变额寿险的经营不透明。（　　）

7. 万能寿险交费灵活，所以只要投保人经济困难时就可以不交纳保险费。（　　）

8. 万能寿险的保险金额可以根据投保人的保障需求随时调整，没有任何限制。（　　）

项目训练

一、名称解释

人寿保险　定期寿险　终身寿险　两全保险　年金保险　分红寿险　变额寿险

万能寿险

二、简答题

1. 简述人寿保险的含义和特征。

2. 简述定期寿险和终身寿险的特点。

3. 简述年金保险的分类。

4. 简要说明分红保险、投资连结保险和万能保险之间的区别。

三、实训练习

1. 将学生分成几个小组进行一次市场调查：针对你所在地区的保险市场，收集相关的人寿保险产品信息，列表归纳我国目前主要的人寿保险产品，并比较它们的特点，完成一篇不少于800字的人寿保险产品的比较分析报告。

2. 假如你是一家人寿保险公司的销售人员，李女士是你的一位潜在客户，她月收入5000元，希望购买一款保障高，又有一定收益的分红型险种，请以中国人寿美满人生年金保险（分红型）产品为例，向李女士进行产品说明。

四、案例分析

廖红今年18岁，考上重点大学的她让家里人都非常高兴。但就在离大学报到还有半个月的时候，廖红的父亲由于车祸而去世。后来廖红在帮父亲整理遗物时，发现家中还有两张定期存折，共140万元。

廖红前往银行想要把这笔存款取出来，却被银行工作人员告知取款需要拿出证明，比如被继承人死亡证明、爷爷奶奶死亡证明、父母亲离婚资料、父亲未再婚证明、父母亲身份证明、父母亲与自己的关系证明、廖红的出生证等。

原来，廖红的父母亲在早些年的时候二人就已经离婚了，廖红原本还有个哥哥。父母在离婚之后，哥哥判给了母亲抚养，而自己的母亲早就嫁人并带着哥哥移居国外了。

如果廖红不能拿出这些证明，那么就没有办法继承父亲的这些财产。就算廖红能够将钱取出来，按照我国正常的继承法来算，这140万元也会被分得七零八散，难以保证家庭日后的财务需求。

请结合案例，利用所学的人寿保险有关知识，分析父母怎样才能保证将自己最后的财富留给下一代，使得家庭财富得以有效传承。

项目四

人身意外伤害保险产品

【知识目标】

- □ 了解意外伤害的定义及人身意外伤害保险的特征
- □ 掌握人身意外伤害保险的可保风险、保险责任和给付方式
- □ 了解人身意外伤害保险的常见产品

【能力目标】

- □ 能够准确识别人身意外伤害事故
- □ 能够进行意外伤害保险给付金额的计算

【引导案例】

中国游客在朝鲜发生严重交通事故

2018 年 4 月 22 日，一辆满载中国游客的大巴车在朝鲜黄海北道发生的重大交通事故，导致 32 名中国游客和 4 名朝方工作人员遇难，2 名中国游客受重伤。这次惨烈的交通事故不仅给他们的家人留下了深深的痛苦，也给社会留下了一系列的思考。

资料来源：http：//www. fx168. com/fx168_ t/1804/2501588. shtml。

在我们日常生活中，无法预知的意外造成的意外事故往往令人防不胜防。许多人就是因为缺乏对意外风险的防范意识，最后给自己和家庭酿成了悲剧。所以除了做好必要的安全措施之外，最好也为自己及家人购买一份人身意外伤害险，当灾祸来临时能够最大限度地转嫁或减轻自己及家庭因意外造成的经济损失，缓解生活的压力。

模块一　认识人身意外伤害保险

任务一　初识人身意外伤害保险

【任务情景】

被保险人乔某投保了人身意外伤害保险，同时附加意外伤害医疗保险。保险期间内，他因支气管发炎，去医院求治，医院按照医疗规程操作，先为他进行青霉素皮试，结果呈阴性，然后按医生规定的药物剂量为其注射青霉素。治疗两天后，乔某发生过敏反应，虽经医院全力抢救，但最终医治无效死亡。医院出具的死亡证明是：迟发性青霉素过敏。被保险人的受益人持医院证明及保险合同向保险人提出索赔申请。

请根据案例分析：什么是意外伤害？此案中保险人是否承担保险责任？

【基础知识】

一、意外伤害的含义

明确意外伤害的含义是学习人身意外伤害保险产品的基础，"意外伤害"在人身意外伤害保险中具有特定的含义，它包含意外和伤害两层含义，两者缺一不可。

（一）伤害

伤害是指被保险人身体遭受外来事故的侵害发生了损失、损伤的客观事实。伤害必须由致害物、侵害对象和侵害事实三个要素共同构成，三者缺一不可。

致害物是指直接造成伤害的物体或物质。致害物是导致伤害的物质基础，没有致害物，就不可能构成伤害。根据致害物的不同，伤害可以分为器械伤害、自然伤害、化学伤害、生物伤害和精神伤害。在人身意外伤害保险中，只有致害物是外来的，才被认为是伤害。如果致害物是在被保险人身体内部形成的内生疾病，就不构成人身意外伤害保险中所称的伤害，而应该属于健康保险保障的范围。

侵害对象是致害物侵害的客体，在人身意外伤害保险中是指被保险人的身体。在人身意外伤害保险中，不讨论对被保险人有关权益上的侵害，如著作权、名誉权、肖像权、姓名权、荣誉权等与人身相联系的权利。因此，人身意外伤害保险所承保的伤害必须是发生在被保险人生理或身体上的，而不是精神、权利等方面的侵害。

侵害事实是指被保险人的身体与致害物以一定的方式破坏性地接触并作用于被保险人身体的客观事实。如果致害物没有接触或作用于被保险人的身体，就不能形成侵害事实，也就不构成伤害。法医学将侵害的方式分为以下 15 种：碰撞、撞击、坠落、跌倒、坍塌、淹溺、灼烫、火灾、辐射、爆炸、中毒、触电、接触、掩埋和倾覆。

（二）意外

人身意外伤害保险中所称的意外并非人们在日常生活中通常所理解的意外，是特指伤害事件的发生是被保险人事先没有预见到的或者是违背被保险人的主观意愿的，这是就被保险人的主观状态而言的。应注意从以下几方面正确理解意外。

1. 被保险人事先没有预见到伤害的发生，因此也无法躲避。首先，伤害的发生是被保险人事先不能预见或无法预见的，如游客在游乐场乘坐过山车时，因为机械故障而发生坠落，这并非游客所能预见到的。其次，伤害的发生是被保险人本可以预见，但由于疏忽大意而没有预见到的。比如，在停电时未切断电源就开始动手修理线路。被保险人对用电方面的知识足以使他预见到"一旦恢复供电，自己就有触电的危险"，但根据以往的经验认为需要较长时间才会恢复供电而未切断电源，结果突然恢复供电就会造成被保险人触电受伤甚至死亡。

被保险人不能预见的伤害，或被保险人能够预见但由于疏忽而没有预见到的伤害，还应该是偶然发生的事件或突然发生的事件。偶然性是相对于必然性而言的。在通常情况下不会发生的事件称为偶然性事件，正因为通常情况下不发生，所以才无法预见。而必然性事件或几乎是必然的事件，被保险人就应该能够预见，而且能够防备，因此不属于意外事件。突然性是相对于缓慢发生的事件而言的，是指事件发生的原因与结果之间具有直接瞬间的关系，使被保险人来不及预防，如爆炸、飞机失事等引起的人身伤亡均属意外。但如果是长期接触汞或粉尘逐渐发生汞中毒或者矽肺，这些均是可预见的，因而不属于意外伤害。

2. 被保险人虽然已经预见到伤害，但伤害仍然违背被保险人的主观意愿最终发生。一种情况是，被保险人预见到伤害即将发生时，在技术上已不能采取措施避免。另一种情况可能则是，被保险人预见到伤害将要发生，在技术上也可以采取措施避免，但基于法律或职责上的规定不能躲避或是出于道德、公共利益的原因甘冒危险。比如，银行工作人员面对持枪抢劫的歹徒，为保护国家财产、恪尽职守而与歹徒搏斗受伤，仍属意外事件所致的伤害。

最后还应明确的是，凡是被保险人的故意行为导致其身体遭受伤害的，均不属于意外。

（三）意外伤害的构成

人身意外伤害保险中所称的意外伤害是指，在被保险人没有预见到或违背被保险人主观意愿的情况下，突然发生的外来致害物对被保险人的身体明显、剧烈的侵害的客观事实。

人身意外伤害保险中，意外伤害的构成包括意外和伤害两个必要条件。仅有主观上的意外而无伤害的客观事实，或者仅有伤害的客观事实而无意外事件的发生，均不能构成意外伤害。只有同时具备意外和伤害两个条件，即在意外的条件下发生伤害的客观事实，才构成意外伤害。

二、人身意外伤害保险的特征

（一）人身意外伤害保险与人寿保险的联系与区别

人身意外伤害保险和人寿保险同属于人身保险的范畴，它们的保险金额都不是根据保险标的的价值来确定的，而是由合同双方当事人约定的，为给付性保险，不适用损失补偿原则和代位追偿原则。

人身意外伤害保险和人寿保险的区别主要体现在如下几个方面。

1. 保险期限不同。人寿保险的保险期限一般较长，有的长达十几年、几十年，甚至终身；而人身意外伤害保险的期限通常较短，且保险期限的确定也很灵活。人身意外伤害保险的保险期限大多为一年，根据不同险种的特点，还有的人身意外伤害保险的保险期限可定为几天、几小时，甚至可能是几分钟，期限长的通常也不超过三五年。比如，航空意外伤害保险的保险期限自被保险人踏入保险单指定的航班班机舱门开始，至飞抵目的港离开舱门时止，通常只有几小时，而索道游客意外伤害保险的保险期限仅包括游客乘坐索道的几分钟。

2. 承保的风险不同。人寿保险承保的是人们生存或死亡的风险，与被保险人的年龄和性别密切相关。人身意外伤害保险承保的是被保险人由于遭受意外伤害而致死亡或残疾的风险，这种危险与人们的年龄和性别关系不大，主要与被保险人的职业或其所从事活动的危险程度相关。

3. 费率厘定的依据不同。与人寿保险根据生命表和利息率计算纯保险费的方法不同，人身意外伤害保险是根据保险金额损失率计算出其纯保险费的。被保险人遭受意外伤害的概率主要取决于职业及其所从事的活动，与被保险人的年龄及性别关系不大。因此职业是确定人身意外伤害保险费率的关键因素，在其他条件相同时，被保险人的职业或其所从事活动的危险程度越高，费率就越高，其年龄和性别则一般不予考虑。

在人身意外伤害保险经营实务中，各保险公司都制定了非常详细的职业分类表，一般把人们从事的职业分为21大类，每一大类下又有若干中分类和小分类，从事不同职业类别的人们面临的意外伤害风险不同，投保意外伤害保险时适用的费率也就不同。表4－1和表4－2分别列出了中国人寿保险股份有限公司和太平洋人寿保险股份有限公司的一年期个人意外伤害保险费率表。

表4－1　　中国人寿保险股份有限公司个人意外伤害保险费率表

职业类别	一类	二类	三类	四类	五类	六类
年费率（%）	0.2	0.3	0.35	0.6	0.8	1.0

资料来源：《中国人寿保险股份有限公司业务手册》。

表4－2　　太平洋财产保险股份有限公司个人人身意外伤害保险（2013）费率表

职业类别	第一类	第二类	第三类	第四类	第五类	第六类
费率（‰）	2.53	3.68	5.52	8.05	11.50	16.10

资料来源：太平洋人寿保险股份有限公司官网。

4. 保险金给付方式有差异。人寿保险是纯粹的定额给付保险，保险事故发生后，保险人均按保险合同的约定给付保险金。人身意外伤害保险金的给付主要有两种情况，即死亡保险金给付和残疾保险金给付。死亡保险金按照合同中约定的金额（通常是保险金额，有时也规定为保险金额的一定比例）给付，残疾保险金则是按照保险金额与残疾程度百分率的乘积来给付的。如果人身意外伤害保险合同中包含有意外医疗责任时，保险人将按照合同的约定，对被保险人因意外伤害事故造成的医疗费用支出进行补偿。

5. 责任准备金不同。人寿保险大多为长期业务，一般采取均衡保费制度来计收保费。均衡保险费通常可划分为危险保费和储蓄保费，储蓄保费及其利息构成人寿保险的责任准备金，以保证保险人将来履行其保险责任。而人身意外伤害保险属短期保险业务，保费为自然保费，保单没有现金价值，是纯保障性险种。因此意外伤害保险的责任准备金主要是未到期责任准备金，年末未到期责任准备金是按其当年自留保费的一定百分比如40%或50%来计提的，这与财产保险责任准备金的性质和计算方法相同。

（二）人身意外伤害保险与财产保险的联系与区别

人身意外伤害保险虽然属人身保险的范畴，但在许多方面与财产保险有类似之处。人身意外伤害保险与财产保险同属短期保险业务，保费交纳均为一年一交，两者的纯保险费都是根据保险金额损失率计算的。此外，两者在责任准备金的计算与提存方面也是一致的，包括赔款准备金和未到期责任准备金。

但另一方面，人身意外伤害保险与财产保险也存在着明显的区别。

1. 两者的保险标的不同。财产保险的保险标的是财产或其有关利益；人身意外伤害保险的保险标的是被保险人的生命或身体。

2. 保险金额的确定方法不同。财产保险的保额由标的价值确定，人身意外伤害保险的保额则由双方协商约定。

3. 保险金的性质不同。财产保险是补偿性保险业务，保险事故发生，保险人只补偿被保险人的损失。人身意外伤害保险金的给付主要有死亡保险金给付和残疾保险金给付两种情况，如果合同中包含有意外医疗责任时，保险人将按照合同的约定，对被保险人因意外伤害事故造成的医疗费用支出进行补偿。

三、人身意外伤害保险的类型

（一）按实施方式划分

1. 自愿性的人身意外伤害保险。自愿性的人身意外伤害保险是投保人根据自己的意愿和需求投保的各种人身意外伤害保险。比如，我国现行的交通工具意外伤害险、投宿旅客人身意外伤害保险就是其中的险种，这些险种均采用乘客或旅客自愿投保的形式，由交通工具经营方或旅店代收保费，再汇总交给保险公司。

2. 强制性的人身意外伤害保险。强制性的人身意外伤害保险是由政府强制规定有关人员必须参加的一种人身意外伤害保险，它是基于国家保险法令的效力构成的被保险人与保险人的权利和义务关系。

（二）按承保风险划分

1. 普通人身意外伤害保险。该类人身意外伤害保险是承保由一般风险而导致的各种人身意外伤害事件。在投保普通人身意外伤害保险时，一般由保险公司事先拟定好条款，投保方只需做出“是”与“否”的附和。在实际业务中，许多具体险种均属此类人身意外伤害保险，如我国现在开办的团体人身意外伤害保险、个人平安保险等。

2. 特种人身意外伤害保险。该类人身意外伤害保险是承保在特定时间、特定地点或由特定原因而发生或导致的人身意外伤害事件。由于“三个特定”，相对于普通人身意外伤害保险而言，后者发生风险的概率更大些，故称之为特种人身意外伤害保险。例如在游泳池或游乐场所发生的人身意外伤害，江河漂流、登山、滑雪等激烈的体育比赛或活动中发生的人身意外伤害等。实际开办此类业务时，大多采取由投保方和保险方协商一致后签订协议的方式办理。

（三）按保险对象划分

1. 个人人身意外伤害保险。个人人身意外伤害保险是以个人作为保险对象的各种人身意外伤害保险。机动车驾乘人员人身意外伤害保险、航空人身意外伤害保险、旅客人身意外伤害保险和旅游人身意外伤害保险等是个人人身意外伤害保险的主要险种。个人人身意外伤害保险的特点是：（1）大多属于自愿保险，但有些险种属于强制性保险。如我国从1951年开始实施铁路旅客意外伤害强制保险，到2012年正式废止，在实施的61年中就具有强制性的特点。（2）多数险种的保险期间较短。（3）投保条件相对宽松。一般的个人人身意外伤害保险对保险对象均没有资格限制，凡是身体健康、能正常工作或正常劳动者均可作为保险对象。（4）保险费率低，而保障范围较大。由于一般的个人人身意外伤害保险不具有储蓄性，所以保险费仅为保险金额的千分之几，甚至万分之几。

2. 团体人身意外伤害保险。团体人身意外伤害是以团体为保险对象的各种人身意外险。由于人身意外伤害保险的保险费率与被保险人的年龄和健康状况关系不大，主要取决于被保险人的职业，所以人身意外伤害保险最适合于团体投保。

团体人身意外伤害保险的特点：一是投保人与被保险人不是一个人，投保人是一个投保前就已存在的单位，如机关、学校、社会团体、企业、事业单位等，被保险人是单位的人员，如学校的学生、企业的员工等。二是保险责任主要是死亡责任，以被保险人死亡作为给付保险金的条件，所以投保人在订立保险合同时，应经被保险人书面同意，并认可保险金额。三是保险金额一般没有上限规定，仅规定最低保额。四是保险费率低，团体人身意外伤害保险由于是单位投保，降低了保险人管理成本等方面的费用，保险费率因此降低。五是在通常情况下，保险费交纳是在保险有效期开始前一次交清，保险费交清后保单方能生效。

团体人身意外保险与个人人身意外伤害保险相比较而言，两者在保险责任、给付方式等方面相同，区别比较明显的是保单效力有所不同。在团体人身意外伤害保险中，被保险人一旦脱离投保的团体，保险单即对该被保险人失效，投保单位可以专门为该被保险人办理退保手续，保险单对其他被保险人仍然有效。

（四）按保险期限划分

1. 极短期人身意外伤害保险。保险期限往往只有几天、几小时甚至更短。我国目前开办的住宿旅客人身意外伤害保险、旅游保险、索道游客人身意外伤害保险、游泳池人身意外伤害保险、大型电动玩具游客人身意外伤害保险等，均属于极短期人身意外伤害保险。其中，住宿旅客人身意外伤害保险以在旅馆住宿的旅客为被保险人，由旅店代办承保手续，旅客可以自由选择投保；旅游保险以组织团体旅游的旅行社（或机关、学校、企业、事业单位、群众团体等）为投保人，以参加旅游团体的旅游者为被保险人，由旅行社为被保险人办理投保手续。

2. 一年期人身意外伤害保险。人身意外伤害保险的大多数险种的保险期限为一年。目前我国开办的团体人身意外伤害保险、团体人身保险、学生团体平安保险、附加人身意外伤害医疗保险等都属于一年期人身意外伤害保险。其中，团体人身意外伤害保险和团体人身保险都是以具有法人资格的机关、团体、企业、事业单位为投保人，以这些单位的职工为被保险人，由投保人为被保险人向保险人集体办理投保手续。由于是以团体方式投保，如果被保险人在保险期间离职，则自离职之日起，保险合同对其丧失保险效力，保险人退还未到期保费。学生团体平安保险是以在校学生为承保对象，由学校为学生向保险人集体办理投保手续。

3. 多年期人身意外伤害保险。保险期限超过一年，但基本上不超过五年。如人身意外伤害期满还本保险，保险期限可以是三年、五年。人身意外伤害还本保险的保险本金是根据团体人身意外伤害保险的保险费率和相应年期的利息率制定的。被保险人投保人身意外伤害还本保险交纳的保险本金远大于投保团体人身意外伤害保险时交纳的保险费，但由于保险人在保险期限结束时返还本金，被保险人只是损失利息。

（五）按险种结构划分

1. 单纯人身意外伤害保险。保险责任仅限于人身意外伤害，我国目前开办的团体人身意外伤害保险、学生团体人身意外伤害保险、驾驶员人身意外伤害保险等，都属于单纯人身意外伤害保险。

2. 附加人身意外伤害保险。这种保险包括两种情况：一种是其他保险附加人身意外伤害保险，另一种是人身意外伤害保险附加其他保险责任。如我国目前开办的简易人身保险，以生存到保险期满或保险期限内死亡为基本保险责任，附加人身意外伤害造成的残废，属于生死两全保险附加人身意外伤害保险。再如，住宿旅客人身意外伤害保险，保险责任包括旅客由于人身意外伤害造成的死亡、残废以及旅客随身携带行李物品的损失，属于人身意外伤害保险附加财产保险。

（六）按是否出立保险单划分

1. 出单人身意外伤害保险。它是指承保时必须出立保险单的人身意外伤害保险。一年期和多年期人身意外伤害保险都必须出立保险单，如团体人身意外伤害保险、学生团体平安保险等。

2. 不出单人身意外伤害保险。它是指承保时不出立保险单，以其他有关凭证为保险凭证的人身意外伤害保险。不出单人身意外伤害保险多为极短期人身意外伤害保险，例如公路旅客人身意外伤害保险以汽车票为保险凭证，而不需要单独出立书面的保险单。

活动一　识别人身意外伤害事故

【活动内容】

每3~5个同学为一组，分组讨论以下案例。

案例1：投保人李某于某年7月5日为自己向某人寿保险公司投保了某意外伤害保险，保险金额为10万元。合同条款规定："在保险有效期内，被保险人因意外伤害事故所导致的身故，保险公司按保单所载明的保险金额给付死亡保险金。"李某平时身体健壮，但在投保的次年4月20日，因工作和其他琐事忙碌了一天后，晚上6时30分左右又帮助邻居的母亲办丧事，精神体质处于疲劳状态，中间坐凳欲休息时，连人带凳后仰摔倒，昏迷不省人事，急送医院经抢救无效死亡。医生在抢救病历上注明"猝死"（酒精中毒）。保险公司接到报案后及时进行了事故调查，为了进一步确定死因，特聘请了法医鉴定中心对被保险人进行死因法医鉴定。法医鉴定中心出具的死因鉴定报告确认"李某系非病理性意外猝死"，否定了"酒精中毒导致死亡的可能性"。根据意外伤害保险的构成条件，李某的死亡是意外还是疾病，保险人该不该承担赔偿责任？

案例2：某年4月，小康为丈夫小汪投保意外伤害保险，保险金为40万元。保险费为900元，保险期间自该年4月15日至次年4月14日，受益人为小康。当年12月12日，小汪在散步时突然跌倒，送医院抢救无效死亡，医院诊断为"脑溢血死亡"。事后，小康向保险公司提出给付40万元保险金的请求，理由是小汪意外跌倒，导致脑溢血死亡。保险公司认为：小汪一直患严重的高血压，被保险人是由于高血压而引起突然发生脑溢血死亡，不属于保险范围，保险公司不予承担给付意外伤害保险金的责任。

请问：保险公司的拒赔理由是否成立？为什么？

活动二　了解人身意外伤害保险能否重复给付

【活动内容】

每3~5个同学为一组，分组讨论以下案例。

某化工机械厂于2017年5月20日为赵某等53位职工投保了团体人身意外伤害保险，保险金额为每人50000元，保险期限为一年。2017年12月7日，赵某在上班途中横穿马路时被公交车撞倒，经抢救无效，于2017年12月9日死亡，共用去抢救费用8000元。事故经交警勘查、鉴定，车祸事故的责任在于公共汽车司机违章驾车。公交公司全额支付了赵某的抢救费用，并给付丧葬费和抚恤金共15000元。事故处理完后，赵某之子赵幼军持保险凭证及有关单证向保险公司索赔，要求保险公司给付其父因车祸死亡的保险金50000元。保险公司经调查核实，认为赵某因车祸死亡属于保险责任范围内的保险事故，保险公司本应付赵幼军保险金 50000 元，但因车祸的责任在于公交公司，既然公交公司已经赔偿 23000 元，那么保险公司只应赔偿保险金与公交公司赔偿数额的差额，故保险公司决定只给付赵幼军保险金 27000 元。赵幼军不同意，遂向人民法院提起诉讼。

请问：保险公司的赔付决定是否合理？为什么？如不合理应怎样赔偿？

【延伸阅读】

应对生活中的意外因子　正确认识人身意外伤害保险

不管是人寿保险，还是人身意外伤害保险，或各种财产保险，它们共同的作用都是“防范意外”。但是，千万不要觉得投了保就高枕无忧了，要使保险能够提供真正有效的保障，还需要在投保前后下一番“功夫”。

据统计，世界上每个人都可能遇到的危险有：

第一，受伤：危险概率是 1/3。

第二，车祸：危险概率是 1/12。由此不难看出，我们的生活潜伏着太多的意外因子，不少人也会买保险，但是由于对保险的认识不够，只是觉得花钱买保障是应该的，殊不知购买保险不下功夫，可能只是买到了心安而已。

投保之前：在认识保险保障上下功夫

投保之前，需要在认识保险保障上下功夫。比如说为了规避意外，很多人会投保人身意外伤害保险，但是到底哪些情况属于“意外伤害”，到底哪些情况保险公司会给予赔付呢？这是投保前一定要弄清楚的问题，要让购买的人身意外伤害保险对自己真正起到保障作用。

首先，伤害必须是对人身而言。像假肢、假眼、假牙等，不是人身天然躯体的组成部分，不能作为人身意外伤害保险的保险对象。

其次，人身意外伤害保险中的“意外伤害事故”必须同时具备“外来”“剧烈”“偶然”三个条件，才能构成该合同的保险事故。所谓“外来”，是指伤害纯系由被保险人人身外部的因素作用所致，如因交通事故、不慎落水、遭雷击、蛇咬、煤气中毒等；如果伤害是由自身疾病引起则不属人身意外伤害保险的范畴。

所谓“剧烈”是指人体受到强烈而突然的袭击而形成的伤害。如果伤亡系由被保险人长期操劳或磨炼所致，如地质勘探作业、运动员多年运动致腰及关节损伤等，就不属于人身意外伤害险了。

所谓“偶然”，是指被保险人不能预见、不希望发生的事故。

投保之后：理赔方法要牢记　投保渠道多斟酌

为了更好地发挥人身意外伤害保险的作用，投保之后也有一些事情需要注意。

把保险公司的理赔电话存进手机。保险公司的官网上一般都有公司的理赔电话，如平安就开通了 24 小时理赔电话：95512。投保人不管在什么地方出险，需要在人身意外伤害保险范畴内的就医，第一件事情就是打 95512。而且平安在全国都建立了完备的医疗援助服务网络，可帮助客户进入就近的医院得到及时的治疗。同时要注意保留好医疗单据，事后需凭单据到保险公司领取赔款。

尽量选择网上投保。网上投保因减少中间代理费用，成本较低，能够给予投保人更大的折扣优惠。如在平安的官网投保人身意外伤害保险就能获得最高3折的优惠。而且保险公司官网上信息准确、权威、可靠，可避免被骗子诈骗。

相比人们遭遇意外的高概率，人身意外伤害险的费用比较低，是一项性价比高的保险。如平安的人身意外伤害保险中有一种交通综合意外险，可以在被保险人乘坐飞机、火车、地铁、轻轨、轮船及汽车、公交、出租车等交通工具遭受意外伤害事故身故或残疾时提供有效保障，通过平安官网投保该险种，一个月期限涵盖40万元的飞机险保额、20万元的火车（含地铁、轻轨）轮船保险保额以及2万元的汽车（含公交、的士）保险保额，平安的会员只需花8元钱即可办理，非常划算。

任务二　掌握人身意外伤害保险业务

【任务情景】

2016年6月16日，吴江为自己投保了人身意外伤害保险，2016年10月10日晚，吴江在工作中左脚意外碰伤，进而左下肢大面积肿胀，2016年11月5日，吴江住院治疗，医院诊断为“糖尿2型，左足外伤及急性坏疽”，当日实行左大腿中下1/3截肢术，同月30日出院。事后，吴江请求保险公司给付意外医疗保险金和意外伤残保险金。

保险公司受理后，要求被保险人进行法医学伤残鉴定，鉴定结论为：“被保险人吴江截肢的原因系因糖尿病病发周围血管病变引起的足部坏疽。”因此，保险公司以“造成吴江左下肢坏疽并截肢1/3的根本原因是糖尿病，而不是意外伤害事故造成”为由，拒绝给付保险金。吴江不服，遂提起诉讼。

请问此案该如何处理？

【基础知识】

一、人身意外伤害保险的可保风险

人身意外伤害保险中，保险人承担着被保险人遭受意外伤害的风险，但是并非一切意外伤害都是人身意外伤害保险所能承保的。根据意外伤害是否可被承保来划分，可将其分为不可保意外伤害、特约保意外伤害和一般可保意外伤害三种。

（一）不可保意外伤害

不可保意外伤害即人身意外伤害保险的除外责任。基于法律的规定或社会公共利益的要求，保险人不应该承保此类意外伤害。不可保意外伤害一般包括以下四种情况。

1. 被保险人在犯罪活动中所受的意外伤害。人身意外伤害保险不承保被保险人在犯罪活动中所受的意外伤害，这是因为：（1）保险只能为合法的行为提供经济保障，只有这样，保险合同才是合法的，才具有法律效力，因此被保险人在犯罪活动中所受的意外伤害不予承保。(2) 犯罪活动具有社会危害性，如果承保被保险人在犯罪活动中所受意外伤害，即使该意外伤害非由犯罪行为直接造成，也违反社会公共利益。

2. 被保险人在寻衅斗殴中所受的意外伤害。寻衅斗殴指被保险人故意制造事端挑起的斗殴。寻衅斗殴不一定构成犯罪，但具有社会危害性，属于违法行为，因此保险人不能承保。

3. 被保险人在酒醉、吸食（或注射）毒品（如海洛因、鸦片、大麻、吗啡等麻醉剂、兴奋剂、致幻剂）后发生的意外伤害。酒醉或吸食毒品对被保险人身体的损害，是被保险人的故意行为所致，当然不属于意外伤害。

4. 由于被保险人的自杀行为造成的伤害。对于不可保意外伤害，在人身意外伤害保险条款中应明确列为除外责任。

（二）特约保意外伤害

特约保意外伤害是指那些保险人考虑到保险责任不易区分或限于承保能力，一般不予承保，只有经过投保人与保险人特别约定，有时还要加收保险费后才能承保的意外伤害。

特约保意外伤害一般包括以下四种情况。

1. 战争使被保险人遭受的意外伤害。由于战争使被保险人遭受意外伤害的风险过大，保险公司一般无力承保。战争是否爆发、何时爆发、会造成多大范围的人身伤害，往往难以预计，保险公司一般难以厘定保险费率。因此战争使被保险人遭受的意外伤害一般不予承保，只有经过特别约定并加收保险费后方能承保。

2. 被保险人在从事登山、跳伞、滑雪、江河漂流、赛车、拳击、摔跤等剧烈的体育活动或比赛中遭受的意外伤害。当从事上述高危险性的活动或比赛时，被保险人遭受意外伤害的概率大大增加，所以保险公司一般不予承保，只有经过特别约定并加收保险费后方能承保。

3. 核辐射造成的意外伤害。核辐射造成人身意外伤害的后果，往往在短期内无法确定，而且若发生大的核爆炸时，通常会造成较大范围内的人身伤害。从技术及承保能力上考虑，保险公司一般不承保核辐射造成的意外伤害。

4. 医疗事故造成的意外伤害（如医生误诊、药剂师发错药品、检查时造成的损伤、手术切错部位等）。人身意外伤害保险的保险费率是根据大多数被保险人的情况厘定的，而大多数被保险人身体是健康的，只有少数患病的被保险人才存在因医疗事故遭受意外伤害的危险，因此为使保险费的负担公平合理，保险公司一般不承保医疗事故造成的意外伤害。

对于上述特约保意外伤害，在保险条款中一般列为除外责任，经投保人与保险人特别约定承保后，由保险人在保险单上签注特别约定或出具批单，对该项除外责任予以删除。

（三）一般可保意外伤害

一般可保意外伤害，即在一般情况下可以承保的意外伤害。除上述不可保意外伤害、特约保意外伤害以外，均属一般可保意外伤害。

二、人身意外伤害保险的保险责任

人身意外伤害保险的保险责任是指由保险人承担的被保险人因意外伤害所致的死亡和残疾，对被保险人因疾病所导致的死亡及残疾则不负责任。人身意外伤害保险的保险责任由三个必要条件构成，三者缺一不可。

（一）被保险人在保险期限内遭受了意外伤害

被保险人在保险期限内遭受意外伤害是构成人身意外伤害保险责任的首要条件，它又包括两方面的要求：首先，被保险人遭受意外伤害必须是客观发生的事实，而非推测或臆想的；其次，被保险人遭受意外伤害的客观事实必须发生在保险期限之内，如果被保险人在保险期限开始以前遭受意外伤害导致其在保险期限内死亡或残疾，则不构成保险责任。

（二）被保险人在责任期限内死亡或残疾

被保险人在责任期限内死亡或残疾，是构成人身意外伤害保险责任的必要条件之一，这样的规定一方面是为了准确判断导致保险事故发生的原因；另一方面是考虑到随着医学科技的发展，被保险人发生了意外事故后，医生可以长时间地维持被保险人生命或身体功能，从而使保险人很难判断死亡的原因。

责任期限主要包括以下两方面的要求。

1. 被保险人死亡或残疾。人身意外伤害保险中所称的死亡或残疾，需遵循有关的法律规定。死亡是指肌体生命活动和新陈代谢的终止，在法律上发生效力的死亡包括两种情况，即生理死亡和宣告死亡。生理死亡是指被医生证实的死亡，宣告死亡是指按照法律程序推定的死亡。我国《民法总则》规定，自然人下落不明满两年的，利害关系人可以向人民法院申请宣告该自然人为失踪人。自然人下落不明的时间从其失去音讯之日起计算，战争期间下落不明的，下落不明的时间自战争结束之日或者有关机关确定的下落不明之日起计算。

公民下落不明满四年的，或因意外事故下落不明而从事故发生之日起满两年的，其利害关系人可以向人民法院申请宣告其死亡。因意外事件下落不明，经有关机关证明该自然人不可能生存的，申请宣告死亡不受两年时间的限制。

残疾包括两种情况，一种是人体组织的永久性残缺（或称缺损），如肢体断离等；另一种是人体器官正常机能的永久丧失，如视觉、听觉、嗅觉、语言机能、运动机能的丧失或障碍等。

2. 被保险人的死亡或残疾发生在责任期限之内。与人寿保险和财产保险不同的是，人身意外伤害保险和健康保险中规定有责任期限的概念。在人身意外伤害保险中，只要被保险人遭受意外伤害的事件发生在保险期内，而且自遭受意外伤害之日起的一定时期内造成死亡或残疾的后果，保险人就要承担保险责任。自遭受意外伤害之日起的一定时期即为责任期限，通常规定为 90 天、180 天或 360 天等。只要意外伤害发生在保险期限内，即使被保险人在死亡或确定残疾时保险期限已经结束，只要未超过责任期限，保险人就要负责。反之，如果被保险人在保险期限内遭受意外伤害，并导致其在责任期限以后死亡或残疾，即使这时仍处在保险期限内，保险人也不再承担保险责任。

由于死亡包括宣告死亡的情形，如果被保险人在保险期限内因意外伤害下落不明，自事故发生之日起满两年后法院宣告被保险人死亡时，无疑时间上早已超过责任期限。为解决这一问题，在人身意外伤害保险合同中通常订有失踪条款或在保险单上签注关于失踪的特别约定，规定被保险人确因意外伤害事故下落不明超过一定期限（如 3 个月、6 个月等）时，视同被保险人死亡，保险人给付死亡保险金，但如果被保险人以后生还，受领保险金的人应返还保险金。

责任期限对于意外伤害造成的残疾实际上是确定残疾程度的期限。如果被保险人在保险期限内遭受意外伤害，在责任期限内结束治疗被确定为残疾的，保险人根据确定的残疾程度给付残疾保险金。如果被保险人在保险期限内遭受意外伤害，责任期限结束时仍未能结束治疗，且不能确定最终是否造成残疾以及残疾程度的，则应该推定责任期限结束时这一时点被保险人的组织残缺或机能丧失是否是永久性的，即以这一时点的情况确定残疾程度，并按照这一残疾程度给付残疾保险金。以后，不管被保险人是经过治疗痊愈或减轻了残疾程度，还是加重了残疾程度甚至死亡，保险人既不追回也不追加保险金。

（三）被保险人遭受的意外伤害是其死亡或残疾的直接原因或近因

在人身意外伤害保险中，当满足了前两个条件，即被保险人在保险期限内遭受了意外伤害并于责任期限内死亡或残疾时，并不必然构成保险责任。只有当意外伤害与死亡、残疾之间存在因果关系，即意外伤害是死亡或残疾的直接原因或近因时，才构成保险责任。意外伤害与死亡、残疾之间的因果关系包括以下三种情况。

1. 意外伤害是死亡、残疾的直接原因。当意外伤害是死亡、残疾的直接原因时，即意外伤害事故直接造成了被保险人死亡或残疾，构成保险责任，保险人应该按照约定的金额给付死亡保险金或根据保险金额和残疾程度给付残疾保险金。

2. 意外伤害是死亡或残疾的近因。当意外伤害是死亡或残疾的近因时，即意外伤害是引起直接造成被保险人死亡、残疾的事件或一连串事件的最初原因，也构成保险责任，保险人应该按照约定的金额给付死亡保险金或根据保险金额和残疾程度给付残疾保险金。

3. 意外伤害是死亡或残疾的诱因。意外伤害是被保险人死亡或残疾的诱因，是指意外伤害使被保险人原有的疾病发作，从而加重后果，造成被保险人死亡或残疾。这时同样构成保险责任，但保险人不是按照保险金额和被保险人的最终后果给付保险金，而是参照身体健康的人遭受这种意外伤害会造成的后果进行给付的。

三、人身意外伤害保险的给付方式

经营人身意外伤害保险的保险人主要承担着被保险人因遭受意外伤害而致死亡或残疾的风险，当意外伤害事故发生时，人身意外伤害保险金的给付主要有两种情况，即死亡保险金给付和残疾保险金给付。

（一）死亡保险金的给付

死亡保险金的给付通常简单明确，人身意外伤害保险条款中均明确规定了死亡保险金的数额，一般是按照保险金额给付死亡保险金，或者规定为保险金额的一定比例（如保险金额的80%、50%）或倍数等。

中国人寿保险股份有限公司的人身意外伤害保险条款中规定，被保险人在保险期限内遭受意外伤害并自意外伤害发生之日起180日内因同一原因死亡的，公司按保险金额给付死亡保险金。太平洋人寿保险股份有限公司的安行宝（2.0增强版）是一款带有长期意外保障的险种，其条款规定，被保险人因意外伤害身故，保险人根据保险事故发生时被保险人的年龄给付身故保险金，金额如表4-3所示。

表4-3　　　安行宝（2.0增强版）身故保险金给付金额表

被保险人身故或确定全残时的年龄（周岁）	身故保险金或全残保险金金额
18～40周岁	您根据本合同约定已支付的保费×160%
41～60周岁	您根据本合同约定已支付的保费×140%
61周岁以上	您根据本合同约定已支付的保费×120%

资料来源：太平洋人寿保险股份有限公司官方网站。

（二）残疾保险金的给付

残疾保险金的给付相对比较复杂。残疾是指人体组织的永久性残缺或人体器官正常机能的永久性丧失。以失明为例，如果被保险人因为遭受意外伤害而导致眼睛一时丧失视力，但其失明有可能通过治疗得以恢复或改善，因此必须在治疗结束后经伤残鉴定委员会的鉴定，方能确定是否残疾及其残疾程度，倘若在责任期限终了时仍未能结束治疗，则按这一天的身体情况进行残疾鉴定，并据此给付残疾保险金。

残疾保险金的给付金额计算公式为：

残疾保险金＝保险金额×残疾程度百分率

目前，国内多数意外伤害保险所采用的残疾比例表是由中国保险行业协会2013年印发的《人身保险伤残评定标准》，部分特定行业意外伤害保险采用行业的残疾给付比例表。《人身保险伤残评定标准》对功能和残疾进行了分类和分级，将人身保险伤残程度划分为一至十级，最重为第一级，最轻为第十级。与人身保险伤残程度等级相对应的保险金给付比例分为十档，伤残程度第一级对应的保险金给付比例为100%，伤残程度第十级对应的保险金给付比例为10%，每级相差10%。对于未能列举的情况，由保险双方遵循公平合理的原则，参照已列举的残疾程度百分率进行协商，协商不一致时可提请有关机关仲裁或由人民法院判决。

在《人身保险伤残评定标准》中规定，当同一保险事故造成两处或两处以上伤残时，应首先对各处伤残程度分别进行评定，如果几处伤残等级不同，以最重的伤残等级作为最终的评定结论；如果两处或两处以上伤残等级相同，伤残等级在原评定基础上最多晋升一级，最高晋升至第一级。同一部位和性质的伤残，不应采用该标准条文两条以上或者同一条文两次以上进行评定。

意外残疾保险金在保险期间内按规定可以多次给付，例如，被保险人第一次遭受意外伤害事故造成20%的残疾比例，后来在保险期间内再次发生意外伤害事故，造成50%的残疾，则该被保险人前后可获得两次残疾赔付，但一般规定，无论被保险人在保险期间内发生几次意外造成残疾赔付，总的残疾赔付金额不超过保险金额的100%。

综上所述，在人身意外伤害保险中，只要被保险人发生了合同约定的意外死亡或残疾，不论一次还是多次，保险人均应按照合同规定给付保险金，但累计给付金额以不超过保险金额为限。当给付金额等于保险金额时，该人身意外伤害保险合同的效力即终止。

（三）意外医疗保险金的给付

某些人身意外伤害保险除承担死亡给付和残疾给付外，还提供包括意外医疗给付等其他保障。在这样的人身意外伤害保险合同中，除约定有意外伤害保险金额（用于确定死亡保险金和残疾保险金的依据）外，还规定有意外医疗保险金额，意外医疗保险金额通常是保险人给付医疗保险金的限额。

中国人寿保险股份有限公司的人身意外伤害综合保险条款中保险责任第四条规定：被保险人因遭受意外伤害在县级以上（含县级）医院或本公司认可的医疗机构诊疗所支出的，符合当地社会医疗保险主管部门规定可报销的医疗费用，在扣除人民币100元免赔额后，公司在意外医疗保险金额范围内，按其实际支出的医疗费用的80%给付保险金。公司所负给付意外医疗保险金的责任以意外医疗保险金额为限，一次或累计给付的保险金达到意外医疗保险金额时，该项保险责任终止。

活动一　计算人身意外伤害保险金的给付

【活动内容】

每3～5个同学为一组，分组讨论以下案例。

胡某2017年8月21日投保了一年期意外伤害保险，保险金额10万元。10月28日他在外地出差时遭受意外导致一侧眼球缺失，残疾等级为7级，同时一上肢三大关节中，有两个关节完全丧失功能，残疾等级为7级。试问此时保险人应给付胡某多少残疾保险金？后胡某于2018年3月1日遭车祸死亡，保险人应给付多少死亡保险金？

活动二　意外死亡与意外伤残的给付区别

【活动内容】

每3～5个同学为一组，分组讨论以下案例。

新婚夫妇贺先生与张小姐参加旅行团去九寨沟旅游，途中他们所乘的旅游大巴车与一辆相向而行的大货车严重碰撞，夫妻俩双双受了重伤被送往医院急救。张小姐因颅脑受到严重损伤且失血过多，抢救无效于1小时后身亡。贺先生在车祸中造成双手缺失大于或等于70%（伤残等级为6级），在急救中因急性心肌梗塞，于第2天死亡。在此之前，他俩购买了人身意外伤害保险，每人的保额为10万元。保险公司接到报案后立即着手调查，了解到张小姐一向身体健康，而贺先生婚前就有多年心脏病史。最后，根据《人身意外伤害保险条款》及《人身保险伤残评定标准》，保险公司给付张小姐死亡保险金10万元；给付贺先生意外伤残保险金5万元。死者家属纷纷不解：张小姐和贺先生两人同时购买了同一保险公司的同一种保险，都在同一次车祸中丧生，而保险公司为何做出不同金额的赔付？

请对此案例进行讨论，并说出你的理由。

【模块加油站】

一、单选题

1. 陈某购买20万元保额的人寿保险，其单位为其投保10万元保额的团体意外伤害保险。某日陈某被焦某驾车撞伤，经抢救无效死亡，医疗费支付1.5万元。焦某依照裁定赔偿了全部医疗费并给陈某家属12万元的赔偿金。则陈某家属从保险公司可领取的保险金为（　　）。

A. 16.5万元　　B. 30万元　　C. 20万元　　D. 4.5万元

2. 人身意外伤害保险的费率与（　　）因素关系最为密切。

A. 年龄　　B. 健康　　C. 职业　　D. 家族病史

3. 关于伤害的定义中，直接造成伤害的物体或物质，称为（　　）。

A. 致害物　　B. 侵害对象　　C. 侵害事实　　D. 意外伤害

4. 在意外伤害保险中，意外是指被保险人事先没有预见到伤害的发生，其含义为（　　）。

A. 伤害必须是客观存在的

B. 伤害的发生是被保险人事先所不能预见或无法预见的

C. 伤害的性质必须是恶意的

D. 伤害的后果必须是严重的

5. 意外伤害保险的基本责任是（　　）。

A. 意外死亡给付　　B. 意外残疾给付

C. 意外死亡给付和意外伤残给付　　D. 意外死亡抚恤

6. 在意外伤害保险中，保险事故发生时，死亡保险金按（　　）给付。

A. 保险金额的一定百分比　　B. 医疗费用多少

C. 伤害原因　　D. 约定的金额

7. 意外伤害保险的责任准备金计算方法与（　　）一致。

A. 财产保险　　B. 人身保险　　C. 健康保险　　D. 医疗保险

8. 在意外伤害保险中，按照是否可保划分，被保险人在犯罪活动中所受的意外伤害属于（　　）。

A. 不可保意外伤害　　B. 特约保意外伤害

C. 一般可保意外伤害　　　　　　　　D. 特殊意外伤害

二、判断题

1. 人身意外伤害保险的保险期限较短。（　）

2. 某人投保了意外伤害保险，在回家的路上被汽车撞伤送往医院，在其住院治疗期间因心肌梗死而死亡，那么，在这一死亡事故中的近因是被汽车撞倒。（　）

3. 在人身意外伤害保险中，责任期限对于意外伤害造成的残废实际上是确定残疾程度的期限。（　）

4. 在纯粹的人身意外伤害保险中对医疗费用不予补偿。（　）

模块二　走进人身意外伤害保险产品的世界

人身意外伤害保险，常见的大体可分为三类，分别为：普通意外伤害保险、特种意外伤害保险和团体意外伤害保险。

任务一　认识普通意外伤害保险

【任务情景】

每3~5个同学为一组，每组各选择一家保险公司的普通意外伤害保险产品进行分析，谈谈普通意外伤害保险的特点及适用对象。

【基础知识】

普通意外伤害保险，又称“一般意外伤害保险”，或称“日常或个人意外伤害保险”。该类人身意外伤害保险是承保由一般风险而导致的各种人身意外伤害事件。普通意外伤害保险的保险期限一般以一年或不到一年为期。其特点是保持传统的个人投保方式，向居民提供一种安全保障。

【产品示例】

太平洋个人人身意外伤害保险（2013版）条款（节选）

投保范围：除另有约定外，年龄在16周岁（含16周岁）至65周岁（含65周岁），身体健康的能正常生活或正常工作的自然人，可作为本保险合同的被保险人。

保险期间：除另有约定外，本保险合同保险期间为一年，自保险单载明的起始日零时开始，至约定的终止日24时止。

保险金额和保险费：

一、本保险合同保险金额由投保人与保险人在投保时约定。

二、投保人应该按照合同约定向保险人交纳保险费。

本保险合同约定一次性交付保险费或对保险费交付方式、交付时间没有约定的，投保人应在保险责任起始日前一次性交付保险费；约定以分期付款方式交付保险费的，投保人应按期交付第一期保险费。投保人未按本款约定交付保险费的，本保险合同不生效，保险人不承担保险责任。

如果发生投保人未按期足额交付保险费或不按约定日期交付第二期或以后任何一期保险费的情形，从违约之日起，保险人有权解除本保险合同并追收已经承担保险责任期间的保险费和利息，本保险合同自解除通知送达投保人时解除；在本保险合同解除前发生保险事故的，保险人按投保人已付保险费占保险单中载明的总保险费的比例承担保险责任。

保险责任：

在本保险合同的保险期间内，被保险人遭受意外伤害，保险人按下列约定给付保险金。

一、身故保险责任

被保险人自意外伤害发生之日起 180 日内以该次意外伤害为直接原因身故的，保险人按保险单所载该被保险人意外伤害保险金额给付身故保险金。

二、残疾保险责任

被保险人自意外伤害发生之日起 180 日内以该次意外伤害为直接原因致本保险合同所附《人身保险伤残评定标准》（中保协发〔2013〕88 号）所列残疾之一的，保险人按本保险合同所载的该被保险人意外伤害保险金额及该项残疾所对应的给付比例给付残疾保险金。如自意外伤害发生之日起第 180 日时治疗仍未结束，按第 180 日的身体情况进行鉴定，并据此给付残疾保险金。如被保险人的残疾程度不在所附《人身保险伤残评定标准》之列，保险人不承担给付残疾保险金责任。

当同一保险事故造成两处或两处以上伤残时，应首先对各处伤残程度分别进行评定，如果几处伤残等级不同，以最重的伤残等级作为最终的评定结论；如果两处或两处以上伤残等级相同，伤残等级在原评定基础上最多晋升一级，最高晋升至第一级。同一部位和性质的伤残，不应采用该标准条文两条以上或者同一条文两次以上进行评定。

对于不同保险事故造成的伤残，本次保险事故导致的伤残合并前次伤残可领较严重等级伤残保险金者，按较严重等级标准给付，但前次已给付的伤残保险金（投保前已患或因责任免除事项所致附件所列的伤残视为已给付伤残保险金）应予以扣除。

三、保险人对被保险人所负身故、残疾保险金给付责任以保险单所载被保险人的意外伤害保险金额为限，一次或累计给付的保险金达到意外伤害保险金额时，保险人对被保险人的保险责任终止。

任务二 认识特种意外伤害保险

【任务情景】

每 3 ~5 个同学为一组，每组各选择一家保险公司的特种意外伤害保险产品进行分析，谈谈特种意外伤害保险的特点及适用对象。

【基础知识】

特种意外伤害保险是一种保险责任范围仅限于某种特种原因造成意外伤害的保险。其中最主要的是旅行意外伤害保险和交通事故意外伤害保险。

1. 旅行意外伤害保险。旅行意外伤害保险是以被保险人在旅行途中、因意外事故遭受伤害为保险事故。保险人一般对约定的旅行路线和旅行期间保险事故承担责任，如飞机失事或船舶碰撞而致旅客的伤害等。

2. 交通事故意外伤害保险。交通事故意外伤害保险主要针对交通工具遇到交通事故给被保险人造成的伤害、残疾和死亡，而且赔偿范围扩大到交通工具之外的等候场所。它所承保的危险如下。

（1）作为乘客的被保险人在交通工具行驶、飞行过程中所遭受的意外伤害事故；

（2）作为乘客的被保险人在交通工具搭乘场所（候车、候机、候船）时所遭受的意外伤害事故；

（3）作为行人的被保险人因遭受空中物体坠落而遭受的意外伤害事故；

（4）被保险人被交通工具所撞，或因交通工具发生火灾、爆炸所遭受的意外事故。

【产品示例】

国寿通泰交通意外伤害保险（A款）（2013版）条款（节选）

投保范围：出生满二十八日、身体健康者，均可以作为被保险人，由本人或对其具有保险利益的其他人作为投保人向本公司投保本保险。

保险责任：在本合同保险期间内，被保险人驾驶或搭乘本合同约定的交通工具时遭受意外伤害，本公司依下列约定给付保险金。

一、身故保险金

被保险人自该意外伤害发生之日起一百八十日内因该意外伤害导致身故的，本公司按本合同约定的相应交通工具保险金额扣除已从该项保险金额中给付的伤残保险金和烧伤保险金后的余额给付身故保险金，本合同终止。

二、伤残保险金

被保险人自该意外伤害发生之日起一百八十日内因该意外伤害导致身体伤残的，本公司根据《道路交通事故受伤人员伤残评定（GB 18667—2002）》［国家质量监督检验检疫总局、国家标准化管理委员会发布，中华人民共和国国家标准批准发布公告2002年第4号（总第40号）］确定的伤残程度和《道路交通事故受伤人员伤残评定的伤残程度与保险金给付比例表》的规定，按本合同约定的相应交通工具保险金额乘以该项伤残所对应的给付比例给付伤残保险金，但累计给付的金额以本合同约定的相应交通工具保险金额为限。被保险人因同一意外伤害造成一项以上身体伤残时，本公司给付对应伤残保险金之和。但不同伤残项目属于同一肢时，本公司仅给付其中一项伤残保险金。如伤残项目所对应的给付比例不同时，仅给付其中比例较高一项的伤残保险金。

三、烧伤保险金

被保险人自该意外伤害发生之日起九十日内因该意外伤害导致Ⅲ度烧伤的，本公司根据《意外烧伤保险金给付比例表》的规定，按本合同约定的相应交通工具保险金额及该项烧伤所对应的给付比例给付烧伤保险金，但累计给付的金额以本合同约定的相应交通工具保险金额为限。

本公司给付的上述各项保险金之和以本合同约定的相应交通工具保险金额为限，一次或累计给付的保险金达到本合同的相应交通工具保险金额时，本合同终止。

保险金额：本合同的保险金额由投保人在投保时与本公司协商确定并在保险单上载明。

保险费：本合同的保险费由投保人在订立本合同时一次交清。

保险期间：本合同的保险期间最长为一年；除另有约定外，自本合同生效之日起至约定终止日二十四时止，由投保人在投保时与本公司协商确定。

任务三 认识团体意外伤害保险

【任务情景】

每3~5个同学为一组，每组各选择一家保险公司的团体意外伤害保险产品进行分析，谈谈团体意外伤害保险的特点及适用对象。

【基础知识】

团体保险是指使用一份总保单向一个团体的多个成员提供人身保险保障的一类保险业务。团体意外伤害保险是以各种社会团体为投保人，以该团体的全部或大部分成员为被保险人，对被保险人因意外事故导致死亡、残疾或产生医疗费用的，保险人按合同约定给付保险金的意外伤害保险。

因为人身意外伤害保险的保险费率通常取决于被保险人的职业及其从事的活动，与被保险人的年龄、性别和健康状况关系不大，所以对于从事风险性质相同的工作的团体内众多成员而言，可以采用相同的保险费率。因此，相比保险费率主要依被保险人的年龄、性别和健康状况而定的人寿保险和健康保险而言，人身意外伤害保险最适合采用团体方式投保。在实务中，团体意外伤害保险业务确实占有相当大的比例。

团体意外伤害保险的保险期限一般为一年，期满可申请续保，保险费率根据投保单位的行业或工作性质确定。由于是团体投保，能够有效降低逆选择和经营成本，通常团体意外伤害保险的费率要比个人意外伤害保险的费率低。

团体意外伤害保险的保险责任和给付方式等均与个人意外伤害保险相同，但在保单效力方面有所不同。团体意外伤害保险中，被保险人一旦脱离投保的团体，保单效力对该被保险人即行终止，投保团体可以为该被保险人办理退保手续，而保单对其他被保险人仍然有效。

【产品示例】

国寿绿洲团体意外伤害保险（B 款节选）

投保范围：5 人以上特定团体，且参保比例 75% 以上。

保险期间：1 年或 1 年以内。

保险责任：在合同保险期间内，公司依下列约定承担保险责任。

一、被保险人遭受意外伤害，并自该意外伤害发生之日起一百八十日内因该意外伤害身故，公司按该被保险人的保险金额扣除已给付残疾保险金和烧伤保险金后的余额给付身故保险金，本合同对该被保险人的责任终止。

二、被保险人遭受意外伤害，并自该意外伤害发生之日起一百八十日内因该意外伤害导致身体残疾，公司根据《工伤残疾程度与保险金给付比例表》的规定，按该被保险人的保险金额乘以该项残疾所对应的给付比例给付残疾保险金。

被保险人因同一意外伤害造成一项以上身体残疾时，公司给付对应项残疾保险金之和。但不同残疾项目属于同一肢时，本公司仅给付其中一项残疾保险金。如残疾项目所对应的给付比例不同，公司仅给付其中比例较高一项的残疾保险金。

三、被保险人遭受意外伤害，并因该意外伤害导致Ⅲ度烧伤，公司根据《烧伤程度与保险金给付比例表》的规定，每次按该被保险人的保险金额乘以该项烧伤所对应的给付比例给付烧伤保险金。

四、公司对每一被保险人给付的保险金以该被保险人的保险金额为限，一次或累计给付的保险金达到该被保险人的保险金额时，本合同对该被保险人的保险责任终止。

【延伸阅读】

购买人身意外伤害保险的注意事项

1. 买人身意外保险最好搭配意外医疗险。公众对于意外险最大的误解在于，将意外险及意外医疗险混淆，认为只要发生意外，保险公司应承担起包括医疗在内的所有责任。而实际上，两者的理赔责任是分离的——意外险保障是针对意外身故、致残、下落不明情况的一次性赔付，而意外医疗险则通常作为附加险种，对意外引发的疾病医疗费用单独给付。所以，在购买人身意外保险时，可附加意外伤害住院医疗补贴，它与上述两个保险不冲突。至于意外险的保额多少合适，由于未成年人不具有劳动能力且没有收入，因此多数地区的少儿身故保额相对较低，一般来说，对于被保险人不满 10 周岁的，不得超过人民币 20 万元，对于被保险人已满 10 周岁但未满 18 周岁的，不得超过人民币 50 万元。因此，家长在为孩子选择意外险时，应当注意身故保额的限制，超出部分是无效的。

2. 买人身意外保险不能光图便宜。意外险身故部分的保障是可以多重赔偿的，可以考虑购买多份意外险。按照目前的市场行情，年交 1500～2000 元购买意外险就可以达到 100 万元的保额。需要指出的是，不少人以为买人身意外保险的价格越低越好，这种看法并不可取，因为意外险只对保单上责任范围内的意外事故负责，而不是对所有的意外负责，所以有些意外险产品就采取缩小保障范围的方式来降低价格，实际的效果却没有提升。现行保险法允许财险公司经营意外险业务，也认可了意外伤害险和短期健康险等非寿险的人身保险与财产保险一样具有补偿性质，并将此作为兼营范围。

随着近年来电子商务技术的发展，网上也可以即时购买意外保险产品，并且投保费用可以享受打折的优惠，也是一种不错的选择。

3. 买人身意外保险可“量身定做”。目前各家保险公司根据市场需求已逐步开发出了人身意外伤害综合保险、学生及幼儿平安保险、航空人身意外伤害保险等几十个意外险品种。这些保险产品是针对不同的保障对象、保障范围而专门设计的。怎样购买人身意外保险合适，还是要根据自己的实际情况而定。根据时间、地点及交通工具的不同，意外保险有一般意外险、旅游意外险、交通意外险和航意险等，它们的保障范围依次递减。就拿人身意外伤害保险与人身意外伤害综合保险来说，人身意外伤害保险只对被保险人因意外造成的伤残进行赔付，而意外伤害综合保险除对被保险人进行伤残赔付外，还包括医疗费用支出的赔付。相对而言，享有基本医疗保障的人可买人身意外伤害保险，没有医疗保障的人买人身意外综合保险可能更合适。此外，经常乘飞机或火车出差的旅客，选择购买一年期的交通意外险更方便合算。

【模块加油站】

一、单选题

1. 按保险危险分，目前保险公司开办的旅行意外伤害险属于（　　）。

A. 团体意外伤害保险　　B. 特种意外伤害保险

C. 普通意外伤害保险　　D. 一般意外伤害保险

2. 按保险期限分类，旅游保险属于（　　）。

A. 单纯意外伤害保险　　B. 多年期意外伤害保险

C. 一年期意外伤害保险　　D. 极短期意外伤害保险

3. 将个人意外伤害保险分为单纯意外伤害保险和附加意外伤害保险，这是按照（　　）来划分的。

A. 险种结构　B. 保险期限　C. 保险危险　D. 投保动因

4. 在保险的各个种类中，最有利于进行团体保险的险种是（　　）。

A. 意外伤害保险　B. 财产保险　C. 人身保险　D. 健康保险

5. 在意外伤害保险中，当意外伤害是被保险人死亡、残疾的诱因时，保险人是比照（　　）给付保险金。

A. 保险金额　　B. 被保险人的最终后果

C. 被保险人的医疗费用　　D. 身体健康遭受这种意外伤害会造成何种后果

项目练习

一、名词解释

意外伤害　人身意外伤害保险　责任期限　残疾

二、简答题

1. 简述人身意外伤害保险与人寿保险的联系与区别。

2. 简述人身意外伤害保险的可保风险。

三、实训练习

1. 对当地寿险公司经营的人身意外伤害保险产品做一次市场调查，比较它们的异同，并加以分析和归类。

2. 调查当地财产保险公司经营人身意外伤害保险业务的情况，包括销售渠道、产品特点、业务规模等。

四、案例分析

1. 王某乘坐某航空公司的客机，从 A 市前往 B 市联系业务。在乘机前，王某投保了航空旅客人身意外伤害保险，保险金额为人民币 40 万元。途中，飞机遭雷电袭击，机尾被折断，驾驶员将飞机紧急迫降在 C 市机场。在迫降时，由于机身剧烈震动，造成王某突发脑溢血，虽然医院抢救脱离了生命危险，但却造成全身瘫痪。王某要求保险公司给付自己的医疗费、护理费、残疾补助费等费用共计 45 万元。请分析：此案保险公司要不要承担给付保险金的责任？如果要，应怎样给付？

2. 某年 8 月的一天，萧某与同事戴某相约去国有保险公司投保，两人平时关系不错，各自买了一份相同的个人意外伤害保险附加医疗费用保险，保险金额均为 10 万元，保险期限都为 1 年。谁知投保后的不久两人因琐事发生口角，骂到后来动起手来。经过同事半个小时的劝说，怒气冲冲的两人稍稍平静下来。就在大家以为事态已平息时，戴某也转身打算离去时，萧某见被打伤的眼角血流不止，勉强克制住的怒火又窜了上来，于是趁对方不备，朝他身后猛踢一脚。毫无戒备的戴某一头栽地，恰好跌倒在路边的废物堆上，被尖锐物刺穿胸部，当场死亡。戴某家属提出给付死亡保险金的请求，因为戴属于意外死亡；而萧某家属则认为萧某的行为实属正当防卫，可让法院来处理，但他在两人口角时被戴打伤，应由保险公司赔偿医疗费用。请分析两者的争议。

金融保险丛书
高等院校实务教程

项目五

健康保险产品

【知识目标】

□ 掌握健康保险的概念，熟悉健康保险的分类
□ 理解健康保险的特征
□ 掌握健康保险的特殊条款
□ 掌握医疗保险、疾病保险的主要内容
□ 了解长期护理保险、失能收入保险的主要内容

【能力目标】

□ 能正确运用健康保险的特殊条款
□ 能根据健康保险合同条款向客户说明保障利益
□ 能灵活运用健康保险产品，进行健康险规划

【引导案例】

2018 年中国商业健康保险发展指数

2018 年 6 月，中国保险行业协会对外发布了《2018 年中国大中城市商业健康保险发展指数报告》。报告中指出：商业健康保险是我国“基本医保 + 雇主投保 + 个人投保”保障“三支柱”的重要组成，也是我国多层次医疗保障体系的关键领域。自 2012 年以来，商业健康保险以 38% 的年复合增速（CAGR）成为保险行业增速最快的险种，同期寿险 CAGR 为 19%、意外险 CAGR 为 18%、财产险 CAGR 为 13%。健康保险保费占人身险、保险行业保费比重均实现了 5 年翻倍，分别从 8% 提升到 16%，从 6% 提升到 12%。

尽管产品增速快，但健康险保费收入规模仍然较低。截至 2017 年底，人均健康险保费支出（保费密度）316 元，健康消费收入占比（保险深度）仅 0.5%。对比当期人身

险整体保费密度1924元、保险深度3%，仍有较大差距。

2017年为中国商业健康保险发展指数创始元年，该指数的建立旨在通过了解国人对健康和保障的认知情况、充足度情况和规划投入情况，衡量国人的健康保障水平，并评估商业健康保险行业发展水平，提升商业健康保险对于国人健康保障的促进作用。2017年中国商业健康保险发展指数为60.6，处于基础水平。2018年中国商业健康保险发展指数为63.0，与2017年的60.6相比虽有所提升，但整体发展处于基础水平，仍有很大提升空间。分性别看，女性商业健康保险发展指数水平整体优于男性。一方面，人们对健康的重视程度相对较高，而对保障的重视程度相对偏弱；另一方面，国人保障意识不足，虽然购险意愿相对较强但行动力不足。面对迅猛发展的人口老龄化问题和紧迫的全面小康社会建设任务，无论从需求侧还是供给侧来看，商业健康保险都有巨大的提升空间。

随着城镇化速度加快、疾病谱转变、人口老龄化、收入和消费结构升级，人民群众健康意识不断加强，对健康服务、健康保障的需求不断增加，越来越多的家庭通过购买商业健康保险的方式来转移由于疾病给自己带来的经济损失。

模块一 认识健康保险

任务一 了解健康保险的含义

【任务情景】

沈先生，30岁，于2013年10月为自己购买了某公司一份两全保险并附加住院费用补偿保险，年交保费3000元，交费期限20年。2017年9月，沈先生因马蹄肾、双肾积水、肾盂连接处梗阻住院治疗，产生医疗费用45350元；同年11月沈先生向公司递交住院费用保险金申请，要求就社保未足额报销部分进行赔付。

保险公司在理赔审核中，以马蹄肾系先天性疾病，属责任免除条款，对沈先生申请的“住院费用”做出拒付处理。双方经过多次协商未达成一致，沈先生随即向调解委员会申请调解。

请分析健康保险中被保险人患先天性疾病保险公司应赔付吗?

【基础知识】

一、健康保险的含义

健康保险是以被保险人的身体为保险标的，保险人对被保险人在保险期限内因疾病或意外事故所致伤害时产生的直接费用或间接损失进行补偿的一种人身保险。2017年原保监会颁布的《健康保险管理办法》（征求意见稿）中规定："本办法所称健康保险是由保险公司对被保险人因健康原因或者医疗行为的发生给付保险金的保险，主要包括医疗保险、疾病保险、失能收入损失保险、护理保险以及医疗意外保险等。"

健康保险中的疾病是指人体内因生理原因造成的精神上或肉体上的痛苦或不健全。因致病因素的繁杂，侵蚀人体健康的疾病很多，但并非所有疾病都属商业健康保险的可保疾病。构成健康保险可保疾病须符合以下要求。

（一）内部原因所致疾病

强调的内部原因对人们健康构成威胁或危害，这是区别健康保险与意外伤害保险的一个重要标准。健康保险承保的疾病必须是由个人身体内部的某种原因所引发的，即是由于某个或多个器官、组织甚至系统病变而导致功能异常，从而出现各种病理表现的情况，如肺炎会引起发烧，肠炎直接反映为腹泻等。而那些源自外来剧烈原因造成的对身体健康的损害，如登山意外摔伤骨折，应当视为伤害而非疾病。

（二）非先天性疾病

健康保险要求疾病必须发生在保险合同的效力期间内。根据这样的原则，一切先天性的身体缺陷，如目盲、耳聋、内脏位置异常、器官性能残缺等，都不属于健康保险承保范围之内。对于一些由于遗传原因而形成疾病，如先天性心脏病、遗传性精神分裂等疾病，各国的健康保险法规都有不同的规定，大多数国家将此内容归于社会保险范畴，也有的地方保险人会对保险要件加以适当调整，做到灵活掌握承保原则。而对于一些潜伏性疾病，如遗传性结核病、性病等若无诱发因素引起发作，对人们的健康并无大碍的疾病，如果在保险合同有效期间发作，应当视作与普通疾病一样，在实务中一般列入可保范围之内。

【延伸阅读】

"先天性和遗传性疾病"哪些无法理赔？

根据保险条款规定，"先天性和遗传性疾病"属于责任免除，保险公司不承担保险金给付责任。"先天性和遗传性疾病"参照《国际疾病分类》。主要包括：

1. 神经系统先天性畸形（包括无脑畸形和类似畸形，脑膨出，小头，先天性脑积水，脊柱裂，脑、脊髓的其他先天性畸形等）。

2. 眼、耳、面和颈部先天性畸形（包括眼睑、泪器和眼眶先天性畸形，无眼、小眼和巨眼，先天性晶状体畸形，眼前段先天性畸形，眼后段先天性畸形，眼的其他先天性畸形，引起听力缺陷的耳先天性畸形，耳的其他先天性畸形，面和颈部的其他先天性畸形）。

3. 循环系统先天性畸形（心腔和心连接的先天性畸形，心间隔先天性畸形，肺动脉瓣和三间瓣先天性畸形，主动脉瓣和二尖瓣先天性畸形，心脏的其他先天性畸形，大动脉先天性畸形，大静脉先天性畸形，周围循环系统的其他先天性畸形等）。

4. 呼吸系统先天性畸形（鼻先天性畸形，喉先天性畸形，气管和支气管先天性畸形，肺先天性畸形等）。

5. 唇裂和腭裂。

6. 消化系统的其他先天性畸形（舌、口和咽的其他先天性畸形，食管先天性畸形，上消化道的其他先天性畸形，小肠先天性缺如、闭锁和狭窄畸形，大肠先天性缺如、闭锁和狭窄畸形，肠的其他先天性畸形，胆囊、胆管和肝先天性畸形等）。

7. 生殖器官先天性畸形（卵巢、输卵管和阔韧带先天性畸形，子宫和宫颈先天性畸形，女性生殖器的其他先天性畸形，睾丸未降，尿道下裂，男性生殖器的其他先天性畸形，性别不清和假两性同体）。

8. 泌尿系统先天性畸形（肾缺如和肾的其他萎缩性缺陷，囊性肾病，肾盂的先天性梗阻缺陷和输尿管先天性畸形，肾的其他先天性畸形，泌尿系统的其他先天性畸形）。

9. 肌肉骨骼系统先天性畸形和变形［髋先天性变形，足先天性变形，头、面、脊柱和胸的先天性肌肉骨骼变形，肌肉骨骼的其他先天性变形，多指（趾），并指（趾），上肢短缺缺陷，下肢短缺缺陷，未特指四肢的短缺缺陷，四肢的其他先天性畸形，颅和面骨的其他先天性畸形，脊柱及骨性胸廓先天性畸形，骨软骨发育不良，伴有管状骨和脊柱的发育缺陷，其他骨软骨发育不良等］。

10. 其他先天性畸形（如先天性鱼鳞病，大疱性表皮松解，皮肤的其他先天性畸形，乳房先天性畸形，体被的其他先天性畸形，斑痣性错构瘤病）。

11. 染色体异常［唐氏综合征（先天愚症），爱德华兹综合征和帕套综合征，常染色体的其他三体和部分三体性，常染色体的单体性和缺失，平衡重排和结构标记，先天性卵巢发育不全（特纳综合征）］。

资料来源：http：//news. sina. com. cn/o/2012 －08 －30/145925068236. shtml。

（三）偶然性原因所致疾病

健康保险中对于偶然性疾病的限制来自这样的假设，即认为人生以健康为常态，以疾病为异常。因此疾病的发生应当纯属偶然，并非人们所能预料得到的；但这种偶然性疾病应是可以治愈的，并不是一旦得上就无可救药，所以，一般对偶然性疾病又要求其在客观上有药可治，通过各种医疗手段、措施可以减轻痛苦、缓解病势并最终可以根除病患。健康保险加强了偶然性疾病的限制，就排除了那些必然发生的有损健康的各种危险，如死亡、年老衰弱等。因此，常年卧床、以各种药物维持生命的被保险人，保险人通常不会接受。

健康保险的保险单一般都会对保险的责任范围做出具体而明确的规定。这一方面是便于明确保险人与被保险人双方的权利义务关系；另一方面是由于长期的保险实践证实，随着科学技术的进步，医学技术的不断提高，曾经的不治之症多年之后就可能成了一般疾病，而许多以前不为人知的病症也会不断涌现出来，成为新的不治之症。这些对保险人而言也是忧喜参半的，为了保证经营的稳定，最保守的方法就是在具体保单中列明已知的各种承保疾病，避免理赔过程中可能出现的各种纠纷与争执。

二、健康保险的类型

（一）按保障内容划分

按保障内容的不同，可将健康保险分为疾病保险、医疗保险、失能收入损失保险、护理保险和医疗意外保险。

1. 疾病保险。疾病保险是指发生保险合同约定的疾病时，为被保险人提供保障的保险。

2. 医疗保险。医疗保险又称“医疗费用保险”，是指按照保险合同约定为被保险人的医疗、康复等提供保障的保险。可细分为住院医疗保险、门诊医疗保险、手术费用保险、高额医疗费用保险、特种医疗费用保险等。

3. 失能收入损失保险。失能收入损失保险又称“丧失工作能力补偿保险”，是指以因保险合同约定的疾病或者意外伤害导致工作能力丧失为给付保险金条件，为被保险人在一定时期内收入减少或者中断提供保障的保险。失能收入保险一般不单独承保，而是作为意外伤害保险、人寿保险的附加险承保。

4. 护理保险。护理保险又称“长期护理保险”，是指按照保险合同约定为被保险人日常生活能力障碍引发护理需要提供保障的保险。

5. 意外医疗保险。意外医疗保险主要是保障被保险人在保险期限内因保险合同约定的意外事故导致产生合理且必要的医疗费用，保险公司将在约定的保障范围与保障金额范围内，依据保险合同约定承担相应的保险金给付责任。

（二）按承保对象划分

按承保的对象不同，可将健康保险分为团体健康保险和个人健康保险。

1. 个人健康保险。个人健康保险是以单个自然人为投保人，一个或数个自然人为被保险人的健康保险。

2. 团体健康保险。团体健康保险是以团体法人为投保人，团体成员为被保险人的健康保险。

个人健康保险和团体健康保险在适用的合同条款、核保的因素以及承担的费率方面存在明显区别。个人健康保险通常采用可续保条款、职业变更条款、超额保险条款、法律行动条款等；团体健康保险通常采用转换条款、协调给付条款等。即便二者都采用既存状况条款，但具体内容也有较大差异；个人健康保险在承保时要求每位被保险人都必须通过核保，所订立的核保标准、承保理赔等方面都比团体健康保险复杂得多；由于团体健康保险的销售和管理比个人健康保险要简单，因此，在同样的保障内容下，团体健康保险的管理成本要比个人健康保险低，相应的团体健康保险的费率也就低。

（三）按给付方式划分

按给付方式的不同，可将健康保险分为费用补偿型健康保险、津贴给付型健康保险、定额给付型健康保险和提供服务型健康保险。

1. 费用补偿型。费用补偿型健康保险是保险公司依据被保险人在医疗诊治过程中实际支出的各项医疗、康复费用，按照合同约定的比例给予报销的健康保险。费用补偿型医疗保险的给付金额不得超过被保险人实际发生的医疗、康复费用金额。如住院医疗保险、意外伤害医疗保险等就属于费用补偿型。

2. 津贴给付型。津贴给付型健康保险是保险人按照被保险人实际住院的天数及手术项目给付保险金的保险。保险金一般按天计算，保险金的总数依住院天数及手术项目的不同而不同。如住院医疗补贴保险、住院安心保险等就属于津贴型。

3. 定额给付型。定额给付型健康保险是保险公司在被保险人患有保险合同上约定的疾病或发生合同约定的情况时，按照合同约定的金额向被保险人一次性给付保险金的健康保险。保险金的数目是确定的，一旦确诊，保险公司按合同所载的保险金额一次性给付保险金。各保险公司的重大疾病保险等就属于定额给付型。

4. 提供服务型。提供服务型保险是保险人直接参与医疗服务体系的管理，保险人根据一定标准挑选医疗服务提供者（医院、诊所、医生），并将挑选出来的医疗服务提供者组织起来，为被保险人提供医疗服务。被保险人按照规定程序到指定的医疗服务机构进行治疗，并可享受经济上的优惠。

【延伸阅读】

保险巨头和佳平医疗推出国内首款服务型医疗保险

2012 年 8 月 10 日，平安健康保险股份有限公司携手北京环球佳平医疗投资咨询有限公司，正式推出国内首款服务型医疗保险。该保险产品包括住院医疗、门诊医疗、特殊门诊、全球救援等全面的保障措施，且高额的保障金足以满足客户轻松享受高端医疗服务的需求。此外，该产品涵盖了佳平医疗与大卫盾医疗中心为客户提供的特色门诊、健康管家、住院转诊，以及健康讲座、急救培训等多项增值服务。

此次推出的医疗保险，是依托于国际上的 HMO 服务模式打造的一款服务型医疗保险。HMO 是一种在收取固定的预付费用后，为特定参保人群提供全面医疗服务的医疗服务系统。为了降低医疗开支，HMO 组织对参保人采取疾病预防的主动性健康管理措施，对就医过程进行科学指导，从而降低疾病发生率、节省总体医疗开支。

资料来源：https：//news. 120ask. com/gnxw/post/232958. html。

（四）按续保方式划分

按续保方式的不同，可将健康保险分为保证续保健康保险、非保证续保健康保险。

1. 保证续保健康保险。保证续保健康保险是指在前一保险期间届满前，投保人提出续保申请，保险公司必须按照原条款和约定费率继续承保的合同。保险公司可随被保险人年龄调整保费，但这种调整必须是针对同一类别的所有保单。这时被保险人有选择保险公司的权利，而保险公司却没有选择被保险人的权利。

2. 非保证续保健康保险。非保证续保健康保险即每一次续保时，保险公司和被保险人都有选择对方的权利。

（五）按组织性质划分

按组织性质的不同，可将健康保险分为商业健康保险、社会健康保险、管理式医疗保险和自保计划。

1. 商业健康保险。商业健康保险是投保人与保险人双方在自愿的基础上订立合同，当出现合同中约定的保险事故（被保险人患病支出医疗费或残疾造成收入损失）时，由保险人履行补偿责任的一种保险。

2. 社会健康保险。社会健康保险是国家通过立法的形式强制实施的，对劳动者因患病、生育、伤残等原因所支出的费用和收入损失进行物质帮助的制度。

3. 管理式医疗。管理式医疗是将医疗服务与提供医疗服务所需的资金的供给结合起来的一种健康保险。其实质是将医疗服务的提供与资金结合来控制医疗费用、医疗服务的利用度，提高医疗服务质量。

4. 自保计划。自保计划是企业或事业单位或雇主，通过部分或完全自筹资金的方式承担其职工或雇员的医疗费用开支，并为此承担部分或全部损失赔偿责任。

（六）按保险期限划分

按保险期限的不同，可将健康保险分为长期健康保险和短期健康保险。

1. 长期健康保险。长期健康保险是指保险期间超过一年或者保险期间虽不超过一年但含有保证续保条款的健康保险。长期护理保险的保险期间不得低于5年。

2. 短期健康保险。短期健康保险是指保险期间在一年以及一年以下且不含有保证续保条款的健康保险。

活动一　健康保险的保险责任判定

【活动内容】

每3～5个同学为一组，分组讨论以下案例。

2015年，投保人马某向某保险公司投保了重大疾病保险附加住院医疗保险。2018年3月23日，马某及家人随团去外地旅游。大巴车在高速公路上飞速行驶时，突然从后面飞驶而来一辆大货车。大巴车来不及避让，两车发生严重碰撞。马某受了重伤，立即被送入附近医院急救。由于伤势严重，需要截肢。术后在ICU观察时，马某又突发脑出血，虽然医院抢救脱离了生命危险，但造成了全身瘫痪。事后，马某要求保险公司给付自己的医药费、手术费、护理费、残疾补助费等费用共30万元。

请根据所学知识分析，本案中保险公司应承担哪些赔偿责任。

任务二　掌握健康保险的特征

【任务情景】

2017年3月被保险人刘某在某保险公司购买了费用型商业医疗保险一份。9月的一天，刘某在打工时不慎因公受伤，并在某医院住院治疗。出院时，经结算，医疗费用共计10万多元，因刘某所在工作单位为其购买了职工医疗保险，刘某个人只需要支付5万多元。但因相关管理的问题，医院开具的医疗收费原始票据未及时收回。于是刘某将相关凭证带到保险公司，要求保险公司针对其全部的医疗费用10万元进行赔付。

你觉得刘某的要求合理吗？

【基础知识】

健康保险虽然与人寿保险和意外伤害保险同属于人身保险，但健康保险也有很多不同于其他人身保险险种的特点。健康保险的自身特征要体现在以下几个方面。

一、健康保险的保险标的、保险事故具有特殊性

健康保险是以人的身体健康为保险标的人身保险，以疾病、生育、意外伤害等原因引起的医疗费用和收入损失或由于疾病或生育致残、失能或死亡为保险事故。健康保险的保障内容广泛，通常将人寿保险、意外伤害保险以外的人身保险都归为其承保的范围，具有综合性保险的性质。健康保险对“疾病”这一保险事故有严格的界定，是指由人身体内部的某种原因引发的，即是由于某个或多个器官、组织甚至系统病变而致功能异常，从而出现各种病理表现的情况。人寿保险金的给付虽然也以死亡为给付条件，但不追究其具体死亡原因（除了因道德危险所致外），一般是指自然死亡。

我国《健康保险管理办法》规定：长期健康保险中的疾病保险产品，可以包含死亡保险责任，但死亡给付金额不得高于疾病最高给付金额。前款规定以外的健康保险产品不得包含死亡保险责任，但因疾病引发的死亡保险责任除外。医疗保险产品和疾病保险产品不得包含生存给付责任。

二、健康保险经营内容具有特殊性

（一）承保标准复杂

由于健康保险的保险事故不同于其他人身保险，因此健康保险的承保条件一般比寿险严格得多，也复杂得多。按照风险程度将被保险人分为标准体保险和非标准体保险两类，承保条件各不相同。保险人针对被保险人所患特殊疾病制定特种条款。设立非保体规定，具体包括拒保体和延期保险。健康保险的核保需要考虑被保险人的年龄、既往病症、现病症、家族病史、职业、居住环境及生活方式等多种因素。

（二）厘定保险费率的因素复杂

人寿保险纯保费的厘定主要考虑的要素是预定死亡率、预定利息率和预定费用率。健康保险因其保险内容不同，所以在保费确定上也略有区别。决定健康保险费率的因素包括疾病的发生率、疾病持续时间、残疾发生率、死亡率、续保率、附加费用、利率等；同时保险公司展业方式、承保理赔管理以及公司主要目标也会对健康保险的风险测定、费率厘定产生一定影响。经济的发展伴随环境变化所导致的疾病种类的增多和变异；科学的进步与推广，医疗器械、药品的更新换代，医疗技术和市场价格等原因的影响，使健康保险的保险金给付呈上升趋势。加之健康保险经营管理环节复杂，易发生道德风险、逆选择，使健康保险风险测定比较困难，保险费率计算误差较大。

（三）保险金的给付形式复杂

与人寿保险金的定额给付不同，健康保险的给付金额通常具有不确定性，根据不同保险合同的具体规定，主要有三种不同的给付形式。

（1）定额给付，类似于寿险的给付。

（2）补偿给付，即在最高限额之内依据实际发生的费用进行给付。

（3）预付服务项目给付，即提供由保险组织直接支付住院、外科医生等医疗费用的服务。

健康保险中，被保险人可以进行多次索赔，而人寿保险只有在被保险人死亡或生存至满期时才可提出索赔。此外，在健康保险中，医疗费用的支出存在不少人为因素，健康保险的合理费用和不合理费用很难区分，从而使得健康保险事故的数量和损失程度越来越难以估计，具有高度的复杂性。为了避免在处理健康保险赔案时费用过大，也为了尽可能地控制道德风险，健康保险特别是医疗保险合同一般都有最高赔偿限额、免赔比例和共保比例的规定，使被保险人自负一定比例的费用，以防止被保险人肆意地使用没有必要的服务项目和医疗设备，控制保险公司的支出。

三、健康保险合同内容具有特殊性

（一）健康保险合同具有补偿性

与人寿保险不同，健康保险的保险金给付不是对被保险人的身体和生命伤害进行补偿，而是对被保险人发生的医疗费用和残疾后的收入损失提供补偿。只有发生由疾病或生育导致伤残或死亡需要保险公司承担保险责任时，保险金的支付才属于给付性质。鉴于健康保险的补偿性质，一些国家（如日本）把医疗费用保险划入财产保险范畴，允许财产保险公司承保。我国一般将健康保险归入人身保险业务中，主要由人寿保险公司经营。

（二）健康保险合同的保险期限较短

由于健康保险的承保风险特殊，为保证保险人经营的稳定性，便于保险人根据实际情况适时合理调整费率，大多数健康保险合同的保险期限较短。除少数承保特定风险的健康保险（如重大疾病保险、长期护理保险）外，绝大多数健康保险尤其是医疗费用保险常为一年期的短期合同，因此在保险条款中会注明在什么条件下失效，什么条件下可续保。

【延伸阅读】

健康险将增添新险种　引入费率浮动

2017年11月15日，原保监会对拟修订的《健康保险管理办法（征求意见稿）》（以下简称征求意见稿）公开征求意见。商业健康险有望迎来机构和产品上的扩容，同时还将引入费率浮动机制，以期通过市场竞争降低健康保险价格和经营成本，提升保障水平。

（一）健康险阵营迎扩容

目前市场上实施的《健康保险管理办法》始于2006年。然而，在人口老龄化加剧、医疗技术变革等背景下，健康险的市场定位和职责迎来巨变，配套的监管规定也在酝酿中。

从征求意见稿来看，首先，商业健康险阵营将迎来新面孔。从定义上来看，在因健康原因发生给付的基础上增加了医疗行为发生给付。具体到产品上，除涵盖医疗保险、疾病保险、失能收入损失保险、护理保险之外，健康险新增了相关的医疗意外保险。

其次，在经营主体上，除了人寿保险公司、健康保险公司外，养老保险公司将加入健康险业务阵营。不过，除健康保险公司外，上述经营健康保险业务的机构应当成立专门的健康保险事业部。该事业部除配备具有健康险专业知识的精算人员、核保人员、核赔人员外，还要新增医学教育背景的专业人员。

（二）险企拥有浮动定价权

征求意见稿还显示，保险公司可以对短期健康保险费率进行浮动，范围不超过基准费率的30%；对长期健康保险产品也可进行费率调整。

当前，影响健康险赔付的因素越来越多，如人口老龄化、年龄结构变化、医疗技术变革等，这些因素导致定价具有不确定性，费率浮动可让产品价格与风险更加匹配，有利于保险公司掌控经营成本、规避逆向选择风险。不过，为了避免出现不公平的价格竞争，保险公司不得基于被保险人除家族遗传病史之外的遗传信息、基因检测资料等进行费率浮动；长期健康险产品费率调整需要注明费率调整的触发条件，并重新向监管部门报送审批或者备案。

（三）划定健康险中健康管理服务成本

目前，对健康险公司而言，“健康保险＋健康管理”成为标配。这不仅可以促进居民改善健康状况，还可以增加与投保人的交互，降低产品赔付率。

此次征求意见稿还新增了“健康管理与医保合作”章节，明确保险公司经营医疗保险，应当加强与医疗机构、健康管理机构、康复服务机构等机构的合作，为被保险人提供优质、方便的医疗服务。

此外，征求意见稿也首次提及健康险产品提供健康管理服务费用成本，规定健康管理分摊入净保险费中的成本不得超过保险费的20%。超出以上限额的服务，应单独定价，不计入保险费，并在合同中明示健康管理服务价格。

资料来源：http：//insurance. hexun. com/2017－11－16/191655756. html。

活动一　了解健康保险金的给付

【活动内容】

每3～5个同学为一组，分组讨论以下案例。

被保险人李某于2017年5月1日投保某保险公司意外伤害保险5万元，意外医疗保险1万元。2017年8月某日骑自行车时与一辆摩托车相撞，造成被保险人受伤致颅脑外伤，左胫腓骨骨折，左手食指、拇指骨折并经治疗食指拇指2节切除。交通事故责任认定报告结果为对方负全责，被保险人无责。经调解后，肇事方承担了被保险人的全部医药费9300元，并就被保险人的伤残予以赔偿残废补助金2万元。现被保险人向保险公司提出申请，在无法提供医疗费用凭据的情况下，要求理赔意外医疗费用及意外伤残保险金。

你认为本案应该如何处理？

任务三 掌握健康保险的特殊条款

【任务情景】

2017 年 9 月 1 日，小学生江某入学时购买了学平险。10 月 22 日，江某因患支气管炎住院治疗，花费了 6580 余元的医疗费。该学生家长持学生保险凭证和医疗材料去保险公司办理保险赔付手续，柜员通过检索江某的相关投保资料，告知江某的疾病是发生在 90 天的观察期内，不能办理索赔手续。

什么是观察期？为什么要设置观察期呢？

【基础知识】

在健康保险合同中，除适用一般人寿保险的宽限期条款、复效条款、不可抗辩条款等条款之外，由于健康保险的危险具有变动性和不易预测性、赔付危险大，保险人对所承担的保险金给付责任还规定了一些特殊的条款，即健康保险所独有的条款。

一、一般特殊条款

一般特殊条款是指个人健康保险和团体健康保险共同采用的一些特别规定，具体内容如下。

（一）体检条款

体检条款是指为了保证保险人对索赔的有效性做出鉴定，保险人要求提出索赔的被保险人接受指定医疗机构的体格检查，保险人只对符合索赔条件的被保险人进行相应的赔付。体检条款适用于失能收入保险。

（二）观察期条款

保险观察期又称保险等待期或免责期，是指保险合同在生效的指定时期内，被保险人在这个时期发生保险事故，保险公司不需承担赔偿责任。观察期的设置主要是为了防止道德风险。仅仅依据病历等有限资料很难判断被保险人在投保时是否已经患有某种疾病，为了防止已有疾病的人带病投保、保证保险人的利益，保单中一般会规定观察期（大多为 90 天或 180 天）。在此期间，被保险人因疾病支出医疗费或收入损失，保险人不负赔偿责任，只有观察期满之后，保单才正式生效。也就是说，观察期内发患疾病都被推定为投保之前就已患有，保险人根据最大诚信原则可以拒绝承担责任。《健康保险管理办法（征求意见稿）》第二十七条规定："疾病保险、医疗保险、护理保险产品的等待期不得超过半年。"

此外，当投保人要求增加保险金额度时，往往要安排新的一段观察期（比如 90

天)。在增加保额后的这一段观察期内，如果发生责任范围内的保险事故，保险公司不承担所增部分的保险金的给付义务。

【知识链接】

健康保险合同为何要设置观察期?

什么是保险观察期?

保险观察期通常是在健康保险保单中规定的，是指保险公司在审核过了投保人的健康资料、接受客户投保以后，会经过一个合理期限后才接受理赔，也称“等待期”。

“观察期”是重大疾病险和疾病医疗险所特有的一个期限，各个保险公司有所不同，一般来说，在普通住院类医疗保险中，观察期一般有30天、60天或90天；在重大疾病保险中，观察期一般有90天、180天。

为什么保险公司要设一个观察期呢?

1. 防止带病投保。因为如果投保人患上疾病后，身体有可能是一个逐渐变化的过程，并不一定是立刻就表现出症状，有时候投保人在买保险的时候，连他本人都不知道自己已经患上了某种疾病。

2. 防止恶意骗保。这种情况是投保人知道自己已经患了某种疾病，企图通过保险来获得理赔，这种行为称为“恶意投保”，如果投保时故意隐瞒病史，会被保险公司看作是恶意骗保，不但会被拒赔，还可能无法退还相关保费。因为保险是对未知风险的分散和削弱，所以保险公司是不会对已知的风险承保的。

观察期内疾病拒赔是不是合同就失效了呢?

“观察期”内疾病拒赔，并不意味着健康险保险合同失效。事实上，如客户因“观察期”内的疾病未得到保险公司赔付，仅是指“观察期”内的疾病不在保险合同的责任范围，保险合同仍然有效。只要客户以后发生的保险事故属于保险合同的责任范围，保险公司仍会承担相应的理赔责任。

短期险保单在观察期内出险不承担保险责任，长期险观察期内出险因不同条款责任不同有差异，一般是退还保费，另按保额10%给付保险金。

资料来源：http：//www. sohu. com/a/167653633_ 99930836。

(三) 免赔额条款

免赔额是指由保险人和被保险人事先约定，损失额在规定数额之内，被保险人自行承担损失，保险人不负责赔偿的额度。在健康保险合同中，一般对医疗费用采用免赔额的规定。免赔额有两种类型：相对免赔额和绝对免赔额。相对免赔额是指双方当事人规定一个固定额度，当被保险人在保险事故中遭受的损失没有达到此限额时，保险人不履行保险责任，当损失额达到这一限额时予以全额赔偿；绝对免赔额是指不管被保险人的实际损失多大，保险人都要在扣除免赔额之后才支付保险金。在健康保险中多采用绝对免赔方式。

免赔额条款，一方面可以促使被保险人加强自我保护、自我控制意识，减少因疏忽等原因导致的保险事故的发生和损失的扩大，避免不必要的费用支出，减少道德危险；另一方面由被保险人承担可以承担的较低的医疗费用支出，可以减少保险人大量的理赔工作，从而减少成本，这对保险人和被保险人都有利。

（四）比例给付条款

比例给付条款，又称为共保比例条款。比例给付是保险人采用与被保险人按一定比例共同分摊被保险人的医疗费用的方式进行保险赔付的方式。此种情形下，相当于保险人与被保险人的共同保险。例如，共保比例为80%，意味着对被保险人的医疗费用，保险人负担80%，被保险人要自负20%；如果同一份健康保险合同既有共保条款又有免赔额条款，则是指保险人对超出免赔额以上部分的医疗费用支出，采用与被保险人按一定比例共同分摊的方法进行保险赔付。健康保险是以人的身体为标的，不存在是否足额投保的问题。但由于其承保的危险不易控制，因此，在大多数健康保险合同中，保险人对医疗保险金的支出有比例给付的规定。当然，通常是保险人承担其中的大部分费用。这样，既有利于被保险人对医疗费用的控制，也有利于保障被保险人的经济利益，达到保险保障的目的。

（五）给付限额条款

给付限额条款是指保险人对被保险人因疾病或意外伤害所发生的医疗费用支付的最高限额，以控制自己的总支出水平。给付限额条款是保险人针对人体健康风险的差异，相应医疗费用支出水平参差不齐的特点，为了加强对健康保险的管理，保障保险人和广大被保险人的利益所采取的措施。在医疗保险中，给付限额条款主要有以下几种形式。

1. 规定总保险金额。总保险金额是指在保险期限内发生保险事故累计赔付的最高限额，无论是一次还是多次接受医学治疗，累计赔付总额不能超过此限额，超过部分保险人不承担责任，超过此限额时即停止给付。

2. 每次事故费用限额。每次事故费用限额是指在保险期限内发生一次保险事故时单次给付的最高限额。超过此限额时即停止给付，但如果保单的总保险金额还没有用完，则不影响下次出险后的索赔。

3. 每日费用限额。每日费用限额是指在保险期限内发生保险事故时，接受医学治疗时每日赔付的最高限额，超过此限额时即停止给付，但如果保单的总保险金额还没有用完，则不影响以后日期内的费用赔偿。

4. 总住院天数限额。总住院天数限额也称为即时限额补偿。该条款规定在保险期限内，被保险人接受住院治疗时，保险人只负责一定天数的费用补偿。超过该天数时，即使还没有超过保险期限，保险人也不负责其后日期的医疗费用。

（六）责任期限

责任期限是意外伤害保险和健康保险特有的概念，是指自被保险人遭受意外伤害之日起的一定时期（90天或180天等）。在此期限内，被保险人因意外伤害导致的死亡或者残疾医疗费用或收入损失由保险人承担。

二、个人健康保险的特殊条款

个人健康保险是保险公司与保单所有人之间订立的一种合同，是对某一个人或某几个人提供保障的保险。这类保险的被保险人不能选择保障范围，但可以就给付水平、可续保条款等与保险人进行协商。在医疗保险中，被保险人还可以选择自负额的计算方式，是每次保险事故自负额还是日历年度自负额；在残疾收入补偿保险中，被保险人可以选择免赔期间、观察期和给付期间的不同组合。不同的选择，保险费率也不同。个人健康保险包含的一些独特条款如下。

（一）可续保条款

一般的健康保险都是一年期的。初次投保无论对保险人，还是投保人而言都意味着复杂的手续和各项杂费，对于希望长期投保健康险的客户，反复投保一年期保单显然是不方便的，也是不现实的。通过在保单条款中的说明，使健康险保单变成为连续有效的保单是解决这一问题的好方法。一般可以在保单中加入以下的内容。

1. 定期条款。定期条款规定了有效期限，如一年期保单。承诺在保险期内保险人不能提出解除或终止合同，也不能要求变更保费或保险责任。这就避免了被保险人被迫每年重复检查身体办理投保手续等定式，同时也在一定程度上延长了平均投保期限，保险人借此亦收到益处。

2. 可取消条款。可取消条款的灵活性较强，被保险人或保险人在任何时候都可以提出终止合同或改变保费、合同条件保障范围。规定这样的条款，保险人承担的风险小，所以成本也低，当然承保条件就不那么严格，但对保险人在出售保险单之后的工作要求较高。

3. 续保条款。一般有两种不同的续保条款，一种是条件性续保，即被保险人在符合合同规定的条件的前提下，可以续保直至某一特定时间或年数；另一种是保证性续保，也称无条件续保，即只要被保险人继续交费，合同就可以持续有效，直到一个既定的年龄，在此期间，保险人不能单方面变更合同中的任何条件。

4. 不可取消条款。不可取消条款同时针对被保险人和保险人双方，被保险人不能要求退费退保；当其无力继续交纳保费时，保险人可以自动终止合同。

可见，虽然健康保险的保险合同大多是短期的，但可以根据保险条款中的相应规定使所持保险单成为连续有效保单，从而满足投保人获得长期健康保障的要求，也可以保证健康保险人的业务总量和保费收入。

（二）既存状况条款

既存状况条款规定在保单生效的约定期间内，保险人对被保险人的既往病症不给付保险金。既往病症是指在保单签发之前被保险人就已患有，但却未在投保单中如实告知的疾病或伤残。通常保单规定被保险人必须告知保单签发前 2 年或更多年内所患过的疾病。当被保险人因既往病症而发生属于保险责任范围内的损失时，保险人只在保单生效 2 年以后才给付保险金。既存状况条款有助于防止被保险人出现逆向选择，避免那些得过某些疾病但有复发危险或未痊愈的人通过购买健康保险获得保险给付。

（三）职业变更条款

在健康保险中，被保险人的职业发生变动将会直接影响发病率、遭受意外伤害的危险，所以通常在职业变更条款中规定，如果被保险人的职业危险性提高，保险人可以在不改变保险费率的前提下降低保险金额。

(四) 理赔条款

理赔条款规定，理赔申请人有及时将损失通知保险人的义务，保险人有迅速理赔的责任。我国《保险法》第二十三条规定："保险人收到被保险人或者受益人的赔偿或者给付保险金的请求后，应当及时作出核定；情形复杂的，应当在三十日内作出核定，但合同另有约定的除外。保险人应当将核定结果通知被保险人或者受益人；对属于保险责任的，在与被保险人或者受益人达成赔偿或者给付保险金的协议后十日内，履行赔偿或者给付保险金义务。保险合同对赔偿或者给付保险金的期限有约定的，保险人应当按照约定履行赔偿或者给付保险金义务。"

(五) 超额保险条款

由于健康保险的保险金具有补偿性质，因此为防止被保险人因疾病或残疾后获利，在合同中可以规定超额保险条款，即对于超额保险，保险人可减少保险金额，但要退还超额保险的保费部分。

(六) 防卫原因时间限制条款

防卫是指投保书上所列明的重大不实告知事项。防卫原因时间限制条款是指保单生效经过一定时间后，除非被保险人有欺诈行为，否则保险人不得以重大不实告知为由决定保单无效或拒绝赔付。典型的防卫原因时间限制条款如下："保单生效 2 年后，仅限于欺诈性的不实告知，保险公司才可终止合同；否则，不能以保单生效前的既存状况而拒绝赔付，除非既存状况属于保单列举的除外责任。"

三、团体健康保险的特殊条款

团体健康保险是保险公司与团体保单持有人（雇主或其他法定代表人）之间订立的健康保险合同，它对主契约下的人群提供保障。为此，保险人可以在一份团体健康保险单中提供多种团体保障，也可以为每一种保险保障签发独立的团体保单。团体健康保险的特殊条款如下。

(一) 既存状况条款

该条款的具体内容与个人健康保险有所不同。在团体险中，该条款规定除非被保险人享受保险保障已达到约定的期限，保险人对被保险人的既存状况不负给付保险金的责任；但被保险人如果对某一既存状况已连续 3 个月未因此而接受治疗，或者参加团体保险的时间已达 12 个月，则该病症不属于既存状况，由此而发生的医疗费用支出或收入损失可以向保险人提出赔付申请。

(二) 转换条款

转换条款允许团体被保险人在脱离团体后若购买个人医疗保险，可不提供可保证明。将团体健康保险转换为个人健康保险时，被保险人通常要交纳较高的保费，有关保险金的给付也有更多的限制。

(三) 协调给付条款

该条款在美国和加拿大的团体健康保险中较常见，因为在这些国家，有资格享受多种团体医疗保险的被保险人较普遍，如双职工家庭可能享有双重团体医疗费用保险。该条款主要是为解决享有双重团体医疗费用的团体被保险人获得的双重保险金给付问题，而将两份保单分别规定为优先给付计划和第二给付计划。优先给付计划必须给付它所承诺的全额保险金；若其给付的保险金额不足抵付被保险人所应花费的全部合理医疗费用，被保险人就可要求第二给付计划履行赔付差额部分保险金的责任，同时告知保险人优先给付计划的给付金额，第二给付计划根据协调给付条款支付保险金。

关于优先给付计划的确定，协调给付条款规定：两份团体保单中不包含协调给付条款的作为优先给付计划，另一份则作为第二给付计划；如果两份保单都含有此条款，则以雇员身份而非受抚养者身份作为被保险人的那份团体保单是优先给付计划；如果受抚养者持有多份团体保单时，优先给付计划可按生日规则或性别规则确定，即以生日较早的雇员或男性雇员所享有的计划作为受抚养者的优先给付计划。

活动一　了解健康保险的观察期

【活动内容】

每3～5个同学为一组，分组讨论以下案例。

张先生在2017年8月10日投保了一份健康保险中的住院医疗险，于同年9月5日因肺炎住院治疗。结果保险公司以其保险事故发生在“观察期”内，拒绝理赔。张先生非常想不通：保险的生效日为8月10日，而他是在9月5日住院的，保险公司为何拒绝理赔？何为“观察期”？

活动二　了解健康保险中的几个关键期

【活动内容】

每3～5个同学为一组，分组讨论以下案例。

1. 李先生以自己为被保险人于2018年3月1日投保了终身保险10万元，并附加住院医疗特约保险3万元。2018年4月22日，李先生因肝病住院治疗。治疗结束后李先生提出索赔申请被拒绝。

2. 张先生前不久投保一份价格不菲的保险产品。两天后，仔细考虑了自己的实际经济情况，经咨询代理人将其退掉了。

3. 2017年4月2日，王小姐为自己购买了重大疾病险，每年交费5000多元。2018年4月2日交费的时候，王小姐因为资金周转出现困难，一时间拿不出这笔钱。5月19日，王小姐突发心肌梗塞，保险公司按合同约定给付了保险金。

4. 2015年11月，陈女士在保险公司投保，保险金额2万元，交费期20年，从2015年开始交费。此后，陈女士在前两期均按期交费，但在交第三期时，由于客观原因未按期交纳保费，导致保险合同失效。2018年7月，经陈女士申请，该保险公司同意陈女士补交第三期保费及逾期利息，保险合同当月恢复生效。

以上案例分别涉及了保险合同中的哪个关键期，这个关键期是什么意思？

【模块加油站】

一、单选题

1. 构成健康保险所指的疾病必须具有的条件之一是：必须是由于明显非外来原因所造成的。下列疾病中，符合这一构成条件的是（　　）。

A. 烫伤　　B. 摔伤　　C. 溺水致残　　D. 心脏病

2. 在医疗费用类健康保险中，对于超出免赔额以上部分的医疗费用，通常规定由保险人和被保险人共同分摊。规定具体分摊比例的健康保险条款被称为（　　）。

A. 免赔额条款　　B. 比例给付条款　　C. 给付限额条款　　D. 赔偿限额条款

3. 构成健康保险所指的疾病必须具有的条件之一是：必须是由于非长存原因所造成的。下列疾病中，符合这一构成条件的是（　　）。

A. 皮肤衰老　　B. 器官衰老　　C. 食物中毒　　D. 功能减弱

4. 健康保险的保险标的是（　　）。

A. 人的生命　　B. 人的身体　　C. 人的生命和身体　　D. 费用和损失

二、多选题

1. 以下属于健康保险种类的有（　　）。

A. 社会基本医疗保险　　B. 重大疾病保险

C. 医疗费用保险　　D. 护理保险

2. 健康保险的保险责任包括（　　）。

A. 对被保险人医疗费用损失方面的经济补偿

B. 被保险人因疾病或伤残而不能工作引起的收入损失的经济补偿

C. 对被保险人遭受意外伤害或因伤害而致残、致死的经济补偿

D. 年老时所需要的护理经济补偿

3. 构成健康保险所指的疾病包括的条件有（　　）。

A. 必须是由于明显非外来原因造成的

B. 必须是被人传染造成的

C. 必须是由于非长存的原因所造成的

D. 必须是非先天的原因所造成的

三、判断题

1. 费用型健康险保险金的给付与实际损失无关。（　　）

2. 观察期条款规定了健康保险合同中有无观察期及观察期的长短，在观察期内发生的保险事故，保险公司不履行保险责任。（　　）

3. 先天性心脏病属于健康保险保障的疾病范畴。（　　）

模块二　走近健康保险产品的世界

任务一　认识疾病保险

【任务情景】

王女士于 2014 年在某保险公司购买了一份重大疾病保险，保险期限 15 年，月交保费 500 元。2016 年 12 月下旬，王女士在家中几次昏迷，家人将她送到了医院治疗。一开始，医院诊断她心脏有问题，就给她装上了心脏起搏器，但还是不见起色，王女士的昏迷现象还是会时常发生。2017 年 3 月 8 日，王女士被转入该院脑内科，被确诊为“蛛网膜出血”。

“医生说这种病很难治愈，好几次我都是被抢救过来的。”王女士庆幸地说。几次手术都进行得比较成功，但前后一共花去了 20 余万元的医疗费用。王女士本以为自己参加了重大疾病保险，医疗费用可以向保险公司索赔，但当王女士把病历交给保险公司之后，得到的回答却是不能得到赔偿。因为王女士的情况是不属于重大疾病范围中的任何一种，所以不能够获得相应的赔偿。

请针对这种情况谈谈你的认识。

【基础知识】

一、疾病保险的概念

疾病保险是指以保险合同约定疾病的发生为给付保险金条件的保险。当被保险人罹患合同约定的疾病时，保险人按定额给付保险金，以补偿被保险人由此带来的损失。疾病保险不考虑被保险人的实际医疗费用支出，而以保险合同约定的保险金额给付保险金。《健康保险管理办法（征求意见稿）》第十四条规定：“医疗意外保险和长期疾病保险产品可以包含死亡保险责任。长期疾病保险的死亡给付金额不得高于疾病最高给付金额。其他健康保险产品不得包含死亡保险责任。医疗保险、疾病保险和医疗意外保险产品不得包含生存保险责任。”

疾病保险是健康保险业务的重要组成部分，它以特定人群或特种疾病发生的医疗费、护理费等为保险金给付条件向被保险人提供的经济保障。通常这种保单的保险金额比较大，给付方式一般是在确诊为特种疾病后，立即一次性支付保险金额。重大疾病保险是目前市场上最常见的疾病保险。重大疾病保险是当被保险人在保险期间内发生保险合同约定的疾病，达到约定的疾病状态或实施了约定的手术时给付保险金的健康保险产品。重大疾病保险的根本目的是为病情严重，花费巨大的疾病治疗提供经济支持。

二、疾病保险的承保内容

（一）疾病保险的可保疾病

保险人在承保疾病保险时一般都会对可保的疾病进行相应的限制，主要要求该疾病是被保险人在保险期间由于身体内部原因所引起的疾病，包括精神上的或身体上的。构成可保疾病必须具备的三个条件。

（1）疾病必须是人内部原因造成的；

（2）疾病必须是非先天性疾病；

（3）疾病必须是偶然性疾病。

（二）疾病保险的除外责任

由于下列原因导致被保险人发生疾病，达到疾病状态或进行手术的，保险人一般不承担保险责任。

（1）投保人对被保险人的故意杀害、故意伤害；

（2）被保险人故意犯罪或抗拒依法采取的刑事强制措施；

（3）被保险人主动吸食或注射毒品；

（4）被保险人故意自伤；

（5）被保险人酒后驾驶、无合法有效驾驶证驾驶或驾驶无有效行驶证的机动车；

（6）被保险人感染艾滋病病毒或患艾滋病；

（7）战争、军事冲突、暴乱或武装叛乱；

（8）核爆炸、核辐射或核污染；

（9）遗传性疾病，先天性畸形、变形或染色体异常。

三、疾病保险的主要险种

（一）重大疾病保险

重大疾病保险，是指以特定重大疾病，如恶性肿瘤、心肌梗死等为保险对象，若被保险人在保险期间罹患合同指定的疾病时，保险人按照合同约定给付保险金的商业健康保险。

根据中国保险行业协会制定的《重大疾病保险的疾病定义使用规范》，保险人承保重大疾病保险，且保险期间主要为成年人（十八周岁以上）阶段的，该产品保障的疾病范围应当包括恶性肿瘤、急性心肌梗塞、脑中风后遗症、冠状动脉搭桥术（或称冠状动脉旁路移植术）、重大器官移植术或造血干细胞移植术、终末期肾病（或称慢性肾功能衰竭尿毒症期）。除此六种疾病外，保险人可以选择以下一项或多项重大疾病进行承保：多个肢体缺失、急性或亚急性重症肝炎、良性脑肿瘤、慢性肝功能衰竭失代偿期、深度昏迷、双耳失聪、双目失明、瘫痪、心脏瓣膜手术、严重脑损伤、严重帕金森病、严重Ⅲ度烧伤、严重原发性肺动脉高压、严重运动神经元病、语言能力丧失等。

【产品示例】

华夏人寿常青树重大疾病保险

1.1 合同构成（略）

1.2 合同成立与生效（略）

1.3 投保年龄

指投保时被保险人的年龄，投保年龄以周岁计算，本合同接受的投保年龄为0周岁（出生且出院满28日）至60周岁（含60周岁）。

1.4 犹豫期（略）

我们提供的保障

2.1 保险责任

在本合同有效期间内，我们按照以下约定承担保险责任。

轻症疾病保险金

若被保险人因意外伤害，或于本合同生效或最后一次复效之日起90日后因意外伤害以外的原因，导致初次患本合同所列的轻症疾病，我们将额外按本合同保险金额的20%给付轻症疾病保险金。

每种轻症疾病只给付一次轻症疾病保险金，给付后该种轻症保险金保险责任终止，本合同的轻症疾病保险金累计给付以三次为限。

轻症疾病种类：

1. 非危及生命的（极早期的）恶性病变
2. 冠状动脉介入手术
3. 轻微脑中风
4. 心脏瓣膜介入手术
5. 脑垂体瘤、脑囊肿、脑动脉瘤及脑血管瘤
6. 视力严重受损——三周岁始理赔
7. 主动脉内介入手术
8. 较小面积Ⅲ度烧伤（10%）
9. 慢性肾功能损害——肾功能衰竭期
10. 重症头部外伤
11. 单个肢体缺失
12. 单侧肺脏切除
13. 肝脏手术
14. 早期运动神经性疾病
15. 人工耳蜗植入术

重大疾病保险金

一、若被保险人于本合同生效或最后一次复效之日起90日内（含第90日）因意外伤害以外的原因导致初次患本合同所列的重大疾病的一种或多种，我们将按累计已交保

险费给付重大疾病保险金，同时本合同终止。

二、若被保险人因意外伤害，或于本合同生效或最后一次复效之日起90日后因意外伤害以外的原因，导致初次患本合同所列重大疾病的一种或多种，我们将按本合同的保险金额给付重大疾病保险金，同时本合同终止。

身故保险金

一、若被保险人身故时未满18周岁，我们将按累计已交保险费给付身故保险金，同时本合同终止。

二、若被保险人身故时已满18周岁，且于本合同生效或者最后一次复效之日起90日内（含第90日）因意外伤害以外的原因导致身故，我们将按累计已交保险费给付身故保险金，同时本合同终止。

三、若被保险人身故时已满18周岁，且因意外伤害或于本合同生效或最后一次复效之日起90日后因意外伤害以外的原因导致身故，我们将按本合同载明的保险金额给付身故保险金，同时本合同终止。

全残保险金

一、若被保险人全残时未满18周岁，我们将按累计已交保险费给付全残保险金，同时本合同终止。

二、若被保险人全残时已满18周岁，且于本合同生效或者最后一次复效之日起90日内（含第90日）因意外伤害以外的原因导致全残，我们将按累计已交保险费给付全残保险金，同时本合同终止。

三、若被保险人全残时已满18周岁，且因意外伤害或于本合同生效或最后一次复效之日起90日后因意外伤害以外的原因导致全残，我们将按本合同载明的保险金额给付全残保险金，同时本合同终止。

疾病终末期保险金

一、若被保险人初次被专科医生确诊达到疾病终末期阶段时未满18周岁，我们将按累计已交保险费给付疾病终末期保险金，同时本合同终止。

二、若被保险人初次被专科医生确诊达到疾病终末期阶段时已满18周岁，且于本合同生效或者最后一次复效之日起90日内（含第90日）因意外伤害以外的原因导致达到疾病终末期，我们将按累计已交保险费给付疾病终末期保险金，同时本合同终止。

三、若被保险人初次被专科医生确诊达到疾病终末期阶段时已满18周岁，且因意外伤害或于本合同生效或最后一次复效之日起90日后因意外伤害以外的原因导致达到疾病终末期，我们将按本合同载明的保险金额给付疾病终末期保险金，同时本合同终止。

重大疾病保险金、身故保险金、全残保险金与疾病终末期保险金，我们仅给付其中一项。

轻症疾病豁免保险费

若被保险人因意外伤害，或于本合同生效或最后一次复效之日起90日后因意外伤害以外的原因导致初次患本合同所列的轻症疾病，我们将豁免本合同自轻症疾病确诊之日以后的各期保险费。

被豁免的保险费视为已交纳，同时本合同继续有效。

2.2 责任免除（略）

2.3 保险金额

本合同的保险金额由您在投保时与我们约定并在保险单中载明，投保时的保险金额须符合我们当时的投保规则。若该金额发生变更，则以变更后的金额为保险金额。

2.4 保险期间

本合同的保险期间为终身，自本合同生效日零时起算。

3 保险金的申请（略）

4 保险费的交纳

4.1 保险费的交纳

一、本合同的交费方式和交费期间由您和我们约定并在保险单上载明。

二、分期交付保险费的，在交纳首期保险费后，您应当在每个保险费约定支付日之前交纳当期保险费。

4.2 宽限期（略）

5 至 10（略）

（二）特种疾病保险

特种疾病保险是保险人以被保险人罹患某些特殊疾病为保险给付条件，按照合同约定金额给付保险金或对被保险人治疗该种疾病的医疗费用进行补偿的保险。特种疾病保险只针对一些特殊疾病产生的医疗费用提供保障，例如，牙科费用保险、眼科费用保险、生育保险、艾滋病保险、团体传染性非典型性肺炎疾病保险、禽流感保险等。

【延伸阅读】

购买重大疾病保险的注意事项

1. 重疾险不能替代所有健康险。该险种只有在被保险人发生合同约定的疾病、达到约定的疾病状态或实施了约定的手术时，才能给付保险金。因此，需要配合其他类型的健康险产品，被保险人才能得到较为全面和完善的健康保险保障。

2. 保险金额。保额的选择要考虑当前的医疗花费水平，而且每隔三五年，还应该检查一下是否有必要追加保额，根据家庭成员和经济状况的变化作一些适当的调整。

3. 保费。应尽量选择长的交费期，若选择年交保费，且重大疾病保险金的给付发生在交费期内，可免交以后各期的保费，保险合同继续有效。也就是说，如果被保险人分10年交费，在重大疾病保险合同生效第二年身染重疾，则免交后面8年的保费。

4. 投保年龄限制。由于老年人的发病概率比较高，保险公司一般不接受60岁以上的投保人，所以重疾险购买宜早，等到50岁以后再投保，保费总支出会相当高，是很不划算的。

5. 观察期。保险公司根据保额和年龄状况，会要求被保险人体检并规定观察期（60天、90天、180天或1年），被保险人若在观察期内患重大疾病，则保险公司不承担赔付责任。

6. 承保疾病种类。承保疾病并非越多越好。新版重疾险必须包含对6类核心疾病的保障，其余19种疾病，各公司可自行选择是否纳入保障范围。每种疾病的发病率都会影响费率的厘定。承保病种越多，价格越高。而有些疾病的发病率是很低的，投保此类稀有疾病的病种特别多的产品反而不划算。

活动一　调查了解重疾险所保疾病释义及一般的治疗费用

【活动内容】

每3~5个同学为一组，利用各种渠道，分组查找重大疾病保险所保障的各种疾病释义，了解当地的重大疾病各病种一般的治疗费用。

活动二　比较重大疾病保险产品

【活动内容】

每3~5个同学为一组，任选两家不同保险公司的重大疾病保险产品进行比较，分析各自的优势。

任务二　认识医疗保险

【任务情景】

乔女士于2010年投保了一份住院医疗保险，交费15年，保额为10万元，保险期限至被保险人70周岁。2016年的一天，乔女士突然出现胸骨的闷胀感和压榨感，并且还伴随着明显的焦虑。刚开始乔女士还以为没有什么大事，可接连两三天都出现这样的症状，乔女士就感觉不对劲了。乔女士到医院做了一个检查，被发现得了冠心病，于是乔女士开始住院治疗，共花费25000元的医药费。

乔女士自己对照保险条款算了一下，觉得自己应得到保险公司17780元的赔付。但是，由于她从社保中报销了18800元的医药费，保险公司最后赔付她实际费用与报销费用的差额部分，共计6200元。

这让乔女士很不解，经过沟通，她才知道，商业医疗保险分为费用型和补贴型两种。

【基础知识】

一、医疗保险的概念

医疗保险又称医疗费用保险，是指按照保险合同约定为被保险人的医疗、康复等提供保障的保险。医疗保险是健康保险中的一种重要业务形式。其承保对象可以是个人也可以是团体，补偿的医疗费用包括门诊费、药费、住院费用、护理费、医院杂费、手术费和各种检查治疗费等。

相对于其他人身保险业务而言，医疗保险的出险频率高、风险不易测定，赔付率高、且不稳定。疾病对人类的侵袭最为频繁，许多人每年都会因疾病需要得到医疗服务。同时，道德风险和逆选择等人为风险难以控制，导致保险费率高。因此，医疗保险的风险管理难度较大。

【延伸阅读】

有了社保，再买商业医疗保险真的有必要吗？

社保，是我们最基本的社会医疗保险，它可以保障我们在看病住院的时候报销部分费用，减轻我们的经济负担。如今，我们有了社保，你还有必要购买商业保险来作为额外补充吗？

目前，我国的社会医疗保障仍然处于成长状态，其中很多保障还很不完善，而且社保是面对全国人民的，要根据国情去制定规则。面对越来越严重的环境污染，我们的身体健康受到了前所未有的威胁，所以购买商业医疗保险作为补充是很有必要的。

商业医疗保险是健康保险的主要内容之一，它是以保险合同规定的相关条款，为被保险人接受诊疗期间的医疗费用支出提供保障的保险。相对社保，社会医疗保险有什么作用呢？

1. 社保目录外用药（社保目录内的药品仅占总药品的1.4%）；

2. 异地理赔；

3. 高额医疗费用；

4. 昂贵医院预约、导诊等特殊服务，寻求更高的医疗品质。

因为重大疾病的治疗会产生两种费用：直接医疗费用和间接费用（包括护理费、营养费、康复费、收入损失费用等），社保只能报销部分直接医疗费用，社保医疗中很多检查费是不报的（如核磁共振、伽玛刀等）。面对重大疾病，因为我国的医疗水平比较低，很多好的药品都是进口，这也是社保不能报销的范围，另外有些属于专家诊疗、高新尖诊疗技术，社保也是不报的。

一个人生病，特别是作为一个家庭经济来源的支柱，这不仅会带来医疗费用的经济负担，也会影响整个家庭的收入来源。一个家庭的经济只有出没有进，这是很可怕的事情，如果您购买了商业医疗保险至少可以减少医疗费用的支出，还能有一笔额外的赔偿。

资料来源：http：//www. cignacmb. com/baoxianzhishi/yiliao/20170714015. html。

二、医疗保险的主要种类

（一）普通医疗保险

普通医疗保险又称基本医疗保险，主要承保被保险人治疗疾病的一般性医疗费用，主要包括门诊费用、医药费用、检查费用等，是一种适用于一般公众的险种。

由于对医药费用和检查费用的支出控制有一定的难度，这种保单一般都有免赔额和费用分担的规定，保险人支付免赔额以上部分的一定百分比。每次疾病所发生的费用累计超过保险金额时，保险人不再负保险责任。普通医疗保险的保险责任一般有如下几类。

1. 门诊医疗费用保障。门诊医疗费用保障主要是为被保险人通过门（急）诊形式接受医学诊断治疗时所发生的医疗费用提供保险保障的保险。门诊治疗所花费的费用主要有：检查费、化验费和医药费。在我国门诊医疗费用保险多见于团体医疗保险，仅限于对被保险人住院前后一段时间内的门诊和治疗费用进行补偿。少数个人普通医疗保险中也包含对门诊医疗费用的补偿，但一般都仅限于一些特殊的门诊费用。

2. 住院医疗费用保障。住院医疗费用保障是对被保险人住院期间的各种医疗费用进行补偿，一般包括住院期间的床位费、医生诊疗费、药费、实验室及仪器检查费、各种治疗和护理费等。为了防止道德风险，控制不必要的长时间住院，住院医疗保险一般会规定每日的给付金额、免赔天数、最长的给付天数等，保险人只对超过免赔天数的但没有超过最长给付天数内的住院费用承担赔付责任。

3. 手术医疗费用保障。手术医疗保险保障是保险人为被保险人在患病治疗过程中进行必要的各种大小外科手术而产生的全部医疗费用提供保障的医疗保险。被保险人经医院诊断必须住院治疗且实施非器官移植手术者，保险人按合同规定给付手术医疗保险金，补偿范围包括手术费、麻醉费、各种手术材料费、器械费和手术室费。该险种既可作为独立的险种，也可作为住院医疗费用保险的附加险。手术医疗费用保险的保险金额给付有两种方式。

（1）在保险合同中规定各种手术的保险金额。这种方式做两种处理：一是只要被保险人在保险期间接受外科手术的费用不超过保险金额，保险人就该实际发生额进行赔付；二是不论被保险人实际发生的手术费金额，保险人只按合同约定给付固定的保险金。

（2）制定外科手术表。这种方式也做两种具体处理：一是在表中列明各种外科手术及相对应的保险人给付的最高保险金额；二是根据外科手术的复杂程度确定保险金额的给付，兼顾各地外科手术费用的差价，将外科手术表列成相对价值表，该表对每种外科手术分配一个单位数或比例，实际给付保险金额等于该单位数或比例乘以保险合同中规定的单位价值。

上述三种类型的医疗保障既可以包括在一个普通医疗保险产品中，也可以作为单独的医疗保险产品独立承保。这种保险的保费成本较低，保障程度也相对较低。

（二）综合医疗保险

综合医疗保险是保险人为被保险人提供的一种全面的医疗费用的保险，其费用补偿的范围包括医疗、住院和手术等的一切费用。与基本医疗保险不同，综合医疗保险一般不对医疗服务费用设置单项限额，且除外责任比基本医疗保险少很多，但一般都有总的赔付限额。综合医疗保险对各种住院和门诊费用都提供了广泛的保障，其保险责任一般包括：住院床位费、检查检验费、手术费、诊疗费等。除此之外综合医疗保险还对某些康复治疗的费用如假肢、人工关节和轮椅及救护车费用等进行补偿。综合医疗保险的保险费率较高，同时还会确定一个较低的免赔额及适当的分摊比例。

（三）高额医疗保险

高额医疗保险是在某一基本医疗费用保险基础上补充签发的，既为超过基本保险单给付水平的医疗费用差额或不保部分提供保险金，也为基本医疗保险单保障范围内的医疗费用提供保险金。该险种主要是为被保险人遭遇重大且不可预期的疾病提供广泛的保障。高额医疗保险承保的医疗费用主要包括住院费、医院杂费、手术费、就诊费、急诊费以及看护费。这种保险通常有免赔额和比例分担规定，保单条款一般是比较灵活的，由当事人双方协商而定。

【知识链接】

住院津贴型医疗保险和费用报销型医疗保险

住院津贴型医疗保险和费用报销型医疗保险是医疗保险中常见的两个险种，怎样根据投保对象具体的保障需求来合理选择，这是非常重要的。

1. 不管有没有社保，报销型医疗险是一定要有的。报销型医疗险也即依据一定的比例报销保险保障范围内的医疗费用，买了社保的客户，自己还有一份报销型医疗险可报销社保报销不了的医疗费用。

津贴型医疗险功能简单，是依据被保险人实际住院的天数来赔付的。一般不限社保目录，只管按天补贴，所有人都适合配置。

2. 两者最大差别：可不可以重复理赔。费用报销型医疗保险的报销是有次数和额度的限制的，想要获得理赔一定要提交全部相关的理赔单证，否则报销不了；

住院津贴型医疗保险通常是给付型的产品，确诊即一次性给付保险金。投保时要注意了解清楚保险产品的给付天数和免赔天数。一般此类保险的给付天数是有限制的，而免赔天数则或多或少存在。于被保险人而言，选择给付天数越多，免赔天数越少的产品当然是最好的。这类保险申请理赔时不用提交医院发票，即按天获赔，多买多得，能重复报销。

3. 报销条件以及理赔天数不同。费用报销型医疗保险、住院津贴型医疗保险都是消费型的险种，住院报销型医疗保险保费便宜、可单独买，保费随着年龄的增长而增加。有的公司的产品分有无社保两类设计报销程序。被保险人参加社保的，在社保赔付后，进行补充报销；被保险人没有社保的，直接向保险公司申请理赔即可。买一年可保障一年，满期后没有保费返还。

住院津贴型医疗保险通常是附加在返还型重大疾病保险/年金险等主险上的，不同年龄投保虽然费率也有差别，但一旦投保，每年的保费通常是固定的，可获得的保险金是按住院天数算的（通常免赔 3 天的产品，会规定赔付天数不多于 180 天、360 天等），每天可赔付的金额依产品而不同（具体看保单规定）。住院津贴型医疗保险依据交费期与保障期可分为两大类：第一类是投保人可选择交费10年、20年等，保障期与交费期相同，到期无保费返还；第二类是可选择交费期10年、20年、30年等，可保障的时间可选择保障至60岁、70岁、80岁等甚至终身，所以，保费比例有差别，一般到期可返还保费，同时合同终止。配置这两类产品时，建议参照自身保障基础选择搭配补充。

综上所述，住院津贴型医疗保险对被保险人由于疾病或意外住院治疗费用进行补偿，费用报销型医疗保险和住院津贴型医疗保险在能否重复理赔这个问题上的差别最大，大家要按需配置。

资料来源：http：//www.cignacmb.com/keywords/zyjtx.html。

三、医疗保险的主要内容

（一）保障范围

在医疗保险中，保险人负责被保险人支出的医疗费用补偿。医疗费用是被保险人在医疗机构接受各种医治而发生的费用。通常，保险人列入保障范围的医疗费用由医疗费、手术费、诊断费、专家会诊费、化疗费、输血输氧费、检查费、拍片透视费、理疗费、处置费、放射疗费等构成。保险人还可以根据不同的保单增加住院床位费、家属陪护费、交通费等。不同的保险人所提供的医疗保险保障项目和除外责任可能会有很大的差异。

（二）保险期限和责任期限

保险期限是指保险人与投保人在订立保险合同时约定保险人承担保险责任的起止时间。若保险事故在此期间内发生，保险人则承担赔偿保险金的责任，否则保险人不予赔付。责任期限是指被保险人自患病之日起到保险人承担保险责任的最后期限。在医疗保险中规定责任期限，是因为很多疾病发生在保险期限内，但治疗时间可能会超过保险期限，如果仅支付保险期限内的医疗费用，显然对被保险人是不公平的。因此，如果被保险人在保险期限内发生合同约定的保险事故，但在保险期限内无法治愈，那么保险人就会承担被保险人患病之日起不超过责任期限内因治疗所支出的医疗费用。责任期限一般为90天、180天、360天等，大多为180天。

保险期限与责任期限不同，又与责任期限密切相连。其关系是：只有发生在保险期限内的保险事故才能享受责任期限的待遇，如果被保险人在保险期内患病，在保险期内治愈出院，则无所谓责任期限；如果被保险人在保险期内患病在保险期内没治愈，则从患病之日起的不超过责任期限内所花费的医疗费用由保险公司提供补偿。责任期限的确定，为被保险人提供了较充分的保障，也为保险人免于承担过大的责任构筑了一道屏障。

（三）保险金额

医疗保险一般是由保险人规定一个最高的保险金额，保险人在这个限额内支付被保险人所发生的医疗费用，被保险人在保险期间可以多次获得保险人的医疗费用补偿，一旦超过保险金额，保险合同终止。

（四）医疗费用分担

为了减少医疗保险中的道德风险问题，降低不必要的费用支出，医疗保险中的医疗保险合同中常常规定医疗费用分担条款，即发生的医疗费用可由被保险人负担一部分。医疗费用分担方式一般包括：免赔额条款、比例给付条款、给付限额条款等。

在美国，大多数高额医疗保险中有止损条款，规定了当被保险人支付的免赔额和共保额达到规定限额后，保险人将承担超过止损额以上的全部医疗费用。这主要是为了防止被保险人按照共保条款按比例分摊的医疗费用部分可能会大大超过其支付能力。

【产品示例】

平安e生保（2017）医疗保险

1.1 合同构成（略）

1.2 合同成立与生效（略）

1.3 投保年龄

指投保时被保险人的年龄，投保年龄以周岁计算。

本产品接受的投保年龄为0周岁至65周岁，投保时被保险人为0周岁的，应当为出生满28日且已健康出院的婴儿。但被保险人年满65周岁后、99周岁前（含99周岁），如您在上一个保险期间届满60日内提出重新投保申请，且经我们审核符合承保条件的，我们仍然同意承保。

1.4 犹豫期（略）

1.5 保险期间

本主险合同的保险期间为1年。保险期间届满后，若您要继续享有本产品提供的保障，您需要重新投保。

若您在上一保险期间届满后60日内申请重新投保，我们不会因被保险人在投保后健康状况的变化或我们承担保险责任的情况而拒绝您的重新投保申请。

若保险期间届满时，本主险产品已停止销售，我们不再接受投保申请，但会向您提供投保其他保险产品的合理建议。

我们提供的保障

2.1 保障计划

本主险合同的各计划的保险金给付限额、给付比例、免赔额见附表（略）。投保计划由您在投保时与我们约定并在保险单上载明。

2.2 等待期

被保险人因疾病需要住院治疗、指定门诊治疗或住院前后的门急诊治疗的，自本主险合同生效日起30日为等待期。被保险人在等待期内进行治疗发生的医疗费用，我们不承担给付保险金的责任。

被保险人在等待期内确诊发生恶性肿瘤的，我们不承担给付保险金的责任，本主险合同终止，我们向您退还相应保险费。

以下两种情形，无等待期：

（1）因意外伤害发生上述情形的；

（2）您在上一保险期间届满60日内重新投保本产品的。

2.3 保险责任

在本主险合同保险期间内，我们按照下列方式承担保险责任：

一般医疗保险金

在保险期间内，被保险人因遭受意外伤害事故或在等待期后因患疾病，在医院接受治疗的，我们依照下列约定给付保险金。

1. 住院医疗费用。被保险人因疾病或意外伤害经医院诊断必须住院治疗的，对于住院期间发生的合理且必要的住院医疗费用，我们按本主险合同约定的保险金计算方法，在该项保险金的给付限额内给付一般医疗保险金。

在每一保单年度内，因疾病或意外住院的最高给付日数为180日，累计疾病或意外住院超过180日发生的医疗费用，不属于保险责任范围。

对等待期后本主险合同到期日前发生的且延续至本主险合同到期日后30日内的住院治疗，对于合理且必要的住院医疗费用，我们仍然按照约定的方法计算并给付一般医疗保险金，但各项保险金的累计给付金额不超过年度保险金给付限额。

2. 指定门诊医疗费用。被保险人因疾病或意外伤害在医院进行如下治疗发生的合理且必要的医疗费用：

（1）门诊肾透析费；

（2）门诊恶性肿瘤治疗费，包括化学疗法、放射疗法、肿瘤免疫疗法、肿瘤内分泌疗法、肿瘤靶向疗法治疗费用；

（3）器官移植后的门诊抗排异治疗费；

（4）门诊手术费。

对于因上述治疗发生的合理且必要的医疗费用，我们按本主险合同约定的保险金计算方法，在该项保险金的给付限额内给付一般医疗保险金，且各项保险金的累计给付金额不超过年度保险金给付限额。

3. 住院前后门诊急诊费用。被保险人在住院前后各7日内，与该次住院相同原因而发生的门诊急诊医疗费用。

对于因上述治疗发生的合理且必要的医疗费用，我们按本主险合同约定的保险金计算方法，在该项保险金的给付限额内给付一般医疗保险金，且各项保险金的累计给付金额不超过年度保险金给付限额。

住院前后门诊急诊医疗费用中不包括上述第2项所列明的指定门诊医疗费用。

恶性肿瘤医疗保险金

在保险期间内，被保险人在等待期后因初次确诊罹患恶性肿瘤，在医院接受治疗的，我们首先按照前款约定给付一般医疗保险金，当我们累计给付金额达到一般医疗保险金的保险金额后，我们依照下列约定给付恶性肿瘤医疗保险金：

1. 恶性肿瘤住院医疗费用。被保险人因罹患恶性肿瘤经医院诊断必须住院治疗的，对于住院期间发生的合理且必要的恶性肿瘤住院医疗费用，我们按本主险合同约定的保险金计算方法，在该项保险金的给付限额内给付恶性肿瘤医疗保险金。

在每一个保单年度内，恶性肿瘤住院的最高给付日数为 180 日，累计恶性肿瘤住院超过 180 日发生的医疗费用，不属于保险责任范围。

对等待期后本主险合同到期日前发生的且延续至本主险合同到期日后 30 日内的住院治疗，对于合理且必要的恶性肿瘤住院医疗费用，我们仍然按照约定的方法计算并给付恶性肿瘤医疗保险金，但各项保险金的累计给付金额不超过年度保险金给付限额。

2. 恶性肿瘤特殊门诊医疗费用。被保险人因罹患恶性肿瘤在医院进行如下治疗发生的合理且必要的医疗费用：

门诊恶性肿瘤治疗费，包括化学疗法、放射疗法、肿瘤免疫疗法、肿瘤内分泌疗法、肿瘤靶向疗法治疗费用。

对于因上述治疗发生的合理且必要的医疗费用，我们按本主险合同约定的保险金计算方法，在该项保险金的给付限额内给付恶性肿瘤医疗保险金，且各项保险金的累计给付金额不超过年度保险金给付限额。

3. 恶性肿瘤住院前后门诊急诊费用。被保险人在住院前后各 7 日内，因为恶性肿瘤而发生的门诊急诊医疗费用。

对于因上述治疗发生的合理且必要的医疗费用，我们按本主险合同约定的保险金计算方法，在该项保险金的给付限额内给付恶性肿瘤医疗保险金，且各项保险金的累计给付金额不超过年度保险金给付限额。

恶性肿瘤住院前后门诊急诊医疗费用中不包括上述第 2 项所列明的恶性肿瘤特殊门诊医疗费用。

保险金计算方法

在本主险合同有效期内，被保险人因疾病或意外伤害经确诊需要住院治疗、指定门诊治疗或住院前后的门诊急诊治疗的，对于在其投保计划对应的医院范围内进行上述治疗发生的、合理且必要的医疗费用，即保险责任范围内的医疗费用，按照如下公式计算每次就诊应当给付的保险金：

一次就诊应当给付的保险金额 =（被保险人发生的医疗费用的有效金额 − 年免赔额余额）×赔付比例

说明：(略)

补偿原则

若被保险人已从其他途径（包括社会医疗保险、公费医疗、工作单位、本公司在内的任何商业保险机构等）取得补偿的，我们将按上述约定计算并给付保险金，且最高给付金额不超过被保险人实际发生的医疗费用扣除其所获补偿后的余额。

2.4 家庭保单

被保险人的家庭成员若与被保险人同时参保本保险，且投保人数在 3 人及以上时，可享受家庭费率。家庭成员仅指被保险人的父母、被保险人投保时具有合法婚姻关系的配偶及其子女。

本主险合同所称的同时参保是指被保险人与其家庭成员一起同时投保本主险合同的

相同保障计划，并按照约定支付保险费的过程。

2.5 责任免除（略）

如何申请领取保险金（略）

如何支付保险费（略）

4.1 保险费的支付

本主险合同的保险费按照被保险人的年龄、是否有社会医疗保险或公费医疗以及投保时您所选计划确定。

若您在上一保险期间届满后60日内申请重新投保，您应于上述60日内支付保险费；若您未在上述60日内支付保险费，自60日期满时，合同效力终止。

若被保险人在上一保险期间届满后60日内发生保险事故，我们仍承担保险责任，但会扣减您欠交的保险费。

同时参保情况下的重新投保（略）

4.2 宽限期（略）

4.3 保险费率调整

您的保费会随着您的年龄增长而上升。同时，我们每年都会检视费率，使其反映我们的整体理赔经验和医疗通胀等在内的一系列因素。我们将根据本主险合同计算费率所用的计算基础与实际情况的偏差程度，决定保险费率是否调整及调整幅度。本保险的费率调整针对所有被保险人，或同一投保年龄、同一投保区域等某一类人群的被保险人。

我们进行保险费率调整后，您须按调整后重新投保当时的保险费率支付保险费，保险费率调整前您已经支付的保险费不受影响。

如果您不同意费率调整的，您可以放弃重新投保本保险。

如何解除保险合同（略）

其他需要关注的事项（略）

释义（略）

活动一　商业医疗保险与社会医疗保险的结合

【活动内容】

每3~5个同学为一组，分组讨论以下案例。

刘先生因尿毒症住院治疗，住院30天，一共花费了20万元，其中10万元为社保范围内的用药。

如果他只参加了社会保险，那么在出院后社保能报销社保范围内的医疗费用的80%，即8万元，剩下的12万元需要自己支付。

如果他购买了一份保额为10万元的重大疾病保险，那么保险公司就会给付10万元的重大疾病保险金，这样就剩下2万元自付。

如果他购买了一份保额为10万元的费用报销型商业医疗保险，报销比例为80%，那么社保报销后剩余的2万元如果都是社保范围内的，拿到保险公司也可以报销剩余的2万元。

如果他购买了住院定额保险，保险责任是住院期间每天补助300元，那么保险公司将补助300元/天×30天=9000元。

综上所述：

在有社保的情况下，刘先生可以得到：8万元的社保报销，2万元的费用报销型商业医疗保险报销，10万元的重大疾病赔付，住院定额赔付9000元的补助，共计20.9万元的保险金，而刘先生共花费了20万元。

没有社保仅有商业保险的情况下，刘先生可以得到：8万元费用报销型商业医疗保险的报销，重大疾病赔付10万元，住院定额赔付9000元，共计18.9万元，剩余1.1万元需要自己承担。

活动二　合理选择医疗保险产品

【活动内容】

每3~5个同学为一组，分组讨论以下案例。根据客户的情况，帮助客户在费用型医疗保险和津贴型医疗保险产品中进行选择。

1. 张先生，40岁，教师，有城镇职工基本医疗保险（费用型医疗保险）。学校为其购买了补充医疗保险1份。上个月张先生因为呼吸道疾病住院7天，花费医疗费用6895.4元。城镇职工基本医疗保险支付3241.9元，学校购买的补充医疗保险支付了1280.7元，还有2372.8元需要自担。张先生想再去保险公司购买一份医疗保险，你觉得张先生应该怎么购买？

2. 杨女士，30岁，去年生了双胞胎女儿后就做了全职太太。今年5月，杨女士的双胞胎女儿双双因病住院。大女儿住院5天，用去医疗费用2352.2元。小女儿住院13天，用去医疗费用5272.4元。杨女士准备给双胞胎女儿购买医疗保险，她应该怎样购买？

任务三　认识失能收入损失保险

【任务情景】

某航空公司为飞行员马先生投保了失能收入损失保险，基本保额220万元。2017年5月，马先生报案：称自己因冠心病导致永久丧失飞行能力。公司调查核实，马先生体检鉴定结论和停飞证明真实有效，且生存满一年，保险事故属实，根据保险合同支付理赔金220万元。

什么是失能收入损失保险？它能给员工带来哪些福利呢？

【基础知识】

一、失能收入损失保险的概念

失能收入损失保险，是指以因保险合同约定的疾病或者意外伤害导致工作能力丧失为给付保险金条件，为被保险人在一定时期内收入减少或者中断提供保障的保险。失能收入损失保险一般可分为两种，一种是补偿被保险人因意外伤害致残的收入损失，另一种是补偿被保险人因疾病致残的收入损失。

二、失能收入损失保险的主要内容

（一）失能的界定

在失能收入损失保险中，关于失能的界定是正确理解失能收入损失保险相关内容的关键。失能是指因为遭受意外事故或疾病导致被保险人无法正常工作。有两种方式对失能做出界定：一种是根据被保险人原来所从事的职业做出的，即被保险人因疾病所致的伤残导致完全失能，不能从事原来的职业，就可以领取约定的失能收入保险金，而不论其是否可以从事其他有收入的职业；另一种是基于任何职业做出的，即被保险人因为残疾所致的完全失能，不能从事任何与其所受的教育、培训及经验相当的职业。显然，基于任何职业的失能界定更为严格，被保险虽然不能从事原来的职业，但如果可以从事其他职业的话，就不被认为是完全失能，也就不能领取相应的失能收入保险金。在早期的失能收入损失保险中，正是以不能从事全部职业来界定失能的，使得大多数被保险人不能领取失能收入保险金。现在通行的失能的界定是，在伤残的初期要求被保险人不能从事其原有的职业，就被认为是失能，但经过一段时间（一般为 2 ~ 5 年）后，若被保险人不能从事任何与其所受教育、训练或经验相当的职业时，才被认为是失能，领取相应的保险金，这样就能很好地保护被保险人的利益。

【延伸阅读】

NBA 最常见的失能险，CBA 只能海外代购

从某种意义上，中国职业体育和国外顶级职业体育赛事的最大差距就体现在体育保险领域，但差距恰恰就意味着机会。换言之，体育保险领域是中国职业体育细分领域的重要蓝海。并且，只有在中国职业体育领域率先建立起体育保险制度，未来才有可能推广到全民运动领域。据中投顾问产业研究中心估算，到 2020 年，中国体育保险的市场规模可达 20 亿元。但就眼下的发展现状来看，中国职业体育赛事短期内很难享受到国外顶级职业体育赛事的体育保险服务水平。

以 NBA 为例，NBA 球队从 20 世纪 80 年代起就要求球队为各自的明星球员购置商业保险，以确保球星发生伤病后球队可以借助保险来获得部分赔偿。目前，NBA 球队一般都要为本队的重要球员购买“暂时失能保险”（Temporary Total Disability Insurance，TTD 保险）和“重要球星保险”（Key Man/Person Insurance）这两项专门针对伤病和场外受伤因素的保险。公开资料显示，姚明在效力火箭队时曾因赛季报销获得过多达1124万美元的保险赔偿，科比则在2014—2015年赛季总共获得近2000万美元的赔偿。

TTD保险是NBA球迷最熟知的保险项目，NBA强制要求每支球队必须为球队薪水排名前五的球星购买TTD保险。而在TTD保险中最广为人知的规定之一就是“41场规定”，即当一名球员因伤休战的场次达到41场后，从这之后到其复出前的每一场比赛（可跨赛季统计），保险公司都要承担其80%的薪水，而球队只需要负担20%的薪水即可。2013—2014年赛季，当赛季年薪3000万美元的科比只打了6场比赛就赛季报销，就此触发了TTD保险赔付机制，而在此后的两个赛季中，年薪总额为2年4850万美元的科比总共缺席了123场比赛，湖人队也因此在科比最后两个赛季获得了超过2500万美元的薪水赔偿，这也在一定程度上抵充了湖人队在科比连续停赛后的部分损失。

相比于门品类齐全的NBA保险，中国职业体育赛事目前在保险领域可采购的品类非常少。俱乐部给本土球员交纳的除了社会保险外，还有个人意外伤害险、大病医疗保险这两项，以俱乐部名义购置团队意外伤害险，明星球员们则多了交通意外伤害险这一项，但赔付金额最高只有5万元。而由于外援们基本上都不交纳社会保险，但他们会要求俱乐部为他们投保一份运动员失能险，以确保自己受伤后能够全额拿到工资，而俱乐部也能获得些许的经济补偿。

目前给外援购置运动员失能险的只是一部分俱乐部，主要是江浙粤这类市场经济发达地区的俱乐部，而他们购置的这种失能险也都是俱乐部在海外保险公司进行投保的。目前，国内大型的保险公司一般没有类似的保险品种，而有些中介保险公司虽然号称有相关产品可以提供，但其信用度又得不到验证，所以CBA俱乐部即使购置失能险也往往都是直接向国外保险公司购买。

资料来源：https：//baijiahao. baidu. com/s？ id = 1597278464842913346&wfr = spider&for = pc。

（二）保险金额和免责期间

1. 保险金额。失能收入损失保险的目的是在被保险人因疾病或者意外伤害无法正常工作时，由保险人给付收入保险金，缓解被保险人因为收入损失所带来的经济困难。因此，在一般情况下，保险人在确定保险金额时，要参照被保险人过去的专职收入水平或社会平均年收入水平。同时，为了防止道德风险，避免被保险人为了领取失能收入保险金而不积极实施康复计划、重新工作，在一般的失能收入损失保险中都设有一个最高限额，该限额低于被保险人在残疾前的正常收入。当然，失能收入保险的保险金给付额也不能过低，否则由于被保险人收入的剧减，使其正常生活受到影响，难以实现保险保障的目的。失能收入保险的保险金给付额一般为被保险人原有收入的50%～80%。

2. 免责期间。免责期间是指被保险人于工作能力丧失开始日后的一定时期，在此时期内保险人不负给付责任。免责期的设定目的在于排除一些不连续的疾病或受伤，因其所致丧失劳动能力可能只有几天，或者在短时间内，被保险人还可以维持一定生活。同时，设置免责期还可以通过取消对短期残疾的给付而减少保险成本。各保险公司的免责期不同，如30天、2个月、3个月、6个月和1年等，越长的免责期，保费越便宜。此外，免责期间允许中断，如被保险人在短暂恢复后（一般限定为6个月以内）再度失能，可将两段失能期间合并计算免责期。

（三）保险金的给付

1. 给付期间。给付期间是失能收入损失保单中约定的支付保险金的最长时间，超过了此期间，即使被保险人仍不能工作或仍需治疗，保险人也不负给付责任。给付期限可以是短期，也可以是长期。短期补偿是为了补偿被保险人在身体恢复前不能工作的收入损失；长期补偿是为了补偿被保险人全部残疾而不能恢复工作的收入损失。

2. 给付方式。失能收入损失保险金可以一次性给付，也可以分期给付。一般常见的是按月或按周进行补偿，主要根据被保险人的选择而定。除了给被保险人在全残时给付保险金外，失能收入损失保险还可以提供其他利益，包括部分伤残保险金给付、未来增加保额给付、生活费用调整给付、残疾免交保费条款、移植手术保险给付、非失能性伤害给付、意外死亡给付等。这些补充利益作为特殊条款通过交纳附加保费的方式获得。

3. 给付金额。失能收入损失保险中给付金额有两种确定方法，即固定金额法和收入公式法。

（1）固定金额法。固定金额法是在保单中规定一个固定的给付金额，当被保险人因为疾病或者意外事故而不能工作时，由保险人按照固定的金额定期向被保险人给付失能收入保险金。这种给付方式有利于防止道德风险，一般适用于个人失能收入损失保险。

（2）收入公式法。收入公式法是在保单中规定一个收入给付公式，保险人根据收入给付公式确定应该向被保险人定期支付的给付金额。一般适用于团体失能收入损失保险。

三、失能收入损失保险的特殊条款

失能收入损失保险除了在被保险人全残时给付保险金外，还可以提供其他利益。这些补充利益既可以自动包含于基本保险之内，也可以通过交纳附加保费的方式获得。

（一）部分伤残保险金给付条款

部分伤残是指导致被保险人不能完成其原有职业的某些工作或全日从事其职业的伤残。作为对原有残疾收入保险业务的扩展，许多保险公司提供部分残疾收入保险金，当被保险人部分伤残时，可在约定期间内领取残疾收入保险金，给付金额将取决于被保险人因部分伤残而导致的收入损失程度。

（二）加保选择权益条款

加保选择权的全称是未来增加保险金额选择权，又可以称保证未来的可保性，即被保险人在未来某个时期内如果收入有所增加，就有增加保险金额的权利，而不论当时的健康状况如何。被保险人在增加保险额度时，不必提供可保证明，但通常需要证明收入有相应的增加。一般而言，被保险人每年可以做一次增加购买，直到合同条款中规定的截止购买年龄止。每年可增加购买的保险额度依各公司的规定而不同，但一般不会超过最初合同给付额的两倍。

（三）通货膨胀条款

失能收入损失保险是为了对被保险人的收入损失进行有效的补偿，对于永久失能者来说，保险金的给付是长期的，在一个比较长的时期内，通货膨胀发生的概率较大。为了防止被保险人不因物价上涨而使生活困难，许多公司提供的保单中含有通货膨胀条款，即约定保险金额每隔一定期限以固定的比例增加。

（四）豁免保费条款

豁免保费条款通常作为附加条款，它是指保险公司承诺豁免被保险人在全残后的应交保费。该条款通常也包含一些限制条件，如规定等待期。

【产品示例】

大地团体失能收入损失保险条款（B款）

第一条　（略）

第二条　投保时年龄在十六周岁至五十八周岁之间（含）的男性以及年龄在十六周岁至五十三周岁之间（含）的女性，身体健康，能正常工作、劳动和生活，且依据保险人《职业分类表》职业类别为一至三类职业的投保人全职职员，以及经保险人同意的其他人员，可作为本合同的被保险人。被保险人总人数不低于十人。

第三条　对被保险人具有保险利益的机关、企业、事业单位和社会团体等组织，可作为本合同的投保人。

第四条　（略）

保险责任

第五条　本合同包括残疾失能保险责任、丧失日常独立活动能力失能保险责任、意外和突发疾病身故保险责任三项保险责任。

第六条　本合同约定的残疾失能保险责任分为意外残疾失能保险责任、疾病残疾失能保险责任。各项保险责任具体如下。

（一）意外残疾失能保险责任

被保险人在保险期间内遭受意外，且以该意外为直接、完全原因而致《失能保险残疾程度与保险金给付比例表》（以下简称《比例表》）中所列第一、二或者三级残疾的，保险人自该残疾明确鉴定之日所在月份的下一月起按照“该被保险人月保障金额×《比例表》中与其残疾等级对应的给付比例”逐月给付残疾失能保险金，直至该被保险人身故或者保险人对该被保险人给付残疾失能保险金和丧失日常独立活动能力失能保险金的累计月数达到其失能保险金给付最大月数（以先发生者为准）时止。若至该意外发生之日起第一百八十日被保险人的残疾程度仍未完全确定，按第一百八十日的身体情况进行残疾鉴定，保险人据此给付残疾失能保险金。

（二）疾病残疾失能保险责任

被保险人在保险人对其保险责任生效之日起三十日后（连续续保的不在此限）患疾病，并在自该疾病被明确诊断之日起一百八十日后经符合一定资质的医疗机构鉴定以该疾病为直接、完全原因而致《比例表》中所列第一、二或者三级残疾的，保险人自该残疾明确鉴定之日所在月份的下一月起按照“该被保险人月保障金额×《比例表》中与其残疾等级对应的给付比例”逐月给付残疾失能保险金，直至该被保险人身故或者保险人对该被保险人给付残疾失能保险金和丧失日常独立活动能力失能保险金的累计月数达到其失能保险金给付最大月数（以先发生者为准）时止。

对于残疾失能保险责任，被保险人因同一意外或者疾病导致《比例表》中一项以上残疾时，保险人仅按“该被保险人月保障金额×《比例表》中与各项残疾等级对应的给付比例中最高者”逐月给付残疾失能保险金。被保险人本次意外或者疾病所致残疾，若合并该被保险人已有残疾，且导致《比例表》中更严重项目的残疾，保险人按“该被保险人月保障金额×（《比例表》中与其现有残疾等级对应的给付比例－与其原有残疾等级对应的给付比例）”逐月给付残疾失能保险金。

第七条　本合同约定的丧失日常独立活动能力失能保险责任如下：

若被保险人在保险期间内遭受意外或者在保险人对其保险责任生效之日起三十日后（连续续保的不在此限）患疾病，且在该意外发生之日或者该疾病被明确诊断之日起的一百八十日内接受所有可能恢复机能的治疗后，经符合一定资质的医疗机构的专科医师鉴定依然永久、不可逆转地在无他人协助下无法独立完成以下三项或者三项以上日常生活活动：

1. 穿衣：自己能够穿衣及脱衣；
2. 移动：自己从一个房间到另一个房间；
3. 行动：自己上下床或上下轮椅；
4. 卫生：自己控制进行大小便；
5. 进食：自己从已准备好的碗/碟中摄取食物放入口中；
6. 洗澡：自己进行淋浴或盆浴。

保险人自相应意外或者疾病发生之日起的第一百八十日所在月份的下一月起按该被保险人月保障金额逐月给付丧失日常独立活动能力失能保险金，直至该被保险人能够独立完成前款三项或者三项以上日常生活活动、该被保险人身故或者保险人对该被保险人累计给付残疾失能保险金和丧失日常独立活动能力失能保险金的月数达到其失能保险金给付最大月数（以先发生者为准）时止。

若根据第六条、第七条的约定，被保险人同时满足获得残疾失能保险金和丧失日常独立活动能力失能保险金的条件，保险人仅按两者中较高者给付保险金。

对于残疾失能保险责任和丧失日常独立活动能力失能保险责任，保险人对每一被保险人负责给付保险金的月数累计以其失能保险金给付最大月数上限。当达到该限额时，本合同约定的对该被保险人的保险责任终止。

第八条　本合同约定的意外和突发疾病身故保险责任如下。

在保险期间内，若被保险人因遭受意外或者突发疾病而身故，保险人此前从未针对该被保险人给付过任何月数的残疾失能保险金或者丧失日常独立活动能力失能保险金的，保险人按该被保险人月保障金额的三倍给付身故保险金，同时本合同约定的对该被保险人的保险责任终止；保险人此前对该被保险人给付过一定月数的残疾失能保险金和丧失日常独立活动能力失能保险金的，保险人按“该被保险人月保障金额×（本合同载明的对该被保险人失能保险金给付最大月数－已给付残疾失能保险金和丧失日常独立活动能力失能保险金月数累计）”给付身故保险金，同时本合同约定的对该被保险人的保险责任终止。

在保险期间内，被保险人因遭受意外而下落不明，后经法院宣告死亡的，保险人亦按前款约定给付保险金，同时本合同约定的对该被保险人的保险责任终止。但若该被保险人生还，保险金申请人应当于知道或者应当知道被保险人生还后三十日内退还保险人已给付的保险金，然后本合同约定的对该被保险人的保险责任应当视为未因该次宣告死亡而终止；保险金申请人未在三十日内退还的，保险人有权追索。

责任免除（略）

保险期间

第十五条　本合同保险期间一年，具体起讫时间由投保人与保险人约定，并于本合同中载明。

第十六条至第三十四条（略）

活动一　分析失能收入损失保险的保险责任

【活动内容】

每4~6个同学为一组，任选一个失能收入损失保险产品，分析其保险责任，并和同学们分享。

任务四　认识长期护理保险

【任务情景】

刘大姐现年53岁，家庭主妇，目前在家带还不会走路的孙子。刘大姐的儿子儿媳在工厂上班，收入不高。公婆70多岁，基本瘫痪且过度肥胖。刘大姐每天在家既要照顾孙子还要照看老人，非常辛苦。最难的还是照顾公婆：将老人留在家里，自己照顾不过来，连上个厕所都搬不动；如果送养老院，两个老人一个月共需要8000元钱，开支太大。

什么保险能解决刘大姐的困难呢？

【基础知识】

一、长期护理保险的概念

护理保险是指按照保险合同约定为被保险人日常生活能力障碍引发护理需要提供保

障的保险。护理保险主要针对那些身体衰弱、生活不能自理或不能完全自理，需要辅助全部或部分日常生活的被保险人。

长期护理保险是指保险期间不低于5年的护理保险。其重点并不是以被保险人的完全康复为目标，而是最大可能长久地维持和增进患者的身体机能，提高其生活质量，更多的情况是使病人的情况稍有好转或仅仅维持现状。

【延伸阅读】

长期护理保险在我国的发展

在养老、医疗、工伤、失业、生育5项社会保险之外，一项新的社会保险——长期护理保险，正在中国逐步推开，为失能老人体面养老提供保障。

第四次中国城乡老年人生活状况抽样调查结果显示，中国失能、半失能老年人已超过4000万人，其中重度失能老人占相当大的比例。同时，相关调研报告显示，全国7%的家庭有需要长期护理的老人，目前实际接受的护理绝大部分由配偶、子女或亲戚提供，第三方机构服务占比极低。随着人口的持续增长和老龄化的不断加快，失能和半失能以及其他失智、精神障碍者的人数还会进一步增加，对于这类群体的长期照护，社会需求在不断增长。因此，迫切需要建立并完善相关制度。

面对大量失能人员对于长期护理保障的客观需要，长期护理保险制度在中国应运而生。2016年，全国15个城市和两个重点省份启动长期护理保险制度试点，探索建立以社会互助共济方式筹集资金，为长期失能人员的基本生活照料和与基本生活密切相关的医疗护理提供资金或服务保障的社会保险制度。

探索建立长期护理保险制度是积极应对我国人口老龄化的重要战略举措。建立长期护理保险制度不仅可以满足失能、半失能老年人的照料需求，提高其生活质量，使其获得最大限度的生活独立和人格尊严，也可以缓解老年人家庭成员、特别是子女的照料压力。

资料来源：http：//sh. sina. com. cn/news/m/2018 -06 -21/detail - ihefphqk6269965. shtml。

二、长期护理保险的主要内容

（一）保障范围

长期护理保险负责提供被保险人在符合给付条件的情况下享受护理服务所支付的费用。这些护理服务包括具有治疗性质的护理服务，如诊断、预防、康复以及其他不具有治疗性质的家庭护理、成人日常护理等。

1. 给付条件。长期护理保险金的给付是以被保险人因健康缺陷而发生长期护理需求并接受长期护理服务为条件，保险公司评判被保险人长期护理的需求是否必需所采用的标准主要有以下几种。

（1）健康标准，被保险人必须满足以下条件的一项或者两项：①有专业医生提供的医学必要性证明；②接受了三天以上的住院治疗，并仍有必要继续接受护理的。

（2）日常活动能力标准，即用人们完成日常生活活动的能力来评定人们是否需要接受长期护理。日常活动是指人们日常生活所需从事的活动，包括起床、穿衣、脱衣、洗漱、进食、行走、移动物品、克制力、入厕、沐浴等。当人们从事上述一项或者几项活动的能力受到限制，就会无法独立进行自我日常照顾，出现不同程度的护理需要。

（3）认知能力的认定标准，如果被保险人被诊断为在某方面有认知能力障碍，如老年痴呆症，就可以得到保险金，一般通过专业的医疗诊断加上专业的智力和行为能力测验认定。

2. 护理服务。保险公司在被保险人家中或专门的机构中向被保险人提供的，包括医疗护理、住宿、饮食、社交、交通以及在护理院的一切护理服务。当被保险人符合给付条件时，就可以享受由保险公司提供的护理服务。护理服务按被保险人生活不能自理的程度可分为以下几种。

（1）医护人员看护。这是看护保障中的最高等级，是由医师嘱咐的 24 小时看护，需要有特殊护理专长、有执照的护士或看护人担任。

（2）非连续性的医护人员看护。与医护人员看护类似，只不过病人不需要接受 24 小时看护。

（3）照顾式看护。通常是非医疗性质，病人只需要在日常生活上受到照顾，看护人员不需要有专门的特长。

（4）家庭看护。病人需要护士或者医生到家中来，进行治疗服务，如果需要洗衣、做饭或清扫等服务时，也可请佣人到家中来。家中服务还包括到医院、到药店、到超市的交通服务，购买日常生活用品的服务等。

（二）补偿方式

1. 费用补偿。这是传统的长期护理保险的补偿方式，是指在被保险人满足给付条件的前提下，保险人根据长期护理引发的实际费用进行给付，给付额以保单所约定的保险金额为限。

2. 定额给付。定额给付是指在被保险人满足给付条件的前提下，保险人按约定的固定金额进行给付，给付时被保险人实际发生的护理费用对给付金额不产生影响。

3. 实物给付。实物给付是指在被保险人满足给付条件的前提下，保险人直接向被保险人提供长期护理服务作为保险偿付的方式。

（三）给付限制

1. 给付时间限制。给付时间限制通常包括：（1）免责期、等待期。（2）递延支付期。即已经过了等待期，被保险人接受了护理服务，且符合领取保险金的条件，但保险人依然不予给付的时期。递延给付期可为 10 天、一个月、三个月。（3）无免责期。无免责期是指康复后的一定时间内再度恶化，则免责期不再适用，也就是不重复计算免责期。但是，如果超过了这个时间，须重新计算另一个免责期。（4）给付期限。长期护理保险的给付期限，可能为 1 年、2 年、3 年或 5 年，但一般会保证可续保。

2. 给付水平限制。即以最大终身给付额代替给付期限的限制。例如，被保险人购买了一份保额为 20 万元的终身给付保险金额的长期护理保单，则一旦发生护理费用，每天按实际发生费用从该额度中扣除，直到扣完为止。

3. 既存状况限制。大多数的长期护理保单对既存状况有所限制，既存状况是在保单生效以前就已存在的伤病，一般既存状况期限是 90 天或 180 天，甚至更长。

4. 除外责任限制。长期护理保险的除外责任主要有自残、吸毒或酗酒致残、战争致残、犯罪活动致残、艾滋病患者、已由其他保险人支付等。

（四）保险费

长期护理保险的保险费一般按照被保险人投资时的年龄，用均衡保费的形式收取。保险费的高低不仅取决于被保险人的年龄，还要考虑被保险人选择的给付期的长短、等待期、保险责任等诸多因素。

【延伸阅读】

长期护理保险的保费与理赔

一、长期护理保险的保费

与其他保险产品相比，长期护理保险侧重于提供长期护理保障，有着显著的产品特点。从保障范围看，分为医护人员看护、中级看护、照顾式看护和家中看护四个等级。产品类型主要有日额津贴、费用补偿、服务提供等单一或相互交叉的形式，给付期限有一年、数年、终身等几种不同的选择，同时也规定有 20 天、30 天、60 天、90 天、100 天或者 80 天等多种免责期。免责期越长，保费越低。

长期护理保险一般都有保费豁免保障，在交费期间，被保险人一经确定需要“长期护理”，保险公司将豁免以后各期保险费。此外，所有长期护理保险保单都是保证续保的，有一些甚至保证终身续保，保险公司不得在保单更新时针对个人提高保险费率。

长期护理保险的保费通常为平准式，也有每年或每一期间固定上调保费者，其年交保费因投保年龄、等待期间、保险金额和其他条件的不同而有很大差别。一般都有豁免保费保障，即保险人开始履行保险金给付责任的 60 天、90 天或 180 天起免交保费。

二、长期护理保险的理赔

长期护理保险的理赔一般基于两种标准：一是健康标准；二是失能标准。

在健康标准下，被保险人提出索赔时需要满足：

1. 有专业医生提供的医疗必要性证明。

2. 接受了 3 天以上的住院治疗，并仍有必要继续接受护理等条件；在失能标准下，可通过日常活动能力损失、认知能力损失、特定疾病（阿尔茨海莫氏症、早老性痴呆、帕金森氏症等）等判定保险责任。

三、长期护理保险的类型

（一）按保险责任划分

（1）单一责任护理保险，该种保险除非附加附约，否则仅仅承担长期护理责任，即在保险期间内被保险人接受符合条件的护理服务，保险公司按规定给付保险金。

（2）综合责任护理保险，即在承担长期护理责任的基础上，增加生存和死亡给付责任。

（3）伤残收入补偿保险的扩展，即残疾者在退休前所购买的长期护理保险在其退休后，由保险公司提供给被保险人与残疾收入补偿等额的保险金。实际上是将残疾收入补偿保险自动转为长期护理保险。

（4）医疗费用保险附约。长期护理保险和医疗费用保险都属于健康保险，都涉及费用补偿，所以，可以将长期护理保险视为医疗费用保险的一种延伸。

（二）按投保人划分

（1）个人长期护理保险，即只为单一被保险人提供保障服务。

（2）团体长期护理保险，即用一份保单为一个团体的部分或者全部成员提供保障的护理保险，最常见的是由雇主为其雇员以团体的形式购买的长期护理保险计划。

（三）按保额是否变化划分

（1）保额固定型，即按合同中约定的金额给付，固定不变。

（2）保额递增型，即随着生活费用指数和护理院的护理费用指数的变化，逐年增加保险金给付。

四、长期护理保险的特点

（1）长期护理保险的保险期限通常较长。传统的医疗保险通常都是短期的，保险期限为一年或一年以下，而长期护理保险的保险期限比较长，甚至可以保障到终身。

（2）长期护理保险的保障目的不在于通过保险金来治愈被保险人所患疾病或挽救其生命，而是帮助丧失了日常生活能力的被保险人恢复和维持基本的生活质量。

（3）长期护理保险具有现金价值。长期护理保险的保险期限一般较长，保险合同也具有储蓄性，在交费若干年后，便会有一定的现金价值。长期护理保险是一种特殊的健康保险，其在维持老年人日常生活，提高老年人生活质量方面具有独特的优势。

【产品示例】

人保健康美好生活个人长期护理保险

1 被保险人范围

1.1 被保险人范围 凡投保时年满 18 周岁且不超过 60 周岁，身体健康的个人均可作为被保险人参加本保险。

2 保险责任及责任免除

2.1 基本保险金额

由投保人与本公司共同约定被保险人的基本保险金额，经被保险人同意并于保险单上载明。

长期护理月度保险金额

投保时的长期护理月度保险金额等于基本保险金额。

本合同有效期内，被保险人生存至 60 周岁对应的保单周年日（60 周岁投保的则对应保单生效日），且未发生本合同约定的保险事故，自被保险人 60 周岁对应的保单周年日起（不含当天），每满 5 个保单年度，被保险人生存且未发生本合同约定的保险事故，长期护理月度保险金额按固定的额度增加一次。每次增加的固定的额度为基本保险金额的 5%。

长期护理月度保险金额的累计增加额度以基本保险金额的 20% 为限。

2.2 保险期间 本合同的保险期间为终身。

2.3 保险责任 本合同有效期内，本公司承担下列保险责任：

护理关爱保险金

自本合同生效之日起（合同复效的则自最后一次复效之日起）因意外伤害原因，或自本合同生效之日起（合同复效的则自最后一次复效之日起）180 天后因疾病原因，造成被保险人日常生活能力障碍需要护理的，经投保人与本公司共同认可的医疗机构或有资质的鉴定机构鉴定，确认达到本合同约定的伤残程度的，在本合同有效期内且被保险人生存，本公司按下列约定给付护理关爱保险金：

（1）若被保险人伤残仅为身体结构伤残，则本公司按首次鉴定之日的长期护理月度保险金额的 10 倍给付护理关爱保险金，同时该项保险责任终止，本合同继续有效。

（2）若被保险人伤残包含身体功能伤残，且持续至观察期结束，在观察期结束后，经投保人与本公司共同认可的医疗机构或有资质的鉴定机构再次鉴定，鉴定结果仍达到本合同约定的伤残程度的，本公司按首次鉴定之日的长期护理月度保险金额的 10 倍给付护理关爱保险金，同时该项保险责任终止，本合同继续有效。

自本合同生效之日起（合同复效的则自最后一次复效之日起）180 天内因疾病原因造成被保险人日常生活能力障碍需要护理的，达到本合同约定的伤残程度的，本公司向投保人无息返还已交纳的保险费，同时本合同效力终止。

长期护理保险金

自本合同生效之日起（合同复效的则自最后一次复效之日起）因意外伤害原因，或自本合同生效之日起（合同复效的则自最后一次复效之日起）180 天后因疾病原因，造成被保险人日常生活能力障碍需要护理的，经投保人与本公司共同认可的医疗机构或有资质的鉴定机构鉴定，确认达到本合同约定的伤残程度的，在本合同有效期内且被保险人持续生存，本公司按下列约定给付长期护理保险金：

（1）若被保险人伤残仅为身体结构伤残，则本公司按首次鉴定之日的长期护理月度保险金额每月给付长期护理保险金。

（2）若被保险人伤残包含身体功能伤残，且持续至观察期结束，在观察期结束后，经投保人与本公司共同认可的医疗机构或有资质的鉴定机构再次鉴定，鉴定结果仍达到本合同约定的伤残程度的，本公司按首次鉴定之日的长期护理月度保险金额每月给付长期护理保险金。

长期护理保险金的给付期间自首次鉴定之日起算，最高给付期限为 360 个月。

首次长期护理保险金与护理关爱保险金一起给付，首次长期护理保险金给付后，本公司于首次长期护理保险金的给付日期在每月的对应日按月给付长期护理保险金。如果当月无对应的同一日，则以该月最后一日作为对应日。

当发生下列情形之一时，本长期护理保险金责任终止，本合同继续有效：

(1) 被保险人伤残恢复；

(2) 达到最高给付期限。

若被保险人发生本合同约定的一项伤残中既包括身体功能伤残也包括身体结构伤残，则护理关爱保险金和长期护理保险金的给付条件适用以上身体功能伤残约定。

当同一原因导致被保险人发生本合同约定的多项伤残，或不同原因同时导致被保险人发生本合同约定的多项伤残时，本公司仅对一项伤残给付护理关爱保险金及长期护理保险金。

疾病身故保险金

自本合同生效之日起（合同复效的则自最后一次复效之日起）被保险人因意外伤害之外的其他原因身故，本公司按下列约定给付疾病身故保险金：

(1) 受益人未领取长期护理保险金的，本公司按投保人已交纳的保险费金额与现金价值的较大者给付疾病身故保险金，同时本合同效力终止；

(2) 受益人已领取长期护理保险金的，本公司按投保人已交纳的保险费金额与现金价值的较大者减去受益人累计已领取的长期护理保险金金额的差额给付疾病身故保险金，同时本合同效力终止。当受益人累计已领取的长期护理保险金金额达到或超过投保人已交纳的保险费金额与现金价值的较大者时，疾病身故保险金金额为零，本合同效力终止。

保险费豁免

本公司给付护理关爱保险金后，豁免自被保险人首次鉴定之日起以后各期保险费。

2.4 责任免除（略）

3 合同效力（略）

4 保险费

4.1 保险费 保险费将根据投保人与本公司约定的保障内容、交费方式及被保险人的年龄、性别和风险状况进行确定，投保人应按本合同的约定向本公司支付保险费。

4.2 保险费的支付、宽限期、合同效力的中止和恢复（略）

5 保险金的申请及给付（略）

6 其他事项（略）

7 名词释义（略）

活动一　比较长期护理保险与其他健康保险

【活动内容】

每 3 ~ 5 个同学为一组，分组讨论长期护理保险和其他健康保险在给付条件、保险性质、保险期间、给付目的、保险金给付方式、现金价值等方面的区别。

【模块加油站】

一、单选题

1. 王女士2006年1月购买了一张医疗费用保险单，保险合同规定观察期为60天，该保险单还规定该年度免赔额为500元，2006年5月1日王女士因病住院，发生保险责任范围内的医疗费用100元，同年10月她再次因病住院，花费医疗费用4000元，如果不考虑其他因素，那么在第二次住院中保险人应承担的医疗费用（　　）。

A. 4000元　　B. 3500元　　C. 3600元　　D. 0元

2. 在失能收入损失保险中，保险人的给付额一般都有一个最高限额，且该限额低于被保险人在伤残以前的正常收入水平。保险人规定最高限额的直接目的是（　　）。

A. 促使被保险人尽量节省费用支出　　B. 促使被保险人尽早重返工作岗位

C. 促使被保险人尽快弥补收入损失　　D. 促使被保险人尽力加快康复速度

3. 以下人身保险产品适用补偿原则的是（　　）。

A. 人寿保险　　B. 住院费用保险　　C. 住院津贴保险　　D. 重大疾病保险

4. 在健康保险合同中，（　　）是提供医疗费用保障的保险，以约定的医疗费用为给付保险金的条件。

A. 医疗保险　　B. 失能收入损失保险　　C. 长期护理保险　　D. 疾病保险

5. 在健康保险中，保险人会因年老、疾病或伤残而需要长期照顾的被保险人提供护理服务费用的保险称为（　　）。

A. 医疗保险　　B. 失能收入损失保险　　C. 长期护理保险　　D. 疾病保险

二、多选题

1. 医疗保险中一般会出现的费用分担方式有（　　）。

A. 免赔额　　B. 比例分担

C. 给付限额　　D. 免责期限

2. 失能收入损失保险的特殊条款包括（　　）。

A. 部分伤残保险金给付条款

B. 豁免保费条款

C. 意外双倍（多倍）赔付条款

D. 通货膨胀条款

3. 长期护理保险的补偿方式有（　　）。

A. 费用补偿　　B. 服务补偿

C. 定额补偿　　D. 实物补偿

4. 以下关于疾病保险的说法正确的有（　　）。

A. 疾病保险只能作为险种的附加险来购买

B. 疾病保险的保险期限一般比较长

C. 疾病保险的保费可以分期交付，也可以一次性交付

D. 疾病保险主要是为了解决被保险人因疾病而导致的收入减少

三、判断题

1. 住院津贴保险属于医疗保险。（　）

2. 疾病保险一般对完全丧失工作能力和部分丧失工作能力都给付收入保险金。（　）

3. 疾病保险条款一般都规定了观察期，观察期结束后若被保险人罹患合同约定的疾病，保险人负赔偿责任。（　）

4. 保险期限和责任期限必须统一。（　）

5. 住院医疗费用保险一般不会单独承保，只能作为普通医疗保险责任的一部分。（　）

项目训练

一、名称解释

责任期限　观察期　健康保险　医疗保险　疾病保险　长期护理保险　失能收入损失保险

二、简答题

1. 简述健康保险的分类。

2. 简述健康保险的可保疾病包括哪些条件。

3. 简述长期护理保险的特点。

4. 简述失能收入损失保险的特殊条款。

5. 分析中国老龄化社会的演进给健康保险的发展带来了哪些契机。

三、实训练习

1. 通过各种渠道（网络、书籍等），了解我国长期护理保险的发展情况。

2. 通过各种渠道（网络、书籍等），选择目前市场上销售状况良好的一款健康保险，分析其特色，在课堂上分享或同学之间交流。

四、案例分析

1. 被保险人张某，是某小学学生。2017 年 9 月 1 日，张母为其投保了某保险公司的综合医疗险，保险期限为 1 年，保险金额 6 万元，免赔额 500 元。2018 年 2 月 11 日，张某放鞭炮时手和脸被严重炸伤，随即被送往医院治疗，其家长向保险公司报案。3 月 14 日，张某出院，住院花费医疗费用 23460 元，保险公司赔付 20654 元，对此张某的父母非常不满，但经过保险公司有关人员的耐心解释，他们表示理解。2018 年 8 月 2 日，张某再次住进医院，做植皮手术，8 月 18 日出院，花去医疗费用 16662 元。按照保险合同责任期限的规定，保险公司只对被保险人 8 月 10 日以前的医疗费用进行补偿。被保险人不服，认为住院的医疗费用都应予以补偿。你认为本案例应该怎样处理？

2. 2017 年 11 月 29 日，田女士为丈夫秦先生购买了一份保险金额为 10 万元的重疾保险，保险合同中约定观察期为 90 天。2018 年 1 月 11 日晚 22 时左右，秦先生突发心肌梗塞，急送医院支架手术治疗。田女士随即向保险公司报案，要求保险公司给付重大疾病保险金 10 万元。保险公司拒绝赔付。田女士想不通：保险的生效日为 2017 年 11 月 29 日，而秦先生是在 2018 年 1 月 11 日住院的，保险公司为何会拒赔？请你分析一下保险公司拒赔的原因。

项目六

人身保险营销渠道

【知识目标】

☐ 掌握人身保险业务的三种营销渠道
☐ 熟悉个人保险与团体保险的区别
☐ 了解银行保险产品与定期存款的区别
☐ 了解新型人身保险销售渠道

【能力目标】

☐ 能正确认识我国个人代理人制
☐ 能量身定制团体保险方案
☐ 能识别典型银行保险产品

【引导案例】

2017 年中国人寿寿险业务各个渠道业务收入情况

中国人寿的年报数据显示，个险代理人渠道是第一大渠道，2017 年本报告期内，个险渠道业务继续强劲增长，结构持续优化，队伍硬实力不断增强。个险渠道总保费达 3536.68 亿元人民币，同比增长 25.4%。银保渠道是第二大渠道，银保渠道总保费达 1135.05 亿元人民币，同比增长 4.8%。团险渠道总保费为 262.07 亿元人民币，同比增长 5.2%；实现短期险保费收入 208.40 亿元人民币，同比增长 11.0%。本报告期内其他渠道总保费为 185.86 亿元人民币，同比增长 22.3%。本公司积极稳妥开展大病保险和基本医疗经办业务，继续保持市场领先。积极响应国家长期护理保险制度试点，新中标 7 个长期护理保险试点项目。推进税优健康保险全国试点推广。积极开展在线销售，互联网销售保费和保单件数较快增长。

资料来源：中国人寿 2017 年年度报告。

保险产品作为专业性很强的金融产品，通常都要经过一定的流通渠道，才能到达消费者手中，满足消费者的保障需求。这个流通渠道就是保险营销渠道。我国保险公司人身保险产品销售大多通过个险、团险、银保三种渠道。从三种渠道的业务规模和利润贡献度来看，个人保险渠道和银行保险渠道的业务规模贡献度较大，除了以上三类渠道模式外，保险公司还尝试了直复型营销渠道（网络、电话、邮寄等）和专业经纪公司、代理公司等专业经代型渠道开展业务，但规模尚小。

模块一 个人保险渠道

任务一 走近个人保险渠道

【任务情景】

2017 年年报显示，太保寿险、平安寿险个险渠道保费收入占比均进一步提升，其中，太保寿险个险渠道业务占比提升 3.78 个百分点至 87.8%；平安寿险提升 0.91 个百分点至 85.09%。新华保险紧随其后，个险渠道业务占比已提高至近八成。

那么，什么是个险渠道？个险渠道具备什么特点？

【基础知识】

一、个人保险渠道

个人保险渠道，采用个人营销型，即通过保险个人代理人针对分散型个人客户销售个人保险产品。个人保险渠道是目前寿险公司产品销售的主要方式。该类渠道业务大致占总业务的一半以上。个人保险渠道的利润贡献度和创费能力较高。

二、个险渠道的特点

（一）采用个人代理制

个险渠道通过保险个人代理人针对分散型个人客户销售个人保险产品。个险渠道对代理人进行统一管理和培训，代理人展业时一对一地面对客户，通过与客户的交流，能及时得到客户对产品、公司、后续服务等的想法，获得市场的最新的信息反馈，有利于渠道及时调整销售策略，向后援部门提供新产品开发的建议，并对客户服务进行改进。

（二）充分激发客户需求

个险渠道对于唤醒公众的保险意识、彰显企业的个性化服务、吸引潜在客户成效尤为显著。1992 年美国友邦保险公司在进入上海市场之初，为了迅速打开市场局面，扩大公司知名度和影响力，引入了全新的寿险个人营销方式，组建了 4000 多人的营销队伍，短期内就取得了奇效。1994 年上海寿险新签保单 77 万份，其中友邦公司就占了 70 万份，人保、太保、平安“三巨头”仅占 7 万份，给上海乃至全国寿险营销业和传统营销观念带来了强烈震撼，迫使其他公司不得不纷纷效仿。

（三）个险产品种类丰富多样

个险产品种类丰富，可以满足客户的不同需要。包括人寿寿险、健康保险、人身意外伤害险。新型的分红产品、万能险和投资连结保险兼具保障和理财的功能。

三、建设个人保险渠道

个险产品必须通过渠道的建立和完善来推动业务发展。因此如何建立一个高效的渠道就成为个险渠道发展的重中之重，建设个险渠道的方法有以下几种。

（一）建立多层次销售网络

针对客户特点，建立多层次、多方位的销售网络。着重选择和培育一些有影响力、有一定规模、有持续增长力和辐射能力的行业或机构为代表，全力开拓这一类的客户群体，从而避免了以往没有重点、力量分散的缺点。例如银行业、电信业、邮政业、石化行业、建筑业、采掘业、教育行业、汽车经销商等，它们是由于垄断经营而形成的行业，收入较高，具有一定的购买实力。它们是容易快速上规模的客户群体。开拓重点客户使得保险营销的成功概率增高，保费规模也更易扩大。

普通消费者具有分布广、基数大、购买潜力大、需求多样化、营销难度大的特点，因此如何做好这一群体的保险业务需要格外努力。需要建设一个网点多、覆盖面广和日常生活关系紧密的销售网络。比如利用综合大卖场、大中小型超市、社区便利店、区零售店、社区物业、网络、电话等，让个险产品迅速、便捷地深入到消费者身边，让消费者可以在任意时间、任意地点，以任意方式进行购买。从而拉近保险产品与消费者的距离，使其习惯并接受保险产品，改变以往保险产品给消费者带来的晦涩难懂、易买难赔的印象，从而使保险能更轻松地进入到这些普通消费者的生活中，并最终成为其生活中不可或缺的一部分。通过以上的方法，逐步形成多层次、全方位的保险销售渠道。

（二）建立动态的可控的渠道

要全面掌控渠道，必须建立起一套严格规范并且是动态的渠道管理机制，从而实现对渠道高效的管理，保险公司必须能够随时监督和规范渠道所有者和使用者的行为，保证渠道能够随着市场的变化和消费需求的变动随时做出最合适的调整，从而使得渠道能够一直健康地发展。

同时，保险公司还要随时对渠道进行动态调节，防止由于渠道过于密集而带来的无序和过于激烈的竞争，调动各个渠道的积极性，使其能始终保持活力。保险公司还要建立起一套可以使渠道自动适应市场变化的反应机制，使渠道可以及时、准确地了解市场的实时变化，并且将相关信息畅通无阻地传达到总部，为总部及时做出调整提供数据支持。

（三）加强渠道的品牌建设

渠道的本性就是追逐利润最大化，因此忠诚度就成为渠道建设最大的敌人，因此如何保证渠道的忠诚度就成为各家保险公司必须要思考的最重要的问题，而这个问题的答案就是品牌。品牌深入消费者的基因，在不知不觉中决定了消费者的消费习惯，因此，只有品牌能带来大量的忠诚客户，也只有品牌才能确立渠道的忠诚度。

四、个人保险渠道的优缺点

1. 个人保险渠道的优点

（1）个人代理人的群体非常庞大，展业成本较低。目前我国有 710 万保险代理人，他们可以在全国范围从事保险销售。个人代理人与保险公司签订的是个人代理协议，所以保险公司只需要向其支付佣金，不需要承担工资、社保等成本。所以前期招收代理人时，保险公司的成本很低，这为保险公司节约了不小的成本。

（2）保险代理人的展业范围非常广泛，可以渗透到各个行业，他们覆盖了城市和乡镇的各个角落。由于长期从事保险销售，保险代理人对保险产品非常熟悉，所以他们能够根据客户不同的行业、年龄、收入水平等，向客户介绍合适的险种，为客户提供保险产品的售前咨询、售后服务以及理赔咨询，一些有经验的代理人还会帮助客户评估风险结构，设计比较完善的保障方案。这种渠道满足了社会各层次的保险需求，为客户提供了方便、快捷的保险服务，有利于树立公司的品牌形象。

2. 个人保险渠道的缺点

（1）保险代理人员整体素质不高，并且代理的保险产品都不尽相同。目前，个人代理人由于整体的学历不高，学习财险方面的专业知识会有些困难，特别是对于条款相对复杂、风险把控较严的业务来说，专业知识匮乏，仅仅能销售车险、意外险等条款简单的产品，这样对公司的创新发展是很不利的。

（2）由于前期一些保险代理人违规操作，扰乱了保险市场，所以长期以来保险代理人的社会地位不高，许多福利待遇都享受不到，并且由于佣金利益的吸引，导致保险代理人在各家保险公司之间流动，这样会导致客户在出险时不知道去何处寻求对接人，产生了许多的“孤儿单”，长此以往客户会降低对保险公司的忠诚度。由于保险代理人的收入通常与销售业绩挂钩，部分保险代理人急于获取佣金，一味夸大投保的益处，隐瞒一部分保险责任，有的代理人甚至会夸大保险责任来误导客户，影响了整个保险行业的声誉。

（3）由于前期部分寿险代理人的不良形象影响，社会对保险销售人员存在偏见和歧视。另外，由于个人代理人和保险公司是代理关系，社会保障的缺失也会成为一种顾忌。

【延伸阅读】

中国保监会印发关于进一步加强人身保险公司销售管理工作的通知

为深入贯彻落实党中央、国务院关于经济金融工作的有关要求，进一步规范人身保险市场秩序、整治市场乱象，中国保监会近日印发《关于进一步加强人身保险公司销售管理工作的通知》，强化对人身保险公司销售管理工作的监管。

通知要求各人身保险公司高度重视销售管理工作，严格落实主体责任，对2016年以来公司销售管理合规情况开展自查自纠。重点针对产品管理、信息披露、销售宣传、客户回访、续期服务和投诉处理等业务环节，排查相关经营行为是否依法合规、内控制度是否健全有效、信息资料是否真实完整。对捏造散布“返还型健康险被叫停”“部分重大疾病将列为免责病种”等虚假信息的炒作行为，以及通过虚假宣传引诱投保人订立保险合同等违规销售问题，开展全面清查和责任追究。

任务二　了解个人代理人制度

【任务情景】

2015年8月，保监会大笔一挥取消了保险代理人资格考试，随之而来的是保险代理人数量猛增，由2015年的471万人，增加到2016年的657万人，再到2017年上半年的745万人。截至2017年底，保险代理人数已达806.94万人，较年初增长22.77%。当然，2017年，全行业实现原保险保费收入36581.01亿元，同比增长18.16%。

个人代理人是不是寿险公司员工？他们的薪酬和福利如何呢？

【基础知识】

一、个人代理人制度

个人代理人是指根据保险人的委托，向保险人收取代理手续费，并在保险人授权的范围内代为办理保险业务的个人。个人代理人也称保险营销人员，其不是公司的正式雇员，而是与公司签订委托代理合同的个人代理人，根据所销售保险的保费业绩赚取佣金收入。个人代理人只能为一家保险公司代理保险业务。个人代理人与保险公司是委托代理关系，保险代理人在保险公司授权范围内代理保险业务的行为所产生的法律责任，由保险公司承担。

从外部看，个人代理人制度仅仅是一种销售制度，但是由于寿险销售比较复杂，所以从内部看寿险个人代理人制度还包括个人代理人的佣金制度、考核制度、组织发展制度等，这些制度往往通过寿险公司制定的《营销员奖金津贴与考核晋级制度》呈现出来，业内常常称其为“基本法”。

个人代理人的业务范围包括代理推销保险产品和代理收取保险费。但保险个人代理人不得签发保险单。

【延伸阅读】

《保险代理人监管规定（征求意见稿）》节选

第三十七条　个人保险代理人包括团队型个人保险代理人和独立个人保险代理人。

团队型个人保险代理人是指与其他个人保险代理人组成团队，接受团队的组织管理的个人保险代理人。

独立个人保险代理人是指不依托任何团队的个人保险代理人。

第三十八条　个人保险代理人、保险代理机构从业人员应当具有从事保险代理业务所需的专业能力。保险公司、保险专业代理机构、保险兼业代理机构应当加强对个人保险代理人、保险代理机构从业人员的岗前培训和后续教育。培训内容至少应当包括业务知识、法律知识及职业道德。

保险公司、保险专业代理机构、保险兼业代理机构可以委托保险中介行业自律组织或者其他机构组织培训。

保险公司、保险专业代理机构、保险兼业代理机构应当建立完整的个人保险代理人、保险代理机构从业人员培训档案。

【延伸阅读】

保险表见代理

保险表见代理是指保险代理人虽然没有得到保险人的授权，超越代理权或者代理权终止后与投保人订立保险合同的行为，只要投保人有理由相信保险代理人有代理权，保险人就应承担责任的一种特殊的无权保险代理。

二、个人代理人的分类

个人代理人营销员队伍一般分为销售系列和管理系列两个系列。例如中国平安保险公司《个人寿险业务人员基本管理办法》（2016 年版）规定：业务人员可选择组织发展和行销发展两种方式。组织发展的职级包括试用业务员、正式业务员、业务主任、高级业务主任、资深业务主任、营业部经理、高级营业部经理、资深营业部经理、业务总监、高级业务总监、资深业务总监。行销发展的职级包括试用业务员、正式业务员、行销主任、高级行销主任、资深行销主任、行销经理。组织发展人员与行销发展人员可相互转任。例如，中国人寿保险公司个人代理人分为三个系列：（1）业务员系列；（2）主管系列；（3）保全系列（处理孤儿保单）。

三、个人代理人的作用

（一）唤醒潜在需求

保险业中有句老话，就是“保险必须靠推销”。因为保险商品不同于关乎饮食起居的满足生理需要的生活必需品，实际上可以说是一种较高层次的奢侈品，很少有人会主动买保险。人们总有种习惯或惰性心理，或者对未来的自信。有人会认为年老退休是相当遥远之事，以后再买保险，也为时不晚。代理人既是保险商品的推销员，同时又兼有宣传普及和顾问的作用，他们可以引导人们去认识可能遇到的问题，并且解决这些问题。

（二）帮助客户进行保险计划选择

以寿险为例，国外寿险界通常认为，推销保险，95% 是靠对人的了解，5% 是靠保险知识，但这 5% 的保险知识，推销员必须 100% 的了解。代理人必须熟悉保险商品的用途和限制范围，能够在客户所能负担的保费前提下，针对不同的职业、年龄、家庭结构等，向客户推介合适的保险险种，帮助选择组合。

（三）为客户提供有效持续的服务

代理人要详细解释保险合同的条款，提醒各种应注意的事项，帮助投保人了解投保单等保险合同的内容，建议合适的保费支付方式，并代收保费等。总之，他们能以自己的知识和经验提供全面的服务。

【延伸阅读】

个人代理人制度在我国的发展历程

1992 年，美国友邦保险公司落户上海，带来了寿险营销个人代理制。此后，个人保险代理人制度成为中国保险业 10 多年来高速发展的原动力之一。综观个人代理人制度在中国所经历的发展历程，大致可以分为以下三个阶段。

第一阶段：引入期（1992—1995 年）。1992 年，美国友邦保险公司在上海引进了个人代理人保险制度。到 1994 年底，友邦保险公司共招收保险营销员近 5000 人，业务量超过 1 亿元人民币。1995 年美国友邦又获准在广州开展寿险业务，发展势头也相当惊人，当年公司营销队伍就发展到 8000 人，新单标准保费收入近 3.88 亿元人民币。至 1995 年底，我国寿险代理人已达 1.7 万人，营销保费收入 7.89 亿元人民币，占寿险总保费收入的 21.41%。

第二阶段：高速发展期（1996—1998 年）。由于个人代理人制度能够面对面地与客户进行交流，并且在广大民众保险意识还不是很强的情况下，通过个人代理人展业，能够传播和普及商业保险知识，发掘保险潜力。因此，中保人寿保险公司、新华人寿保险股份有限公司和泰康人寿保险股份有限公司等寿险公司纷纷采用了个人代理制度。到 1998 年底，全国营销机构 3221 家，寿险代理人 40 万人，1998 年底营销保费收入 326 亿元，占寿险总保费收入的 42.47%。个人代理人制度在我国取得了飞速发展。

第三阶段：稳步发展期（1998 年至今）。个人代理制度的发展与我国寿险业的发展是相伴相随的。从 1996 年 5 月至 1998 年 12 月，中国人民银行连续六次降息，对我国寿险业产生了重大影响，也促使寿险业人士对几年来寿险的发展历程进行反思，并采取了一系列措施进行调整，使个人代理人在数量发展速度上有所减缓。2000 年，由于寿险新产品在全国范围内的快速推广，寿险业的发展逐渐走出由于利率降低而带来的低谷，与之相应，个人代理人数量稳步增长。

四、个人代理人的待遇

个人代理人不是公司的正式员工，其收入完全来源于佣金收入。佣金又包括直接佣金和间接佣金。直接佣金为营销员为公司销售保单的保费收入的一定比例，根据保险产品、交费期限和交费方式的不同，直接佣金的比例也不尽相同。一般来说，新契约的首年度佣金可达首年度保费的 15% ~35%，有的甚至达到 40% 左右。随着保单年度的增加，营销员对该保单提取的佣金比例逐年下降，3 ~5 年后不再提取佣金。间接佣金包括的项目较多，如增员奖、个人继续率奖、相应级别的责任津贴和管理津贴、年终管理分红、育成奖等。级别越高，间接佣金的项目也越多。

公司营销员的福利待遇一般不纳入社会基本保障体系管理。各层级营销员的基本待遇是公司为其购买的团体疾病身故保险、团体住院医疗保险、团体人身意外伤害保险、团体人身意外伤害医疗保险等商业保险。营销员的层级越高，公司为其购买保险的保额也越高。

【延伸阅读】

表 6－1　　中国人寿个人代理人薪酬结构

项目名称	业务员	业务主任	业务经理	高级业务经理	组经理	分处经理	处经理	分部经理	部经理	各职级比较
佣金	√	√	√	√	√	√	√	√	√	比例不同
展业津贴			√	√						比例不同
新人津贴	√									有条件发放
增员津贴	√	√	√	√	√	√	√	√	√	比例相同
管理津贴					√	√	√	√	√	比例相同
绩效底薪					√	√	√	√	√	金额不同
育成津贴							√	√	√	比例相同
推荐人才奖	√	√	√	√	√	√	√	√	√	金额不同

五、个人代理人的考核

公司通过多种指标，如首年度佣金 FYC、个人继续率、新契约件数、增员人数等对营销员进行考核以决定各级别营销员的职级升降。一般来说，每次晋升一级，对于特别优秀的各层级营销员，若达到晋升本层级内更高级别的晋升标准，可越一级晋升，总监层级内不允许越级晋升。对于达不到晋级标准的营销员维持现任级别，达不到现任级别标准的予以降级处理，一般来说每次降一级。通过这种对营销员的分层分级管理，公司可以达到不断激励营销员向上发展的目的，以最大限度地挖掘其潜能。

【延伸阅读】

FYC

“FYC”是 First Year Commission 的缩写，意思是首年度佣金，是营销人员销售的保单于第一保单年度可直接计提的佣金。计算公式如下：

FYC ＝初年度保费 × 初年度佣金率

活动一　分析代理行为是否有效

【活动内容】

每 3 ~ 5 个同学为一组，分组讨论中国人寿营销精英骗保案。

48岁的刘晓曼被刑拘，她在湖南宜章县的“知名度”更高了。有超过100名客户报案称在她手中购买了“国寿鸿鑫险”，总金额超过1500万元，单个客户被骗最高的超过100万元。这个中国人寿湖南宜章县支公司的“业务明星”，已在公司服务10年。2006年，她拿到了中国人寿湖南省分公司个人业绩的第四名，还担任着宜章县支公司营销部经理、精英队长。但有客户举报其制售假保单，宜章警方在中国人寿宜章县支公司将刘晓曼带走。刘晓曼操作的骗保大案，终于露出了冰山一角。

次日，小县城里，被骗者拿着各种“保单”“保费收据”“收条”来到公司要求退保。但他们被告知：所持的都是“假货”，公司无法退钱。这些受害者购买的，全部是“国寿鸿鑫两全保险（分红型）”。受害者说刘晓曼给的都是复印投保单，上面加盖了公司印章。刘晓曼说：“保单原件要存档，采用复印的保单可以免交税费，省下来的钱可以返还给你们。”除了用复印件，刘晓曼还使用过“阴阳保单”。一位曹姓受骗者给了刘晓曼7万元，刘晓曼称“一年后连本带利给你10万元”。据办案人员调查，刘晓曼只向公司交了1万元，换回保单和保费收据，然后自己在单据上加了一个“0”，1万元变成了10万元。

请分析：该代理行为是否有效？保险公司在这个案件中的法律责任是什么？

【活动提示】

我国《保险法》第一百二十八条明确规定，保险代理人为保险人代为办理保险业务，有超越代理权限行为，投保人有理由相信其有代理权，并已订立保险合同的，保险人应当承担保险责任。

活动二　分析个人代理人的薪酬

【活动内容】

每3~5个同学为一组，分组讨论以下内容。

小刘大学毕业进入保险公司成为一名保险销售人员，几年后由于工作表现出色，他成为个险部经理。请分析：

（1）初入公司的小刘与保险公司签订的是什么合同？

（2）初入公司的小刘薪酬由哪些部分构成？有何福利？

（3）成为个险部经理的刘总薪酬较一般业务员有何变化？

【模块加油站】

一、单选题

1. 个人保险渠道，采用（　　），即通过保险个人代理人针对分散型个人客户销售个人保险产品。

A. 个人营销型　　B. 团体营销型　　C. 兼业代理型　　D. 银行代理

2. 下列关于个人保险渠道的优点，说法不正确的是（　　）。

A. 代理人的群体非常庞大，展业成本较低

B. 代理人的展业范围非常广泛，可以渗透到各个行业，他们覆盖了城市和乡镇的各个角落

C. 长期从事保险销售，对保险产品非常熟悉

D. 保险代理人员一般来说整体素质高

二、多选题

1. 个险渠道的特点有（　　）。

A. 采用个人代理制　　B. 充分激发客户需求

C. 个险产品种类丰富多样　　D. 借助代理机构

2. 个人保险渠道的缺点有（　　）。

A. 保险代理人员一般来说整体素质不高

B. 保险代理人的社会地位不高，许多福利待遇都享受不到

C. 由于佣金利益的吸引，导致保险代理人在各家保险公司之间流动

三、判断题

1. 个人保险渠道是目前寿险公司产品销售的主要方式。该类渠道业务大致占总业务的一半以上。个人保险渠道的利润贡献度和创费能力较高。（　　）

2. 个人代理人是指根据保险人委托，向保险人收取代理手续费，并在保险人授权的范围内代为办理保险业务的个人。（　　）

3. 个人代理人也称保险营销人员，是公司的正式雇员。（　　）

4. 个人代理人与公司签订委托代理合同，根据所销售保险的保费业绩赚取佣金收入。（　　）

模块二　团体保险渠道

任务一　走近团体保险

【任务情景】

危某是福建省光泽县第一中学学生，2018 年 8 月 31 日，危某父亲为危某交纳学费的同时，交付了从 2018 年 9 月 1 日起至 2019 年 8 月 31 日止的年度学生团体平安保险费 38 元。保险公司在收到保险费后，即出具了一张“保险收费凭据”，同时发给《致学生家长的一封信》一份。2018 年 9 月 28 日，危某无证驾驶二轮摩托车与农用车发生碰撞重伤，经抢救治疗，花去医疗费 30 万余元。危某父亲根据《致学生家长的一封信》中说明的“每个学生一年只要交纳 38 元的保险费，每年可得到 6.6 万元保险保障”的规

定，向保险公司要求给付6.6万元赔款。而保险公司拒绝给付保险金，理由是危某无证驾驶机动车。

那么，什么是团体保险？保险公司是否应该赔付保险金？

【基础知识】

一、团体保险渠道

团体保险渠道，采用直销型或专业代理公司销售，主要通过公司在编外勤人员开展业务，销售人员在享有底薪和福利之外根据销售业绩提取手续费，从总体上看，该类渠道业务大致占总业务的20%以上。团体保险是以团体为保险对象，投保人以集体名义投保并由保险人签发一份总的保险合同，保险人按合同规定向其团体中的成员提供保障的保险。团体保险的基本模式，即由雇主交纳保险费，承保全部雇员，不论其可保性是否具备，受益人由雇员指定。在国外，团体保险通常是一种雇员福利计划。团体保险不是一种产品，而是一种承保方式。

（一）团体组成的规定

参加团体保险的团体，不能是为投保团体保险而组成的团体，而必须是已经存在的、有特定业务活动、实行独立核算的正式法人团体。

（二）团体人数和参保比例的规定

该规定的原因在于：一是团体保险是以团体作为投保人，通过减少管理费用来降低附加费用，从而达到降低保险费的目的，所以人数的多少自然有一定的影响；二是为了防止逆选择的发生。

（三）团体人员参保资格的认定

1. 全职或专职工作的规定。
2. 正常在职工作的规定。
3. 试用期间的规定。

（四）投保金额的规定

一般来说，团体保险对每个被保险人的保险金额按照统一的规定计算，其目的主要在于消除“逆选择”的行为。

二、团体保险的特征

（一）投保人是团体

团体保险的保险人在承保时选择的对象是团体而非个人，保险审查的重点是团体的合法性以及团体成员参保的比例。一般来讲，投保团体必须是依法成立的合法组织，如各种企业、国家机关、事业单位等。投保团体中参加团体保险的人数，与团体中具有参加资格的总人数的比例必须达到保险人规定的比例。

【延伸阅读】

中国保监会关于促进团体保险健康发展有关问题的通知

保监发〔2015〕14号摘要

本通知所称团体保险是指投保人为特定团体成员投保，由保险公司以一份保险合同提供保险保障的人身保险。

前款所称特定团体是指法人、非法人组织以及其他不以购买保险为目的而组成的团体。特定团体属于法人或非法人组织的，投保人应为该法人或非法人组织；特定团体属于其他不以购买保险为目的而组成的团体的，投保人可以是特定团体中的自然人。

团体保险的被保险人在合同签发时不得少于3人，特定团体成员的配偶、子女、父母可以作为被保险人。

（二）被保险人无须体检

对投保团体进行选择后，可以确保承保团体的死亡率符合正常水平，对个别具体的被保险人就不需体检了，这不仅方便了被保险人，也节省了大量成本与费用。

（三）保险费率低

由于团体保险的保险手续简化，节约了大量的费用，从而降低了附加保费，毛保费也自然而然地降低了。另外，团体保险的死亡率比较稳定，与个人保险的死亡率基本一致，甚至更低，往往使得团体保险的费率低于个人保险的费率。

（四）使用团体保险单

与个人投保不同，团体保险以集体的名义投保，投保人是组织，其使用的保险单为团体保险单，即一份总的保险单。团体保险单要明确投保人与保险人的权利与义务关系、合同变更等内容。通常情况下，被保险人的保险金给付通过投保人或专门的账户进行，不直接面对单个的被保险人。

（五）保险计划具有灵活性

团体保险的投保人是单位团体，使用团体保单，保费统一交纳，因此，保险人通常对团体保险给予一定的灵活性，比如，在保险期限上，可以是定期、终身、定期与终身相结合等多种方式；在保费交纳上，投保人可以选择趸交、分期交纳、趸交与分期交纳相结合、定期或不定期交费等多种交费方式；在被保险人方面，被保险人可以是确定的个人，也可以是约定条件下不确定的个人；在保险金的给付上，可以是定额给付，也可以是非定额给付。

（六）服务管理专业化

保险公司的从业人员往往具有相关的社保、法律、财税、金融、医疗、管理等方面的专业知识和经验优势，能够成为投保团体的福利保险顾问，他们能够从保障、福利、法律、财税等方面向投保团体提出保险建议，为投保团体提供科学的员工福利、保险计划的专业服务。

三、团体保险的功能

（一）稳定职能

作为一种经济补偿手段，一方面团体保险通过承诺对保险责任范围内的损失进行补偿，不仅能够使被保险人的损失减少到最大限度，而且能够大大减少投保人的忧虑和不确定性，有利于人们恢复正常的工作和生活，从而能够保障人们的基本生活水平，提高人们的生活质量；另一方面，由于团体保险往往具有普遍性和公平性，团体保险又有利于缩小居民贫富差距，促进社会和谐。因此，团体保险和税收等工具一样，也是经济社会运行的稳定器。

（二）融资职能

随着我国经济社会的快速、持续、稳定发展，人们保险意识的不断增强，团体保险的保费也会出现大幅增长，而团体保险公司为了实现保额的保值增值，会更加积极地进入到金融市场进行投融资，这不仅有利于提高保险业在金融市场上的地位，而且能够促进金融市场资源配置，优化金融市场结构，推进金融创新，从而促进我国金融市场的不断繁荣和发展。

（三）激励职能

团体保险，特别是年金保险，作为现代企业福利计划的一部分，逐渐成为企业管理中一个重要的组成内容。企业投保团体保险，不仅能够分担经营管理风险，而且能够对其员工进行激励，从而有利于企业运行的稳定，人力资源的科学管理，促进企业不断发展壮大。

四、团体保险的分类

（一）团体人寿保险

1. 团体定期人寿保险。团体定期人寿保险常简称为团体定期保险，是指以经过选择的团体中的员工为被保险人，团体或团体雇主作为投保人，保险期间为一年的死亡保险。

2. 团体信用人寿保险。团体信用人寿保险是指为保全住宅贷款定期付款销售等分期偿还债权，由贷款提供机构或信用保证机构作为投保人（受益人），以与其发生借贷关系的众多分期付款债务人作为被保险人，同保险人签订的一种团体保险合同。

3. 团体养老保险。团体养老保险是指员工退休后，由保险人一次性按保险金额向退休员工支付一笔款项，供其养老生活所用，这种团体保险称为团体养老保险。

不过，随着企业年金的发展，近年来，团体员工的退休保障逐渐由团体养老保险转向企业年金保险。

4. 团体终身保险。团体终身保险则是指以团体或其雇主为投保人，团体员工为被保险人，一旦被保险人死亡，由保险人负责给付死亡保险金的一种保险产品。

5. 交清退休后终身保险。交清退休后终身保险是一种以企业年金方式设立的团体终身保险，团体的员工自行负担保险费，逐年约定交清，每年保障的差额由团体的雇主以购买定期保险的方式来弥补。

6. 团体遗属收入给付保险。团体遗属收入给付保险以团体或其雇主作为投保人，团体所属员工为被保险人，员工的遗属作为受益人，团体或其雇主与保险人签订保险合同，约定在员工死亡时，由保险人向死亡员工的遗属给付死亡保险金。

7. 团体万能寿险。团体万能寿险，团体雇主一般不为团体万能寿险交付任何保险费，所以，团体万能寿险并不是一种严格意义上的团体保险产品。不过，如果团体的规模较大，可以按该团体的经验数据收取死亡率费用，而且收取的管理费用比个人保险产品低。

（二）团体健康保险

团体健康保险是指以团体或其雇主作为投保人，同保险人签订保险合同，以其所属员工作为被保险人（包含团体中的退休员工），约定由团体雇主独自交付保险费，或由雇主与团体员工分担保险费，当被保险人因疾病或分娩住院时，由保险人负责给付其住院期间的治疗费用、住院费用、看护费用，以及在被保险人由于疾病或分娩致残疾时，由保险人负责给付残疾保险金的一种团体保险。

1. 团体（基本）医疗费用保险。在这种团体健康保险中，当被保险人在保险责任期开始后，因疾病而住院治疗时，保险人将负责给付其住院费用、治疗费用、医生出诊费用以及透视费用和化验费用等。

2. 团体补充医疗保险。团体补充医疗保险也称团体高额医疗保险，是以排除基本医疗保险中的诸多限制为主要目的的团体健康保险产品。

3. 团体特种医疗费用保险。团体特种医疗费用保险主要包括团体长期护理保险、团体牙科费用保险、团体眼科保健保险等。

4. 团体丧失工作能力收入保险。团体丧失工作能力收入保险又称为团体残疾收入保险，它是以团体或雇主作为投保人，以团体下属员工为被保险人，由保险人承担补偿被保险人因遭遇意外伤害或疾病而丧失收入的责任的一种团体保险。

（三）团体意外伤害保险

团体意外伤害保险是指当被保险人（团体员工）遭遇意外事故导致死亡或残疾时，由保险人负责给付死亡保险金或残疾保险金的一种团体保险。

团体意外伤害保险常常与团体短期丧失工作能力收入保险等一起附加于团体人寿保险合同之中。

保险人给付保险金的前提要件是被保险人身体直接因意外事故遭到伤害，如果因为其他原因（如慢性病等）而受到的伤害则属于免责范围。除了意外事故的发生外，许多保险人还同时规定被保险人身体所遭受伤害的部位与程度也应该属于意外性质，才可以申请理赔。不过，这一规定的有效性与可行性常常引起争议。

活动一 分析公司可否领取雇员的保险金

【活动内容】

每3~5个同学为一组，分组讨论以下案例。

江苏高速公路工程养护有限公司（以下简称养护公司）为包括蒋思胜在内的10名员工在中国平安财产保险股份有限公司淮安中心支公司（以下简称保险公司）处投保了平安团体意外伤害保险（保险金额为30万元/人）等保险。养护公司与员工达成协议，养护公司作为受益人。2017年11月3日，蒋思胜在盐徐高速公路上施工时被撞伤，经医院抢救无效死亡。保险事故发生在保险期间内。

事故发生后，养护公司依据保单及《同意购买人身保险声明》（以下简称声明书）申请理赔。保险公司向养护公司赔偿保险金301830元（其中含1830元的抢救费用）。原告蒋太林等五人（系蒋思胜的法定继承人）诉至江苏省淮安市清河区人民法院，要求保险公司支付意外伤害保险金30万元。

索赔申请人是否正确？保险公司的赔付对象应该是谁？为什么？

【活动提示】

新《保险法》第三十九条第二款规定："……投保人为与其有劳动关系的劳动者投保人身保险，不得指定被保险人及其近亲属以外的人为受益人。"本案即使同意指定单位为受益人，该指定也是无效的，视为没有指定受益人。由保险人应依照《继承法》的规定履行给付保险金的义务。

任务二　区别团体保险与个人保险

【任务情景】

红星制药厂有员工300人，其中销售人员30人，参加了社会医疗保险。一次，保险公司业务员小刘与该厂总经理洪永发在朋友酒席相遇，近年单位企业效益较好，小刘为洪总推荐团体保险计划。洪总向小刘提出疑问：公司为员工办理了社会保险。部分员工还给自己购买了保险，还需要团体保险吗？团体保险与个人保险有什么区别？

【基础知识】

团体保险与个人保险可以从以下几方面进行比较。

一、风险选择的对象不同

团体保险的保险人在承保时选择的对象是团体。因此，进行对象选择的重点是审查团体的合法性和团体成员的比例。投保团体必须是依法成立的合法组织，如各种企业、国家机关、事业单位等。投保团体中参加保险的人数，与团体中具有参加资格的总人数的比例，必须达到保险人规定的比例。通常规定，如果团体负担全体保险费，符合条件的人必须全部参加；如果团体与个人共同负担保险费，投保人数必须达到合格人数的75%以上。

个人保险的风险选择对象基于个人。出于公平对待保户，保证保险公司偿付能力的考虑，保险人总是要对投保的个人及其风险状况做出小心谨慎的判断。比如需要考虑的因素有：年龄、性别、职业、健康状况、病史、居住地、险种和财务状况等。由于个人健康状况和家庭病史在保险人决定是否承保时起着至关重要的作用，保险人通常会要求被保险人进行体检并由医疗机构开具体检报告书，以此作为证明帮助保险人做出承保决定。

二、核保方式不同

团体保险的被保险人不需体检。对投保团体进行选择后，可以确保承保团体的死亡率符合正常水平，对个别具体的被保险人就不需体检了。由此，既方便了被保险人，也节省了成本费用。

个人保险的被保险人在某些情况下需要体检并由医疗机构开具体检报告书，以帮助保险人做出承保决定。例如当保险金额超过一定限额的时候，就需要体检。

三、费率不同

团体保险的保险费率低。团体保险的保险手续简化，免于体检，减少了代理人的佣金支出，节约了大量的费用，从而降低了附加保费，毛保费自然降低。而且，团体保险的死亡率比较稳定，与个人保险的死亡率基本相同，甚至低于个人保险的死亡率，也使得团体保险的费率低于个人保险的费率。这只是针对相同的风险人群而言，由于附加费用较低而使平均的费率降低。当然不同规模的团体费率也是不同的，规模越大的团体有更大的议价权，费率可以得到更大的优惠。

四、定价方法不同

团体保险是针对团体设定保险费率，其团体的死亡率根据团体人员工作性质的不同而不同，因此，不同类别的团体适用不同的费率。费率除了和工作性质相关外，还和这个团体过去的理赔情况相关。所以团体保险一般是没有约定的费率表的，不同团体单独定价。

个人保险定价一般都是基于统一的生命表或者疾病发生率表，对于所有的标准体都是统一定价的。个人保险一般都是有统一的费率表。

五、保单不同

团体保险使用团体保险单。团体保险以集体的名义投保，投保人是组织，其使用的保险单为团体保险单，即一份总的保险单，总的保单与个人保单内容相似，其中列明了所有被保险人的姓名、受益人姓名、年龄、性别、保额等。团体保单明确投保人与保险人的权利与义务关系，其变更等合同行为在投保人与保险人之间进行。给每个被保险人只发放一张保险凭证，在保险凭证中并不包括所有保险条款。通常，被保险人的保险金给付通过投保人或专门的账户进行，不直接面对单个的被保险人。

个人保险采用一张独立的保单约定投保人和保险人之间的权利义务。保单中的承保部分须填写投保人、被保险人的个人有关资料，以及关于受益人、保险金额、保险费金额和交付方式、签单日期等内容。保险条款则包括保险责任、责任免除等核心内容。

六、保险计划的灵活性不同

团体保险的投保人是单位团体，保单使用团体保单，保费统一交纳，因此，保险人对于团体保险给予了一定的灵活性。在被保险人方面，被保险人可以是确定的个人，也可以是约定条件下不确定的个人；在保险金的给付上，可以是定额给付，也可以是根据被保险人不同而不同的非定额给付；保险条款上，投保人可以就保单条款的设计和保险内容的制定与保险人进行协商。当然，团体保险单也应遵循一定的格式并包括一些特定的标准条款，但与个人保险合同相比明显具有灵活性。

个人保险都是采用标准条款，不是投保人与保险人自由协商的结果，一般情况下，投保人既不能拟定保险单的内容，也不能对保险单所确定的内容进行修改。

活动一　了解团体保险核保不严造成的保险责任

【活动内容】

刘某为某商场员工，2018 年 1 月，被确诊为肝癌后病休治疗。2018 年 6 月商场为全体员工投保了团体人寿保险，在填写投保单和被保险人名单时，在被保险人身体健康状况一栏注明：刘某因肝癌已休假 2 个月。保险公司未进行体检便办理了承保手续，签发了保单，收取了保费。2018 年 10 月，刘某因病去世，刘某的妻子向保险公司索赔保险金，保险公司认为刘某带病投保不负保险责任，仅退还保险费。

请问保险公司是否应该承担保险责任？为什么？

【活动提示】

商场并未违反最大诚信原则申报了刘某的身体状况。团体保险对投保团体进行选择后，可以确保承保团体的死亡率符合正常水平，对个别具体的被保险人就不需体检了。

任务三　量身定制团体保险方案

【任务情景】

团险部大客户经理小刘锁定了一个目标客户：某五金制造业的企业，该企业有员工 100 人，企业老板张先生今年 50 岁，他想以投保团体保险的形式给员工增加福利。小刘将如何为张先生设计团体保险方案？

【基础知识】

在团体保险量身定制保单的过程中，其作业流程一般要经过两个阶段：一是计划设计阶段，或叫协商阶段；二是承保阶段。团体保险计划的灵活性充分表现在第一阶段，投保人在这一阶段可以就保险合同条款的设计和保险合同内容的制定同保险人进行协商。在经过团体保险部门审核后，保险合同最终得以确定，以最大限度地满足不同团体投保人的不同要求。当然，团体保险合同也要按照规定的格式，使用一些特定条款。

步骤一：了解团体保险的分类。

团体保险分为三类：团体人寿保险、团体健康保险、团体意外伤害保险。

步骤二：设计团体保险方案。

客户资料：张先生，50 岁，企业老板，月均收入 10 万元。从事五金制造业，公司下有 100 名员工。张总刚从北京参加一个大型洽谈项目回来，面对长年在外的销售人员，万一发生意外，对家属的安抚问题很是担心，问小刘有什么解决方法。由于没有给员工购买基本医疗保险，企业想选择商业保险来弥补。他想给员工在意外保险与医疗保险方面扩大福利，企业可承受的年交保费为 1 ~2 万元。

（一）分析客户基本情况

五金制造业，职业类别为 3 类（同行划为 4 类，彰显健康险公司的优势）。可承受的年交保费为 1 ~2 万元。

（二）判断客户的保险需求

员工在意外保险与医疗保险方面扩大福利，需要保障型保险：高保障、低保费。

目前的保障需求主要为因意外导致的身故、残疾、医疗等基本保障。为了避免损失，保证员工的福利，企业可将风险转嫁到保险公司，由保险公司为此部分员工提供保障。

身故保障：包括由意外或疾病造成的身故，由保险公司一次性赔付既定数额的保险金。

残疾保障：包括由意外引起的身体局部或整体残疾，由保险公司根据残疾程度一次性赔付既定数额的保险金。

医疗保险金：包括由意外造成的身体伤害，在治疗过程中所支出的费用，由保险公司给予一定金额的补偿。

（三）设计团体保险方案

年交保费：16000 元，每人 170 元/年。

职业类别	保障项目	保险责任	保险金额	免赔额	赔付比例	保费
三类	团体意外伤害保险	意外身故/伤残/烧伤	10 万元/人	0 元	见注 1	110 元/人
	团体意外医疗保险	意外门诊和住院（见注 2）	1 万元/人	100 元	100%	50 元/人
	住院津贴保险	住院津贴	30 元/天	0 元		10 元/人

注：1. 伤残按残疾程度的保险金给付比例补偿；

2. 团体意外医疗赔付范围按社保医疗报销范围。

1. 团体意外伤害保险的保险责任。

保险责任	给付方式	
意外身故保险金	按保险金额给付	三项保险金给付总额以保险金额为限
意外伤残保险金	按保险金额×《残疾程度与给付比例表》相应比例给付	
意外烧伤保险金	按保险金额×《意外伤害事故烧伤保险金给付比例表》相应比例给付	

2. 团体意外医疗保险的保险责任。保险责任：对被保险人因遭受意外伤害事故，在医院门急诊或普通病房住院进行治疗，对其每次意外伤害事故产生的合理且必需的急救车费，及自事故之日起 180 天内发生的、符合投保所在地社会基本医疗保险支付范围的、合理且必需的医疗费用（包括床位费用、药品费用、护理费用、诊疗费用、治疗费用、检查化验费用、手术费用），本公司在约定的费用限额以内，扣除约定的免赔额后，按约定的比例给付意外伤害医疗保险金。

3. 住院津贴保险的保险责任。被保险人因意外伤害、烧伤住院，本公司按照（住院天数 - 3 天）×30 元/天给付住院津贴。

活动一　为企业制订团体保险方案

【活动内容】

某证券公司是国内最早成立的证券公司之一，2018 年通过增资改制成为最早市场化的券商。目前公司分布在全国 20 余个省市，员工人数 1000 多人。作为一家成立时间较短、处于激烈竞争行业当中的优秀单位，该证券公司的员工普遍年龄比较轻，只有部分管理人员和小部分员工年龄偏大，公司员工平均年龄 30 岁，面临的退休保障问题并不紧迫。但是由于处于激烈的行业竞争中，人才流动比较频繁。近两年企业业绩较好，企业打算完善员工的福利制度，从而留住企业优秀人才，保持企业员工队伍的稳定性。公司想利用团体保险计划这个“金手铐”。

请为企业设计一个团体保险方案。

【模块加油站】

一、单选题

1. 团体保险以合格团体为投保人、以（　　）的身体和生命为保险标的，当发生合同约定的保险事故时，保险人给付保险金。

A. 法人团体　　B. 团体成员　　C. 雇主　　D. 合格团体

2. 团体保险风险选择的对象是（　　）。

A. 个人　　B. 团体　　C. 群众　　D. 职业

3. 下列对团体保险和个人保险的比较，正确的是（　　）。

A. 团体保险和个人保险一样针对不同个人适用不同费率

B. 团体保险的风险选择对象和个人保险一样都是个人的风险
C. 团体保险在续保时一般采用经验费率
D. 团体保险计划和个人保险一样缺乏灵活性

二、多选题

1. 团体保险对风险选择控制的主要手段有（　　）。
A. 投保团体必须是正式法人团体
B. 投保团体的被保险人必须是正式职工
C. 投保团体的被保险人必须是能够参加正常工作的在职职工
D. 限制投保人数
E. 限制保额

2. 以下规定中能够有效减少或消除团体保险中逆选择的有（　　）。
A. 团体保险被保险人资格的规定
B. 团体成员参加保险的比例要求
C. 每个被保险人的保险金额按照统一的规则计算确定
D. 保费分摊方式

3. 保险人关心的投保团体特征包括（　　）。
A. 团体的性质
B. 团体的大小
C. 团体的稳定性
D. 团体的构成

三、判断题

1. 团体保险为控制风险一般要求团体保险的被保险人，必须是能够参加正常工作的在职人员。（　　）

2. 在团体人身保险中，对投保团体参加保险的人数没有具体规定。（　　）

3. 目前，团购已成为获得低价格的一种消费方式，比如小区业主通过团购集体采购装修材料。小区的部分业主为了降低费率组成一个团体向保险公司购买团险也是可以的。（　　）

4. 团体人身保险是指一张总保单承保某一团体内全体或大多数成员的人身保险。（　　）

5. 团体人身保险是指一张总保单承保某一单位内全体或大多数成员的人身保险。（　　）

6. 团体寿险的费率在各类人寿保险中是偏高的。（　　）

7. 团体人身保险的保险费率高于个人保险的费率。（　　）

8. 团体保险不是一个具体的险种，而是一种承保方式。（　　）

模块三　银行保险渠道

任务一　走近银行保险

【任务情景】

2018 年第一季度，工银安盛人寿保险业务收入 108.91 亿元，通过工商银行代理销售保险产品收入 98.48 亿元，占比 90.42%。不止工银安盛人寿一家，银行系保险公司皆有高度依赖银保渠道销售的现象。例如，2018 年第一季度，交银康联规模保费 69.31 亿元左右，其中通过交通银行代理销售保险保费收入 68.85 亿元，占比 99.34%。建信人寿第一季度依靠建设银行代理销售保险保费 293.16 亿元，占比接近 100%。招商信诺人寿第一季度依靠招商银行代理销售保险保费收入 34.45 亿元，占比 76.75%。中银三星与农银人寿，第一季度银保渠道销售保费收入占比分别为 65.88% 和 54.24%。

那么，什么是银行保险渠道？为何银行保险发展迅速？

【基础知识】

一、银行保险渠道

银行保险渠道，采用银邮兼代型，银行渠道和邮政储蓄机构都被统称为银行保险渠道。狭义上是指通过银行代理销售保险产品，即通常说的“借助银行卖保险”，这种渠道主要销售个人分红型保险产品，长期个人业务和风险保障类产品居多，银邮兼业代理根据业务量提取手续费。广义上是保险公司或银行采用一种相互渗透和融合的战略，通过客户资源的整合与销售渠道的共享，提供与保险有关的金融产品服务，以一体化的经营形式来满足客户多元化的金融服务需求。

从其形成和发展过程来看，国际银行保险主要有四种方式：一是协议合作，即银行与保险公司通过合作协议或非正式的合作意向确立合作关系，建立销售联盟；二是合资公司，由银行和保险公司合资成立新的金融机构，经营银行保险业务；三是兼并收购，将两个独立的保险公司和银行合并而成，发行和销售保险产品；四是直接进入，银行组建自己的保险公司或保险公司设立自己的银行。目前我国的银行保险主要是通过协议合作方式开展。银行保险合作作为世界经济一体化和金融服务融合的产物，已成为银行和保险业开辟新市场、提高利润率的重要手段。

我国银行保险渠道销售以柜面销售为主，而理财中心、电话营销、网络营销、对公客户经理、公司信贷方式等，处于初步尝试阶段。

二、银行保险产生的动因

银行保险业务之所以经过短短30年就取得了巨大的发展，是因为这种服务机制在最大限度上满足了银行、保险和客户三方面的利益，实现了三赢原则。

（一）对保险公司而言

1. 利用银行网点作为保险产品的销售渠道，可以较高效率地覆盖市场与客户，解决目前保险公司分支机构不足的问题。目前，各家保险公司的分支机构远远不能满足市场的需要，而建立众多的分支机构又将增加大量的收入，且短期内无法收到很好的效益；而银行分支机构数量众多，地理位置优越，为保险业务的发展提供了有利的潜在条件。

2. 借助银行与客户之间已有的信任关系，保险公司将有效缩短其产品和大客户之间的距离。按照诸如意见的客观性和产品知识等这样的标准，全世界范围的顾客对银行的评价普遍高于对保险代理人的评价。因此银行的品牌和形象优势，可以扩大保险公司的潜在客户。

3. 有利于商业保险公司减少经营成本。首先，保险公司可以直接利用银行现有的资料、电脑设备。其次，银行每一个分支机构都会拥有大量稳定的客户，且他们了解客户的财务信息，银行代理网点可以针对自己的储户直接作为准客户主动联系进行保险展业，不需要营销员在社会上随机地寻找潜在的客户和准客户。最后，保险公司还可以充分利用银行人员与资金结算的优势，降低经营成本，提高经济效益。

（二）对银行而言

1. 随着金融市场竞争的不断加剧，为客户提供多元化、全方位的综合金融服务，已经成为各家银行的重要战略目标之一。银行保险可以丰富银行的中间业务内涵，方便客户。银行可以把银行保险与信托、担保、信息咨询等业务一起办理，促成综合性、多功能商业银行的发展，使银行尽早回收网点成本。

2. 通过银行保险的合作来扩大并稳固银行自身的客户群，提高客户的忠诚度。由于人们大多在银行或邮政开立了账户，所以金融机构发展新的客户实际上意味着客户的转移，并且获得新客户的成本也是巨大的。正是因此，他们宁愿花力气稳定现有的客户群，而不愿把重点放在发展新客户上面。发展多样化的金融服务于是成为众多金融机构的当务之急。一个金融机构的客户，所得到的服务种类越多，就越不容易更换机构。办理银行保险业务，可以使银行与客户之间广泛接触，有利于扩大银行客户群，培植更加稳固的信贷基地，扩大银行竞争与发展的空间和领域，积极支持其核心主业发展，提高竞争能力。

3. 通过银行保险业务，可以得到手续费（或佣金），增加银行的资产业务规模，培育了新的效益增长点。在法国，平均每800个人就拥有一个销售保险产品的网点。而保险销售带来的收益是许多银行得以维持经营其他业务的重要保证。保险业务的利润占银行全部纯利润的比例不断扩大，目前为10%～15%。同样，对于国有的邮局系统，往往通过金融产品的盈利来弥补其传统的信函邮递业务的亏损。

表 6－2　不同类型的银行客户与银行联系的紧密程度

客户类型	脱落率（%）
只在银行开一个活期存款账户	100
只在银行开一个定期存款账户	50
同时在银行开一个活期与定期存款账户	10
在银行开一个活期存款账户并办理贷款或信用卡业务	5.6
在银行开一个活期存款账户并接受其他金融保险综合服务	1

资料来源：Cobb K. Banking Policy. Journal of Banking and Finance，1995（5）：295－301。

【延伸阅读】

银行保险起源

银行保险是一种新兴的保险销售方式，起源于法国，它的诞生标志着金融行业进入到一个全新的发展阶段，尤其是它在1980年之后的膨胀式快速发展，迅速取代传统代理人渠道，成为欧洲国家保险公司保费收入的主要渠道。在亚洲，银行保险自2000年开始蓬勃发展，成为重要的保险销售渠道之一。在我国银行保险相对起步较晚，在20世纪90年代初，银行和保险公司开始转变经营理念，到1996年以后，国内几家主要的保险公司开始和银行试水开展银行保险业务，虽然取得了一定的成效，但保费收入规模很小。进入到2000年以后，随着我国经济的快速发展，银行保险也进入到一个飞速发展时期，市场上银行保险产品种类逐渐增多，大型商业银行成为各大保险公司争相合作的对象，来自银行的保费收入也开始成为保险公司收入的重要组成部分，银行保险已经成为目前中国保险业的第三大主要销售渠道。

资料来源：李佳希．银行保险品牌战略对保险消费者购买行为影响研究［D］．山东：山东大学，2017.

三、银行保险渠道的主要参与者

（一）银行柜员

柜员指的是银行网点、分支机构的一线员工，其办理柜台窗口业务，可以销售相对简单的银行保险产品。柜员可以通过“银保通”将银行的业务处理系统与保险公司系统进行连接，实现投保人信息的及时传递。由银行柜面将保险公司予以承保的信息及时传递给客户，并在客户获知保险公司承保后，在银行柜面及时打出保险单，从而为在银行办理保险业务的客户提供代理保险服务。

（二）银行理财顾问

银行理财顾问是在银行业务网点为提供综合性产品和服务而设立的理财中心的工作人员，其业务素质和金融知识相对全面，可以为客户设计并向客户销售综合化的银行保险产品。

（三）保险公司客户经理（或理财经理）

保险公司客户经理以领取薪金作为报酬，辅之以根据销售量而取得奖金，与保险公司签订合同。客户经理销售保险产品具有主动、效率高、对产品熟悉的优势。在银行保险提供的金融产品更加综合化、全面化方面，客户经理的作用可以得到很好的发挥。但保险公司客户经理的综合素质有待提高，易于发生欺诈、误导等道德风险。

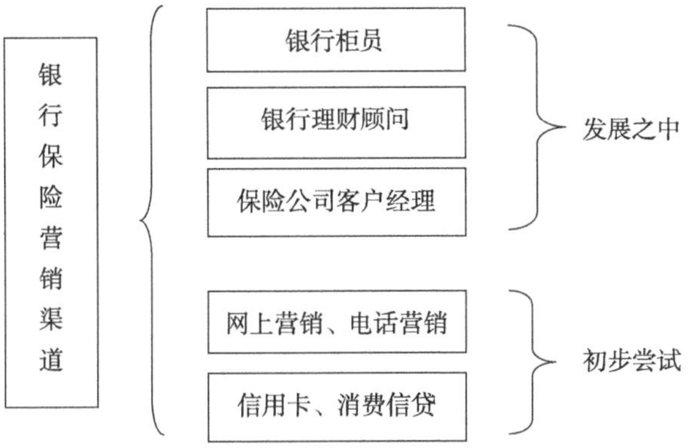

图 6－1　银行保险营销渠道的基本架构

四、银行保险的特点

纵观国外及中国银行保险的发展情况，可以发现银行保险主要有以下特点。

（1）在营销方式方面，银行保险的营销方式与保险业传统的营销方式不同，它是利用银行庞大的分支机构网络来销售保险产品。银行保险的这种独特营销方式使得银行保险的经营者可以凭借银行所掌握的信息、客户基础接触到巨大的潜在客户，从而扩大营业规模，降低保险产品的营销成本。

（2）在所提供的产品方面，为低利润率的简单投资型或储蓄替代型产品，销售标的是兼具银行和保险特征的产品。

（3）在经营主体方面，银行保险不同于传统的商业保险。受金融机构业务活动范围的限制，传统的商业保险只能由保险公司经营。而银行保险则以银行参与保险业务活动为基本前提，以保险技术与银行网络相结合为特征，因此银行保险的经营主体除保险公司外，还有兼营保险业务的银行、邮政储蓄机构及银行保险公司。银行、邮政储蓄机构通过销售寿险产品获取销售代理收入。除此之外，有些银行通过股权投资直接参与寿险公司经营，甚至积累寿险运营经验直接开办寿险公司。

（4）在消费者方面，通常是消费者主动到银行的营业场所办理业务，同时一般消费者都认为银行信誉比较高，银行在销售保险产品上处于有利地位。

【延伸阅读】

《关于银行类保险兼业代理机构行政许可有关事项的通知》

保监中介〔2016〕44 号摘要

一、本通知所指银行类机构，是指经保险监管机构批准兼营保险代理业务的银行（含农村信用社）。

二、银行类机构实行法人机构申请保险兼业代理资格、法人机构持证、营业网点统一登记制度。银行类机构的法人机构（以下简称法人机构）取得保险兼业代理业务许可证（以下简称许可证）后，其分支机构可凭法人机构的授权开展保险兼业代理业务。

三、申请保险兼业代理资格的法人机构，应具备下列条件：

（一）具有经银行业监管机构批准的金融业务经营资格；

（二）主业经营情况良好，最近三年无重大违法违规记录；

（三）具有敞开式店面、网点等便民服务的营业场所；

（四）具备必要的软硬件设施，业务信息系统与保险公司对接，业务、财务数据可独立于主营业务单独查询统计；

（五）已建立保险代理业务管理制度和机制，并具备相应的专业管理能力；

（六）配备符合条件的保险代理业务责任人；

（七）中国保监会规定的其他条件。

活动一　银行如何规范销售保险产品

【活动内容】

2014 年 6 月，刘女士去银行存钱，刚好碰到降息，银行工作人员建议她买份分红保险，该产品收益会比存款更可观，而且购买 10 万元的产品，还可以赠送保额 16 万元的一年期意外险。刘女士接受工作人员的建议，一口气买了 14 万元的分红保险。2014 年 9 月，刘女士果真发生了意外，在买菜时把腿摔断了。出院后，刘女士将上千元的医疗发票保存至 2017 年。2017 年她到银行赎回保险，准备顺便理赔意外险时，工作人员告诉她，因为错过 2 年的理赔期限，她 1000 多元的医疗费无法报销。刘女士说当时银行工作人员建议她买保险时，只字未提理赔程序以及期限，刘女士认为，自己错过理赔时效，银行工作人员要承担责任。

请谈谈这个案例对你的启示，银行该如何规范销售保险产品？

任务二　区别银行保险产品与定期储蓄

【任务情景】

刘女士到建行存钱，排队时，一个小伙子凑上来，向她推荐一种新的“存款”方式，称这种存款方式每七天结息一次，取款基本不受限制。小伙子穿的衣服和银行工作人员一样，刘女士以为是银行在推荐新的理财产品，她把 30000 元交到银行柜台，领了一张回单。一个月后刘女士去建行取钱，银行告知是保单，不能在银行取钱。刘女士想找办理业务的小伙子询问，被告知其已经离职。刘女士气愤地说，她本就是去银行存钱的，如果知道是保险，肯定不会同意的，业务员也没跟她讲条款。

应该如何正确认识银行保险产品与银行储蓄?

【基础知识】

银行保险产品与银行储蓄的区别体现在以下几方面。

一、总收益

目前市场上热销的银保产品都是投资型产品，如分红型、万能型。投资型银保产品的总收益是不固定的，而银行存款利息是固定的。投资型险种能够保证本金安全，并且有固定收益。按照原保监会的规定，万能型保险最高保证年收益率不能超过2.5%，分红型保险不能作保证收益的承诺，甚至每年的分红率都不能公开宣传。从保监会对收益率承诺的严格规定看出，投资型保险是以保障为主、投资为辅的产品。

二、资金流动性

保险的资金流动性较低，交费期间退保的成本相当大。购买银保产品之前应当考虑这笔资金是否可以坚持多年不用。如果其间需要动用这笔资金，退保相当不划算，相比基金、股票等投资工具，投资者购买银保产品的支出最好不要超过定期存款的1/3，以免出现资金周转困难。有一些保险产品可用保单质押的方式获取流动资金，如万能险，可以按照保单现金价值的一定比例进行借款。期交的银保产品减轻了投资者的一次性交纳保费的资金负担，但此后每年都要准备一笔交保费的资金，同样要考虑自己的承受能力。

三、保险公司后续服务

有的银保产品满期保险金，投资者可以在75岁、88岁的时候获得给付，如果30岁开始交保费，那么跟保险公司打交道的时间会有45年甚至更长。银保产品销售出去之后，银行的任务宣告完成，此后长达几十年的保单服务都是由保险公司承担，因此，选一家信誉良好、经营稳健的保险公司最为关键。首先，投资者在购买银保产品前，首先要评估这家保险公司的资质。其次，投资型保险产品的收益取决于保险公司的投资获利能力，一家保险公司往年分红险的红利派发或者万能险的投资收益率，可以作为投资者对保险公司投资能力评价的参考。

【延伸阅读】

关于防范银行保险渠道产品销售误导的风险提示

近期，有媒体报道，消费者到银行存款，被销售人员误导购买了保险产品，引发关注。个别金融机构、保险销售人员的销售误导行为，影响了行业形象，侵害了消费者的合法权益。为此，中国银行保险监督管理委员会提示保险消费者，购买银保产品时谨防混淆产品类型、夸大产品收益、隐瞒产品情况等销售误导行为。

一、混淆产品类型。以储蓄存款、银行理财、基金等其他金融产品的名义宣传销售保险产品，或将保险产品宣传为保险公司与商业银行机构共同开发的产品等，没有如实向消费者说明所推荐产品是保险产品。

二、夸大产品收益。对保险公司的股东情况、经营状况以及过往经营成果进行虚假、夸大宣传，或对保险产品的不确定利益承诺保证收益等，没有如实向保险消费者说明人身保险新型产品等保单利益的不确定性。

三、隐瞒产品情况。没有如实向保险消费者说明与保险合同相关的重要信息，比如隐瞒保险产品的除外责任，提前退保可能产生的损失，费用扣除情况，犹豫期的起算时间、期间以及享有的权利等。

资料来源：原中国保险监督管理委员会网站，http：//shandong. circ. gov. cn/web/site0/tab5175/info4108850. htm。

任务三　认识典型银行保险产品

【任务情景】

小董当了父亲以后，开始考虑给孩子买点保险。在银行工作的高中同学建议到他所在的银行去买保险，但是对于产品本身也说不太清楚。小董准备到网上查查相关的资料，到底银行里卖的保险产品与保险公司上门销售的产品有什么不同呢?

【基础知识】

银行保险产品及其特点

目前，我国银行保险的发展还只是处于银行代理阶段，主要由银行柜台人员销售，销售人员的专业性不强，因此保险公司推出的银行保险产品都比较简单，产品种类包括分红保险、投资连结险、万能保险、意外险、健康险、传统寿险等。但保费来源主要集中在分红保险，以期交和趸交分红型寿险产品为主。在财产保险产品方面，保险公司针对银行业务的特点，推出的银行保险产品有家庭财产保险、房屋贷款保险、进出口货物运输保险、消费信贷保险等。

银行保险产品具有以下主要特点。

（1）产品设计简单，便于销售，并能使投保人在短时间内是否对投保做出选择。

（2）期限一般较短，一般为 5 年或 10 年期。

（3）保障程度较低，侧重于储蓄和投资。

（4）具有保底收益和分红概念。

（5）核保要求简单。

表 6－3　银行业与保险业的差异性

	银行业	保险业
对象	货币	风险
基本职能	积聚、融通资金	组织经济补偿和给付

续表

	银行业	保险业
主要职能	调节管理经济的主要杠杆之一	保障社会经济活动和社会活动的稳定——社会稳定器
资金特点	有偿返还性，并不涉及资金所有权变更，只是使用权的暂时转移	有条件的返还性、互助性、储蓄性
资金运动的一般规律	存款人—贷款人—存款人	投保人—保险人—被保险人或受益人
经营方式及业务内容	存款、贷款、汇兑、结算	展业、承保、防灾、理赔、资金运用
社会效果评价	以取得利润为衡量标准，侧重于直接经济效益	讲求利润，但不单纯以经济效益为目标，注重公众心理平衡性、保障社会安全性，侧重于间接经济效益

资料来源：郭建斌．我国银行保险营销渠道研究［D］．广西：广西大学，2008.

【延伸阅读】

国寿鸿盈两全保险（分红型）介绍

国寿鸿盈两全保险（分红型）提供高额疾病、意外身故保障，特定交通身故保障高达3倍。被保险人在获得满期保险金的同时还可以分得公司的分红收益。

表6－4　　国寿鸿盈两全保险（分红型）介绍

产品名称	国寿鸿盈两全保险（分红型）
险种类别	分红保险
投保范围	凡出生30天以上，70周岁以下，身体健康者均可作为被保险人
交费方式	趸交；期交（3年/5年/10年）
保险期间	6年/10年/15年
保险责任	满期保险金： 被保险人生存至保险期间届满的年生效对应日，本公司按下列规定给付满期保险金，合同终止。 一次性交付保险费的，满期保险金＝基本保险金额； 分期交付保险费的，满期保险金＝基本保险金额×交费期间（年数）。 疾病身故保险金： 1. 被保险人于合同生效之日起一年内因疾病身故，本公司按所交保险费（不计利息）给付身故保险金，合同终止； 2. 被保险人于合同生效之日起一年后因疾病身故，本公司按下列规定给付身故保险金，合同终止： 一次性交付保险费的，身故保险金＝基本保险金额； 分期交付保险费的，身故保险金＝基本保险金额×身故时的交费年度数。 意外身故保险金： 1. 被保险人乘坐火车、轮船或航班班机期间因意外伤害身故，本公司按下列规定给付身故保险金，合同终止： 一次性交付保险费的，身故保险金＝基本保险金额×3； 分期交付保险费的，身故保险金＝基本保险金额×身故时的交费年度数×3。 2. 被保险人在乘坐火车、轮船和航班班机期间外因意外伤害身故，本公司按下列规定给付身故保险金，合同终止： 一次性交付保险费的，身故保险金＝基本保险金额×2； 分期交付保险费的，身故保险金＝基本保险金额×身故时的交费年度数×2。
保单借款	在满足条款规定的条件时，可以办理保单借款，借款金额最高可达保单当时的现金价值扣除借款及利息后余额的80%。

【投保示例】

洪先生，30岁，企业中级管理人员。作为家庭的经济支柱，洪先生时刻将家人的幸福生活放在心上，因此对自己的健康保障及家庭资产的低风险投资十分重视。经过综合比较，洪先生为自己投保了国寿鸿盈两全保险，选择10年保险期间，5年交费，每年交费10000元，基本保险金额为11120元。

洪先生可以获得的保险保障如下：

（一）高额保障

如果洪先生不幸于合同生效起一年内因疾病身故，可获生命保障金10000元，合同终止。

一年后因疾病身故，可获得生命保障金11120元×身故时的交费年数，合同终止。

在乘坐火车、轮船和航班班机期间外因意外伤害身故，可获得生命保障金11120元×身故时的交费年数×2，合同终止。

在乘坐火车、轮船和航班班机期间因意外伤害身故，可获得生命保障金11120元×身故时的交费年数×3，合同终止。

（二）稳定收益

洪先生生存至年满40周岁的年生效对应日时可获得满期金额55600元+复利累积的红利收益，合同终止。

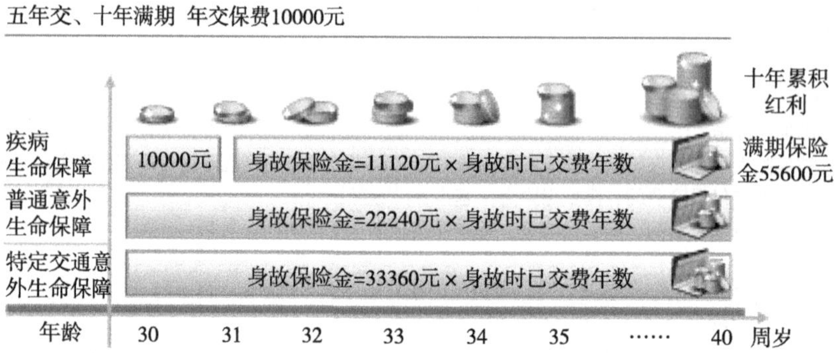

说明：

1. 上述演示基于本公司的精算和其他假设，不代表本公司的历史经营业绩，也不代表对本公司未来经营业绩的预期。红利分配是不确定的，实际红利金额根据分红保险业务实际经营情况决定；

2. 上述累积红利是假设红利按假定的红利累积利率年复利计算，实际红利累计年利率由本公司每年公布；

3. 本简介仅供参考，具体内容以国寿鸿盈两全保险（分红型）条款为准。

活动一　如何选择银行保险产品

【活动内容】

小王24岁，他刚参加工作2年，年收入稳定，手头有一定的闲散资金，经常出差，目前还没有购房和结婚的计划，请为他挑选一款市面上的银保产品。

【活动提示】

一是要注意银保产品的保障功能。

二是要比较分红的方式和种类，同时应关注保险公司的发展可持续性，以确保分红的多少和较长时期内的稳定性。

三是目前银保产品有5年、10年、15年、20年、25年乃至30年等数档期限可供选择，对一些银保产品来说，期限越长其基本保额越高，也就是计算分红的基数越高，同时复利累计的效果越明显。此外，在选择时还得看清楚产品条款的实际保障范围和具体赔付条件，特别是货比三家时，更要留意条款细节，有些银保产品还有附加险，与主险同时投保可以享受更多的优惠。

【模块加油站】

一、单选题

1. 银行保险渠道是指通过银行代理销售保险产品，即通常说的“借助银行卖保险”，主要销售（　　），长期个人业务和风险保障类产品居多。

A. 个人分红型保险产品　　B. 定期寿险　　C. 终身寿险　　D. 重大疾病保险

2. 银行保险产品具有的主要特点是（　　）。

A. 产品设计简单，便于销售，并能使投保人在短时间内对是否投保做出选择

B. 产品收益稳定，没有投资风险

C. 保障程度较高，侧重于保障

D. 销售的产品种类丰富

3. 下列各项关于银行保险产品特点的说法不正确的是（　　）。

A. 期限一般较短，一般为5年或10年期　　B. 具有保底收益和分红概念

C. 核保要求比较严格　　D. 银行保险产品设计简单

二、多选题

1. 银行保险渠道的优势在于（　　）。

A. 利用银行网点作为保险产品的销售渠道，能够高效率地覆盖市场与客户

B. 借助银行与客户之间已有的信任关系，保险公司可以有效缩短其产品和大客户之间的距离

C. 有利于商业保险公司减少经营成本

D. 产品种类丰富多样

2. 对于银行而言，银行保险的说法正确的有（　　）。

A. 为客户提供多元化全方位的综合金融服务，成为各家银行的重要战略目标之一

B. 通过银行保险业务，可以得到手续费（或佣金），增加银行的资产业务规模，培育了新的效益增长点

C. 通过银行保险的合作来扩大并稳固银行自身的客户群，提高客户的忠诚度

D. 银行保险是银行的主要盈利来源

3. 银行保险渠道的主要参与者包括（　　）。

A. 银行柜员　　B. 银行理财顾问

C. 保险公司客户经理　　D. 保险公司理财经理

三、判断题

1. 银行保险渠道，采用银邮兼代型，银行渠道和邮政储蓄机构都被统称为银行保险渠道。（　　）

2. 银行保险渠道广义上是保险公司或银行采用一种相互渗透和融合的战略，通过客户资源的整合与销售渠道的共享，提供与保险有关的金融产品服务，以一体化的经营形式来满足客户多元化的金融服务需求。（　　）

3. 投资型银保产品和银行存款一样总收益是固定的，没有投资风险。（　　）

模块四　新型人身保险销售渠道

任务一　走近电话销售渠道

【任务情景】

2017 年上半年，我国从事寿险电销行业的人力达 7.1 万人，较 2016 年同期增长 11%。2017 年 1 ~6 月累计脱落率为 15.9%，较 2016 年同期降低了 1.9%。行业人力稳步增长，脱落率指标有所优化。

在寿险电销领域的 29 家险企中，中资公司有 18 家，外资公司有 11 家。2017 年上半年，中资公司累计规模保费 85 亿元，占据市场份额的 79%。中资公司保费增速超外资公司，依然占据主导地位，市场份额具有绝对优势。

什么是电话销售渠道？电话销售渠道有何优势？

【基础知识】

一、电话销售渠道

保险电话销售就是保险公司通过自己建立电话销售中心或者与其他保险代理机构合

作，以电话为主要沟通方式，并通过邮件、短信、信函等作为辅助沟通方式，向客户提供保险相关产品与服务的一种销售模式。电话销售模式于20世纪70年代始于美国。我国于2003年由海康人寿引进这一销售模式。由于渠道成本投入较低，展业的效果较好，能覆盖到各个地区，所以电话销售在整个保险市场发展迅速。

现在我国已经有十几家保险公司开展电话销售，我国的电话销售模式分为单一模式及混合模式。单一模式即利用客户信息拨打电话，销售保险产品；混合模式即利用邮件、网络等手段进行宣传，由潜在客户拨打免费电话进行咨询从而完成销售。电话保险还可以新的形式出现，如中国人寿上海分公司推出的交通安达卡。这种电话卡与手机充值卡一样，不必去保险公司就可购买保险，还可自己决定保险生效时间。而且，电话购买时不用付费，保险费列入电话账单，等到交电话费时一并交付，为客户提供了极为便利的服务。

二、电话销售的优缺点

电话销售的优点：通过电话营销，保险公司直接面向客户，保险产品在定价方面有一定的优势，这样能节省大量的成本，给保险公司带来了一定的利润空间。在我国，保险公司通过电话呼入的方式，向客户销售保险产品，深入了解客户的真实需求，有利于保险公司改变对传统营销渠道的依附。

电话销售的缺点：由于保险产品的特殊性，部分消费者对保险电话营销有一定的偏见，保险公司利用这种方式展业难度较大。电话营销的产品较为单一，局限于如车险、意外险等简单产品。

从渠道发展策略来看，平安寿险在平衡发展现有渠道的基础上，大力发展电销、网销等新兴渠道，凭借其在国内开设的6大电话销售中心，2014年平安电销渠道共实现规模保费93.54亿元，同比增长41.5%，相对于传统渠道保持了高速增长，电销市场份额持续第一。比较而言，太平洋保险则是通过电销与直销的交叉销售，增加电销产品的保费收入。仅2014年，6万名电话购买过太平洋直销车险的客户追加购买了非车险产品；太平洋直销车险新老客户追加购买的寿险电销产品，占寿险电销渠道保费的16%。通过对网销车险客户的引导和电销车险客户的推荐，超过1000名客户通过网电融合的方式购买了寿险产品；同时，还有近3000名客户借助线上线下融合，通过公司指派的营销员购买了寿险产品。

【延伸阅读】

《2017年寿险电话营销行业发展形势分析报告》摘要

中国保险行业协会对外发布《2017年寿险电话营销行业发展形势分析报告》。报告指出，寿险电话营销进入中国市场十余年来，稳步发展，保费规模逐年上升，人力指标日趋优化，产品结构以保障型为主。中国保险行业协会根据电话营销行业数据及企业经营状况，对2017年寿险电话营销运行情况进行了分析。

2017年，我国寿险电销行业实现规模保费199亿元，较2016年增长21%。其中，自建机构保费较2016年增长17%，合作机构保费较2016年增长31%。

全年保费收入来自经营电销业务的29家人身险公司，前5家公司占据了市场76%的份额，其中平安一家公司市场份额高达46%，市场集中度较高。平安人寿、招商信诺、大都会人寿、泰康人寿和阳光人寿的保费规模均在10亿元以上。从各公司来看，与上年同期相比，66%的公司电销业务规模保费呈现增长态势。

从渠道来看，2017年全行业通过自建机构实现保费近147亿元，其中平安人寿凭借92亿元的保费收入稳居第一，阳光人寿等其余10家公司通过自建机构取得的保费均在亿元以上。

资料来源：http：//insurance. hexun. com/2018 －03 －21/192673019. html。

任务二 走近网络销售渠道

【任务情景】

在移动互联网时代，保险公司应用互联网和金融科技武装代理人队伍，加强客户黏性并改善客户体验是保险业务发展的必然要求。2017年中国平安新增的4630万客户中有1872万来自集团互联网用户，在新增客户中占比40.4%，预计平安的互联网用户能够持续转化为寿险客户；同时，其“代理人线上化”等全方位的金融生活服务，增强了客户的活跃度与忠诚度。

什么网络销售渠道？网络销售渠道有何优势？

【基础知识】

一、网络销售渠道

网络销售渠道是指客户通过网络，例如保险公司官网、保险公司电子直销网站、电商网站（京东、天猫、淘宝等）、微信等，获得保险产品资讯并咨询、购入或者获得其他保险类服务。保险产品的网络经营销售在中国仍然处于探索阶段，不少保险公司仍然将保险代理人作为网络经营销售的后续支持。保险公司依靠自己的业务人员和分支机构进行保险经营销售时会产生大量的费用，包括员工的工资和业务费用。并且，无论保险公司的资金实力多么雄厚或者多么优秀的保险公司，都不可能建立一支能覆盖所有保险购买需求的经营销售团队。因此，保险公司通常在凭借自身员工进行直销的同时，仍需要广泛地采用间接经营销售渠道进行间接经营销售。

二、网络销售的优缺点

网络营销的优点：保险公司可以大幅度减少各种成本，如房租、人力成本等，保险公司只需承担较低的网络服务费。此外，互联网的特点使得保险业务可以扩展到任何领域，从而降低运营风险，满足个人消费者的需求。

网络营销的缺点：虽然这种在互联网上获得保险产品的信息和报价的方式十分便捷，消费者可以根据自身需求进行选择，但是很大一部分消费者在选择保险产品前需要有专业的人员来提供服务和协助，讲解保险条款和保险责任，特别是对于一些年纪较大的人群，通过网络购买保险产品还无法实现。所以对于保险条款比较烦琐、专业知识较多的保险产品来说，网络营销还不适用。

【延伸阅读】

《2017年度互联网人身保险市场运行情况报告》摘要

2017年互联网人身保险市场规模发展势头放缓，全年累计实现规模保费1383.2亿元，同比下滑23%。相比2013—2015年三位数的高速增长，以及2016年保费增速放缓且逐月下降的趋势，2017年保费增速出现近年以来的首次负增长。

尽管保费和渗透率呈现下滑态势，随着保险保障功能的凸显、保险科技的广泛应用，行业风险防控能力持续增强，业务结构得到调整。从长远看，将为互联网保险创造更为有利的发展环境，激发行业的内在动力和活力，维护金融安全。

银行系保险公司保费规模领跑，健康险公司增速靠前。

寿险主体积极布局自营官网，第三方平台聚合资源优势明显。

意外险发展潜力巨大，健康险节节攀升。

【延伸阅读】

解读《关于加强自媒体保险营销宣传行为管理的通知》

2018年6月，中国银保监会发布了《关于加强自媒体保险营销宣传行为管理的通知》。银保监会表示，当前，包括互联网站、应用程序、博客、微博客、公众账号、微信等在内的自媒体平台已成为保险公司、保险中介机构以及保险从业人员展示公司形象、推介保险产品、介绍保险服务、普及保险知识、宣传保险理念的重要渠道。但由于自媒体渠道参与门槛低、发布主体多、信息审核弱、转发传播快，已成为保险销售误导、不实信息传播的高发领域，严重损害了保险消费者的合法权益，埋下大量保险消费纠纷和群体性事件风险隐患。

通知对各保监局、各保险公司、各保险中介机构提出7个方面的要求：一是提高对自媒体保险营销宣传行为管理重要性的认识；二是建立健全自媒体保险营销宣传行为管理制度；三是加强从业人员合规教育与职业道德教育；四是确保营销宣传信息合规准确；五是完善信息监控和处置机制；六是加大责任追究力度；七是落实监管责任。

活动一　互联网与代理人模式是否冲突

【活动内容】

“百万医疗险”“防盗账户险”“航空延误险”“退运险”……种种“网红”保险产

品层出不穷，对于投保人而言，可以自主购买这些产品着实方便不少。但正是由于类似产品销售绕过了代理人环节，也使得业界开始担心百万保险代理人的前途。“目前部分互联网保险产品比线下更便宜，或者说更能够体现保险的价值，杠杆比较高，保障功能较强。其本质原因是网上销售效率较高，一个人一年给公司带来几百万元的保费。而在线下，平均一个代理人一年只能给公司带来十几万元的保费。”

互联网销售渠道与个人代理人模式是否冲突？

【活动提示】

代理人渠道未来一定有自己的发展空间，关键是要提高效率。代理人需要有线上线下趋同的市场理念。线下代理人应通过自身的一些直播平台，或是通过自己的朋友圈经营，而不是一单一单地去拜访客户。今后，真正能够留存的代理人应该能够借用互联网工具，高效地把高性价比的产品销售出去。

代理人和互联网保险的销售模式不是非此即彼的关系，不可能有了互联网就没有代理人，或有了代理人就没有互联网。互联网线上销售与代理人线下销售两种模式并不矛盾，更不是冲突对立的。未来，线下代理人能够存活下去，而且活得更好，一定是充分利用互联网平台提升了工作效率。

【模块加油站】

一、单选题

1. 电话销售的缺点是（　　）。

A. 产品销售成本比较高　　B. 依附于传统营销渠道

C. 电话营销的产品较为单一　　D. 电话销售产品价格较高

2. 网络销售渠道的优点是（　　）。

A. 十分便捷，消费者可以根据自身需求进行选择

B. 网络销售这一渠道适用于各种类型的保险产品

C. 网络销售渠道的产品丰富多样

D. 网络销售产品可以满足客户的各种需求

二、多选题

1. 网络销售渠道是指客户通过网络，例如（　　）等，获得保险产品资讯并咨询、购入或者获得其他保险类服务。

A. 保险公司电子直销网站　　B. 电商网站（京东、天猫、淘宝等）

C. 微信　　D. 保险公司客服电话

E. 保险公司官网

2. 网络营销的优点有（　　）。

A. 保险公司可以大幅度减少各种成本，如房租、人力成本等

B. 互联网的特点使得保险业务可以扩展到任何领域，降低运营风险

C. 满足各个年龄层次客户的需求

D. 网络销售产品丰富多样，满足客户各种需求

三、判断题

1. 部分消费者对保险电话营销有一定的偏见，保险公司利用这种方式展业难度较大。（　）

2. 保险公司利用网络销售渠道可以替代传统的个人保险渠道。（　）

3. 很大一部分客户在选择保险产品前需要有专业的人员来提供服务和协助，讲解保险条款和保险责任。（　）

项目练习

一、名词解释

个人保险渠道　团体保险渠道　银行保险渠道　电话销售渠道　网络销售渠道

二、简答题

1. 谈谈个人代理人制度对我国保险业发展的影响。
2. 通过查阅资料，谈谈个险渠道存在哪些风险。
3. 简述团体保险与个人保险存在哪些区别。
4. 简述团险保险对企业有何作用。
5. 分析银行保险与储蓄有何区别。

三、实训练习

1. 搜集三家寿险公司的银行保险产品，并进行比较分析。
2. 了解当地保险公司银行保险销售现状。
3. 通过各种渠道（网络、书籍等），关注现阶段我国团体保险的发展情况。

项目七

人身保险理财规划

【知识目标】

□ 掌握保险理财规划的概念
□ 掌握人身保险理财规划的流程
□ 熟悉保险在个人理财中的作用
□ 了解个人理财的概念及其主要内容

【能力目标】

□ 能够根据客户的基本情况，为客户制定人身保险理财规划

【引导案例】

“做保险近两年，终于签了一笔大单。”最近，长沙某寿险公司业务经理晓雯兴奋不已，经过三个多月的跟单，她终于说服客户购买了一份保险，这份保险每年的保费高达20万元，需连续交纳10年。据悉，在长沙，如此大投入购买保险的市民已经不在少数。富人险究竟有什么魅力能让有钱人一掷千金，趋之若鹜呢?

随着我国经济的不断增长和居民储蓄余额的不断攀升，理财已经成为备受居民关注的话题，保险作为一种兼有保障、储蓄和投资功能的产品成为人们不可忽视的理财工具。

模块一　认识保险理财规划

任务一　保险和个人理财

【任务情景】

随着我国经济社会的快速发展，金融市场不断完善，金融工具也不断增加，消费者

除了银行储蓄外，投资的渠道也相应增多。在众多理财规划工具中，保险是不可或缺的。那么，人们买股票，买基金，为何还要买保险呢？保险在理财规划中有何作用？

【基础知识】

一、个人理财

个人理财是一个评估客户各方面财务需求的综合过程，它是由专业理财人员通过明确个人客户的理财目标，分析客户的生活和财务现状，从而帮助客户制订出可行的理财方案的一种综合金融服务。它不局限于提供某种单一的金融产品，而是针对客户的综合需求进行有针对性的金融服务组合创新，是一种全方位、分层次、个性化的服务。

个人理财由三个部分组成，即消费理财、保障理财和投资理财。这三个部分使个人理财的结构呈“金字塔”状（见图7－1）。

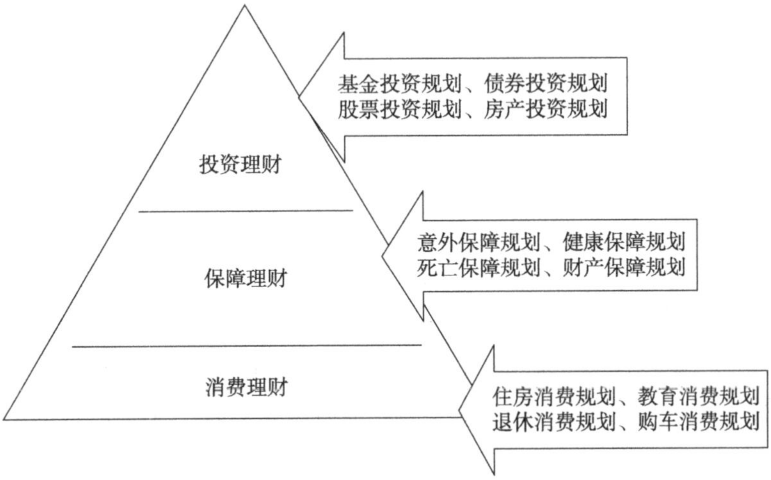

图7－1　个人（家庭）理财结构

消费理财即用财，是对个人最基本的消费进行管理。消费理财主要根据个人生命周期及收入水平合理制定理财目标，安排分配消费资金，满足个人及家庭生活的消费需求。消费理财包括涉及吃、住、行的所有消费，主要有大额消费规划、教育金规划、退休规划、购房规划等。

保障理财即护财，是通过对纯粹风险的识别、测量、管理等过程，减少由于风险造成的财务损失，其目的是保障人身及财务安全。保障理财要通过购买保险来规避和防范风险，主要渠道有人寿保险规划、健康保险规划、意外伤害保险规划和财产保险规划。

投资理财即生财，是对个人投资资金进行的管理，当资金用于基本消费和购买保险后还有剩余时，人们会充分利用该闲余资金进行投资使资金增值，达到资源的最优配置。投资理财主要解决资本增值问题，通过组合投资来分散非系统性风险，目的是在风险最小的情况下获得最大收益。投资理财包括金融资产投资和实物资产投资，主要有股票投资规划、债券投资规划、基金投资规划和房地产投资规划等。

二、保险理财在个人理财中的作用

保险理财是个人理财的一部分，它主要通过定量分析客户保险需求的额度，帮助客户选择合适的保险品种、期限及保险金额，以避免风险发生时给个人及家庭生活带来冲击，从而提高客户的生活质量。保险作为个人理财规划中不可缺少的重要工具，不仅是个人和家庭风险管理的重要组成部分，而且在储蓄和投资规划、遗产规划、教育规划、退休规划、最小税负规划等方面起着不同程度的作用。从理财功能的角度来看，与银行储蓄、债券、股票、基金等理财工具相比较，人寿保险理财的功能也是唯一在消费理财、保障理财和投资理财这三方面都有特殊表现的理财工具。

（一）保险理财在个人理财中的保障作用

由于保险的基本功能是分摊损失和补偿损失，所以保险理财的基本功能就是保障功能，这也是保险理财与其他理财最大的区别。俗话说“天有不测风云，人有旦夕祸福”，每个人的一生都有可能面临自然灾害风险、意外事故风险、死亡风险等各种风险，再加上我国的社会保障制度还不是很完善，个人对各种风险的承受能力比较弱，因此人们往往要借助保险理财的保障功能渡过难关，化险为夷，稳定人民生活。同时，保险理财具有储蓄功能，人们可以通过按期交纳保费来保障将来的生活，这样也有助于均衡个人财务支出。

（二）保险理财在个人理财中的投资作用

保险理财具有保障功能的同时，还有着投资和储蓄功能，随着金融工具的多样化和经济发展的市场化，在保险市场上出现了主要针对人寿保险的创新型保险——投资型保险。这种类型的产品在资金运用方面是以有价证券为中心，追求综合的高回报率，并将投资回报与保险公司的投资收益或经营业绩密切联系。目前我国保险市场上常见的投资型保险有万能寿险、投资连结型保险和投资型家庭财产保险等。保险的储蓄功能也很常见，传统的一些保险险种就有较强的储蓄功能，人们可以通过购买年金保险来筹集孩子的教育金或自己的退休资金。因此，保险理财在个人理财中不仅有保障功能，而且还有较强的投资和储蓄功能。

（三）保险理财在个人理财中的免税作用

个人还可以利用保险理财来合理避税，由于保险公司的赔款属于损失补偿，不属于个人收入，不用计算在个人所得税的纳税范畴里，可以免交这部分税款。另外，个人可以通过保险来进行遗产规划。根据我国《保险法》的规定，被保险人在保险有效期内身故，寿险公司将按合同约定向受益人支付身故保险金，这种保险金的给付不作为遗产处理，可免征遗产税，有利于财产转移和节税。换句话说，可以通过购买人寿保险实现财产转移和合理避税的功能。

另外，2018 年 4 月银保监会下发了关于印发《个人税收递延型商业养老保险产品开发指引》的通知，标志着该类型产品在我国正式开始试点。所谓的“个人税收递延型养老保险”，是指投保人购买商业养老保险，可以在税前减轻个税压力，即少交一部分个税，这部分个税在退休后领取养老金的时候再扣除。一般来说，退休金都会明显低于在岗时的工资，并且若干年后个税起征点可能会提高、税率可能会下调，所以晚交个税相当于给个人减负了。

据测算，采取“个人延税”型模式，同等收入情况下，越早购买税延型养老保险产品，未来可省税额越高；同等时间开始购买产品的情况下，收入越高，未来可省税额也越高。覆盖范围上，无论企事业单位还是政府机关，都可以参与。产品操作模式上，交费时由企业代扣代交，领取时保险公司代扣代交个税；员工离职时，可以在不同保险公司、不同企业之间转移。促进我国实施个人税延型养老保险政策，不仅可以满足居民多层次的养老需求，而且还可以加快我国保险业的发展步伐。

活动一 对各种理财工具进行比较

【活动内容】

将同学分成几组，要求其查找相关资料。在课堂上分组介绍目前在我国有哪些主要的理财工具，保险和其他理财工具相比，具有哪些特点和优势。

【延伸阅读】

个人理财工具

个人理财是指根据财务状况，建立合理的个人财务规划，并适当参与投资活动。目前，我国市场上的个人理财工具或产品很多，主要有以下几种。

1. 储蓄。储蓄是指居民个人在银行或其他金融机构的存款，是居民个人最稳妥、最可靠的存储和积累财产的途径。与其他理财工具相比较，储蓄不仅可以获得一定的利息收益，而且更容易实现，也更加安全，操作程序也最为简便。目前，我国境内外本外币储蓄已有许多品种，如活期存款、整存整取、零存整取、存本取息、整存零取、定期储蓄存款、定活两便储蓄存款、活期支票储蓄、存单抵押贷款等，投资者可根据自己的需要进行选择。

2. 债券。债券是一种有价证券，是有关经济主体为筹资而向投资者出具的、承诺按一定利率支付利息并到期偿还本金的债权债务凭证。债券有政府债券、金融债券、企业债券等，它已经成为一种大众化的理财工具，其风险较小，收益稳定，具有很大的潜在价值。

3. 股票。股票是指股份公司为了筹集资金发给其持有人作为投资人入股以及索取股息收入的一种凭证。作为一种有价证券，股票具有以下特征：(1) 参与性：如股东有权出席股东大会，选举公司董事，参与公司重大决策，收取股息，参与公司剩余财产的分配等；(2) 流通性，上市公司的股票可以随时转让，即可以在二级市场上进行转手交易；(3) 风险性，即股票的收益是不确定的，可以获得数倍于本金的收益，也可能血本无归；(4) 非返还性，股票持有人不能要求公司返还本金，只能在市场上转卖；(5) 价差收益，即股价与市面的差异，以及市场上买入价与卖出价之间的差异，为投资者投资获益提供了潜在的条件。

4. 投资基金。投资基金是一种利益共享、风险共担的集合证券投资方式，即通过发行基金单位，集中投资者的资金，由基金托管人托管，由基金管理人管理和运用，从事股票、债券等金融工具投资。投资基金的实质在于把众多投资者的零散资金汇集起来，交由专门的投资机构进行投资，达到基金增值与获利的效果。期间，投资者拥有投资收益，代理投资机构收取一定的管理费用。投资基金具有分散风险、专家管理、便捷、收益较高且相对稳定的特点，比较适合稳健而又不太专业的投资者。

5. 保险。保险是市场经济中转移风险的基本手段，是一种补偿风险损失的可靠方法。保险理财的根本目的不在于获得额外收益，而在于防范和规避财产风险和人身风险可能带来的财物损失。随着现代社会风险类型和总量的增长，保险理财对维护个人财富稳定性的作用日渐突出，因而日益受到广大民众的青睐。

6. 房地产。房地产作为一种古老的理财工具，长期以来一直受到人们的偏爱。住房作为房地产的重要组成部分，具有消费和投资的双重性。虽然自住、出租、投资可以作为独立的行为，但又可能相互转化，融为一体。房地产投资具有较高的安全性，特别是在发生通货膨胀的情况下，投资住房还是一种保值的有效手段。

【模块加油站】

一、单选题

1. 以下关于个人理财说法错误的是（　　）。

A. 个人理财是一个评估客户各方面财务需求的综合过程

B. 个人理财不局限于提供某种单一的金融产品，而是一种全方位、分层次、个性化的服务

C. 个人理财由消费理财、保障理财、投资理财及现金理财四个部分组成

D. 个人理财由专业理财人员分析客户的生活、财务现状，帮助客户制订理财方案

2. 保险理财在个人投资中的作用一般不包括（　　）。

A. 保障作用　　B. 投资作用　　C. 免税作用　　D. 防灾防损作用

3. 以下关于保险理财在个人理财中的作用说法不正确的是（　　）。

A. 保险在储蓄和投资规划、遗产规划、教育规划、退休规划、最小税负规划等方面起着不同程度的作用

B. 保险理财的基本功能就是投资功能

C. 目前我国保险市场上常见的投资型保险有万能寿险、投资连结型保险、分红保险和投资型家庭财产保险

D. 通过购买人寿保险可以实现财产转移和合理避税的功能

二、判断题

1. 合理的保障性费用占年收入的20%～25%为宜。（　　）

2. 个人理财由三个部分组成，即消费理财、保障理财和投资理财。（　　）

3. 保障理财要通过购买保险来规避和防范风险，主要有人寿保险规划、健康保险规划、意外伤害保险规划和财产保险规划。（　）

4. 股票投资的理财功能也是唯一在消费理财、保障理财和投资理财这三方面都有特殊表现的理财工具。（　）

5. 目前我国保险市场上常见的投资型保险有万能寿险、投资连结型保险和投资型家庭财产保险。（　）

模块二　人身保险理财规划

任务一　人身保险理财规划的流程

【任务情景】

随着国民生活收入水平的提高，财富的增加使更多的人有理财的需求。理财规划师作为一个新兴行业将会有广阔的发展空间，尤其是保险从业人员通过学习和实践更容易向综合理财规划师转型。

小张正在进行理财规划相关知识的学习，最近遇到了一位客户，他急切地想知道在为客户做保险理财规划的基本步骤是什么，需要注意哪些问题。

【基础知识】

一、人身保险理财规划的基本原则

个人购买保险主要是为了个人和家庭生活的经济安全与稳定，将某些重大的风险转移给保险公司，在发生保险事故时获得充分的损失融资和经济保障。在购买保险时，通常需要坚持以下两项原则。

（一）转移风险的原则

每一个投保人购买保险都是为了转移风险，在发生保险事故时可以从保险公司那里获得约定的经济补偿。因此，任何人在投保之前必须全面系统地分析自身或家庭面临的各种风险，明确哪些风险可以回避、预防或抑制，哪些风险可以自留，哪些风险可以通过非保险转移，然后将其余的风险转移给保险公司。

（二）量力而行的原则

保险是一种经济行为，属于经济活动范畴，投保人必须付出一定的保费，才能获得相应的保险保障。投保险种越多，保险金额越高，保险期限越长，所需保费也就越高，因此，投保时一定要充分考虑个人和家庭的经济购买力，尽量在保费支出一定的情况下获得最大的保障，或者在获得可接受的保障水平时保费支出最低，防止保险过度或保险不足。

二、人身保险理财规划的流程

（一）了解客户信息

1. 客户个人及家庭基本信息。客户个人及家庭基本信息主要包括客户家庭成员构成、成员姓名和性别、职业和职称、工作单位性质、工作稳定程度、出生日期、健康状况等，如表7-1所示。

表7-1　　客户个人及家庭基本信息

项目	本人	配偶	子女		父母	
姓名						
出生日期						
教育程度						
参加工作时间						
工作单位						
职业						
职称						
婚姻状况						
健康状况						

2. 客户财务信息。客户财务信息是指客户家庭目前的收支情况、资产负债状况和其他财务安排以及这些信息的未来变动趋势。财务信息可以通过帮助客户填写资产负债表与收入支出表的方式了解。很多人并不清晰地了解自己所有的资产以及负债状况，保险理财规划师搜集信息的过程，也是帮助客户梳理自己财务状况的过程，如果这一过程进行得顺畅，往往能够使客户水到渠成地接受保险规划方案。作为保险规划，资产负债表中的项目不宜复杂，太复杂会吓退客户，带来不必要的障碍。

（1）收入和支出状况。这是客户家庭信息的重要组成部分，一份详细的收入支出表能够帮助客户了解自身的财务状况，也能够为保险理财规划师设计出合理的理财规划打下基础。客户收入支出见表7-2。

表7-2　　客户收入支出表

收入（税后）		支出	
月工资收入		贷款	
其他收入		伙食费	
		其他费用	
合计		合计	
每月结余			
每年结余			

（2）资产和负债情况。客户的资产和负债情况是保险理财规划师衡量客户财务状况是否稳健的重要指标，因此在理财规划业务中，保险理财规划师必须清楚地了解客户的资产与负债状况，并且掌握资产负债未来可能发生的变化。客户家庭资产负债见表7－3。

表7－3　　客户家庭资产负债表

资产				负债			
类别	项目	金额		类别	项目	金额	
金融资产	现金 存款 其他			短期负债	信用卡 分期付款 其他		
实物资产	住宅 汽车			长期负债	房屋贷款 汽车贷款 其他		
其他资产							
合计	总资产						
资产净值＝总资产－总负债							

3. 风险保障信息

（1）社会保障信息。社会保障信息主要指政府举办的社会保障计划和企业举办的补充养老保险计划。政府举办的社会保障计划包括养老保险、失业保险、基本医疗保险、工伤保险、生育保险和社会救济、社会福利计划；企业举办的补充养老保险计划，主要就是企业年金。

很多客户并不完全了解自己社会基本养老保险的支出情况，也不了解将来可能获得的金额，所以理财规划师可以告诉客户，请所在机构负责劳动工资的部门协助填写该金额，或者由客户出具授权委托书，向相关劳动和社会保障部门提取。

社会保障的具体情况，参见表7－4和表7－5。

表7－4　　养老社会保险状况

参加人／内容	本人	配偶
开始支付时间		
当前年支出金额		
以往金额总额		
将来年支出金额		
退休后可获得金额		

表7－5　　其他社会保险信息

参加人／项目	本人	配偶
失业保险		
基本医疗保险		
工伤保险		
生育保险		

（2）商业保险信息。对于可保风险，可以通过购买保险予以防范或转移。在保险理财规划业务中，主要涉及的保险种类有人身保险、财产保险和责任保险，在填写这些栏目时，客户需要详细说明所购买保险的名称、投保人、被保险人、保险公司、保单编号、投保金额和保险费，以帮助保险理财规划师作进一步的分析和进行理财规划。为慎重起见，保险理财规划师应要求客户提供保单复印件，在客户填写完毕后进行核对，或由理财规划师根据保单复印件自己填写，最后再要求客户确认。商业保险信息可以通过下面的表格获得，具体参见表 7－6。

表 7－6　　人寿、健康和意外伤害保险

被保险人	保险公司	险种名称	保单编号	投保金额	保险费	备注
本人						
配偶						
未成年子女						
家庭其他成员						

4. 客户对于未来生活发展的预期。关于未来的计划或者预期，客户的情况不同，预期差异也非常大。就年龄而言，一般来说年龄越小，对于未来可预期的内容越丰富。当然，也可能由于生活阅历有限，年轻客户提供的想法很少，但并不代表他完全没有预期。此时需要保险理财规划师通过诱导式询问，帮助客户勾勒出对于未来生命中几个重要阶段的预期，参见表 7－7。

表 7－7　　家庭生活发展预期目标

项目		内容
短期目标	家庭保障计划	完善家庭保障体系： 1. 为母亲准备养老金以及医疗保障 2. 为自己购买相应的人寿保险
	自身教育规划	参加在职培训，提高职业竞争力
中期目标	储备结婚经费	购房首付款项的积累； 完成新房装修款的储备
长期目标	房贷归还计划	提前完成房贷归还任务
	新组家庭理财规划	有了配偶和小孩后的家庭，对家庭成员的保障和子女教育费用做出安排
长远目标	为退休后的安逸晚年做计划	通过商业保险的方式补充自己的养老金，为自己和老伴退休生活做安排

资料来源：杨则文．个人理财业务［M］．北京：经济科学出版社，2010.

（二）家庭保险需求分析

保险需求分析是指针对人生中的风险，根据客户的个人状况，定量分析财务保障的需求额度，主要是回答客户“我需要购买保险吗”“我需要购买什么保险”和“我还需要购买多少保险”等问题。

1. 确定家庭保险需求组合。对家庭来说，其所处的人生阶段不同，保险需求的侧重点也不同。因此，在制定保险规划时，应考虑家庭所处不同阶段，依据不同阶段的特点来规划保险。根据家庭在不同时期的需求差异，大致可以将人生分为五个阶段：家庭准备期、家庭形成期、家庭成长期、家庭成熟期和家庭享受期。

（1）家庭准备期：是指从参加工作至结婚建立家庭前的时期，一般会有 2 ~6 年的时间。这个阶段的特点是：健康状况良好，无家庭负担，经济收入比较低且花销大；大部分的年轻人在此阶段要为创业和建立家庭准备基本的物质条件，也就是对未来的家庭进行必要的资金积累；同时，由于经济能力非常有限，个人的风险承担能力不是特别强。

这一阶段的保险需求分析：保险需求不高，主要可以考虑意外风险保障和必要的医疗保障，以减少因意外或疾病导致的直接或间接经济损失。若父母需要赡养，需要考虑购买保费低、保障程度高的定期寿险，以最低的保费获得最高的保障，确保一旦有不测时，用保险金支持父母的生活。另外，近年来，随着我国自然环境的不断恶化和人们的工作压力越来越大，我国的重大疾病的病发率越来越高，对于经济水平有限的年轻人来说，可以选择保费相对便宜的定期重疾险，既能够拥有保障，又不会造成太大的经济压力。

（2）家庭形成期：是指从结婚到新生儿诞生时期，一般会在结婚后持续 1 ~5 年。这一阶段的特点是：个人组建了家庭，并伴随子女的出生，经济负担加重。对于双薪家庭，经济收入有了一定的增加而且生活稳定，家庭已经有了一定的财力和基本生活用品，但为提高生活质量往往需要较大的家庭建设支出，如贷款买房还须一笔大开支——月供款。同时，此期间夫妻双方年纪较轻，健康状况良好，保险意识和需求有所增强。

这一阶段的保险需求分析：夫妻双方可购买寿险、健康险和意外险，并以配偶和子女为受益人，这样的话，家庭的收入者之一若因保险事故的发生而丧失收入的话，家庭可依靠保险公司提供的经济给付维持原有的生活水平。为保障一家之主遭受意外后房屋供款不会中断，可以选择交费少的定期险，如房信贷定期寿险，当保险事故发生时，保险公司就会把保险金（一般是还款金额）支付给受益人，受益人一般为发放购房贷款的金融机构（投保或被保险人另有指定的除外）。如果有子女出生的话，可以考虑购买少儿教育保险，越早购买，相同保险金额分摊在每年所要交纳的保费就越少。

（3）家庭成长期：是指从小孩出生到小孩完成学业这段时间，一般为 18 ~22 年。这一阶段的特点是：家庭成员一般不再增加，随着夫妻双方工作经验的增加、工作技能的提高，收入也随之增加，生活处于基本稳定的状态。但此时处于中青年的夫妻双方正处于“上有老、下有小”的阶段，家庭责任较重，子女上大学后，高额教育费用支出的增加，家庭支出会有较大幅度的上升。

这一阶段的保险需求分析：在寿险规划方面，未来几年里面临小孩接受高等教育的经济压力，可以通过教育年金的方式储备子女的教育费用，如中国人寿的“英才少儿保险”“少儿两全保险”“子女教育婚嫁备用金保险”“子女教育保险”等。父母双方开始注重自身保障，可以购买养老保险、健康保险，以自己为受益人。此阶段家庭收入基本稳定，应设法提高家庭资产中投资资产的比重，逐年累积净资产，可购买投资型险种，即非传统寿险，这样可以在享有保险保障的同时获取投资收益。

（4）家庭成熟期：是指从子女参加工作到家长退休为止这段时期，一般为 5 ~ 10 年。这一阶段的特点是：夫妻双方自身的工作能力、工作经验、经济状况都达到高峰状态，子女在经济上已部分或完全自立，债务已逐渐减轻或已消除，夫妇双方年龄增大，身体机能明显下降。

这一阶段的保险需求分析：人到中年，身体的机能明显下降，在保险需求上，对健康、重大疾病的需求较大。同时，在这个时期最重要的是准备退休金，为将来的老年生活做好安排。

（5）家庭享受期：是指退休以后直至死亡的时期。这一阶段的特点是：进入退休期后，家庭责任减轻，但收入也同时随之减少，生活、医疗费用在总支出中所占的比越来越大。同时，抗风险的能力也在下降，保险意识强，对资金安全性的要求远远高于收益性，所以在资产配置上要进一步降低风险。

这一阶段的保险需求分析：在这一时期个人（家庭）最主要的目标就是安度晚年，并有计划地安排身后事。在 65 周岁之前，应通过合理的规划检视自己已经拥有的人寿保险，进行适当的调整，如将养老险转为即期年金等。

综合人生五个不同阶段的特点、理财活动与保险需求分析，不同阶段的保险需求如表 7 - 8 所示。

表 7 - 8　　家庭生命周期不同阶段特点及保险规划模式

项目	家庭准备期	家庭形成期	家庭成长期	家庭成熟期	家庭享受期
家庭周期持续时间	2 ~ 6 年	1 ~ 5 年	18 ~ 22 年	5 ~ 10 年	退休以后
夫妻年龄		25 ~ 35 岁	30 ~ 55 岁	50 ~ 65 岁	60 ~ 90 岁
家庭周期起点—终点	单身—结婚	结婚—子女出生	子女出生—子女独立	子女独立—夫妻退休	夫妻退休——方身故
家庭开支	看个人情况，有人“月光”，有人能完成财富的原始积累	消费期支出增加	支出高峰期：生活费用、医疗费用、教育费用和父母赡养费用	支出逐渐降低	生活费用支出、健康医疗支出和休闲支出
家庭风险	意外 重大疾病 短寿风险	意外 重大疾病 短寿风险	意外 重大疾病 子女教育 短寿风险 长寿风险	重大疾病 健康医疗 长寿风险	健康医疗 长寿风险

续表

项目	家庭准备期	家庭形成期	家庭成长期	家庭成熟期	家庭享受期
家庭收入	较低	经济收入增加	收入达到巅峰，家庭财富进入到快速积累阶段	收入持续处于高峰，家庭财产达到最高水平	收支相抵，以领用退休金等固定收益为主
社会责任	较低，仅承担部分赡养父母的责任。此时父母尚年轻，身体健康，经济能力强	较低，仅承担双方老人的赡养责任	逐渐升高达到最高点，上有老，下有小。通常孩子不能自理，父母身体病痛逐渐增多	较低，孩子可以自立，并偶有回馈家庭。此时通常父母已身故	达到最低点，照顾好夫妻两个人即可
保险规划重点	意外险 重疾险 定期寿险	在上一阶段基础上增加保险金额	在上一阶段基础上增加子女教育金的保险 养老险	健康医疗险 养老险	减少意外险的保额，维持其他险种的保额，不必买新险种的保险

资料来源：中国金融理财标准委员会．金融理财原理［M］．北京：中信出版社，2010.

2. 确定家庭保险需求优先顺序。不同个人或家庭不仅需要的保险种类不同，而且保险种类需要的优先顺序也不同。个人或家庭财务资源的有限性，决定了需要根据个人或家庭人身保险需求的优先顺序来分配资源，保证最重要的人身保险需求得到优先满足。人身保险需求优先顺序取决于诸多因素，其中最基本的是生命周期、收入水平和教育水平。表7－9是中国人寿保险股份公司聘请麦肯锡顾问公司以生命周期、收入、教育程度这三个基本因素为依据，将家庭划分为20个类型，并分别制定了与之相适应的人身保险需求组合的内部优先顺序。

表7－9　　家庭人身保险需求组合的内部优先顺序

	单身期	两人世界	三口之家	成熟家庭	退休生活
高收入 高教育程度	意外 健康 重大疾病 父母医疗保险 养老	健康 重大疾病 意外 投资/储蓄 父母医疗保险	自身保障 子女 健康意外 教育资金 投资/储蓄 养老	健康 一般疾病 重大疾病 住院医疗 意外 养老	健康 保本储蓄/投资 孙辈教育 意外
高收入 普通教育程度	意外 投资/储蓄 健康 重大疾病	投资/储蓄 健康 重大疾病 意外	子女 教育资金 健康意外 投资/储蓄 自身保障 养老	稳健型投资 健康 一般疾病 重大疾病 住院医疗 意外	保本储蓄/投资 健康 孙辈教育

续表

	单身期	两人世界	三口之家	成熟家庭	退休生活
平均收入 高教育程度	意外 健康 重大疾病 父母医疗保险	健康 重大疾病 意外 投资/储蓄	自身保障 子女 健康意外 教育资金	健康 一般疾病 重大疾病 住院医疗 储蓄 意外	保本储蓄/投资 孙辈教育 健康 意外
平均收入 普通教育程度	意外 健康 重大疾病	健康 重大疾病 意外 投资/储蓄	子女 教育资金 健康意外 自身保障	储蓄 健康 一般疾病 重大疾病 住院医疗	保本储蓄/投资

资料来源：赵立航．保险理财规划理论与实践［M］．北京：中国财政经济出版社，2010.

3. 确定保险缺口。除了商业保险外，个人和家庭还有其他可替代的保障资源，如社会保险、企业年金等，这就需要规划师在保险理财规划中要扣除已有的可替代的保险资源，得出保险净需求量。

（三）保障额度和保费的测算

1. 保障额度测算。在前面的章节里已经介绍了几种人身保险保险金额确定的方法，实务中多采用的方法是现金流补偿法和需求法。现金流补偿法，即通过保险金补偿因意外所造成的经济损失。假设被保险人因意外导致全残，目前年收入是 12 万元，还能工作 30 年，若不考虑利率的影响，那么对应的保额就是 360 万元。由于意外险是每年投保一次，投保金额可以每年递减 12 万元。不过，采用现金流补偿法的缺点是保险费用较高，即使按照目前费率较低的一些产品，每年需要交纳的保费也要在 6000 ~ 7000 元。相对而言，以需求法来决定保额则费用较低。采用需求法来确定不同险种保障额度的计算公式如下：

（1）人寿保险。人寿保险额度 = 本人年收入占比（本人收入/家庭收入）× 家庭年度支出总额 × max（家庭期望保障年限，子女成人所需年限）+ 家庭总负债 − 已有寿险赔付额度

（2）健康保险。重疾险额度 = 大病平时花费 + 本人年收入 × 平均恢复年限 − 社保报销额度 − 已有商业保险额度

一般疾病医疗险额度 = 当地一般疾病的平均花费 − 社保报销比例 ×（理想额度 − 社保住院起付线）

住院津贴 = 本人年收入/365

（3）意外险。意外险额度 = 本人年收入 × 期望保障年限 × 舒适指数 − 已有意外险赔付额度

意外伤害医疗险额度 = 当地一般疾病的平均花费 × 风险程度系数 − 已有意外医疗赔

付额度

其中，期望保障年限，是指因意外造成残疾或行动障碍失去劳动能力后，需要资金来维持基本生活的保障年限，通常最少设为20年。舒适指数是指在伤残或失去劳动能力后期待的生活质量，如设为1就意味着赔偿额度为意外发生前自己的年收入，也就是生活水平基本不降低；但要注意意外发生后，每年的医药费会增加，且如果行动不便请人照顾，必定要花费额外费用，所以，建议所设值要比1大。风险程度系数是指发生风险对标的的破坏程度，因为意外伤害造成的事故通常情况下会比一般疾病程度要重，大多数情况下需要人的照顾，所以，总的费用也会多一些，因此在预估意外伤害的医疗费用时，一般应比当地一般疾病的平均花费多1倍，即风险程度系数通常设为2。

（4）养老保险。养老保险要根据现有的基本生活支出、工资水平、社会养老保险的替代率和假定的通货膨胀率测算出退休时的基本生活支出和社会养老保险能领取的养老金，测算出养老金的缺口，再依据所承受风险的程度选择适合的养老保险产品和交费方式。

（5）子女教育金。子女教育金要依据家庭的经济状况制订出子女今后的教育方案，并考虑好一系列的问题。如中学的费用是否要现在储蓄？上什么样的大学？是否继续深造？也就是要根据现有的学费、每年上涨的比例、汇率的变化（出国留学）等测算出以后要用的额度，再依据所能承受的风险程度选择适当的教育金产品和交费方式，以保证子女在不远的未来能够得到良好的教育。

2. 保费的测算。合理的保障性费用占年总收入的10%～15%为宜，尽量不超过20%。子女教育金、养老规划和利用保险作为投资方式的年支付费用，以不超过年收入的20%为宜。

（四）制订保险理财规划方案

根据了解到的客户财务信息，对照客户的理财目标和科学理财标准指标，分析整理客户财务问题，制定保费预算与保单规划，撰写和呈交书面保险规划。

（五）保险规划的后续调整

通过保险理财规划师与客户的沟通及一系列努力，客户的保险规划得以确定和实施。但对于一个人或家庭来说，保险规划不是一成不变的，通常在购买了保险之后，一般每隔5～10年，应该对自己的保险规划进行调整。另外，在生活中出现一些特殊时点时，也应该检查并调整自己的保险规划。通常生活中的特殊时点包括如下几个。

1. 家庭组成发生变化。例如结婚、离婚等婚姻状况的改变；生孩子、孩子独立工作、孩子结婚；家庭成员死亡等。只要家庭成员组成情况发生变化，就需要对保险规划进行检查并适当调整。

2. 工作性质发生变化。例如更换工作、自己创业；工作性质和环境发生了变化，引起工作危险性增加或减少，相应要检查保单的保险金额是否足够。如果因工作环境的危险性减少了，还可以要求保险公司调低意外险等保险费率，保险公司应该降低保费，并退回自更改之日起至保险到期日降低部分的保费。

3. 经济状况发生变化。例如收入增加或减少；债务增加或减少；尤其在买了房子和车子，或者房贷或车贷偿还完毕之后，需要及时调整保单。

调整保单的核心内容是调整保险险种、保险金额。如果家庭成员与经济状况变动很大，可以采用保险规划的完整流程，如果只是局部发生变化，可以在某个险种上进行增减，例如退休后减少人寿保险的投保等。

任务二 家庭保险理财规划

【任务情景】

为一个家庭制订保险规划方案，不同于对单独的客户，着眼点需落实在家庭成员的全面保障上。除了要考虑个人的收入、教育程度和生命周期三个因素外，我们还需从根本上了解家庭生命周期不同阶段的特点和理财方面的要求，从而根据客户家庭生命周期的特性来量身制作不同的保险规划方案。

小张作为一名理财规划专业人士，了解了保险理财规划的基本流程，但针对不同的家庭怎样进行保险规划呢？

【案例 1】

单身贵族的保险理财规划

名校毕业的高先生现在一家外企就职，27 岁，单身，现租房住，年收入 18 万元，每月基本支出 5000 元左右，另有房租 2500 元/月。单位不仅有社保，还有企业补充医疗，额度可满足一般疾病需要，但高先生工作压力比较大，有慢性胃病。他经常到国内、国外出差，乘坐飞机较多，且自己有一辆车，预计退休年龄为 60 岁，需要 20 年养老保障。其父母身体很好，高先生对父母的赡养虽不明显，但已意识到自己的健康对父母的重要性。他在未来 2 年有购房打算，对未来充满信心和憧憬，有一定风险意识。

一、客户基本信息

姓名	性别	年龄	年收入总额	年支出总额	婚姻状况	有无社保	有无企业补充医疗	预计退休年龄	住院或疾病史	是否经常出差或外出旅游
高先生	男	27	18 万元	9 万元	未婚	有	有	60 岁	慢性胃炎	经常乘机出差

二、保险需求分析

1. 年收入较高，且节余比例较大。

2. 未组建家庭，肩负责任较轻，只对父母有赡养义务。

3. 工作原因会经常乘飞机出差，且自驾车上班。

4. 单位有社保和企业补充医疗，医疗保障较完善，但生病住院期间是没有工资收入的，所以，在考虑重大疾病保障的同时，应加入住院津贴，保证住院期间保障不中断。

5. 因未来 2 年考虑购房，并考虑到结婚的准备，结余的资金可多做一些储蓄和风险较小的短期投资。

结论：现阶段应着重考虑意外险、健康险和养老险，其中，健康险应重点考虑重疾险和住院津贴，意外险应着重航空和自驾车的额度。

三、保险金额和保费的测算

（一）保险金额的测算

重疾险额度计算公式：大病平均花费 + 本人年收入 × 平均恢复年限 − 社保报销额度 − 已有商业保险额度（平均恢复年限是一般大病从得病到可以继续参加工作，恢复劳动能力的年限，起码需要 2 年时间）。

根据公式计算得出：重疾险保障额度 = 现阶段大病平均花费（300000 ~ 500000 元）+ 本人年收入（180000 元）× 平均恢复年限（2 年）− 社保报销额度（90000 元）− 企业补充医疗报销额度（100000 元）=470000 ~ 670000 元

住院津贴：本人年收入/365

公式为：住院津贴 = 本人年收入（180000 元）/365 天 =493. 15 元/天

意外险额度：本人年收入 × 期望保障年限 × 舒适指数 − 已有意外险赔付额度。

即：意外险保障额度 = 本人年收入（180000 元）× 期望保障年限（20 年）× 舒适度指数（1）=360（万元）

意外伤害医疗险额度：当地一般疾病的平均花费 × 风险程度系数 − 已有意外险医疗赔付额度

公式为：意外伤害的医疗基金 = 一般疾病的平均花费（13399 元）× 风险程度系数（2. 0）=26798（元）

养老险：首先，要根据现在的基本生活支出、工资水平、社会养老保险的替代率（现阶段水平基本为 50%）和假定的通货膨胀率，测算出退休时的基本生活支出（要使生活水平不降低，大致为退休前的 80%）和社会养老保险能领取的养老金，测算出养老金的缺口（即每月需补充的金额），再依据所能承受风险的程度选择适当的养老保险产品和交费方式。

即养老险保障额度：现在生活基本支出 5000 元/月，通货膨胀率假设平均记为 5%，33 年后到 60 岁退休时为 25016 元/月，退休后支出假设为退休前的 80%，即 20013 元/月，按现在的情况社保中养老金约能提供预测 60 岁退休开支 25016 元的 50%，即 12508 元/月，所以，至少还需解决 7505 元/月，领取 20 年。

（二）保险费用测算

合理的保障性费用占年总收入的 10% ~ 15% 为宜，尽量不超过 20%，即控制在 18000 ~ 27000 元/年。

养老储蓄的支出控制在年收入的 10% 左右为宜，即 18000 元左右。

结论：通过与高先生沟通，本次考虑保障额度为：重疾险 50 万元，住院津贴 500 元/天，意外险保额 200 万元，意外医疗 20000 元/年；养老保险先解决 60 岁每月 5000 元的缺口，保证 20 年的领取。

四、保险产品购买

高先生对产品的选择要注意以下几点。

1. 健康险产品：重大疾病保险可选择30万元保障期长、疾病保障较全面的返还型险种和20万元消费型险种进行组合。重大疾病返还部分，年老时可用于补充养老金缺口。

2. 意外险产品：因为职业危险等级较低，但经常乘坐飞机出差，并自驾车上班，应着重交通工具的高额保障，现有意外险卡单就可以解决此类问题，因为所需保额较高，应将多家保险公司产品的卡单进行组合，这样可以节省保费；如果怕麻烦，也可以考虑主险型的产品，功能上要注意，最好有全球救援和医疗费垫交。

3. 养老险产品：根据风险承受能力，可选择传统的养老险产品和万能险或投连险相结合来确保稳定的领取和收益。如果自己的投资能力和自律能力较强，那么，养老金的规划可以自行安排。

案例来源：http：//www. heyuewang. com/default. asp。

【案例2】

三口之家的保险理财规划

谢先生和郑女士有一个2岁的女儿，他们希望女儿大学毕业后能够出国深造。谢先生在一家国有企业做技术工作，年收入约9万元，工作很稳定，有社保“五险一金”，上学时，父母给买过一份养老险，60岁时每月可领取1000元。爱人郑女士在一家幼儿园工作，年收入7万元，除了单位的社保，还上过一份保额10万元的大病险。房子是谢先生父母的住房，住房问题需要解决，他们另有25万元存款，家庭资产若干。为了能给女儿更好的未来，他们想通过保险解决自己以后的养老问题。

一、客户基本信息

姓名	性别	年龄（岁）	有无社保	商业保险情况	预计退休年龄	住院或疾病史
丈夫	男	31	有	养老60岁，1000元/月	60岁	无
妻子	女	31	有	大病，10万元	55岁	无
宝宝	女	2	有	无		无

资产状况——资产负债

家庭资产总额	32万元	家庭负债总额	0
现金类资产（现金、活期、货币基金）	2万元	短期消费信贷	/
固定收益金融资产（定期存款、债券）	25万元	购车贷款	/
非固定收益金融资产（投连、基金、股票）	/	住房贷款	/
自用实物资产（住宅、车、首饰等）	5万元	其他负债	
投资性实物资产（房产投资）	/		
其他投资（项目、实业投资）	/		

资产状况——收入支出

家庭年度收入总额	16 万元	家庭年度支出总额	5.6 万元
谢先生年收入	9 万元	日常生活基本开支	3.6 万元
郑女士年收入	7 万元	医疗费用	/
其他经常性收入	/	子女教育费用	/
其他非经常性收入	/	商业保险费	1 万元
		非必要性开支（社交娱乐）	1 万元
		其他支出（还贷）	/

通过以上情况可知该家庭的基本情况如下。

1. 节余比例偏高为65%，有增加家庭净资产及投资的能力。

2. 收入基本来自工薪收入，且资产的78%都为银行定期存款或债券，收益较低，可适当提高投资性资产比例。

3. 可减少现金类资产，以每月日常支出的3~6倍为宜。

二、保险需求分析

1. 宝宝2岁，未来20年责任重大，需规避生活中的一些风险。

2. 谢先生收入略多，且对家庭、妻子、孩子应尽的责任更重。

3. 平时很少出差或旅游，出行乘坐一般交通工具。

4. 双方单位有社保，有基本医疗保障。

5. 年纪较轻，应提早考虑养老及子女教育规划，以降低投入成本，获取更大收益。

结论：风险与保障方面，妻子和丈夫都应着重考虑健康险与人寿保险，孩子主要考虑健康险和意外险。另外，因为意外无处不在，夫妻二人应适当增加意外险及意外医疗额度，以抵御不可预料的风险。子女教育规划的时间弹性小，且学费的额度比较固定，所以要选用收益稳定的产品。养老规划的时间弹性略大，且年纪轻，有承受一定金融风险的能力，但要保证退休后花费最低应保持在工作时的80%才不会降低生活质量。投资规划方面，前提应是收益的长期稳定性，而不是追求较高的收益（风险较大）。而且，在工作期间很难有时间和精力去把握投资的最佳时机，在安排好前面几项规划后，多余的资金可以依自己的能力进行投资。若对自己的投资能力有把握，投资规划可自行安排；如果没有多余的时间和精力，则建议交给机构去进行投资，例如选择股票型基金、配置型基金、债券型基金做长、短期组合或投连险等。

三、保障额度和保费的测算

（一）保障额度的测算

丈夫：

1. 重疾险额度计算公式：大病平均花费+本人年收入×平均恢复年限-社保报销额度-已有商业保险额度。（平均恢复年限是一般大病从得病到可以继续参加工作，恢复劳动能力的年限，起码需要2年时间）

根据公式计算得出：重疾险保障额度 = 现阶段大病平均花费（300000 ~ 500000 元）+本人年收入（90000 元）×平均恢复年限（2 年）－社保报销额度（90000 元）=390000 ~ 590000 元。

2. 一般疾病的医疗险额度：当地一般疾病的平均花费 – 社会保险报销比例 ×（理想额度 – 社保住院起付线）（理想额度指一般疾病的平均花费减去社保住院的起付线额度）。

计算得出：一般疾病的医疗基金 = 一般疾病的平均花费（13399 元）– 社保报销比例（0.87）×［理想额度（13399 元）–1500 元］=3046.87 元

3. 住院津贴：本人年收入（90000 元）/365 天 =247 元/天。

4. 人寿保险额度：本人年收入占比（本人收入/家庭年收入）×家庭年度支出总额 × max（家庭期望保障年限，子女成人所需年限）+家庭总负债 – 已有寿险赔付额度。

计算得出：人寿保险保障额度 = 本人年收入占比（90000 元/160000 元）×家庭基本生活年度支出总额（56000 元）×子女成人所需年限（20 年）+家庭总负债（0 元）=630000 元

丈夫应解决的保障额度为重疾险 40 万元，一般疾病医疗补充 3000 元左右，住院津贴 250 元/天，人寿保险 60 万元。

妻子：

1. 重疾险保障额度：现阶段大病平均花费（300000 ~ 500000 元）+本人年收入（70000 元）×平均恢复年限（2 年）– 社保报销额度（70000 元）– 已有商保额度（100000 元）=270000 ~ 470000 元

2. 一般疾病的医疗基金：一般疾病的平均花费（13399 元）– 社保保险比例（0.87）×［理想额度（13399 元）–1500 元］=3046.87 元。

3. 住院津贴：本人年收入（70000 元）/365 天 =192 元/天。

4. 人寿保险保障额度：本人年收入占比（70000 元/160000 元）×家庭基本生活年度支出总额（56000 元）×子女成人所需年限（20 年）+家庭总负债（0 元）= 490000 元。

妻子应解决的保障额度为重疾险 30 万元，一般疾病医疗补充 3000 元左右，住院津贴 150 ~ 200 元/天，人寿保险 45 万元。

宝宝：

1. 住院津贴：二人年收入中的最小值（70000 元）/365 天 =192 元/天（孩子患病后需有人看护）。

宝宝应解决的保障为住院津贴 200 元/天。

2. 子女教育金：所需解决费用：大学（18 ~ 21 岁）1 万元/年，共 4 万元，研究生出国深造（2 年）20 万元/年，共 40 万元。预计教育费用增长率 5%，则大学时需要 87315 元，平均每年 2.2 万元左右；出国需要 1061319 元（未计入汇率影响），大概 110 万元。

夫妻养老规划：

现在基本生活支出3000元/月，通货膨胀率假设为5%，60岁二人都退休时为12348元/月，退休后支出假设为退休前的80%，即9878元/月，按现在的情况社保中养老金约能提供预测60岁退休开支12348元的50%，即6174元/月。另外，谢先生已有商业养老险1000元/月，所以，还需至少2704元/月，领取15年。

（二）保险费用测算

1. 合理的保障性费用占年总收入的10%～15%为宜。

2. 子女教育金和养老规划利用保险作为投资方式的支出，以不超过年收入的20%为宜，即不超过32000元/年。

四、产品分析

选择具体保险产品时应注意以下问题。

1. 基本保障险种：重疾险产品选择保障期长的返还型险种与短期消费型险种进行组合，建议把男、女性特有的重疾考虑进去。待子女成年后，自身的责任会减轻，因此，人身寿险建议用定期20～30年的消费型险种，这种保险保费便宜，责任重时拥有较高保障。意外险可尽量用卡单，它保费便宜、保障全面，每年可按当时需求更换品种更好的产品，较为方便。

2. 子女教育金：教育基金保险强调了对未成年子女的保障，如可附加保费豁免，在投保人发生风险时，可以豁免以后的所有保费，使孩子依旧能够享有教育费用，但这类型的险种往往收益不高，有强制储蓄的作用。万能险有保底收益，且根据国家政策、银行利率等因素按月调整利率、按月结息，可以抵制通货膨胀，存取也比较灵活，但前期收取费用较高，且只有被保险人身故、全残等保障。若选择教育金最好夫妻二人之一做被保险人，因为时间弹性小，交费方式选择每年按期交和额外追加相结合。另外，出国深造费用考虑投连险，在账户选择上，选择激进型的账户，搭配平衡和稳定型账户。在公司的选择上，要注重公司实力和以往业绩，最好选择专业做投连险的公司。

3. 养老储蓄：用期交万能险和不同收益的基金定投做组合，或用投连险每年或每月定投的方式，现在提早做准备不会占用过多资金。

案例来源：http：//www. heyuewang. com/default. asp。

【案例3】

家庭成熟期——安享晚年的人身保险理财规划

52岁的张先生在一家科研单位做办公室主任，月收入8000元，单位有社保及大额门诊、大额住院保险。2008年张先生在单位体检时查出有轻度脂肪肝，有10万元保额的重大疾病保险，意外医疗每年1万元。太太杨女士49岁，在一所中学当老师，月收入7000元，身体状况良好，工作稳定，保障比较充足，除了社保外，医疗费学校每年最多还能报8万元；杨女士买过一份10万元保额的商业意外险，其中意外医疗1万元。孩子小张在一家外企工作，经济已独立。夫妻二人有20万元的积蓄想作为养老保障。客户家庭及经济状况如下。

客户基本信息

姓名	性别	年龄（岁）	有无社保	商业保险情况	预计退休年龄	住院或疾病史
丈夫	男	51	有社保、大额门诊、大额住院医疗	大病 10 万元 意外医疗 1 万元	60 岁	轻度脂肪肝
妻子	女	49	有社保、补充医疗 8 万元	人身意外 10 万元 意外医疗 1 万元	55 岁	无

资产状况——资产负债

家庭资产总额	111.5 万元	家庭负债总额	0
现金类资产（现金、活期、货币基金）	1.5 万元	短期消费信贷	/
固定收益金融资产（定期存款、债券）	20 万元	购车贷款	/
非固定收益金融资产（投连、基金、股票）	10 万元	住房贷款	/
自用实物资产（住宅、车、首饰等）	80 万元	其他负债	/
投资性实物资产（房产投资）	/		
其他投资（项目、实业投资）	/		

资产状况——收入支出

家庭年度收入总额	18 万元	家庭年度支出总额	4.6 万元
张先生年收入	9.6 万元	日常生活基本开支	3.6 万元
杨女士年收入	8.4 万元	医疗费用	0.5 万元
其他经常性收入	/	子女教育费用	/
其他非经常性收入	/	商业保险费	0.4 万元
		非必要性开支（社交娱乐）	0.1 万元
		其他支出（还贷）	/

一、保险需求分析

1. 子女已独立，夫妻二人还未退休，此时无经济负担，家庭责任较轻。

2. 经济状况良好，有一定的资产，但定期存款比例较高，夫妻双方也有意愿用该笔存款购买养老产品。

3. 双方单位有社保及其他保险，基本医疗保障缺口不大，根据张先生的年龄和身体状况，健康险可购买范围很小，但因为今后医疗费用的开支会逐步增大，如果可能，想再增加一些健康险产品，否则，就买些有投资功能的保障类产品。

4. 离养老险领取的时间较近，建议趸交保费。

5. 因年近半百，意外风险不容忽视，再适当增加一些这方面的保障。

结论：张先生应考虑意外险、健康险、投资险；杨女士考虑养老险、重疾险、意外险。

二、保障额度和保险费测算

（一）保障额度测算

张先生：

1. 意外险保障额度：本人年收入（96000 元）×期望保障年限（10 年）×舒适度指数（1）=960000（元）

2. 意外伤害的医疗基金：一般疾病的平均花费（13399 元）×风险程度系数(2.0)=26798 元

3. 重疾险保障额度：现阶段大病平均花费（300000～500000 元）+本人年收入（96000 元）×平均恢复年限（2 年）－社保报销额度（190000 元）－企业补充医疗额度（50000 元）=252000～452000 元。[①]

4. 住院津贴：本人年收入（96000 元）/365 天=263 元/天

杨女士：

1. 重疾险保障额度：现阶段大病平均花费（300000～500000 元）+本人年收入（84000 元）×平均恢复年限（2 年）－社保报销额度（90000 元）－已有企业补充医疗额度（80000 元）=298000～498000 元

2. 住院津贴：本人年收入（84000 元）/365 天=230 元/天

3. 意外险保障额度：本人年收入（84000 元）×期望保障年限（10 年）×舒适度指数（1）=840000 元

4. 意外伤害的医疗基金：一般疾病的平均花费（13399 元）×风险程度系数（2.0）=26798 元。

5. 养老金额度：现在生活基本支出 3000 元/月，通货膨胀率假设为 5%，6 年后到 55 岁退休时为 4020 元/月，退休后支出假设为退休前的 80%，即 3216 元/月，按现在的情况社保中养老金约能提供预测 60 岁退休开支 4020 元的 60%，即 2412 元/月，所以，最低只需解决 804 元/月，保证领取 20 年。

（二）保险费测算

1. 合理的保障性费用占年总收入的 10%～15% 为宜，尽量不超过 20%。

2. 用保险作为养老和投资方式的年交保险，不要超过收入的 20% 为宜，趸交不计入内。

三、保险产品分析

选择具体保险产品时主要选择以下类型。

1. 重疾险方面：建议夫妻二人选择返还保费的产品（这个年龄返还保费的产品可能会倒挂，即所交保费之和大于保额）和消费型险种组合，并选最长交费期间，这样，在有限的保费范围内可以得到更多的保障。

2. 意外险方面：张先生可以选择主险方式与卡单结合；杨女士的意外险可以尽量用

① 单位若给员工上了大额门诊和大额住院保险，在社保原有报销额度的基础上，还能再报 10 万元，但企业补充医疗情况各单位有所不同。

卡单，保费便宜、保障全面。

3. 养老储蓄：因有20万元作为养老保障的启动资金，可以拿出一部分买趸交型的养老产品。另外，可以买国债和配置型基金，这样不仅风险不会过大，还可以增加老年生活的品质。

案例来源：http：//www. heyuewang. com/default. asp。

【延伸阅读】

阅读材料1：基于个人视角的保险规划——人生不可或缺的七张保单

安全与保障，是每个人生命中最大的需求。在人一生中不同的阶段，面临不同的财务需求和风险，这种财务需求可以通过保险来安排。保险的功能不仅在于提供生命的保障，也可以转移风险，规划财务需要，因此保险成为一种理财的方式。在人一生的不同阶段中，有7张保单是不可或缺的。

第1张：意外保险单。

我们每天的工作、生活方式早已经形成习惯，你可曾留意到身边的风险？车辆越来越多，人们越来越容易焦虑，交通事故每天在大街小巷上演，风险已经不再是小概率事件，而生命中错误的一次碰撞总要有人来埋单。25～30岁时，我们的经济能力还有限，我们还在创业或打拼，还要为人生积累财富，我们没必要，也不愿意把所有的钱都放进保险公司的存折里，意外险是这个阶段必备的第一张保单。意外险提供生命与安全的保障，功能是身故给付、残废给付，买一份意外险是生命的保障，更体现了对父母养育之恩的报答。尽管意外险没有理财功能，在不出险的情况下，不能获得返还与收益，但与其高达上百倍的赔付金额相比，投入就显得微不足道，任何其他一个险种都不可能像意外险一样，有如此之高的保障功能。

第2张：大病医疗保险单。

30岁，我们已经开始害怕体检，拿着不薄的薪水，但是内心里总有那么一点点不安。生存环境越来越恶化、空气越来越污浊，我们好像越来越没有时间去健身，大部分人处于亚健康状态，大病发病率越来越高，发病年龄越来越低，这个问题是谁也无法否认的。再看看我们的医疗保障现状吧，我们都有一份社会医疗保险，一年的医疗费用上限仅几万元，在感冒一次也能支出上千元的今天，这点钱只够应付一场小病。在这个医疗费用上限以上，我们还有大病基金，按比例报销更高的花费。“比例”这个词本来就让人没有安全感，更何况它的比例还很低，算下来，得一场花费10万元的大病，至少有6万元钱医药费需要自付。难怪别人会说，疾病是家庭财政的黑洞，足以让数十年努力攒下的银子一瞬间灰飞烟灭。大病医疗保险，是转移风险、获得保障的方式，也是理财的最佳选择之一。

第3张：养老保险单。

30年后谁来养你？在能赚钱的年龄考虑养老是必要的，也是不可回避的。很多城市居民都只有一个小孩，当未来出现两个年轻人负责赡养4个老人的局面，指望孩子来赡养我们，这对年轻人无疑也是一种巨大的压力。规划自己的养老问题，是对自己和儿女的责任感。我们在社会保险里也都有一份养老金，但这种养老金发放金额是相当低的，这对维持一般的生活而言，实属杯水车薪。从30岁开始，在资金允许的情况下，应该开始考虑买一份养老保险。养老资金首先要保证安全，投资股市或者房产来养老，风险显然难以预测，而养老保险兼具保障与理财功能，可以抵御一部分通货膨胀的影响。养老保险应当尽早购买，买得越早，获得优惠越大。

第4张：为财富提供保障的保险单。

我们早已经不再拒绝花明天的钱来消费。工作几年之后，贷款买房、买车，生活水准得到立竿见影的改善。都市里的“负翁”越来越多，背着贷款的日子过得有滋有味，但更有压力，万一自己出了问题，谁来偿还那几十万元甚至更多的银行贷款？没有人担得起这个风险，因此要把风险转移出去。算算贷款金额总共多少，再买一份相应金额的寿险，一旦有变，尚有保险公司替还房贷。这样的保险可以为个人及家庭提供财富保障。

第5~6张：子女教育及意外保险单。

结婚、养育小孩之后，子女的教育问题更是提上了主要日程。天下的父母都希望孩子接受最好的教育，拥有更为远大的未来。教育的费用越来越昂贵，读个大学更要以数十万元计，就更不必说孩子爱好的培养这笔巨额的开支了。从孩子出生之日起，为教育准备一笔资金就已经是当务之急。

准备教育基金有两种方式，一种方式是购买专门的少儿分红险，另一种方式是把钱存入银行，获得一些微薄的利息，作为孩子的教育储备金。

儿童意外险是孩子的另一张保单。儿童爱动，对事物充满好奇心，比成人更容易受到意外伤害。仅2017年，北京就有9万名儿童受到不同程度的伤害，儿童意外险可以为出险的孩子提供医疗帮助。

第7张：避税保险单。

50岁以后，我们开始面临养老与遗产的问题。在经济条件允许的情况下，我们要规划好退休后的生活，安享晚年。此时，对遗产的安排也要提上日程。

遗产税是否开征，专家学者们已经争论了几年，但随着经济的发展与法律的完善，征收遗产税已经是必然的事。按照国际惯例，遗产税一般在40%以上，德国甚至高达50%。面对如此高额的税收，我们理当未雨绸缪，合理规划。按照我国现行法律，任何保险金所得都是免税的，子女作为保险金受益人，无须交纳个人所得税。选择适当的保险品种，有意识地用巨额资金购进投资型保险，以子女为保险受益人，身后就能留下一大笔不用交税的遗产，投资保险因而成为最佳的避税方式之一。另外，子女继承遗产之前，必须先筹一笔遗产税款把税款交清，如果父母没有事先进行遗产规划，身故时又没有留下足够的现金和存款，庞大的遗产税往往会成为孩子沉重的负担。

阅读材料2：保险收费各异　如何选择合适的保险交费方式

许多的保险产品都提供了多种的交费方式。面对不同的保险险种，以及多种的交费选择，消费者应当如何选择呢？

消费保障险种：选择交费期长的交费方式

现年30岁的李聚贤，事业正在蓬勃发展的阶段，他一方面是公司的业务骨干，另一方面又是家庭的经济支柱。为了给自己和家人有一个健康的保障，李聚贤为自己购买了一份保障额为20万元的重疾险。对于如何选择交费方式，李聚贤仔细考虑了一番。这类消费保障型保险，涵盖意外伤害、疾病保险和伤残保障，如果延长交费期，则分摊到每年的保费就会较低。而且不少保险公司有豁免保费的规定，即若重大疾病保险金的给付发生在交费期内，从给付之日起，免交以后各期保险费，保险合同继续有效，就是说，如果被保险人交费第三年身染重疾，选择10年交，实际保费只付了三分之一；若是20年交，就只支付了七分之一的保费。

当然，李聚贤是不愿意自己过早得病。投保某公司的重疾险，保险金额为20万元，其交费情况如下：

年龄	交费期	保障	年交费额
30岁	10年	20万元	8562元
30岁	20年	20万元	4848元

不过李聚贤前不久刚购买了一套住房，手里资金并不宽余，若选择交费期为20年的交费方式，每年交费的经济负担将减少一半。且考虑保费豁免条款，假如李聚贤在5年之后身染重疾，若是选择10年交费，5年已经交了42810元；如果选择20年的交费期的话，5年只交了24240元。在这种情况下，交费期为20年所交保费比10年的少交近一半，而且免交以后各期保险费。

因此选择交费期长的交费方式，每次交费较少，不会给家庭带来太大的经济负担。每次交费少，手头的资金可以进行其他的投资，加之利息等因素，实际成本不一定高于一次交清的付费方式。更重要的是，选择长期交费，投保人有可能会少交很大一部分保费。

在消费保障类保险中，主要分为消费型定期寿险、消费型重大疾病险和意外保险。这类险种，意在用尽可能少的金钱投资，转移可能发生的较大的经济损失，如人寿保险、重大疾病保险，投保这一类的险种，往往是“以小博大”，交费期越长，分摊在每一年中的保险费用自然越少，因此选择较长时间的交费方式较为合适。

投资类保险：选择趸交或短期交较为适合

赵立贤是一位思前顾后的人，在佛山一家私营企业工作的他考虑私企流动性大，经济没有什么保障，要及早为自己的将来做打算。养老是每个人都要面对的问题，赵立贤未雨绸缪，想购买某公司一种商业养老保险，分红性质的养老险可以为他获得经济上的保障。

如果赵立贤出于投资目的选择养老保险，而保险公司的红利是以复利计算的，因而投保人的交费期越短，越早交清就可以越早领取分红。保险交费期后，存活的时间越长，领取的保险金也就越多，未来领取的回报可能也会越多。

赵立贤在私企的薪水是非常可观的，也积累了一笔资金，因此赵立贤选择了五年交清，即五年后可领取分红，红利分配为合同生效日起至年金领取前，复利累积，这样，越早交清保费收益越多。投资类保险选择趸交或短期交，既保障了健康，又达到了理财增值的效果。

购买投资类保险主要目的是为了老有所养，达到储蓄投资的性质，比如两全险、养老险等。市面上储蓄性质的产品，又有分红险和非分红险，当产品具有分红功能的时候，在较短的交费期内完成交费义务，意味着在合同初期，就能享有比较高的分红权益。保险公司的分红产品又都向消费者提供复利计息的利益，因此在较短的时间内完成保险合同所规定的交费义务，也就能在较远的未来，充分利用复利来达到累积财富的目的。

在经济能力许可的情况下，投资类保险产品可以选择趸交或较短期交费。因为相同的保额，或相同的储蓄目标，在交费期较短的情况下，总的支付金额也较少。趸交一般资金投入量比较大，回报率就会相对较高，对于有经济实力的投保人来说，选择趸交为好，不仅手续简单，省却了今后每年继续交纳保费的麻烦，也避免了因没有续交保费而导致保单失效的风险。若经济上有顾虑，投保人尽量选择较短的交费期，以便尽快地获得高收益的回报。

另外，保险交费与每个投保人的经济利益密切相关。选择合理的交费方式就是一种理财之道。目前购买保险时，保费交付方式较为灵活，可以采取一次性交清（即趸交），也可以用逐年分期的形式来交清（年交、限期年交）。投保人选用哪种交费方式，主要是根据自己的经济收支状况、收入的稳定程度、承受能力，以及所追求的付出与保障的需求等因素而决定。在交费方式上，并不主张消费者用“终身交费”的方式来投保，这样义务期太过于漫长，一般人都不太容易接受。另外，投保意外、健康类险种，基本上很少有图回报的想法，购买定期寿险，选择二三十年的交费期，用较少的投入，将可能因意外、疾病而发生的重大家庭经济损失风险转由保险公司来承担是比较合理的。

目前的社会竞争激烈，工作的稳定度极差，当投保人面对长达二三十年的交费义务时，难免有些困惑，担心因为不能按期持续地交费，而导致保单失效的风险。因此，对于现在收入比较丰厚，但收入不够稳定的人来说，采取趸交是比较稳妥的方法。选择限期年交，需多次交费，容易因家庭经济一时周转不济，无法继续交纳保费而导致保单失效，损害投保人及被保险人的利益。但对于收入稳定的人来说，如果采用限期年交方式，并延长交费期间，可以使交费更加轻松，也可以获得更大的保障。

资料来源：http：//insurance. cnfol. com/080508/135，1393，4124648，00. shtml。

活动一　特殊家庭的人身保险理财规划

【活动内容】

将同学分组，每组给出不同家庭的基本情况，学生根据所学的基础知识完成不同家庭人身保险理财规划的制定，并讨论特殊家庭与一般家庭的人身保险理财规划有何不同。

家庭情景1：大龄单身家庭

32岁的孙小姐是一位时尚白领女性，在一家大型跨国公司做部门经理，工作和收入都非常稳定，父母方面也没什么负担。孙小姐月收入8000元，每年还有3万元的年终奖，5万元左右的股票和基金投资。单位有基本的“五险一金”，上过一份保额10万元的重疾险，附加住院、手术医疗5000元。每月基本生活费1600元左右，其他开支有：每月房贷还款1500元、养车费1000元，每年服装、娱乐等费用大概1万元，房屋贷款还有12万元，期限10年。随着房贷压力的减轻和年龄的增长，孙小姐想考虑一下自己的保障问题。

家庭情景2：单亲家庭

35岁的付先生，有一子，今年3岁。因离异，付先生独自承担整个家庭的经济责任。付先生年收入大约10万元，每月家庭生活支出3000元，另外，由于还有30万元银行贷款尚未偿还，每月还要负担房贷2000元。在基本保障方面，付先生单位有社保，也刚给孩子上了城乡居民养老保险。付先生希望通过保险解决家庭的保障问题。

家庭情景3：丁克家庭

刘先生与爱人朱小姐已结婚4年，刘先生今年33岁，朱小姐30岁。两人决定婚后不要孩子，体验“丁克”。刘先生是一家IT公司的部门主管，年薪10万元，公司有社保，并给员工上了每人10万元的团体意外保险，其中意外医疗1万元。朱小姐在一家国有银行做职员，年收入5万元左右，只有社保。两人目前家庭支出每月4000元左右，每月固定给双方老人生活费1000元，有40万元房贷要在20年内还清，房主是刘先生，计划在两年内购买一辆10万元的汽车。

【模块加油站】

一、单选题

1. 根据家庭在不同时期的需求差异，大致可以将人生分为五个阶段，分别是（　　）、家庭形成期、家庭成长期、家庭成熟期和家庭享受期。

A. 家庭磨合期　　B. 家庭追求期　　C. 家庭准备期　　D. 家庭完美期

2. 以下关于家庭成长期、成熟期和享受期，说法错误的是（　　）。

A. 家庭成长期，家庭成员一般不再增加，随着夫妻双方工作经验的增加、工作技能的提高，收入也随之增加

B. 家庭成熟期是指从子女参加工作到家长退休为止这段时期，一般为15～20年

C. 在家庭成熟期，保险需求上，对健康、重大疾病的需求较大，同时，在这个时期最重要的是准备退休金

D. 家庭享受期是指退休以后直至死亡的时期

3. 以下人寿保险额度估算公式正确的是（　　）。

A. 人寿保险额度＝本人年收入占比（本人收入/家庭收入）×家庭年度支出总额×Min（家庭期望保障年限，子女成人所需年限）＋家庭总负债－已有寿险赔付额度

B. 人寿保险额度 = 本人年收入占比（本人收入/家庭收入）×家庭年度支出总额×Max（家庭期望保障年限，子女成人所需年限）+家庭总负债－已有寿险赔付额度

C. 人寿保险额度 = 本人年收入占比（本人收入/家庭收入）×家庭年度支出总额×Max（家庭期望保障年限，子女成人所需年限）+家庭总资产－已有寿险赔付额度

D. 人寿保险额度 = 本人月收入占比（本人收入/家庭收入）×家庭年度支出总额×Max（家庭期望保障年限，子女成人所需年限）+家庭总负债－已有寿险赔付额度

4. 以下重疾险额度估算公式正确的是（　　）。

A. 重疾险额度 = 平均门诊花费 + 本人年收入×平均恢复年限－社保报销额度－已有商业保险额度

B. 重疾险额度 = 大病平时花费 + 本人月收入×平均恢复年限－社保报销额度－已有商业保险额度

C. 重疾险额度 = 大病平时花费 + 本人年收入×平均恢复年限－社保报销额度－已有商业保险额度

D. 重疾险额度 = 大病平时花费 + 本人年收入×参保年限－社保报销额度－已有商业保险额度

二、多选题

1. 人身保险需求优先顺序取决于诸多因素，其中最基本的三项是（　　）。

A. 生命周期　　B. 收入水平　　C. 教育水平　　D. 职业风险

2. 家庭保险需求分析的步骤包括（　　）。

A. 确定家庭健康水平　　B. 确定家庭保险需求组合

C. 确定家庭保险需优先顺序　　D. 确定保险缺口

3. 保险规划的后续调整通常需要考虑（　　）。

A. 家庭组成发生变化　　B. 工作性质发生变化

C. 经济状况发生变化　　D. 生活期望发生变化

项目练习

一、名词解释

个人理财　现金流补偿法　期望保障年限　舒适指数

二、简答题

1. 简述保险在理财规划中的地位和作用。

2. 简述保险理财规划的基本流程。

三、实训练习

进行一次市场调查，收集不同客户的资料，分析收入和职业对保险需求有何影响？

四、案例分析

刘凯 35 岁，其妻徐楚娜 32 岁，两人均是上海某公司的中层管理人员，事业正蒸蒸日上，两人都经常出差。刘凯和徐楚娜所在的单位都按照国家规定为他们交纳了比较充足的社会保障，而且，刘凯和徐楚娜所在的单位也都为员工购买了团体医疗保险，保障

部分门诊和住院费用；每年，单位还为每位员工购买意外伤害保险，保险金额为 20 万元。两人的女儿贝贝今年三岁，在某私立幼儿园上学，按照上海市的规定，孩子贝贝也享有社会保障，其门诊和住院费用可以由社会保障承担 50%；贝贝还参加了上海市儿童互助医疗，住院费用还可以减免一半。另外，贝贝所在的幼儿园已经为所有小朋友购买了幼儿意外伤害保险，保险金额 20 万元，并附加了医疗费用保险。刘凯目前的年收入为 20 万元，徐楚娜的年收入也为 20 万元。两人已经购买了住房并且还清了房贷，目前有一套价值 200 万元的自住商品房。现时，刘凯和徐楚娜的生活比较富足，每月养车及日常的生活费用大概平均为 1 万元，其中贝贝每月的生活费用平均为 2000 元，小刘夫妇各为 4000 元，这样，小刘夫妇每年的净收入为 26 万元左右。夫妇俩的工作压力都比较大，业余时间基本上不进行运动。

虽然已有一些自有保障，但刘凯和徐楚娜总觉得没有安全感，请为该家庭做出保险规划方案。

项目八

人身保险核保与承保

【知识目标】

□ 掌握人身保险核保的概念，理解人身保险核保的意义，明确人身保险核保的重要性

□ 掌握人身保险核保所需要考虑的要素、核保资料、核保流程、核保结论等基本实务

□ 了解人身保险核保的产生与发展历程

□ 了解核保评点系统及核保评点手册

□ 了解人身保险承保业务流程

【能力目标】

□ 能正确解释核保的含义与意义

□ 能正确填写并审核投保单据

□ 能根据客户已提交的投保资料指出核保要素、核保资料，并能作出恰当的核保结论

□ 能描述和模拟演练核保与承保作业流程

【引导案例】

保险公司如何破解重疾险骗局

杜某系某医院外科医生。2016 年初，杜某凭借多年从医经验感觉自己甲状腺出了问题，通过其所在医院私自拍片发现可能患有甲状腺乳头状癌，后又用假名到甲状腺专科医院就诊后确认该病。杜某与熟悉保险业务的妻子高某商议，决定隐瞒患病事实，购买重疾险。杜某在 2016 年 5 月和 9 月两个时间段，从 13 家保险公司购买同一类型的保险产品。后杜某以患有甲状腺乳头状癌为由向甲保险公司提出 50 万元重疾保险金的理赔

申请，甲保险公司受理后，经保险行业内部排查才发现杜某在13家寿险公司共计投保803万元保额重疾险，且保额绝大多数都是按照免体检的额度进行投保的事实。报警后，经过警保密切协作，杜、高二人交代了犯罪经过，“杜高夫妻”重疾险骗保案破获。

资料来源：中国保险报网，http://chsh.sinoins.com/2018-03/08/content_256400.htm。

以上案例表明，寿险公司的核保和承保工作对于保险业务的经营有着至关重要的作用。在竞争激烈的市场环境下，追求保费心切的保险公司也常因核保把关不严，在承保流程设计上总是“宽进严出”，留下了道德风险的漏洞。此案启示我们，建立健康险共享信息平台必不可少，与医院、同业保险公司共享医疗信息，及时了解投保人的健康状况以决定是否承保，将带病投保恶意欺诈行为拒之门外。

模块一　认识人身保险核保

任务一　了解人身保险核保基础知识

【任务情景】

一位24岁男性投保寿险（标准保费为2650元）和重疾险（标准保费为970元），但经过体检后，保险公司决定将他的重疾险保费调至1215元；另有一位40岁男性同样投保寿险和重疾险，经过体检发现他患有高血压，于是保险公司决定重疾险拒保，寿险加费承保。

在购买保险时，这样的情形时有发生：当你终于下定了决心签下一份保单，可最后得到的却是保险公司“因为您体检不合格，所以，不能以当初代理人许诺的标准保费投保”，更有甚者，还需要你不得不延期投保，或者索性你被拒保了。

换句话说，保险不是客户想买就一定能买到，如果客户没有最终通过保险公司的核保，将买不到当初想要的保险。即使符合保险公司的核保规定，对不同的被保险人也会根据其不同的风险程度给出不同的承保条件。

那么，什么是核保？为什么要核保？核保在人身保险经营中有多重要？

【基础知识】

一、人身保险核保的概念

简而言之，核保就是风险选择的过程。在人身保险中，保险人对投保的保险标的（即人的生命或身体）风险加以审核、筛选、分类，以决定是否接受投保，承保的条件如何，采用何种费率，以使同风险类别的个体风险达到一致（同质化），从而维持保费的公平合理，这一风险选择的过程就被称为核保。

核保是保险公司承保工作的核心环节，在业务流程上起着承前启后的作用。核保人员是保险公司承保各类人身风险入口的把关人，每位被保险人所具有的影响生命或身体的危险因素不尽相同，必须要对每一个投保的个体加以分析、分类、选择。核保部门根据有关的规定和要求，收集、寻找每一位投保个体的相关资料，核保人员要将收集的信息资料建立专门的档案，保证承保、给付、理赔等各个环节所需资料的完整充足。以这些资料为依据，对被保险人的危险状况进行评估，决定承保条件，签署核保意见。

核保质量的好坏直接关系到整个保险过程。严格规范核保工作是降低赔付率，增加保险公司盈利的关键，也是衡量保险公司经营管理水平的重要标志。

二、人身保险核保的目的及意义

寿险核保的目的在于有效地控制承保合同质量，使保险公司承保合同的保险事故实际发生率维持在精算预定的范围内，从而确保保险公司持续、稳健经营。寿险核保的意义主要有如下三点。

（一）公平性——维护不同风险不同费率的原则

公平合理是保险的重要原则。维持公平的原则体现在依危险程度的大小交付其对应的保费。由于被保险人的身体状况、生活环境及职业环境因素不同，他们的寿命、患病率及意外事故的发生率也不相同，即表现为他们获得理赔的概率不同。对于保险公司来说，其所承担的危险大小不同。故保险人必须将被保险人按危险程度加以分类，依据危险大小交付其对应的保险费，使得危险高的被保险人多交纳保险费，低危险的人按较低的标准交费，危险太高者则予以拒保。如果风险大小不同的被保险人交纳相同的保费，而获得的理赔不同，也就是同等的保费没得到同等的风险保障，这样做的结果显然是违反公平合理原则的。核保的危险分类和收费分类即是公平合理原则的具体体现。

【延伸阅读】

公平定价必要性的一个例子

假定有100位船主自愿组成一个保险集合，约定如果任何一只船损坏，集合将给予赔偿。每位船主都是技术娴熟且驾驶安全的，船只也保存完好。该集合预期平均每年损坏一只船，即每位船主的损失概率为1%。每只船的价值为10000美元，所以每个人需向集合交纳100美元。大卫得知有这样一个团体并希望加入，核保调查显示，大卫有不安全驾驶的记录，他被发现大约每3年损坏一只船，损失概率为每年33%。

如果他们同意大卫加入，则对这101位船主年均赔付应为13333美元。如果要对其他人公平，则应对大卫收取3333美元保费才合理。如果无视大卫的高风险，则这101位船主每人应交保费132美元（13333/101＝132）。

如果大卫能够每年交132美元然后平均每3年就获得10000美元的赔付，对他来说是不错的交易。实际上其他技术水平和他相当的船主也非常希望加入该团体。假如有100名“大卫”加入，则保费须升为每位船主1717美元。

后果是，随着时间的推移，安全的船主将退出集合，保费上升；集合中较安全的船主退出，保费又一轮上升。这一过程将一直持续，直至整个集合中只留下风险较大的船主相互为保，最后整个集合崩溃。

以上假定的情形说明，如果对风险不同的人给予相同的保险费，对全体被保险人是不公平的，最后必将导致保险公司难以经营。

（二）安全性——控制道德风险，维护寿险公司持续、稳健经营

核保的作用就是减少逆选择，使每类风险的定价维持在精算假设的范围之内。如果寿险公司毫无限制地任凭合同加入进来，未来发生赔付额可能性必将大大增加，危险发生率可能会超出精算产品定价的预定范围，从而给公司经营带来困难。

人寿保险公司的经营效益可以用收益和支出之比表示。收益是保费收入和资金运用所带来的。支出包括保险金支付、管理费用及保险资金贬值的部分等。人寿保险的经济效益通常是以三差益计算的，即费差益、利差益和死差益。费差益是指预定的管理费用与实际的管理费用的差益，是通过经营管理节省费用成本实现的。利差益是指实际利率与预定利率的差益，这是通过资金的有效运作得来的。死差益是指预定死亡率与实际死亡率的差益，是由于正确得当的核保而取得的。保险费是根据预定的费用、利率及死亡率通过精算订立的。如果没有正确适当的核保，那么被保险人的实际死亡率必将大大高于预定死亡率，不良的理赔案件增加，保险公司经营的安全将受到威胁。

（三）保持竞争力——帮助寿险公司在市场中更具有竞争力

优质的核保可以保持稳定较低的死亡率，有助于寿险公司使用较低的产品费率，使寿险公司更具有市场竞争力，在市场化费率中占得先机。不核保或质量较差的核保则必然要求寿险公司采取较高的费率以维持精算假设。

优质的核保也是增加公司信誉的方式之一，通过严谨、专业、周到的核保服务，树立寿险公司稳健经营、忠实维护全体被保险人利益的良好形象，增加客户的信任感和市场竞争力。

三、人身保险核保的产生与发展历程

人身保险核保随着人身保险的发展，经历了一个由忽略到重视、由简单到复杂的发展进程。以历史时间为序，以历史事件为标志，寿险核保可分为以下几个阶段。

（一）面晤、询问、观察——核保的初始期

从1583年6月18日最早的人寿保单开始，翻开了人寿保险的历史。此时的寿险还不是现代意义上的保险，是由会员交费建立共同基金，在会员死亡时，从基金中给付保险金，属于互保形式。因此“共同基金会”对入会的人员，只有交纳保险费的要求，而没有其他的审核方法，所以此时的寿险业对参保人员的核保是缺失的或者是“忽略”的。而且所有“共同基金”的成员都按同一保费入会，来者不拒，其结果是高风险和年龄大的人愿意入会，而健康的年轻人都不入会，最终导致“基金会”因亏损而倒闭。在吸取教训的基础上，后来的人寿保险经营者，懂得了对购买保险者即入会者，不能来者不拒，便开始试图根据投保人的年龄、健康等进行选择，采取的方法就是对投保人进行面晤、询问和观

察。例如，1706 年，美国长期寿险公司将被保险人限制在 12 岁至 45 岁，被保险人必须出席理监事会，对其健康提出声明，同时理监事会派经验丰富的成员对被保险人进行询问及观察，并了解其社会地位、经济情况等，这就是寿险核保的雏形。

（二）生命表——为寿险核保提供了科学的数理依据

英国天文学家埃德蒙·哈雷，根据德国布勒斯劳市 1687—1691 年 5 年间按年龄分类的居民统计资料，在 1693 年编制了世界上第一张完整的生命表，为现代人寿保险奠定了数理基础。哈雷在文章中指出："人寿保险的价格可以按照参加人寿保险的人员年龄来制定。"在这一理论的指导下，将年龄作为核保（风险选择）的内容，以生命表为数理基础，划分不同年龄人群的风险，确定风险费率，使寿险核保跨入了科学之门。

生命表真正用于寿险费率的确定是 1762 年成立的人寿和遗属公平保险社。该公司的精算师理查德·普赖斯，在美国数学教师詹姆斯·道德森依据哈雷编制的生命表计算了各年龄组的人投保定期寿险的保险费以及提出"均衡保费"的理论的基础上，于 1783 年编制了第一张供实际使用的生命表。这标志着寿险和寿险核保有了精算和数理的科学基础。

（三）法定保险利益原则——核保发展的又一里程碑

英国 1774 年通过的《人寿保险法》中规定"除了投保人对被保险人的生存和死亡有利益关系者外，其他人都不得办理这种保险"。通过立法的形式确定了保险利益原则，这一原则不仅将"保险"与"赌博"区分开来，也为寿险核保防范"利用保险进行赌博"的行为和投保人谋害被保险人的犯罪行为提供了法律的依据，是核保走上法制化的里程碑。

（四）体检医师的介入使核保的技术进一步完善

随着保险业的发展，要保人群的扩大，各保险企业在防范自身风险的进程中积累了丰富的经验。保险人认识到，人的风险不仅与年龄相关，而且与健康状况有关。因此，保险公司一方面对核保提出了更高的要求；另一方面，世界医学科学和诊断技术的发展，为寿险核保提供了条件。1794 年美国的北美保险公司开始引入医师核保的理念，首先开始为被保险人作一般普通体检，体检结果作为核保评估的依据。此后，其他保险公司也相继模仿，体检逐渐成为核保的必要项目。1811 年，苏格兰寡妇保险公司，由理监事会委托医师做体检，开始了保险公司的体检医师制度，并为医学上的查定工作奠定了基础。医务核保作为新的核保技术，在根据年龄差别计算保费的方法基础上，进一步解决了相同年龄健康状况不同而采用不同费率的问题，对次标准体可以采取加费承保，这样就减少了拒保体，扩大了保险公司业务。

（五）核保手册、评点系统的建立——核保进入标准化阶段

1919 年纽约人寿保险公司的精算师 Arthur H. Hunter 和医师 Oscar H. Rogers 合作开发了一套"分数评分系统"，通过对各种不同的影响死亡率的要素加以评估，增加死亡率的因素计为正值，减少死亡率的因素计为负值，最后综合给出被保险人的评点分数，再将此评分换算成相对应的加费数额。分数评分系统将各种危险因素转换成点数，由点数推算其加费等级，这样核保人员就可以根据核保手册，以数理查定的方法来确定被保险人的合理收费。这一分数评分系统及加费等级使得健康核保变得较为方便、快捷、实用。数字评分系统的出现引致专职核保人员的产生。这一系统一直沿用至今，且在原来

分数评分系统的基础上逐步完善。

核保人员在确定一份投保申请的危险程度时，主要的依据应是被保险人的死亡率，而影响其死亡率的因素除了年龄及身体健康状况外，还有其他许多因素，还应考虑被保险人所处的环境及其面临的道德危险。随着社会和保险业的发展，人们越来越认识到非健康因素也是核保中绝不能忽视的重要部分。

【延伸阅读】

我国首部寿险电子核保手册简介

中国人寿再保险有限责任公司（以下简称中再寿险）电子核保手册系统于2009年7月启动建设，2010年12月建设完成。该平台系统是中再寿险合作开发，拥有完全自主知识产权、具有国内领先水平的电子核保手册系统。该系统是集医务、财务、运动、职业、化验以及居住地与旅游地于一体的综合性核保手册系统，具备各个部分的分类评点表，同时提供了财务核保指南、体格、血压、血脂、肺功能、多风险因素评点计算器，除此之外，系统还具备信息查询、被保险人数据采集、数据传输、全程搜索等功能。

此系统不但满足了中再寿险核保业务风险评估的需要，还将为各个寿险公司提供权威性的核保标准。核保手册系统无论是对再保险公司展业、提高核保工作效率、还是提升核保服务水平，都具有决定性的推动意义和价值，同时核保手册系统使用情况的数据可为日后进行统计、管理和决策提供必要的信息支持。

该系统的建成填补了中国保险/再保险业在核保风险评估方面的空白，属于国内范围行业领先的信息系统。

电子核保手册系统在中再寿险公司的官网有登录入口，向有授权的用户开放。

资料来源：中再寿险公司官网，http：//www. chinalifere. cn/zhzsx/475853/475898/489709/index. html。

（六）核保体系的电子化、智能化——核保的发展方向

电子计算机的广泛应用，各种信息互联网络的形成，为人类进入信息时代奠定了物质基础。人身保险中的核保也与其他学科一样，通过享用现代科技成果，也给自身的发展引进了诸多手段，同时也为如何更全面、完整、系统地控制风险引入了新的概念，从而在控制风险这一领域，开始进入核保发展的新阶段。

互联网技术的发展，使核保体系全面进入电子化，包括分次投保累计保额的总体控制、核保过程中的查询、核保结论的电子化管理、核保规程和核保手册的电子化、核保资料的电子化管理、理赔结论在核保电子化中的应用、承保资料的统计查询、行业协会规范核保的电子化体系等。

网络信息技术的不断完善，为远程集中核保提供了物质基础。远程集中核保已是大势所趋，近年来，各家保险公司都逐步将核保权限上收，采取省级集中核保、全国分区域集中核保乃至全国集中核保模式。远程集中核保能够在更大范围内消除核保质量参差不齐造成的影响，保证核保质量与核保标准的一致性，有利于提高核保效率，提供更优质的核保服务。

近年来，保险机构纷纷依托互联网和移动通信等技术，通过自营网络平台、第三方网络平台等推出了一系列的网销保险产品，通过在线智能核保系统，完成在线核保与承保，订立保险合同。如平安 e 生保，众安尊享 e 生、弘康哆啦 A 保、百年康惠保等消费型健康险，均通过在线销售，在线完成智能核保。

【延伸阅读】

平安 e 生保“智能核保”系统使用简介

平安 e 生保是行业内首款推出“智能核保”服务的互联网健康险产品。投保前已患有疾病或症状的客户，通过智能核保如实告知，系统将实时判断客户是否可以承保、如何承保，让部分“异常”客户也能享受到优质的医疗保障。若智能核保不通过，或未能在智能核保的疾病列表中找到相应病种，按公司规定，则不可投保。

在线上“投保告知”页面，对系统设置的有关被保险人健康/职业状况的问题回答不完全为“否”的情况下，选择“部分是”，如图 8－1 所示，则进入智能核保入口，如图 8－2 所示。

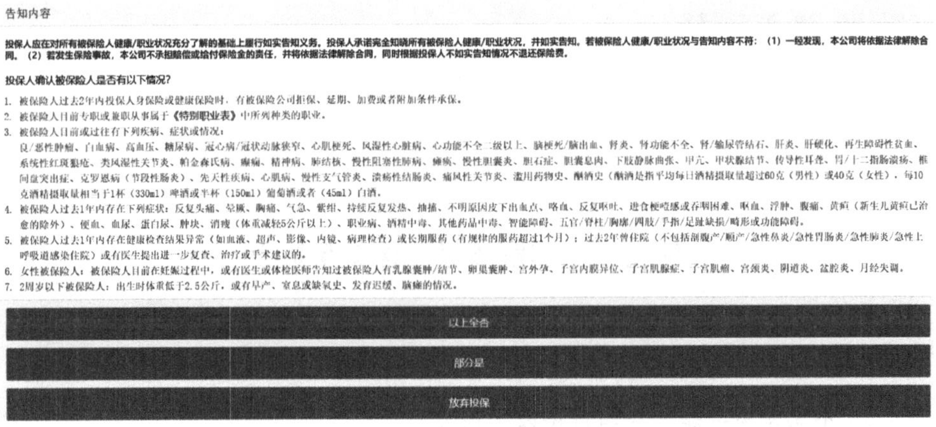
告知内容

投保人应在对所有被保险人健康/职业状况充分了解的基础上履行如实告知义务，投保人承诺完全知晓所有被保险人健康/职业状况，并如实告知。若被保险人健康/职业状况与告知内容不符：（1）一经发现，本公司将依据法律解除合同。（2）若发生保险事故，本公司不承担赔偿或给付保险金的责任，并将依据法律解除合同，同时根据投保人不如实告知情况不退还保险费。

投保人确认被保险人是否有以下情况?

1. 被保险人过去2年内投保人身保险或健康保险时，有被保险公司拒保、延期、加费或者附加条件承保。
2. 被保险人目前专职或兼职从事属于《特别职业表》中所列种类的职业。
3. 被保险人目前或过往有下列疾病、症状或情况：
良/恶性肿瘤、白血病、高血压、糖尿病、冠心病/冠状动脉狭窄、心肌梗死、风湿性心脏病、心功能不全二级以上、脑梗死/脑出血、肾炎、肾功能不全、肾/输尿管结石、肝炎、肝硬化、再生障碍性贫血、系统性红斑狼疮、类风湿性关节炎、帕金森氏病、癫痫、精神病、肺结核、慢性阻塞性肺病、瘫痪、慢性胆囊炎、胆石症、胆囊息肉、下肢静脉曲张、甲亢、甲状腺结节、传导性耳聋、胃/十二指肠溃疡、椎间盘突出症、克罗恩病（节段性肠炎）、先天性疾病、心肌病、慢性支气管炎、溃疡性结肠炎、痛风性关节炎、滥用药物史、酗酒史（酗酒是指平均每日酒精摄取量超过60克（男性）或40克（女性），每10克酒精摄取量相当于1杯（330ml）啤酒或半杯（150ml）葡萄酒或者（45ml）白酒。
4. 被保险人过去1年内存在下列症状：反复头痛、晕厥、胸痛、气急、紫绀、持续反复发热、抽搐、不明原因皮下出血点、咯血、反复呕吐、进食梗噎感或吞咽困难、呕血、浮肿、腹痛、黄疸（新生儿黄疸已治愈的除外）、便血、血尿、蛋白尿、肿块、消瘦（体重减轻5公斤以上）、职业病、酒精中毒、其他药品中毒、智能障碍、五官/脊柱/胸廓/四肢/手指/足趾缺损/畸形或功能障碍。
5. 被保险人过去1年内存在健康检查结果异常（如血液、超声、影像、内镜、病理检查）或长期服药（有规律的服药超过1个月）；过去2年曾住院（不包括剖腹产/顺产/急性鼻炎/急性胃肠炎/急性肺炎/急性上呼吸道感染住院）或有医生提出进一步复查、治疗或手术建议的。
6. 女性被保险人：被保险人目前在妊娠过程中，或有医生或体检医师告知过被保险人有乳腺囊肿/结节、卵巢囊肿、宫外孕、子宫内膜异位、子宫肌腺症、子宫肌瘤、宫颈炎、阴道炎、盆腔炎、月经失调。
7. 2周岁以下被保险人：出生时体重低于2.5公斤，或有早产、窒息或缺氧史、发育迟缓、脑瘫的情况。

以上全否

部分是

放弃投保

图 8－1 平安 e 生保在线投保告知内容页面截图

在智能核保页面，选择相应病种模块，继续选择相应病种，回答问卷后，即可看到是否可以投保的结论。以被保险人是乙肝携带者为例，乙肝携带者是属于肝、胆、胰、脾疾病，点开图 8－2 中“肝、胆、胰、脾疾病”，则出现一系列该类具体病种，继续选择“乙肝携带者（或 HA 阳性，澳抗阳性），乙肝小三阳”病种，就出现了核保结论：“除外：对乙型病毒性肝炎及其并发症和后遗症引起的治疗除外。”

智能核保与传统核保的区别为：(1) 相对传统核保方式，智能核保更宽松，让以前不能投保的部分人群可以买保险。(2) 核保结果更多，过去的线上核保，只有承保和拒保两种结果通过智能核保，对于不确定自己的病史是否符合投保条件的客户，只要通过三层疾病勾选就可以得到 5 种（即标准体承保、加费承保、除外责任、延期承保、拒保）不同的核保结果，承保可能性更大。(3) 核保流程简化，整个核保过程基本在 1 分钟内就可以完成，比起过去传统人工核保，几天才能出结果，智能核保的效率十分高。被保险人若有异

选择告知异常所属的病种模块
不在列表中则不能投保

脑部、精神疾病
眼、耳、口疾病
鼻、咽、喉疾病
甲状腺疾病
气管、支气管、肺部疾病
乳腺和妇科病
肝、胆、胰、脾疾病
胃肠道疾病
肛周疾病
肾、输尿管、膀胱、前列腺、尿道疾病
皮肤疾病
外伤
骨骼、关节、肌肉疾病
心血管、糖脂代谢疾病
血液、淋巴、结缔组织疾病
良、恶性肿瘤
器官移植
性病、艾滋病、吸毒、酒精或药物滥用

图 8－2　平安 e 生保智能核保页面截图

常健康状况，通过智能核保进行人机对话，很快就可以知道是否可以投保。

资料来源：根据平安健康险公司官网和知乎网有关资料整理。

活动一　理解核保的含义及意义

【活动内容】

每 3 ~5 个同学为一组，分组讨论以下内容：

小张和小赵两人是大学同学，两人同岁，今年 27 岁，毕业后又在同一家公司工作。他们一起投保某寿险公司的一款定期寿险，保额都选择的是 10 万元，保险期限都选择的是 20 年，都选择 20 年交费。所不同的是，小张一向身体健康，而小赵曾在上大学期间因肺结核住院治疗 20 天后痊愈；小赵是一位乙肝病毒携带者，小三阳。

（1）寿险公司接到他们两个人的投保申请后，是否会做同样的业务处理？

（2）最终寿险公司是否会接受他们的投保？如果接受，他们两人的投保条件相同吗？

（3）此例中保险公司的核保处理反映出核保具有怎样的意义？

【模块加油站】

一、单选题

1. 核保又称（　　），是保险人选择或评估申请保险保障的风险个体的过程。

A. 风险选择　　B. 风险规避　　C. 风险评估　　D. 风险调查

2. 保险公司承保工作的核心环节是（　　）。

A. 填写投保单　　B. 录入投保信息　　C. 核保　　D. 出单与递送保单

3. 人寿保险的经济效益通常来源于费差益、利差益和死差益，而正确得当的核保有助于提升（　　）。

A. 费差益　　B. 利差益　　C. 死差益　　D. 死差损

二、多选题

1. 核保的意义有（　　）。

A. 稳定保险经营　　B. 体现保险费率的公平

C. 防止逆选择　　D. 提高承保业务质量

2. 关于人身保险核保的产生与发展历程，以下表述正确的有（　　）。

A. 面晤、询问、观察，是人身保险核保的雏形

B. 生命表的应用标志着寿险和寿险核保有了精算和数理的科学基础

C. 体检医师的介入使核保的技术进一步完善

D. 分数评分系统、核保手册的出现，使核保进入标准化阶段

E. 核保体系的电子化、智能化是核保的发展方向

三、判断题

1. 医务核保始于1794年美国的北美保险公司。（　　）

2. 1919年纽约人寿保险公司分数评分系统的出现，引致专职核保人员的产生。（　　）

3. 核保体系的电子化、智能化是核保的发展方向，未来将无须人工核保。（　　）

模块二　人身保险如何核保

任务一　人身保险核保因素

【任务情景】

被保险人，刘爱人，男性，45周岁，居住于北京市大兴区，是一名出租车司机，已有10年工龄，欲投保某公司重大疾病保险30万元，并附加意外伤害保险10万元。投保人是被保险人的女儿，是一家商场售货员，已按揭购住房，银行贷款20万元。投保书上告知：被保险人身高166cm，体重80kg；患胃溃疡已5年，断续服药；每天吸烟20支；其父亲于62岁时死于心梗，其母亲现70岁，仍健在。

如果将以上投保信息提交核保，需要考虑哪些方面的风险因素？

【基础知识】

人身保险核保要搜集较多的信息，以便综合评估被保险人所面临的风险，厘定合理的费率，提供适当的保障。核保既要考虑被保险人的年龄、性别、身高、体重、家族史、现病症及既往病史等健康方面的因素，又要考虑其职业、特殊爱好、环境、与投保人的关系、投保动机、投保险种等非健康因素，还要考虑其财务状况。

一、健康因素

（一）年龄、性别

年龄是影响死亡率的首要因素。从生命表上可以看出：人在 10 岁以前，年龄越小，死亡率越高；在 10 岁左右死亡率是最低的，而 10 岁以后死亡率又开始逐年上升，尤其是超过 40 岁后死亡率直线上升。所以几乎所有寿险合同对被保险人的投保年龄上限都有限制。核保中对年龄的具体做法有：对未成年人作为被保险人有最高身故保额的限制；对 40 岁以上的投保者，需要进行比较系统的健康核保，尤其是对于首次投保者，首先要考虑投保动机。

性别也是影响费率的关键因素，对寿险而言，女性寿命平均高于男性；从健康险来看，生育期女性的出险率平均高于相同年龄组的男性。

（二）体格

体格及体形通过身高、体重、胸围和腹围等指标体现，体格与死亡率之间有一定的关系。体重偏离正常身高、体重范围越远，死亡率（评点）越高。

常用的评价体重的指标是体重指数（BMI），BMI = 体重（公斤）/身高的平方（米^2），适合 18 ~65 周岁的人使用，但儿童、发育中的青少年、孕妇、身体健硕的运动员除外。

中国成年人体重指数标准为：18.5≤BMI<24 为健康体重；BMI<18.5 为体重过轻；24≤BMI<28 为超重；BMI≥28 为肥胖；BMI>28 ~34.9 为轻度肥胖；BMI>35 ~39.9 为中度肥胖；BMI 达到 40 为重度肥胖。最理想的 BMI 是 22。许多核保手册对 BMI 超过 30 才有评点。具体核保工作中，如果 BMI≥28，体检结果伴有与肥胖关系密切的相关症象，如血压高、血脂高、心电图异常、B 超提示有脂肪肝倾向等，则有相当大的加费可能。

腰围是衡量腹部肥胖的一个重要指标，它反映了腹部脂肪蓄积的程度，而腹部脂肪的蓄积与一系列代谢异常有关。男性腰围大于或等于 85cm、女性腰围大于或等于 80cm 为腰部肥胖标准。

（三）健康状况

健康状况是一个人的脉搏、血压、心跳及身体其他器官的机能状况，健康状况对人的死亡率有直接的影响，是核保时要考虑的重要因素。

正常的血压是血液循环流动的前提，血压在多种因素调节下保持正常，从而提供各组织器官以足够的血量，借以维持正常的新陈代谢。血压过低或过高（低血压、高血压）都会造成严重后果。

血压测值受多种因素的影响，如情绪激动、紧张、运动等。若在安静、清醒的条件下采用标准测量方法，至少3次非同日血压值达到或超过收缩压140mmHg和（或）舒张压90mmHg，即可认为有高血压，如果仅收缩压达到标准则称为单纯收缩期高血压。高血压绝大多数是原发性高血压，约5%继发于其他疾病，称为继发性或症状性高血压，如慢性肾炎等。高血压是动脉粥样硬化和冠心病的重要危险因素，也是心力衰竭的重要原因。凡血压低于90/60mmHg时称低血压。持续的低血压状态多见于严重病症，如休克、心肌梗死、急性心脏压塞等，低血压也有体质的原因。

脉搏即动脉搏动，脉搏频率即脉率。正常人的脉搏和心跳是一致的，脉率规则。正常成人为60～100次/分，通常为每分钟70～80次，平均约72次/分。老年人较慢，为55～60次/分。成人脉率每分钟超过100次，称为心动过速；每分钟低于60次，称为心动过缓。

临床上有许多疾病，特别是心脏病可使脉搏发生变化。病情危重，特别是临终前脉搏的次数和脉率都会发生明显的变化。因此，测量脉搏对病人来讲是一个不可缺少的检查项目。中医更将切脉作为诊治疾病的主要方法。

（四）既往病史与现病史

既往病史是与被保险人以往遭受的损伤和疾病有关的资料，包括手术病史，意外伤害史，住院病史，过敏病史，最近就医史以及地方病病史，女性还包括月经婚育史。既往病史有时意味着其具有高于平均水平的死亡风险，如一个有过心脏病的人，更可能比没有心脏病的人寿命短。还有高血压、肾病、糖尿病等许多其他疾病也会产生高于平均水平的死亡率。被保险人在既往病史中告知有某种疾病时，保险人应了解其治疗和目前状况，根据该疾病的风险程度、治疗效果、被保险人的治疗条件等因素综合做出核保决定。

现病史是医务核保的重要依据，核保员应对现病史的疾病性质、疾病病程、发作次数、治疗方法、治疗效果等进行详细了解，做出综合评估。

（五）家族病史

在核保中，家族病史是一个重要的依据，因为有些疾病是容易遗传的。常见有遗传倾向的疾病有高血压、冠心病、动脉粥样硬化、糖尿病、精神分裂症、家族性结肠息肉病、多囊肾等。对家族史中有遗传倾向的疾病者，保险人审核或体检时要详细了解被保险人有无该疾病的相关征象，有相关现症且年龄较轻者，要慎重核保。

【知识链接】

糖尿病、高血压患者可以投保吗？

糖尿病和高血压是常见病和多发病，它们严重危害人们的生命和健康，由于在疾病的各阶段，其对人体各个重要器官的损害不同，人寿保险能否承保不能一概而论，需要在仔细分析疾病的具体情况后，作出核保决定。

全世界大约有3000万糖尿病患者，糖尿病是因为胰岛素分泌或作用的缺陷，以慢性高血糖为特征的代谢紊乱，包括糖、碳水化合物、蛋白质、脂肪、水用电解质代谢异常。1997年美国糖尿病学会/世界卫生组织对糖尿病进行的分类如下。

(1) 1型糖尿病：胰岛素β细胞毁坏，常导致胰岛素的绝对不足，呈酮症酸中毒倾向，多发生于青少年。

(2) 2型糖尿病：胰岛素抵抗和/或胰岛素分泌障碍，患者生存可不需要依赖胰岛素治疗。

(3) 妊娠糖尿病：在妊娠期间发现，多数患者可以在分娩后恢复正常，但约30%的患者在5~10年的随访中转变为糖尿病。

(4) 特殊型糖尿病：因基因、炎症、肿瘤、外伤、感染、内分泌、药物、化学品、遗传等因素所致。

糖尿病的病程漫长且不可逆，目前医学上尚无完全治愈的手段，久而久之它可引起身体内多个系统的损害，导致眼、肾、神经、心脏、血管等组织慢性进行性病变，并发症或疾病可遍及全身各重要器官，最终引起功能缺陷及衰竭致死亡。

临床上常见的严重并发症或疾病有：大血管病变：动脉硬化发病率较正常人群高，进展程度快。微血管病变：糖尿病肾病、糖尿病视网膜病变，糖尿病心肌病。神经病变：以周围神经病变常见。眼的其他病变：黄斑病、白内障、青光眼等。糖尿病足：末梢神经病变，下肢供血不足及细菌感染等因素引起。

1型糖尿病风险程度已超出人寿保险所能承保的范围，通常寿险公司不受理1型糖尿病患者的投保申请。2型糖尿病患者的投保申请，寿险公司将依据客户提供的病历、问卷等资料，分析其患病时间、家族史、病因、病情进展、治疗情况，尤其是控制血糖的效果等因素，对血糖控制效果良好，没有发生并发症者的投保申请，寿险公司将根据其投保的险种、保险期限等情况，一般会给予一定的条件承保寿险类保险，但对承保重大疾病类保险的要求较高。

高血压是多种心血管疾病的重要危险因素，并影响心、脑、肾等重要脏器的功能，最终可导致这些器官的功能衰竭。国际统一的高血压诊断标准为：收缩压≥140mmHg和（或）舒张压≥90mmHg。高血压通常起病缓慢，早期常无症状，初期只是在精神紧张、情绪波动后血压暂时升高，随着血压暂时性升高出现频率的增高和持续时间的延长，血压升高逐渐趋于持久，严重者可并发心、脑、肾、血管等重要器官的病变。

1999年世界卫生组织对血压水平的定义和分类（WHO/ISH）如下。

	收缩压（mmHg）	舒张压（mmHg）
理想血压	<120	<80
正常血压	<130	<85
正常高值	130~139	85~89
1级高血压（轻度）	140~159	90~99
2级高血压（中度）	160~179	100~109
3级高血压（重度）	>180	>110

寿险公司在评估高血压风险时的基本方法是相同的，继发性高血压主要评估其原发病；如果高血压患者能有效地将血压水平控制在正常范围，没有并发症产生，寿险公司将给予一定条件承保；2 级高血压者投保重大疾病保险寿险公司很难承保；3 级高血压或出现心、脑、肾、血管等脏器病变患者的风险程度超出寿险公司所能承保的范围，寿险公司一般不予承保。寿险公司一般不受理高血压患者的医疗类保险的投保申请。

二、非健康因素

（一）保险利益

保险利益是指投保人对保险标的具有的法律上承认的利益，可以理解为，被保险人身故或伤残等事故的发生会给投保人带来实际的经济损失。根据《保险法》第三十一条的规定，投保人对下列人员具有保险利益：本人；配偶、子女、父母；前项以外与投保人有抚养、赡养或者扶养关系的家庭其他成员、近亲属；与投保人有劳动关系的劳动者。除前款规定以外，被保险人同意投保人为其订立合同的，视为投保人对被保险人具有保险利益。订立合同时，投保人对被保险人不具有保险利益的，合同无效。

在核保操作中，关于被保险人同意规定的应用范围相对严格，必须要求投保人与被保险人之间存在一定的经济利益关系。主要包括以下关系类型：

（1）雇佣关系。企业对于具有合法雇佣关系的人员具有保险利益；

（2）合伙人关系。一方合伙人对另一方合伙人具有保险利益；

（3）债权债务关系。债权人对其债务人具有保险利益（私人之间的借贷除外）；

（4）其他合法关系。指合理的经济利益关系。

理论上，人身保险利益没有量的限制性，但实务中，父母为未成年子女投保以死亡为给付条件的保险，保险利益受限。根据原保监会《关于父母为其未成年子女投保以死亡为给付保险金条件人身保险有关问题的通知》（保监发〔2015〕90 号）规定，自 2016 年 1 月 1 日起，对于父母为其未成年子女投保的人身保险，在被保险人成年之前，各保险合同约定的被保险人死亡给付的保险金额总和、被保险人死亡时各保险公司实际给付的保险金总和按以下限额执行：对于被保险人不满 10 周岁的，不得超过人民币 20 万元；对于被保险人已满 10 周岁但未满 18 周岁的，不得超过人民币 50 万元。详细规定见本书项目二有关知识链接。

（二）职业

被保险人从事的职业与其死亡率及发病率有很大的关系，职业更是直接影响意外事故发生率以及对人体造成伤害的程度，因此，职业是人身意外伤害保险核保的最核心要素。职业风险主要存在于以下两个方面。

1. 职业意外事故风险。易发生意外事故的职业一般包括：航空航运、高处作业、高压电作业、爆破作业、海上作业、潜水作业、防暴警察、消防人员、矿业采石、坑道作业、化工制造、特技演员以及赛车、登山等高风险运动职业。

2. 职业健康风险。某些职业会带来一定的健康危害，长期从事该职业的人员甚至会患有职业疾病。

保险公司依据各种职业的危险程度，制定职业等级分类表，核保人员对于职业危险的核保是根据职业分类表进行的，对具有较高职业风险等级的被保险人，常采用加费承保或限额承保，有的还会拒保。

（三）业余爱好和生活习惯

业余爱好指被保险人的消遣娱乐或业余运动，没有报酬。如果被保险人是拳击、攀岩、高空跳水等专业运动员或从事潜水、狩猎等高风险工作，并从中获得报酬的，则作为高风险职业来审核。

吸烟、酗酒是个人生活习惯审核的重点。另外，某些无业人员生活糜烂，与社会不良人员及非法组织来往密切，也值得核保人员提高警惕。

【延伸阅读】

抽烟者买寿险要支付更高的保费吗？

2017 年 10 月 1 日起实施的《中国保监会关于规范人身保险公司产品开发设计行为的通知》（保监人身险〔2017〕134 号）中明确提到，“支持并鼓励保险公司在定期寿险产品、终身寿险产品费率厘定时，区分被保险人健康状况、吸烟状况等情况进行差异化定价，提高产品的科学定价水平。”

在投保告知事项中，通常有一项询问：被保人是否吸烟，吸烟几年，每天几支。有投保人曾做过试验，投保时如实告知，每天抽烟低于 10 支的一般不会出现加费承保的情况；如果每天抽烟大于 10 支，可能出现加费、需要体检的情况。

众所周知，吸烟危害健康，全世界每年因吸烟死亡达 250 万人之多，烟是人类的第一杀手，烟草已被国家确定为一级致癌物。有资料表明，吸烟者比不吸烟者的肺癌的概率高 10～30 倍，90% 的总死亡率是由吸烟所导致的。长期吸烟者的肺癌发病率比不吸烟者高 10～20 倍，喉癌发病率高 6～10 倍，冠心病发病率高 2～3 倍，循环系统发病率高 3 倍，气管炎发病率高 2～8 倍。从以上数据可以看出，抽烟的人患病的风险高，无形中增加了保险公司赔付的概率，因此支持并鼓励依据投保人健康状况、吸烟状况差异化定价，是未来商业人寿险的发展方向。

在香港地区，保险公司对于“被保人是否吸烟”这一条十分重视。在香港地区投保，同样的险种，同样的保额，同样的交费方式，吸烟和不吸烟客户所需交纳的保费，差别很大。

这里有一个理财顾问提供的案例：两位同为 40 岁的男性客户，一位吸烟，另一位不吸烟，均购买了香港某保险公司一份保额为 10 万元的保险。两人的交费期同为 18 年，不吸烟的客户每年只需交 3470 元；而吸烟客户则需年交 4145 元。仅是年交保费，吸烟的客户就要比不吸烟的多出约 600 元，这意味着 18 年的交费期下来，就要多出 1 万元的费用，费率上相差了接近 20%！

香港保险合同一直采取“最高诚信”原则，如果客户投保时未如实申报的话，保险公司有权拒赔。如果达到一定的投保额度，客户要接受体检，吸烟与否，只需验尿就可以检查出来，即便是近期戒烟也难掩其吸烟的历史。

在内地，虽然抽烟者投保并不等同于就要支付较高的保费，但是长期抽烟者，确实有可能在投保时支付较高保费，甚至被拒保。

在目前的核保工作中，很难单纯因吸烟对被保险人进行额外加费，那么保险公司如何衡量吸烟的严重程度呢？最主要的是通过吸烟指数来衡量，吸烟指数 = 每天吸烟量 × 吸烟年限，如果每天平均吸 20 支烟，已有 20 年的吸烟史，那么吸烟指数就是 400。如果每天吸 30 支，已有 15 年的吸烟史，吸烟指数就是 450。医学家把吸烟指数超过 400 的人列为发生肺癌的“高危险人群”，吸烟指数大于 400 的会被抽查体检。

另外，目前对于吸烟者，通常根据吸烟的严重程度，采取抽查体检、再评点其他异常时作为加重评点的因素，比如被保险人高血压、高血脂等，同时吸烟需要加重评点。

资料来源：根据搜狐网资料整理，http：//www. sohu. com/a/191964989_ 167718。

（四）驾驶记录

在意外伤害保险和意外伤害医疗保险中，驾驶常常被视为一个重要的考虑因素。驾驶分为职业驾驶和非职业驾驶，非职业驾驶的危险和职业驾驶的危险基本相似，但前者发生危险的频率肯定低于后者。核保时应考虑以下因素。

（1）被保险人年龄。年纪较轻、驾龄较短的驾驶员较易开快车，年纪太大的人驾驶时不易保持警觉状态，应急反应能力较慢。

（2）交通违规的次数、性质、时间。发生过多次交通意外的人极易发生致命的交通事故。

（3）饮酒情况及药物和毒品滥用情况。在酒精和药物的影响下很容易发生交通意外。

（4）某些疾病。例如，癫痫、某些心血管疾病、神经症、精神神经系统疾患都会导致意外发生。

（五）投保履历

保险人应了解被保险人过去是否曾投保或目前正在申请保险，是否曾被加费、延期或拒保，是否有过理赔记录等。

三、财务因素

财务核保在核保中占据着重要地位。其目的在于确定合理的保额，减少逆选择、骗保骗赔和退保等。财务核保时，核保人员需要综合分析影响保险需求的诸多因素，包括被保险人的年龄、职业、收入、性别和婚姻状况等，据此来综合判断被保险人的真实财务状况和合理保险需求。

（一）财务核保的审核资料

1. 在投保单中的收入告知资料。

2. 财务问卷：被保险人累计风险保额在 50 万元以上的，填写“高保额财务问卷”。

3. 生存调查资料中包含的财务资料。例如，生存调查问卷，生存调查报告。

4. 其他收入证明资料（或复印件），包括：

（1）薪金收入证明，如每月工资单。

（2）纳税证明，如交纳个人所得税证明。

（3）被保险人如拥有企业，还应提供以下证明：① 企业注册证明，如营业执照，税务登记证；② 企业最近3年的财务报表，如资产负债表、损益表、现金流量表；③企业审计报告、验资报告、个人股权证明；④ 企业纳税申报表和税收证明文件等。

（4）其他收入及资产拥有权的证明，如房产证、购买汽车证明、股票交割单等。

（5）其他客观性的可帮助评估被保险人经济价值的资料。

（二）财务核保的要点

1. 投保人所投保的险种，期交方式的年交保费一般应控制在本人年均收入的20%以内。

2. 被保险人的合理累计风险保额，由被保险人的经济价值确定，即由其本人的收入能力决定，核保中一般根据其本人年均收入的倍数确定。

3. 如果投保申请超出上述比例计算的保险金额，核保人员应综合分析投保人的投保动机、保障需求、收入状况，如果并未发现有异常情况，可以考虑予以承保，但此类超额幅度应控制在20%以内。

活动一　分析人身保险核保的风险因素

【活动内容】

1. 熟悉人身保险核保的各风险因素，指出本“任务情景”中对刘爱人核保需要考虑的风险因素。

2. 将同学分组，根据所学知识，讨论分析以下两个案例。

案例1：35岁男性，某洗衣店负责人，为本人投保，受益人为其子女。申请投保终身寿险50万元，意外伤害保险75万元，住院津贴每日800元。

告知：患支气管炎，目前定期接受治疗，其他一切正常。

体检报告：174cm、90kg；血压155/95mmHg。

家族史：父母双亲皆在60岁以前身故。

吸烟每天40支，每日喝啤酒1瓶，应酬时喜饮烈酒。

根据上述资料，你认为对此人核保需要考虑的风险因素有哪些？

案例2：刘先生25岁，投保友邦聚宝盆两全保险30万元，体检结果：身高170cm，体重131kg，三次测得血压值160/105mmHg、162/105mmHg、160/105mmHg。

请判断刘先生的体检结果是否正常，你认为刘先生的核保结论如何？

任务二　人身保险核保资料

【任务情景】

严先生，47 岁，外资咨询公司亚太区采购主管，他打算投保 200 万元寿险和 200 万元意外险。营销员急切地打电话到核保部咨询，严先生投保需要提供哪些资料。

【基础知识】

核保过程实际上就是对各种资料进行分析、判断、综合的过程，即依据有关资料划分风险等级、确定承保条件的过程。为了有效进行核保，保险公司必须获得有关投保方和保险标的的各种资料和信息，作为核保的依据。核保信息主要来源于以下几个方面。

一、投保方资料

（一）投保单

投保单又称投保书、要保书，是投保人向保险人申请订立保险合同的书面要约。投保单是保险人事先准备、具有统一格式的书据。投保人必须依其所列项目一一如实填写，以供核保人员决定是否承保或以何种条件、何种费率承保。投保单本身并非正式合同的文本，但一经保险人接受后，即成为保险合同的重要组成部分。

人身保险的个人投保单的内容由两部分组成：一是投保人、被保险人、受益人的基本情况，包括投保人和被保险人的姓名、年龄、性别、身份证号码、工作单位、职业、婚姻状况、通讯地址、电话号码；受益人的姓名、人数、顺序、与被保险人的关系；投保的险种、份额、保险金额、保险费的交付方式及数额、保险有效期限、附加险情况及特别约定等。二是被保险人过去和目前的健康情况，包括被保险人的身高、体重、既往病史、现病史、家族史、遗传病史以及是否有饮酒、吸烟、吸毒等嗜好等。

正是因为投保单详细记载了投保人、被保险人、受益人的重要告知信息，所以它既是核保人员评估被保险人风险程度的最基本核保资料，也是判定投保人、被保险人是否如实告知的凭证。因此要求投保人、被保险人在投保单上亲笔签名。

（二）体检报告

体检报告是在核保过程中，存在被保险人（要保体）健康告知异常，年龄、保额达到公司规定的体检标准，或通过其他各种途径获得的信息不能有效帮助核保人员进行风险评估等情形时，要求其作专项体检而形成的报告。一般普通的体检报告分为三部分：被保险人的健康告知情况、体检结果表、检查异常提示及医师核保建议。

值得注意的是，在确定体检项目时，核保人员应根据被保险人告知和提供的相关资料中的疑点，以及投保险种、被保险人年龄，性别、疾病名称、发病时间及愈后等信息综合考虑。体检项目应是既经济又能最直接地反映出被保险人的实际风险。

（三）既往病史与住院病历

过去曾患过某种疾病或曾有外伤或手术及健康异常史等称为既往病史。过去的病症，有的虽已痊愈，但仍有复发的可能，或遗留有后遗症、并发症等，这些情形，很有可能转变为额外的风险因素。保险人在核保时应提高警惕。

住院病历是被保险人在住院期间医师对其进行诊治过程的记录。通过调阅病历，保险人能确切地了解被保险人既往治疗经过及疾病转归，确定其风险程度，从而决定是否承保以及如何承保。

【知识链接】

核保要求提供病历资料，假如客户无法提供，核保会如何处理？

病历是用医学专业语言对疾病原因、发生、发展、诊断、治疗、转归、复查等情况进行全面客观、准确、完整的记录，是人体既往或目前健康情况的真实反映。对于不具备或缺乏医学专业知识的人而言，一般很难将自己的病情描述得比病历更准确、完整。

寿险核保要求客户提供病历是为了全面完整地了解客户的健康状况，客观公正地对其健康情况进行风险评估，以维护保险契约的公平性，保障客户和保险公司的利益，因此，在投保过程中提供完整病历是非常重要的。对于无法提供病史的投保申请，寿险核保一般会采用保守的风险评估方法进行处理，给出拒保、延期、限制保障，或加重风险评点等核保意见。

寿险核保在采用任何核保手段时都必须考虑其所付出的成本，在成本允许的情况下，对于无法提供病历的，核保根据具体情况可采用下列方法。

填写问卷：请客户填写相关的疾病调查问卷，了解疾病诊治情况。

进行针对性的医学检查：要求客户自费到指定医院，进行指定项目检查；要求客户到指定医院，进行指定项目检查，费用由寿险公司承担。

调阅病历：一般以住院病历为主，需客户配合提供所住医院的名称、住院时间、所住科别等资料。

提供病历是一种简捷、低成本、高效的核保方法。对客户而言，减少投保环节，能及时得到所需的保障，更重要的是风险能被客观公正地评估，确保所付的保险费是合理的。对寿险公司而言，节约了核保成本，最大限度地拓展业务，维护了契约的公平性，保证了公司的稳健经营。所以，说服客户提供病历是寿险核保人和代理人的一项重要工作。

客户提供的病历应注意其完整性，核保所需要的病历应包含门诊和急诊病史、住院病史、复诊或复查病史、各类检查报告（尿检、血液检查、X线检查、CT、MRI、放射检查、病理检查）等资料。

（四）各类问卷

问卷是核保人员为了准确全面地搜集被保险人的相关风险信息，要求被保险人填写某些特殊的调查问卷。这些问卷通常包括三类：第一类是关于健康方面的问卷，包括高血压问卷、糖尿病问卷、肿瘤问卷、贫血问卷等。健康问卷中的问题主要包括两方面：一方面是客户既往病史，即客户本人患病、治疗及目前状况；另一方面是客户家族病史，即客户父母或直系亲属中是否有家族遗传性疾病。第二类是关于个人因素方面的问卷，包括高风险职业问卷、出国人员问卷、机动车驾照者问卷等。第三类是高保额财务问卷。

这些问卷经被保险人签字确认后即成为保险合同的组成部分，属于被保险人告知的内容。因此，被保险人投保时应该如实填写问卷，并完成问卷中各类问题的告知。另外，保险公司对客户的问卷资料要严格保密。

（五）财务证明资料

财务证明资料是指能证明投保人和被保险人经济情况的合法有效文件，包括薪资证明、股票、债券、房地产投资、企业经营执照、财务报表、股权证明、验资报告、完税证明等客观性的财务资料。目的是了解投（被）保险人的财务状况、判断其投保目的、保费与年收入的比例是否合理、有无续保能力等，确定其保障的合理程度。

二、保险方资料

（一）业务员报告书

业务员报告书是营销员在展业过程中，通过面晤、观察、询问了解客户情况后，按公司要求而填写的报告书。一般情况下，业务员报告书，应能如实反映营销员所了解到的被保险人的健康、财务等基本情况，是核保的重要资料，在简易核保中的作用极为关键。

（二）生存调查报告

生存调查是指在保险合同成立前后，由保险公司调查人员收集投保方的各项资料，为核保决定提供依据的风险调查过程。生存调查是核保人员获得更完整的核保信息，对被保险人的风险评估更科学、更公平合理的重要途径。

生存调查最终的工作成果就是生存调查报告，生存调查报告应该翔实反映调查所获得的有关投保人和被保险人的信息，特别是投保单与其他信息来源中的疑点（也是生存调查的重点）是否得到了合理的解释。

（三）既往投保信息

既往投保信息是指投保人、被保险人以往在本公司或同业公司投保类似险种的承保情况和理赔情况。这些既往投保信息对于本次核保有很大的风险提示价值。在确定保险金额、防范道德风险方面有重要意义。

三、第三方资料

（一）诚信记录

诚信记录是指包含投保人、被保险人在内的有民事行为能力自然人，在社会经济活动中诚信行为的记录。目前，国内还没有建立统一的全国性个人诚信档案，但很多行业已经开始着手建立自己行业内的诚信登记制度。核保时，保险人应注意主动运用这些已建立的诚信登记平台，查询被保险人的诚信记录，作为核保时判断其道德风险高低的一个参考依据。

（二）财务状况证明

第三方财务状况证明是指由投保人、被保险人和保险人之外的相关部门和个人就投保人、被保险人的经济情况所提供的合法证明材料。如从银行等金融机构获取其金融资产状况，从税务部门了解其纳税情况，从公证机构了解其遗产继承情况等。这些证明在核保中是很重要的风险评估资料。值得注意的是，使用这些证明材料的时候一定要注意其真实性和可靠性。

（三）投保人与被保险人关系证明

投保人与被保险人之间是否存在保险利益关系，是保险合同有效的前提，所以核保过程中获取和审核确认二者关系的证明材料，是极重要的工作。应特别注意证明材料内容的合法性。如县级以上民政部门出具的婚姻证明、县级以上民政部门出具的收养关系证明、县级以上人力资源和社会保障部门出具的劳动关系证明等，都是证明是否具有可保利益的、具有法律效力的证明文件。

（四）其他资料

在核保过程中还可能需要一些其他由第三方提供的资料，如从交通管理部门获取驾驶信息以及驾驶违章记录，从某些特殊团体获取其会员的活动记录等。

活动一　讨论分析人身保险核保的资料

【活动内容】

1. 熟悉人身保险核保的各项资料来源，指出本“任务情景”中严先生投保需要提供哪些资料。

2. 结合以下案例，讨论分析核保所需要的资料。要求学生分组讨论，积极参与，各组选派代表发表讨论结果，并互评打分，最后教师总结评价。

案例1：35岁男性，某洗衣店负责人，为本人投保，受益人为其子女。申请投保终身寿险50万元，意外伤害保险75万元，住院津贴每日800元。

告知：患支气管炎，目前定期接受治疗，其他一切正常。

体检报告：174cm、90kg；血压155/95mmHg。

家族史：父母双亲皆在60岁以前身故。

吸烟每天40支，每日喝啤酒1瓶，应酬时喜饮烈酒。

请问：上述资料可否直接核定？若可核定，结论为何，若不可核定，还缺少哪些资料，为什么？

案例2：被保险人张某，27岁，未婚男性，某电脑公司总经理，告知年收入30万元，自述半年前曾因胃炎住院半月，现申请投保，保额为200万元，受益人指定为其父母。张某申请投保后，核保部门可以通过哪些资料来对他进行核保？

任务三 人身保险核保流程

【任务情景】

奚先生40岁，打算为自己投保一份终身保险，保额30万元，交费期限为20年，采用年交费方式。奚先生填写了投保单，注明有吸烟史20年，平均每天20支，其他健康告知无异常。奚先生交纳了首期保险费，保险公司的业务员也出具了保险费暂收收据，并按时将投保资料交到保险公司，奚先生等待出立保险单。奚先生的投保申请在保险公司内部会经过怎样的核保处理流程才能出立保险单呢？在核保阶段他还应该配合做些什么？

【基础知识】

核保是保险公司的风险控制关口，一份人身保险合同的订立必须经过多环节的风险选择，才能确定合理的承保条件。一般情况下，核保分为五次风险选择阶段。

一、第一次风险选择——营销人员核保

营销人员核保称为“第一次风险选择”。营销人员在推销保单的过程中，直接与投保人、被保险人接触，对其职业、生活环境及健康状况等有较直观的了解，因此他们对保险标的的初步选择和向保险公司的核保人员提供的信息在核保过程中起着重要的作用。销售人员核保包括以下几个方面。

1. 排除道德风险。业务员一定要亲自面见被保险人；所建议投保金额应与其经济能力相适应；如实告知客户情况，有可疑因素及时反映给公司核保人员。

2. 指导投保方准确填写投保单等投保资料。业务员要指导投保人、被保险人做如实书面告知；投保单要由投保人亲自填写；必须由投保人和被保险人亲笔签字，被保险人为未成年人时应由其法定监护人签字；投保单内容不得有遗漏；业务员指导投保人或被保险人填写其他应填写的单证资料。

3. 完成业务员报告书。业务员报告书应实事求是、内容完整；对被保险人及投保人的特殊情况要做补充说明；完成时间要及时；业务员要亲笔填写并签字。

在目前我国的营销体制下，营销人员与保险公司的利益并不完全一致，极大部分业务人员的收入采用佣金制，在经济利益的驱使下，他们更偏重于销售保单的数量，其核保往往是有限的和不彻底的。

二、第二次风险选择——电脑系统自动核保

电脑系统的自动核保称为“第二次风险选择”。电脑系统自动核保是将录入的投保单所载信息与电脑相应模块中的标准信息进行比对的过程。电脑系统核保通过者称为电脑标准件，不能通过者为非标准件。随着信息技术的发展，系统自动核保过程已经成为

不可或缺的过程。目前保险公司自动核保通过率一般在60%～80%。

与传统人工核保相比，电脑系统自动核保具有准确率高、速度快、成本低廉的优点。但也存在一些不可克服的缺点：只能对简单的、定量化的、客观的信息进行分类审核，无法对那些较为复杂的、定性的、主观的信息进行分析和判断。

自动核保是将投保申请涉及的风险因素，预先设置正常情况，若所有风险因素一切正常，则可自核通过；若存在一项异常，则不能通过，需要人工审核。因此自动核保条件的设置，相当重要。不同公司对不同风险的承受能力不一样，同样的风险要素，自动核保条件也会不一致。

目前对自动核保条件如何设置，才能有效进行风险选择，发挥核保作用，少有论述。

三、第三次风险选择——体检医师核保

体检医师的核保是“第三次风险选择”，是体检医师从保险医学的角度出发，对被保险人的健康状况进行的风险选择。在实际的业务操作中，并不是每一个准客户都需要进行体检核保，一般需要体检的情况包括：投保时健康告知存在隐患的；低保费高保额的投保单；年龄较大申请投保健康保险或定期寿险的；因职业、嗜好等因素需加收特别保费的。

1. 体检医师检验要求。核对受检人身份证件、照片等，以防冒名顶替；引导受检人如实告知；按要求的检验项目，对受检人进行详细检查；填写检验结果，做出健康评价，并亲笔签字；为受检人保密。

2. 检验结果转送要求。检验结果由体检医院密封后，及时直接寄送或转交保险公司指定人员，不可交受检人或业务员代转。

理论上，体检医师角色定位于懂保险的体检医师或保险公司的体检医师，因此赋予体检医师较多的核保职责。实际工作中，目前体检大多在医院进行，进行体检的医师很少会按照保险公司赋予的职责工作。例如，体检规则中会要求发现贫血貌，要加查血常规；发现尿糖，加查血糖等，但医院体检医师很难做到。目前，体检医师能够做到认真负责，已属难能可贵，尤其是普检，如普检的心脏听诊、外科检查等。

为了弥补体检医师核保职责的欠缺，保险公司一般会由公司内勤进行陪检。陪检人员进行被体检人身份审核，同时将体检过程中发现的异常，通过陪检报告书向核保人员反馈。

【延伸阅读】

为什么客户体检时医生告知其身体没什么大问题，但核保时却需要加费？

保险医学与临床医学在研究对象、研究目的与研究内容上是有区别的。临床医学主要是考虑被检查者近期是否有症状、是否危及生命或影响生活质量，据此确定是否需要医学干预，如果暂无上述情况，医生一般会说没什么大问题。医生这样说一方面是因为从临床角度确实病变轻微，尚无治疗需要；另一方面也是医生进行心理治疗的一种方

式，鼓励被检查者健康愉快地生活。而保险医学考虑的是客户现在的情况对未来预期寿命、疾病发生率的可能影响。如果轻微的异常状况是未来某些重要疾病的相关危险因素，那么它就会增加未来死亡或发生重大疾病的风险，寿险核保就需要对其进行包括加费在内的一定处理，以使保险产品的价格在不同质客户中保持公平。因此，医生告知身体没什么大问题或身体健康是说明目前不需要接受治疗，但并不代表其预计死亡率、残疾率或疾病发生率低。

四、第四次风险选择——核保人员核保

核保人员核保是"第四次风险选择"，是指核保人员根据业务人员的报告和投保单再次进行审核，判别是否可以承保或者以何种方式进行承保的过程。核保员核保的一般程序如下。

1. 收集客户基本资料。投保资料是核保人员准确核保的重要依据，一般核保员需要了解的基本投保资料有：投保单、业务员报告书、体检报告、财务报告、财务证明资料、生存调查资料、公司系统已有的有关投保人或被保险人的资料、其他资料如病历等。

2. 基本风险因素的审核。主要内容有：投保目的；被保险人、投保人的财务状况；被保险人的健康状况；被保险人的职业、生活环境；被保险人的生活习惯、嗜好；被保险人已购买保险的情况；被保险人是否亲笔签名等。

3. 核保人员认为有疑问的投保件，有必要进一步收集资料。需要进一步收集资料的主要情况如下。

（1）告知有遗漏、有疑问的，可要求填写补充问卷、进行生存调查等。

（2）健康状况有疑问的，可要求被保险人做相应项目的体检。

（3）投保金额较大、财务状况有疑问的，可要求进行生存调查。

（4）核保人员认为有必要进一步收集资料的核保件。

4. 查定核保手册和核保指导用书并确定承保条件。

五、第五次风险选择——生存调查

生存调查是"第五次风险选择"，是指在保险合同成立前后，由保险公司调查人员收集被保险人的各项资料，为承保决定提供依据的风险调查过程。生存调查作为核保的重要环节，特别是在新《保险法》实施后，有必要加强，以便做好承保风险管控。生存调查主要有保险合同成立前的调查和保险合同成立后的调查。

1. 保险合同成立前的调查。进一步收集资料，辅助核保人员做出可否订立保险合同和承保条件的决定。针对保额较大或有疑问的保件，为了避免投保人、被保险人过失未如实告知或故意隐匿、不如实告知，需要进行生存调查。

2. 保险合同成立后的调查。保险合同成立后，调查人员可在客户申请复效、变更、加保等项目时进行生存调查，或者进行抽样跟踪观察。如有疑问或核保结论不正确，可对已成立的保险合同做相应的处理。

目前各公司一般采取承保前调查，调查未发现异常的，可予以承保。在不可抗辩条款引入《保险法》后，有必要加强承保后调查的比例，以便在 2 年内发现异常，主动解除保险合同。

3. 生存调查的方法。根据调查的对象划分，生存调查分为直接调查法和间接调查法。

（1）直接调查法。通过与投保人或被保险人直接面晤的方式，了解被保险人的健康状况、经济状况，并听取受访者的告知。直接调查是最直接、最经济的调查方法，但是当受访者有意隐瞒时，不易获得事实的真相。

（2）间接调查法。通过与被保险人生活圈中人群的接触，调查被保险人的身体状况和经济条件是否符合投保条件的要求，特别是在健康核保时，可以通过去被保险人就诊过的医院向医生咨询，或调阅被保险人的既往病史，以便比较客观、准确掌握被保险人过去的健康状况。但间接调查时效慢、成本高，且如果被客户知悉可能引起不必要的误会，影响公司形象，故在实际运用中一般仅对投保金额过高，或是有特别危险顾虑的保件采用。

【实训案例】

体检合格等于如实告知吗

赵女士为自己投保了某保险公司的人寿保险和附加住院补偿医疗保险。她在被保险人健康告知栏“最近五年是否曾有下列症状或体征（头痛、头晕、气急……）?”勾选了“无”。由于投保时赵女士的年龄已超过 50 周岁，因此她在保险公司的要求下，在指定医院作了普通体检。体检中，医生向赵女士询问了她的身体状况，赵女士表示自己一向很健康并无头痛、头晕等不适症状。经过普通体检，保险公司以标准件予以承保。

半年过后，赵女士由于头晕而入院治疗，并被诊断为“颈椎病”，事后赵女士向保险公司提出了理赔申请。按照惯例，保险公司进行了理赔调查，然而却发现原来在赵女士的病历中曾多处记载着头晕这一病症，且在赵女士投保前的 1 个月有过针对这一症状的就诊记录。

因此，根据《保险法》的相关规定，保险公司以赵女士在投保时隐瞒病症，不如实告知为由不予理赔。而赵女士对保险公司的这一拒赔感到不满，她认为自己是通过保险公司指定医院体检并合格后才被承保的，所以保险公司不应该因为自己未履行如实告知义务而不承担赔偿的责任。

【案例评析】

显然，在上述案例中，引起保险公司和赵女士之间争议的焦点就在于“体检合格是否能免除投保人如实告知的义务”?

首先根据《保险法》的规定，投保人对保险公司的书面询问所负有的如实告知义务是一项法定义务，因此投保人一旦违反这项义务，保险公司就有权依法解除保险合同。其次，体检只是被保险公司用来评估风险的一种手段，医院的检查往往也需要依赖于投保人的据实说明。所以，投保人如实告知的法定义务，并不能因为经过保险公司的体检而被免除。

案例中，赵女士隐瞒“头晕”病症的行为已经违反了如实告知这一法定义务，她的做法很有可能会影响到保险公司对未来风险的估计，以致影响到最终保险双方当事人作出是否签约、签约条件等每一项事实。即使赵女士已经通过了保险公司的普通体检，但她应履行的如实告知义务也不能因此而被免除。所以，保险公司作出的拒赔决定完全符合法律规定。

活动一　模拟演练核保作业流程

【活动内容】

1. 课前准备：将学生分成五个大组，分别模拟营销员核保、体检医师核保、核保人员核保、生存调查、核保作业全流程（见图8－3）。每组指定一位“导演”全面负责、统筹安排，各组学生自主完成各自的角色分配，并自行准备好所需素材、道具和资料。

2. 每组选派代表抽签决定演练顺序。按抽签顺序各组轮流演练，其他组观摩并评价。

3. 学生自我总结评价，教师总结评价。

任务四　人身保险核保结论

【任务情景】

李先生今年40岁，他是一名乙肝患者，乙肝小三阳，已经抗病毒一年，肝功能正常。由于一直是自由职业者，所以李先生没有上社保。随着年龄的增大，李先生希望能有一份保障，所以他想购买商业保险。寿险营销员吴女士告诉李先生，要购买商业保险必须向公司如实告知自己的身体状况，公司会进行核保。按照李先生的情况，公司会安排李先生进行体检。根据体检结果，公司会对是否给李先生进行承保给出意见。那么，保险公司很可能会给李先生怎样的核保结论呢？保险公司的核保结论通常有哪几种？

【基础知识】

核保是一个审核决定的过程，即根据投保申请书、业务人员报告书、体检报告书、生存调查所提供的有关投保人、被保险人的信息资料，由核保人员进行综合分析，运用数理查定法，对被保险人的危险加以量化，依其危险程度，做出是否承保以及以何种条件承保的决定，这种决定就是核保结论。

核保结论最终将申请参加保险的被保险人分成两类：一类为可保体，另一类为非保体。可保体是指保险公司可以接受的危险体，可保体可分为标准体和次标准体；非保体

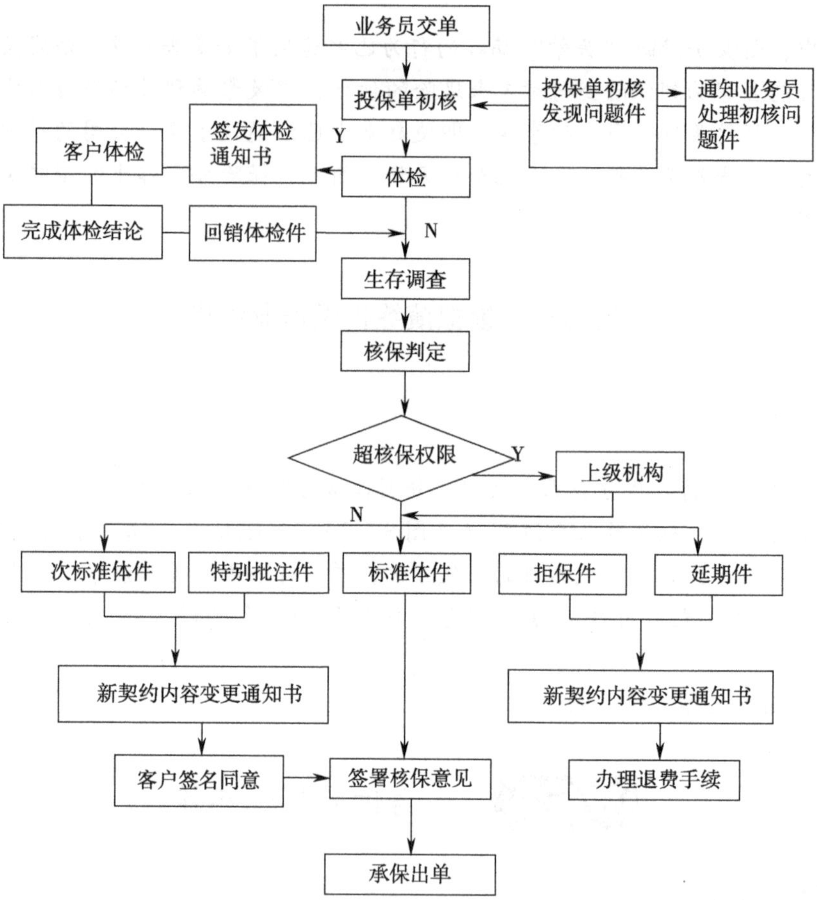

图 8－3　新契约核保作业流程图

即指至少此次投保时，因危险过大或危险程度难以确定而不能被保险公司所接纳的被保险人群体，非保体可分为延期体和拒保体。

一、标准体

标准体又称健康体，是以标准保险费率承保的被保险人群体的总称。人寿保险的标准费率是由精算部门依据预定死亡率订立的。预定死亡率一般来自保险公司既往的经验数据，即经验生命表。大部分欲参加保险的被保险人，其实际死亡率与预定死亡率是大致相符的。一般来说寿险公司 90% 以上的被保险人属标准体，可以按照标准保险费率承保。从核保角度讲此种承保方式称为无条件承保。

在核保实务中，通过运用数理查定法确定个体的死亡率，将它与标准死亡率 100% 进行对比，超过标准死亡率一定数值内的保险体被认为是近似标准体，可采用标准费率承保。标准体的范围因寿险公司的实力、在市场所占的份额及经营策略的不同而有所差异。

二、次标准体

次标准体是指被保险人风险程度较高不能按标准保险费率承保，但可附加条件承保。被保险人风险程度通常用额外死亡率衡量。

额外死亡率（EM）＝（缺陷体的死亡率－标准体的死亡率）/标准体的死亡率×100%。

在承保操作方面，通常额外死亡率小于25%的，以标准体承保；额外死亡率等于或大于25%但不超过150%的即按次标准体承保。额外死亡率超过150%的保件做拒保处理。需要指出的是，各家公司的核保规则有所不同，次标准体的额外死亡率范围也小有差异。如有的公司规定，寿险及重疾险 EM＜50%为标准体；终身寿险 EM＞200%，定期寿险 EM＞150%，重大疾病保险 EM＞150%则为拒保体。

对于次标准体的承保常常通过增收特别保费、限制保险金给付等条件或交叉运用以弥补其超过的危险度，使之成为可保体，在核保上称为条件承保。附加条件包括以下几种。

（一）增收额外保费法

对于健康有缺陷或从事危险职业的次标准体，可以用收取增加保险费的办法加以承保，一般包含以下两种方式。

1. 加龄法。加龄法即对于递增性或恒常性危险，按被保险人的危险程度将其年龄加算一定年数，以加龄后的年龄为标准收取保险费的方法。例如某被保险人45岁患高血压，经诊查认为其与正常50岁的人死亡率相同，那么就可以按照50岁的保险费率承保。此种方法的优点是可直接查表取得加龄年数后，再查标准费率表即可得到收取保险费的实际数值，操作简便，不需要计算额外加费。其不足之处是加龄法较为粗略，不够精确，在额外危险较大时不能运用此种方法，且此种方式容易引起投保者心理上的反感，目前核保实务中极少使用这种方法。

2. 增收特别保费法。根据被保险人的危险程度，查定核保手册计算出额外死亡率，再结合被保险人的年龄、险种、保险期、交费方式、寿险与意外险的构成，换算出额外保险费的数目予以加收。根据收费的时限可以分为以下几种。

（1）一定期间内加收保费，适用于一时性或短暂性危险如妇女妊娠期，递减性危险如手术后等。在订立合同后一段时期内征收特别保费。

（2）整个交费期内均衡增收保费，适用于递增性和恒常性危险，在整个交费期内以一固定数目增加收费，例如患有高血压病、肥胖、乙肝小三阳等。

（3）职业加费，通常根据职业分类分为若干等级，目前国内市场上的各大寿险公司均将被保险人按不同职业划分为6个风险等级。例如，高楼外部清洁工、武打演员、消防队员、高压电工作人员、橄榄球球员、家电焊接工、空军飞行员等，一般被列为风险最高的6级，视职业危险的程度按保险金额予以额外加费。此种加费可以因职业变更而随时予以调整。

在实际工作中，由于健康因素被保险公司增加收费的被保险人，通常可能会在自觉健康状况比投保时有改善时，提出要求重新检查核定，希望能够减少甚至取消额外保费的加收，这种申请保险公司不会接受，这是因为关于投保时被保险人额外危险的审核结果，是针对整个保险期间各种状况的次标准体集中考虑的，如果被保险人的健康状况恶化，保险公司也不能再提高加收保费数额。同样，健康状况好转也不能减少或取消特别保费。如果核保人员对健康状况改善者予以重新评估，而对健康状况恶化者维持不变的承保条件，势必将打破整体危险分类的平衡。

【实训案例】

加费承保不吃亏　患脂肪肝客户突发心梗获赔 50 万元

已到不惑之年的李先生，在太平人寿分公司购买了一份综合性保障产品“卓越人生”，保额为 50 万元，年交保费 9000 余元。在购买前，李先生忐忑地告诉保险公司，自己患有轻微的脂肪肝，不知道能不能投保，经过保险公司体检，证实李先生所言属实，但公司表示可以通过加费投保，年交保费需增加2000 余元。作为家里的顶梁柱，李先生深知保险的重要性，他很高兴自己在患病的情况下，依然能够投保，而且加费也不高，当即毫不犹豫地购买了保险。

天有不测风云，三年后的 8 月，李先生因为连日劳累，突然感到胸骨疼痛、气短，经诊断患有“急性心肌梗塞”，经过十余天的治疗，自己花费治疗费用 1 万余元。随后，李先生向太平人寿某分公司提出理赔申请。经过该公司核实，“急性心肌梗塞”包括在“卓越人生”重疾保险的重大疾病种类之内，公司根据保险合同给予了李先生 50 万余元的赔付。

【案例评析】

很多客户遇到这种情况往往就放弃投保，这种想法是不对的。保险公司要求加费承保，说明客户的风险已经比别人高，加费的客户更需要保险的庇护，趁着还有保险公司愿意承保，多交点保费也值得，拖得太久，说不定想加费，都没有保险公司愿意承保了。

（二）附加特别约定或批注法

附加特别约定或批注是对于某一种危险加以限制而不附加其他承保条件的方法，比如身体某部分有缺陷，则因此部分发生的保险事故保险公司不承担给付责任，比如由于患甲状腺结节，则保险责任免除甲状腺相关疾病。对于从事危险职业的被保险人因在现场工作而发生的保险事故，也可以用特别批注形式，将此保险责任予以除外。此种方法应慎重使用，因为在实务上较易引起理赔纠纷。

（三）削减保险金法

削减保险金法指签订保险合同后一定时期内发生的保险事故，保险公司对保险金削减一定比例后支付，这种方法适用于递减型危险或一时性危险。

对于递减型额外危险，在保险合同订立的初期及在额外危险消失前的期间内，常常采取保险金削减给付的方法，削减时间最长为 5 年。若被保险人在保险合同订立后的一定期限内死亡，按照合同订立时的约定，保险公司对保险金削减一定的比例后予以支付。

（四）保险期限缩短法

对于递增型危险，随着保单年度的增加额外危险程度愈加增大，为了避免在高危险期间承担过高的危险，保险公司对于危险较大的保件也可采用缩短保险期限的方法。但此种方法一般情况下因投保客户难以接受而很少采用。

三、延期体

当准被保险人的危险程度不明确或不确定，无法进行准确合理的风险评估时，核保人员常采用暂时不予承保即延期处理的方式，这类人群在核保中称为延期体。通常包括以下几种情况。

第一，准被保险人的预期死亡率较高，但对其死亡率的确切评定极为困难。例如乳腺癌切除术后，由于在一定时间内被保险人仍属高死亡率人群，其生存年数很难预测，对其死亡率判定较为困难且存在着严重的个体差异，有些患者乳腺癌切除术后几年内即复发而死亡，而有些人则未复发而长期存活。故对于乳腺癌切除术后的投保者，根据其临床及病理 TNM 分期不同而决定延期 1～8 年。

第二，因可能获得的准被保险人个人资料很少，且需要很多的时间及费用才有可能获得足够的核保资料方能确定者，短期内对其死亡率难予评定。如在体检时发现被保险人尿检为红细胞满视野，初步诊断为血尿。由于血尿的病因较为复杂需进行多方面的检查，且血尿的病因不同，患者的死亡率也存在很大差异，有的因泌尿系统感染，可在短期内治愈，对其死亡率影响不大；而有些则是由泌尿系统肿瘤所致，患者预后极差。故在被保险人检查资料缺乏，难以明确原因无法确定其死亡率时，就要采用延期承保的方法。

第三，暂时性的疾病，短期内有非常不确定的高死亡率变化者。如准被保险人外伤手术后不足一定时间，因外伤手术后可能会出现诸如感染、出血、休克、腹膜粘连、肠梗阻等合并症，短期内有可能出现高死亡率，故多采取延期一至三年再行评估的方法。

第四，近期无法判定其预后归属的病症。如小儿 2 岁患脑瘫，由于脑瘫属于先天性中枢神经系统发育不良，某些患儿病变仅侵犯运动神经系统只有运动障碍，而某些人由于损害了大脑皮质而同时伴有言语、智力障碍。因为确定患儿是否伴有言语、智力障碍须等待一定的年限使被保险人到达一定的年龄，故通常对于 10 岁以下的脑瘫患儿均采用延期承保的方式，待 10 岁后确认无智力障碍后再进行投保，而对伴有智力障碍者则予以拒保。

对于延期承保的投保申请，可在达到延期时限后或资料依据齐备能够供核保人员正确评估被保险人风险时重新核保。

四、拒保体

拒保体指准被保险人的预期死亡率严重超过了通常可以接受的范围，其危险程度严重超过了可采用附加条件承保的次标准体的危险程度。拒保体并不是指单个被保险人高死亡率的含义，而是针对具有这种危险程度的被保险人群体，由于预期死亡率极高，风险太大，为了维持保险公司风险经营的安全稳定性及广大客户的公平利益而采用拒保方式作为核保结论的一类人。

需要注意的是，采用此种处理方法，会给被保险人造成较大伤害，增加其心理负担，甚至影响其永远不能被其他保险公司接受而不能获得保险保障。所以在采用拒保方式处理保件时，核保人员要慎之又慎，除非万不得已，一般不予采用。

五、其他核保结论

在核保过程中，除了得出上述四种结论外，还有可能出现一些其他情况，比如业务人员为被保险人设计的保险计划极为不合理，建议其投保其他更合适的险种。另外还有在核保过程中建议投保人主动撤单等情况。

核保结论是对一份投保申请所做出的最终审核决定，核保结论一经确定就意味着保险公司与投保者就依此结论开始执行各自的权利与义务，故核保人员在作结论时不可草率行事，本着对公司及投保客户负责的态度，尽可能做出准确的核保决定，最大限度地达到危险选择控制风险的目的。

【实训案例】

几个非标准体客户的保险核保案例分析

案例 1："甲减" 客户的核保

客户王女士几年前检查出甲状腺功能减退，一直在服药，服药后甲状腺功能正常。王女士同时投保了华夏人寿的健康人生和弘康人寿的多倍保，并且递交了最近的甲状腺功能报告。投保之后，华夏人寿和弘康人寿分别要求王女士提供甲状腺超声/B 超报告，之后王女士去当地县医院（二级公立医院）做了甲状腺超声检查。

检查结果为：甲状腺实质回声不均匀、内部血流信号无增多、动脉血流速度正常。双侧颈部未探及明显增大的淋巴结声像。

最后的核保结果是：弘康人寿正常承保，华夏人寿加费 1705 元（加费比例 18.3%）。客户最终选择投保弘康人寿。

【案例评析】甲减（即甲状腺功能减退）的情况并不是所有的保险都买不了，如果甲功能正常，还是有可能正常承保的。各家公司的核保结果不同，一般有正常承保、加费、延期三种核保结果。但是如果甲功能不正常，肯定会被延期。

需要特别注意的是，孕期检查出来甲减，产后复查如果正常了，一般可以正常购买保险。

案例 2：甲状腺结节、乳腺结节、CIN3 客户的核保

客户马女士的身体状况较复杂，其情况如下：2016 年、2017 年体检均查出有双叶甲状腺结节。2016 年体检有双侧乳腺结节（右侧多发），2017 年体检多发结节消失。2013 年体检查出有宫颈方面疾病（CIN3），并于 2013 年 5 月 20 日接受 Leep 手术，术后康复。2016 年、2017 年体检 TCT 检查为宫颈中度炎症反应性细胞改变，2016 年、2017 年人乳头状瘤检查均为阴性。

马女士同时投保三家公司，投保的产品分别是华夏健康人生、弘康多倍保、天安健康源优享。

保险公司最后的核保结果是：华夏因既往 CIN3 延期 24 个月，弘康除外甲状腺责任承保，天安要求体检，体检之后除外甲状腺和子宫。最后客户选择投保弘康人寿。

【案例评析】客户情况比较复杂，2016 年还因为宫颈 CIN3 向保险公司申请索赔过轻症。但经过向多家公司试投保，最终得到了较满意的结果。最近两年甲状腺癌高发，保险公司赔付案例激增，所以对于甲状腺结节核保很慎重。只要体检发现有甲状腺结节，小于 1cm 的一律会除外甲状腺，大于 1cm 的大部分会拒保，部分保险公司会根据结节大小考虑除外承保。乳腺结节的情况和甲状腺结节类似，1cm 以下除外乳腺，1cm 以上拒保。不过有的公司会根据乳腺结节分级做出不同的核保结论，比如工银安盛的核保规则是：1 类正常承保；2 类责任免除；3 类若 B 超检查显示回声均匀且边界尚清，则除外责任承保，若回声不均匀或边界不清晰则会延期承保；超过 3 类拒保。

宫颈 CIN3，是宫颈上皮重度不典型增生，是重度癌前病变，需要进行宫颈锥形切除术，以阻断进一步发展为宫颈癌的可能。CIN1 - CIN2 - CIN3 是一个渐进的过程，CIN1 有 50% 左右的概率会发展为高级别的宫颈癌前病变，也就是 CIN2 和 CIN3。不同保险公司对于该疾病的核保结果差异较大，有的可能正常承保，有的可能延期或者拒保。

案例 3：肾病综合征客户的核保

客户宋先生于2013 年体检时发现尿检结果异常，于是去做进一步门诊复查，被诊断为肾病综合征，后经半年左右的治疗病情减轻并且康复。

宋先生同时投保天安健康源优享和华夏健康人生，两家公司都下了体检照会要求客户体检。客户同时参加了两家保险公司的体检（都是在慈铭机构），最后天安正常承保，华夏要求进一步填写调查问卷，宋先生放弃提供。最后宋先生选择投保天安。

【案例评析】肾病综合征可由多种病因导致，本案例客户的症状很轻，已经完全康复好几年了，所以天安给正常承保了。肾病综合征在大部分保险公司的告知里都会涉及，是肾病里比较常见的一种疾病。但是具体核保结果如何，还是要根据个人情况，并不是绝对的。

案例 4：甲状腺结节、乳腺结节、肺部条索影客户的核保

客户钱女士每年会参加公司组织的体检，体检报告显示 2012 年、2013 年、2014 年有乳腺结节，2017 年体检报告显示结节消失。2017 年体检报告显示有甲状腺结节，大小 3.9mm × 1.8mm，CDFI：血流未见明显异常。同时肺内可见少许小条索影。

客户是夫妻互保，同时投保天安的健康源优享和华夏的健康人生，附加了投保人豁免。其中钱女士作为被保险人投保华夏时被延期 6 个月，投保天安时甲状腺责任除外、乳腺责任除外。钱女士爱人作为被保险人投保华夏时正常承保，投保天安时豁免部分除外甲状腺责任。最后钱女士选择了天安，爱人选择了华夏。

【案例评析】客户钱女士的情况比较普遍，40 岁左右的女性体检查出来甲状腺结节、乳腺结节的情况非常多。所以购买保险要趁早，一旦体检查出来某些小毛病后再购买保险就可以有大麻烦。钱女士投保天安健康源优享被要求体检，体检结果并无其他异常，所以只是将甲状腺责任、乳腺责任除外，还算是一种比较好的结果。

案例5：胸痛、血糖高客户的核保

客户李先生于2017年8月因胸痛就诊，检查结果显示心肌损伤三项、心电图及超声心动图检查均正常。10月体检心电图正常，后无复发。除了胸痛，2016年体检血糖偏高，2017年体检有肾错构瘤，均无就诊。李先生是家里的经济支柱，打算投保重疾险、定期寿险。因资金预算有限，选择投保弘康多倍保20万元、健康一生A30万元、大白定期寿险100万元。

弘康经过核保，很快给出核保结论：多倍保、健康一生A、大白定期寿险均为延期一年，原因是胸闷、胸痛就诊。

【案例评析】 由于客户预算不高，并且预期较好，所以只打算投保弘康的产品，最终导致三份投保申请全部被延期一年。如果不能确定某家公司的核保结果，客户可以多投保几家公司试试，避免出现被延期或者拒保的情况，对将来再投保其他公司产生影响。

资料来源：http：//blog. sina. com. cn/s/blog_ 9261ac340102xmyx. html。

【模块加油站】

一、单选题

1. 在人寿保险核保中，保险人考虑的最重要的因素之一是（　　）。

A. 身高　　B. 职业　　C. 年龄　　D. 险种

2. 保险核保信息的来源中，（　　）是核保的第一手资料。

A. 体检报告书　　B. 业务员报告书　　C. 生存调查报告　　D. 投保书

3. 职业风险主要存在于（　　），以及职业健康风险等。

A. 职业意外风险　　B. 职业道德风险　　C. 职业心理风险　　D. 职业财务风险

4. 刘某，男，14周岁，父母均已出国，一直由爷爷奶奶照顾，刘某的爷爷准备给刘某投保一份重大疾病保险，则下列说法中正确的是（　　）。

A. 本单保险利益不存在

B. 刘某年满14周岁，因而可以自己作为投保人

C. 刘某的父亲或母亲必须从国外归来亲自为其投保，否则保险公司不能承保

D. 以上说法或操作都不正确

5. 以下适用于按征收额外保费法承保的次标准体被保险人是（　　）。

A. 刚进行过手术，处于恢复或愈合期的人

B. 患有高血压、糖尿病、显著肥胖症等的人

C. 吸烟、有职业性危险、酗酒、肺结核等的人

D. 以上B、C都可以

6. 关于生存调查，以下说法错误的是（　　）。

A. 生存调查种类有保险合同成立前的调查和保险合同成立后的调查

B. 生存调查方法有直接调查法和间接调查法

C. 对所有投保人和被保险人都需要进行生存调查

D. 生存调查最终的工作成果是生存调查报告

7. 我国采用国际统一标准，高血压的诊断标准（　　）。

A. 收缩压≥140mmHg 和（或）舒张压≥90mmHg

B. 收缩压＞140mmHg 和（或）舒张压＞90mmHg

C. 收缩压＞130mmHg 和舒张压＞85mmHg

D. 收缩压≥160mmHg 和（或）舒张压≥90mmHg

E. 收缩压≥130mmHg 和舒张压≥85mmHg

8. 某人身高 1.75m，体重 68kg，则他的 BMI 指数是（　　）。

A. 22　　B. 22.5　　C. 22.3　　D. 22.2

二、多选题

1. 在人寿保险核保中所要考虑的因素有（　　）。

A. 年龄、性别、体格及身体情况　　B. 职业、习惯嗜好及生存环境

C. 收入及保额　　D. 个人病史和家族病史

2. 以下属于健康风险因素的有（　　）。

A. 脉搏、血压　　B. 年龄、性别

C. 个人病史和家族病史　　D. 嗜酒、吸烟

3. 延期承保适用于（　　）。

A. 短期内对其死亡率难以评估　　B. 近期无法判定其预后归属的病症

C. 既往重大疾病恢复期间　　D. 聋哑

4. 核保结论最终将申请参加保险的被保险人分成两类，即（　　）。

A. 标准体和次标准体　　B. 可保体和拒保体

C. 可保体和非保体　　D. 延期体和拒保体

5. 体检医师核保过程中应注意的事项有（　　）。

A. 受检人的身份验证　　B. 引导受检人如实告知

C. 检验结果亲笔签名　　D. 体检资料的保密

三、判断题

1. 职业是影响死亡率的主要因素，因此是人身保险核保中的健康风险因素。（　　）

2. 人身保险财务核保因素包括个人现有的收入和保费支付能力。（　　）

3. 生存调查是人身保险核保中的必经程序。（　　）

4. 空军飞行员一般被列为高危职业，在核保时可视职业危险的程度按保险金额予以额外加费。（　　）

5. 所有的准被保险人都需要进行体检核保，免体检即不需要核保。（　　）

6. 如果 A 同学患有严重高血压，并且长期需要药物治疗，投保重疾险拒保。只要这种状态没有改变，那么在投保其他重疾险也同样会是拒保的结果。（　　）

7. B 同学投保某长期寿险时因为显著肥胖而被加费承保，但是几年后已经减肥成

功，并且各项指标均正常，那么可以停止加费，改为标准体承保。（　　）

8. C同学曾经被拒保，就说明他的风险已经超过了保险公司可承受程度，后续即使风险已经降低到保险公司可接受的范围内，也再无法买保险了。（　　）

9. 同一风险情况，在不同公司核保可能会出现核保结论不同的情况。（　　）

10. 保险公司无法判断客户目前风险情况，需要观察一段时间，待明确诊断后决定是否承保，此时的核保结论是拒保。（　　）

11. 客户的风险超出保险公司风险承受范围，此时应延期承保。（　　）

12. 对于超重、乙肝小三阳等客户，风险尚在保险公司可接受范围内的，通常加费承保。（　　）

模块三　人身保险如何承保

任务一　人身保险承保流程

【任务情景】

范先生这样讲述了他的投保经历："去年夏天，老邻居琳琳向我介绍说她在做保险。了解到我的工作经常需要出差后，她就帮我分析说我的工作风险比较大，推荐买他们公司的意外伤害保险及附加意外伤害医疗保险，我听了她的分析后觉得很有道理，当场就签署了投保单，并按职业类别标准交了保险费。她说过几天就把保险单给我送来，我也没在意。半个月后，我出差到云南正逢雨季，几次遇到山体滑坡，十分危险。办完事后想到回来的路上可能还会遇到山体滑坡，就想起了这份意外保险我还没有拿到保险单，当时就打电话给琳琳，琳琳说出单可能还要等上几天，我直接把电话打到保险公司的客户服务部门，他们回答是不出单也不会有问题的。等我历经艰险回到家后大约一个星期，琳琳才把保单送来。可令人哭笑不得的是保单上记载的合同生效日是我投保的那一天，而保险公司总经理签发保单的时间却是我收到保单的前两天。"接着他问："如果我在云南遇到意外伤害而向保险公司索赔，这时保单还没有出，结果会怎么样?"

范先生的问题和现在投保与承保实际流程的状况，不禁引人思考：从投保人投保到保险公司签发保险单会有一段时间差。如果这期间发生保险事故，保险公司会做出怎样的处理？可见，及时签发保单的重要性。

【基础知识】

一、人身保险承保的概念

人身保险承保，是保险经营的重要环节，是保险人在投保人提出要保请求后，经审核认为符合承保条件并同意接受投保人申请，承担保险合同规定的保险责任的行为。

人身保险承保工作中最主要的环节为核保。核保的目的是避免危险的逆选择，实现企业有效益的发展，核保活动包括选择被保险人、对危险活动进行分类、决定适当的承保范围、确定适当的费率或价格、为展业人员和客户提供服务等几个方面。

承保的基本目标是为保险公司安排一个安全和盈利的业务分布与组合。

二、人身保险承保的流程

人身保险承保，是相对于人身保险业务中投保人的投保而言的，包括从接到投保人填写的投保单开始，经过人身保险核保的一系列步骤和流程，由人身保险公司决定按照一定的条件接收投保人的风险转移，并收取保险费、出具保险单和建立保险基金、案卷归档的全部过程。

目前，国内寿险公司承保作业流程大致可用图 8－4 表示。

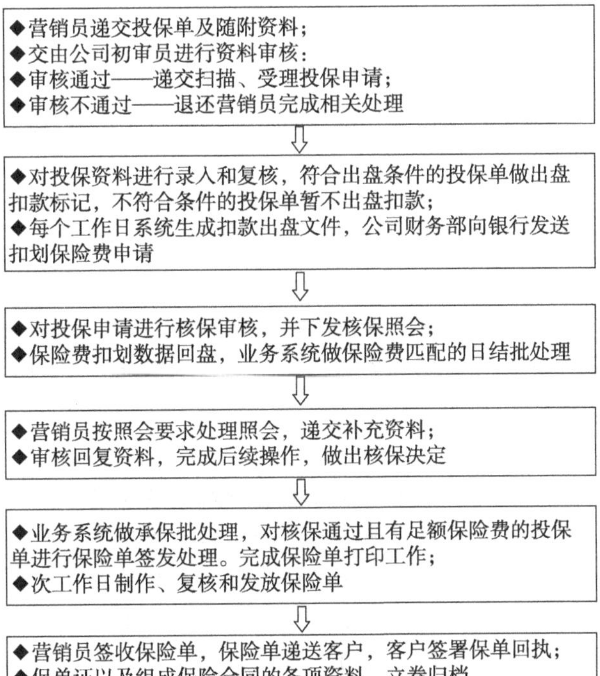

图 8－4　新契约承保作业流程图

递交投保申请、初审和核保作业等内容已在前述任务中进行了介绍，本部分主要介绍审核验险后接受业务、收取保险费、缮制保单与复核签章、递送保单与签收保单、资料归档、新单回访等承保工作流程。

（一）审核检验后接受业务

人身保险的投保申请资料，经过前述的核保环节后，形成了确定的核保结论，根据寿险公司的核保规则和核保手册的要求，对于可以承保和可以附加条件承保的业务，在审核检验后决定接受业务。如果投保金额或保险标的风险超出保险人承保权限，则无权决定是否承保，只能将该笔业务逐级上报，并向上一级主管部门提出承保建议。

附加险的承保要求。附加险具有风险责任高、费率低的特点，一般情况下，附加险风险成本较主险的风险成本要高很多，精算部门在确定费率时按照保险业通行的做法把费率厘定得较低，同时规定，附加险必须与主险一起投保，以保证保险公司的成本维持在合理的水平上，所以，投保人不能单独承保附加险。

此外，一般来说，各家寿险公司都将住院补贴保险作为附加险承保；附加险交费方式须与主险一致；附加险的交费年期不得超过对应主险交费年期；附加险保险期限不得超过其对应的主险保险期限；主险为趸交方式的不得附加短期险；附加险与对应主险基本保额的配比关系恰当，即附加险保额不得超过主险保额的一定比例，且不得超过该附加险规定的最高限额；等等。

【实训案例】

保险公司能否单方终止附加险？

2016 年 4 月 12 日，33 岁的李某为自己购买了某保险公司的递增养老年金险 3 万元，附加住院医疗险 4000 元。

2017 年 2 月，李某因脑出血入院治疗，花费 8200 元，保险公司赔付医疗费用 4000 元；同年 8 月，李某又以同一病因住院，住院费用计 14230 元，保险公司又足额赔付 4000 元。同时告知李某，其附加住院医疗险将被终止。

李某对于保险公司终止附加住院医疗险的决定极为不满。他认为，既然附加险的保险费与主险的保险费一并交付，那么主险的保险责任未终止，附加险就自然有效，保险公司怎能单方面解约呢？

【案例评析】

从《附加住院医疗保险条款》的规定来看，该险种为 1 年期短期险，且保险公司并没有承诺保证续保；至于附加险交费期限同主险，只是对保费支付期间的限定，而不能理解为保证续保。保证续保与非保证续保在计算费率上有明显的区别。

保证续保条款不论同一疾病是否反复发作，均可在续期时予以承保，但保险公司一定保留根据每年理赔经验调整费率的权力。非保证续保条款，保险公司有权在每年附加险合同届满前，根据被保险人的健康状况及投保规则由核保人重新做出核保决定：可将既往病症（如本案李某的脑出血）及相关疾病，列为保险公司责任免除范围；若不符合投保规则的承保条件的，则应予以拒保，由此终止该附加险合同。

然而，本案在首期保险期限届满时，保险公司并没有依据上述原则对李某之附加住院医疗险重新做出核保决定。这就意味着保险公司放弃了自己的核保权力。然而，既然第 2 年的附加险合同已签，就必须履行合同规定的义务，直至这 1 年期满。

所以，保险公司应该在给付第 2 个 4000 元赔偿金的保险期满后，对李某进行核保，确认是否应该拒保或续保，而不是给付 4000 元保险金，就立即终止该附加住院医疗保险合同。

资料来源：网易财经，http：//money. 163. com/06/0210/20/29KJFB8900251NS1. html。

（二）收取保险费

目前，保险公司收取保险费的方式包括现金收费和非现金收费两种。

1. 现金收费。现金收费是指保险公司直接或通过第三方以现金的形式收费。

根据原保监会《关于加强人身保险收付费相关环节风险管理的通知》（保监发〔2008〕97 号）规定，现金收付费方式仅限于以下几种情形。

（1）保险公司在营业场所内现金收费。由投保人本人亲自前往保险公司柜面交纳保险费，要求投保人携带身份证明资料，以便核实投保人身份，确保交费主体合格。

（2）保险公司在营业场所外通过保险公司员工、保险营销员收取现金保费，依照保险合同单次金额不超过人民币 1000 元。各家保险公司在大部分城市地区已取消销售人员收取保险费的方式，实现了人身保险收付费“零现金”管理。

（3）保险公司委托保险代理机构在保险代理机构营业场所内现金收费。如由银行（邮政）柜面代收等。

（4）中国保监会规定的其他现金收付费方式。

保险代理机构、保险代理业务人员和保险营销员不得接受投保人委托代交保险费、代领退保金，不得接受被保险人或受益人委托代领保险金。

2. 非现金收费。非现金收费是指保险公司不以现金的形式，而是通过银行等资金支付系统收费。

目前开通的非现金收费方式有：银行转账、支（汇）票、汇兑、公司柜面或自助 POS 刷卡、手机 APP、线上支付等电子化平台交费等。银行转账是一种方便、安全、及时的交费方式，为了切实保障客户的利益，应当建议客户选择通过银行转账方式交纳首期保险费。非现金收费要核对投保人的账户信息，确保交费主体合格，以及投保人账户资金不受保险公司员工、保险营销员、保险代理业务人员等个人控制。

我国保险承保业务环节中，保险公司的习惯性做法是客户递交投保单等投保资料后，核保通过之前，就先委托银行进行保险费扣划或者现金收取保险费，此时只能称为暂收首期保险费。投保人前往保险公司柜面交纳保费或者通过销售人员交纳保费的，保险公司将出具统一印制的暂收款收据。个人出具的任何凭证都没有法律效力。禁止销售人员使用临时收据、自制凭据、复印收据、投保单、外部购买凭据和白条等作为收取人身保险保费的凭据。通过银行转账方式交纳保费的，经保险公司认可账户扣款信息，将按照客户预留的有效手机号码提供转账成功的告知。

暂收款收据上应当背书载明，此仅为暂收收据，并对保险合同何时成立、在保险单签发前发生保险事故怎样处理做出约定。或者在保险合同条款中明确约定，合同自签发正式保单之日生效，以避免出现理赔纠纷。

待核保完成后，保险公司对核保通过且已足额交纳保险费的投保件进行保险单签发处理，并出具正式保险费发票，送达投保人并收回暂收款收据。核保结论若为拒保或延期的，保险公司应及时通知，并退还投保人首期保险费。

【知识链接】

保险合同的成立与生效从什么时候开始计算

《保险法》第十三条规定：“投保人提出保险要求，经保险人同意承保，并就合同的条款达成协议，保险合同成立。保险人应当及时向投保人签发保险单或者其他保险凭证，并在保险单或者其他保险凭证中载明当事人双方约定的合同内容。”《保险法》第十四条规定：“保险合同成立后，投保人按照约定交付保险费；保险人按照约定的时间开始承担保险责任。”

由这两个条文可以看出，投保人交费与否是不影响保险合同成立的。保险公司只要同意承保，即使投保人没有及时交付保险费，保险合同依然成立；投保人交付了保险费，但保险公司未同意承保，保险合同仍然不成立。可见，保险费的交付与保险合同的成立与否是没有必然联系的。

关于保险合同生效的时间问题，这是原《保险法》留给司法实践最大的困惑之一，广州信诚案就是其典型案例。原《保险法》第十三条规定，保险合同成立后，投保人按照约定交付保险费。然而寿险实践中，一般都是先收保费，再承保。既然保险公司已经收取保费，按照客户的正常理解和原来《保险法》的规定，保险合同已经成立并生效了，在保单签发前发生保险事故（特别是意外事故），保险公司应该赔偿，特别是许多寿险公司将正常承保通过的保单，生效时间提前到客户交纳保费时，更加重了客户的误解。但同时寿险公司也倍感委屈，因为，按照其正常流程，核保还没有通过，承保还未完成，保单还未进入系统，合同还未正式生效。

新《保险法》对这部分内容进行了改进，第十三条规定，依法成立的保险合同，自成立时生效，投保人和保险人可以对合同的效力约定附条件或者附期限。第十四条规定，保险合同成立后，投保人按照约定交付保险费，保险人按照约定时间开始承担保险责任。

新《保险法》对保险合同成立和生效进行了区分，授权合同双方可以对合同生效附条件和期限，符合合同协商一致的原则，同时也照顾到了人寿保险和财产保险实践运作的方法的差异（主要是收保费和合同生效的先后不同）和法律规定的差异（新《保险法》第三十八条规定，保险人对人寿保险的保险费，不得用诉讼方式要求投保人支付）。

保险合同成立后，投保人按照约定交付保险费；保险人按照约定的时间开始承担保险责任，保险合同开始生效。

（三）缮制保单和复核签章

核保结论若为同意承保，保险公司应及时签发保险单或其他保险凭证。因为这涉及保险合同当事人的权益，也关乎保险人的法定义务。由于迟延签发保险单，如果在此期间发生保险事故，保险公司有可能要承担损害赔偿的责任。

缮制单证是在接受业务后印制保险单或保险凭证等的程序。保险单或保险凭证是载明保险合同双方当事人权利与义务的书面凭证，是被保险人向保险人索赔的主要依据。因此，保险单证质量的好坏，约定事项的明确与否，往往直接影响人身保险合同的顺利履行。缮制保险单的要求有：单证相符、保险合同条款明确、数字准确、复核签章、手续齐备。

每种人身保险单证上都应该要求复核签章，如投保单上必须有投保人的签章；保险单证还要求交叉复核签章，如验险报告上必须有具体承办业务人员及负责人的签章；保险单上必须有承保人、保险公司及负责人的签章；保险费收据上必须有财务部门及负责人的签章；批单上必须有制单人与复核人的签章；等等。

有些保险公司将保单制作进行外包，保险公司只需对制作好的保单进行清分，并下发至分支公司。这节省了保险公司的人力资源，提高了出单效率。

（四）递送保单和签收保单

递送保单要及时。就投保人的购买心理而言，只有在拿到保单并进行初步研读后，心里才会踏实下来。所以，在签约之后、保单制作完成之前，代理人应及时和投保人就保单状态进行沟通，打消客户等待的担心和顾虑；一旦保单制作完毕，要及时向客户递送保单。

递送保单有以下六个环节。

（1）检查保单有无错误，内容包括姓名、身份证号、保险金额、投保险种等。

（2）将投保人资料输入计算机或写入档案卡，以便做好售后服务等工作。

（3）准备保单和需求表。在保单封套内放一张名片，把保险条款特别重要的地方用彩笔勾出来。准备好包括现有保单在内的全盘保障计划，制定综合需求计划表，以便在交付保单时，顺便说明已实现的保障部分，及提示日后需追加的保障部分。

（4）电话约定递送保单的时间。

（5）递交保单。递送保单时，可先向投保人表示祝贺，然后就保障范围和条款进行解释。在解释时，既要呈现保单的功能，也要注意提及除外责任和保全知识等。

（6）承诺将提供的售后服务，并请来客户转介绍准客户或做服务推介。

保单递送给投保人后，经投保人本人确认无误，应当签收保单，由投保人在签收回执上亲笔签名，并由送单工作人员交回公司存档。

投保人在签收保险单时，应注意以下事项。

（1）仔细审核保险公司提供的整套保单材料。一般保险产品的保单材料都包含有保险单、保险条款、投保单（副本）、送达回执、客户服务指南、首期保险费发票等。长期保险产品的保单材料还有现金价值表，提供减额交清功能的产品还有减额交清保额表。

（2）逐条核对保险单及首期保险费发票上的所有项目。如有错误，及时通知保险公司予以更正。

（3）认真阅读保险条款和有关说明。收到保险单后，应注意了解保险合同的生效时间、保险期间、每年的交费时间，并认真阅读保险责任、责任免除、现金价值表以及退保约定等内容。

（4）妥善保管整套保单材料。保险单及有关单证票据务必妥善保管，注意防水、防潮、防蛀。若保单材料丢失，应及时到保险公司挂失补办。

由于保险条款复杂、涉及知识面较广的特点，同时为了防止保险代理人误导客户，保险公司为保护投保人和被保险人的合法权益，设定了“犹豫期规定”。

犹豫期，也称冷静期，某些设立犹豫期的险种，投保人收到保险合同并书面签收后的一段时间，投保人可以提出解除保险合同的申请，保险人扣除工本费后（有些保险公司在犹豫期内退保不收取工本费）退还其所交保险费。犹豫期从客户签收保单并在保单回执上签字，次日开始按自然日起算。以前，保单犹豫期多数规定是 10 天，银行保险渠道由于纠纷较多，一般是 15 天。近年来，为了充分保障投保人的利益，很多产品的犹豫期都调整到了 15 天，部分产品甚至有 20 天的犹豫期。

（五）资料存档

保险单证以及组成保险合同的各项资料，要求保险公司立卷归档，妥善保管。案卷资料按照保险监管部门的要求至少要保存 10 年，对于保险金额巨大和影响寿险公司经营管理的重要案卷资料，则根据公司内部档案资料管理的规定，至少保存 20 年。

存档资料分为两类，一类为实物资料，另一类为电子资料。实物资料在承保结束后由当地分公司或中心支公司档案人员进行归档保管；电子资料由扫描人员进行扫描上传，以备总公司核保人员调阅电子档案。对另外增加的资料，实物资料归入原投保书档案中；扫描资料归入原投保书的电子档案中。

（六）新单回访

保险公司应当建立回访制度，指定专门部门负责回访工作，并配备必要的人员和设备。

保险公司应当在犹豫期内对合同期限超过一年的人身保险新单业务进行回访，并及时记录回访情况，发现问题，及时纠正处理。回访应当包括以下内容。

（1）确认受访人是否为投保人本人。

（2）确认投保人是否购买了该保险产品以及投保人和被保险人是否按照要求亲笔签名。

（3）确认投保人是否已经阅读并理解产品说明书和投保提示的内容。

（4）确认投保人是否知悉保险责任、责任免除和保险期间。

（5）确认投保人是否知悉退保可能受到的损失。

（6）确认投保人是否知悉犹豫期的起算时间、期间以及享有的权利。

（7）采用期交方式的，确认投保人是否了解交费期间和交费频率。

人身保险新型产品的回访，中国保监会另有规定的，从其规定。

保险公司在回访中发现存在销售误导等问题的，按照保监会的规定，应当自发现问题之日起 15 个工作日内由销售人员以外的人员予以解决。

【延伸阅读】

新形势下保险数字化时代的核保方式

近年来，随着数字化及互联网技术的快速发展，越来越多的保险公司采用了数字化投保平台开展新业务，在投保方式、承保时效及客户体验等方面取得了长足的进步。在新的形势下，对于传统的核保模式及风控方式提出了新的挑战，对于核保新模式在寿险数字化平台的应用需求日益迫切，对于核保工作的科学性、技术性、政策性提出了越来越高的要求。

一、寿险数字化投保平台的概述

1. 数字化投保平台的功能。通过数字化投保平台，实现客户及投保信息录入、自动核保、自动付款、客户电子签名（拍照）、电子保单签发、电子回执签收、微信回访等一系列线上功能，可支持随时随地投保，实现了全流程无纸化投保、承保及保单签发等功能。

2. 数字化投保平台的载体。数字化投保平台的载体可为公司官网平台、APP、微信平台等，支持硬件可为电脑、移动平板或手机等。

3. 数字化投保平台的类型。按不同的使用对象，数字化投保平台可分为业务员移动投保平台、客户自助投保平台两大类。

①业务员移动投保平台，是指保险业务员操作使用的数字化投保平台，保险业务员通过此平台协助投保人完成投保流程。此平台的投保及核保流程与线下传统业务相似，但由于重要业务环节均可通过数字化平台实现在线操作，故在核保及出单时效上均有明显提升（大多数情况下此平台可实现在线核保及出单，同时也可根据核保的要求进行线上投保、线下核保及出单）。目前绝大多数寿险公司及部分保险代理公司开发了业务员移动投保平台，功能略有差异。一般来说，寿险公司代理人渠道的使用率可达80%~95%。

②客户自助投保平台，是指由保险公司提供、由客户自助式购买保险的数字化平台。也就是说，客户通过登录保险公司的官网、官微或APP上所提供的数字化自助平台进行投保，全程无业务员的协助，完全由客户自主完成。根据客户自助式服务的特点，整个投保环节以客户易理解、易操作；流程最简便、最快捷为原则。

4. 数字化投保平台的出单方式。包括线上出单模式和线下出单模式。

①线上出单模式，是指通过数字化投保平台完成在线投保、核保、付费、电子签名、保单签发（出单）等投保全流程。

②线下出单模式，是指仅通过数字化投保平台完成在线投保、电子签名、付费等线上流程（具体功能可根据不同数字化平台而异），然后通过线下核保后再签发保单（出单）。

二、核保在寿险数字化投保平台的应用

1. 根据不同数字化投保平台特点，采用的不同核保方式。根据不同类型数字化投保平台的特点，保险公司在设计“投保告知事项（主要是健康类告知问题）”的询问方式及问题数量上有所不同。因此，所采用的核保方式也随之变化，从而导致最大可承保限额、出单模式以及需要支持的产品类型等方面各不相同。

①业务员移动投保平台的核保方式。业务员移动投保平台主要由保险业务员操作使用。由于保险业务员了解保险产品、条款、费率、投保流程及要求等情况，在投保过程中可对客户进行说明指导。

②客户自助投保平台的核保方式。客户自助投保平台主要由客户操作使用。由于此投保过程完全由客户自主完成，而无保险业务员指导或协助，故客户自助投保平台的核

保及出单方式以流程简单、易于理解、核保简易、出单快捷为原则。

2. 数字化条件下的风控前置及后置。对于数字化投保平台的业务，只要符合投保条件（即符合投保限额条件、体检及财务核保限额等条件），立即可通过在线核保方式，实现在线出单功能。此方式颠覆了传统的“客户先线下提交投保申请—再进行核保”的传统风控模式，实现了“客户在线提交投保申请—在线进行核保”的新核保模式。对于满足要求的投保申请，实现了“即时提交—即时核保—即时出单”功能，较传统风控及出单模式的时效提升了3～5个工作日。以业务员移动投保平台为例，其风控模式实际上是将一部分风控措施进行了前置，将另一部分风控措施进行了后置。

①数字化条件下的风控前置。一般来说，前置风控部分是指在线核保部分，是通过数字化平台自动进行审核的部分，包括系统自动累计客户已有风险保额、自动识别客户的阳性告知情况、根据预设条件自动判断客户所提供投保信息的真实性、校验客户既往的理赔或保全历史、自动判断可否通过线上核保等内容。此部分风控模式最能体现数字化投保平台的优势，将既往从投保到核保3～5天的冗长过程，压缩至10～30分钟内即时完成。因此，数字化投保平台的自核通过率是衡量平台效能的重要指标之一。

②数字化条件下的风控后置。后置风控部分是指投保申请已通过在线核保，并签发电子保险合同后的风控部分。一般需要人工审核，审核内容包括：人工审核客户签名（或客户拍照）情况、以拍照方式提交的其他纸质申请材料（如各地区监管要求的投保提示材料等）。

3. 医务核保对于数字化投保平台的制约及解决途径

①医务核保对于数字化投保平台的制约。如上所述，数字化投保平台可对于满足要求的投保申请，实现了“即时提交申请—即时核保—即时出单”功能，一般来说是指所有健康告知均为阴性的投保申请，即仅针对完全健康客户的投保申请。相反，对于有疾病史或健康问题的客户（可能为非标准件），通常不能进行在线核保，而是需要将其作为非标准件转到线下进行人工核保（多为业务员移动投保平台）或直接拒保（多为客户自助投保平台）。因此，医务核保是数字化投保平台在使用过程中的制约条件。如何突破医务核保的制约，是数字化投保平台未来的研究方向之一。

②智能医务核保系统。从目前市场来看，由再保险公司开发的智能医务核保系统与数字化投保平台的整合，为突破以上问题提供了很好的解决途径。智能医务核保系统将线下的核保环节前置到线上的销售过程中，对于有疾病史或健康问题的客户在投保的同时实现交互式核保问答，同步进行现场核保，相当于给销售人员配备了一个电子核保员，真正实现了整个销售流程的无缝连接。该系统与数字化投保平台的整合，最大的突破是实现了非标准件的实时核保功能，提升了自核率，助力数字化投保平台广泛的、深入的推广使用，同时降低了营运成本、提高了保费收入。

三、核保在数字化条件下的发展趋势

1. 数字化新技术不断用于投保及核保过程。随着技术发展，各类数字化新技术不断用于投保申请及审核过程，例如智能规则引擎、语音文字识别技术、模糊语义识别技术、电子签名、人脸识别技术、医院系统互联、人工智能技术等，从而不断提升寿险投保及核保过程的时效水平、提升核保自核率水平、提升信息共享水平、提升风控水平以及客户体验，并在极大程度上使核保过程中的成本效益达到最优化。

2. 核保的模式可能发生根本的变化。随着互联网及数字化技术的不断发展，大数据将成为寿险公司的重点发展方向。在不同层面探索大数据的应用，将使寿险公司能够及时调整产品、定价、核保等策略，从而真正实现差异化经营，获得更多的业务增长空间。

资料来源：参考网，http：//www. fx361. com/page/2017/0316/1163773. shtml。

活动一　现场观摩人身保险核保、承保作业流程

【活动内容】

1. 课前准备：

（1）布置学生熟悉核保作业流程、承保作业流程。

（2）教师联系当地的某家寿险省级分公司（最好是实训基地单位）领导及运营部、客户服务部负责人，表明本次观摩的内容，请求支持，并请求由公司一位工作人员做好现场讲解准备。

（3）布置学生以班级为单位，自行结伴前往，按时到达公司所在地，宣布集合时间、地点，提醒学生按时到达、注意人身安全和个人行为规范。教师注意做好和公司的衔接工作。

2. 在公司工作人员带领下现场观摩核保、承保工作职场及作业流程，并听工作人员现场讲解。注意保持职场严肃和安静，禁止喧哗。

3. 观摩后全体学生至公司大会议室就坐，听从工作人员讲解公司核保、承保作业流程及近几年的发展情况和趋势。

4. 学生自由发言，总结本次观摩成果及存在的不足，教师总结评价。

5. 课后实训作业：就此次现场观摩课，每人提交一份书面总结报告。

【模块加油站】

一、单选题

1. 保险人在投保人提出要保请求后，经审核认为符合承保条件并同意接受投保人申请，承担保险合同规定的保险责任的行为称为（　　）。

A. 展业　　B. 核保　　C. 承保　　D. 续保

2. 对于保险金额巨大和影响寿险公司经营管理的重要保险案卷资料，则根据公司内部档案资料管理的规定，至少保存（　　）。

A. 10 年　　B. 20 年　　C. 5 ~ 10 年　　D. 10 ~ 20 年

3. 保险公司在回访中发现存在销售误导等问题的，按照保监会的规定，应当自发现问题之日起（　　）个工作日内由销售人员以外的人员予以解决。

A. 3　　B. 5　　C. 10　　D. 15

4. 保险公司应当在犹豫期内对合同期限超过（　　）的人身保险新单业务进行回访，并及时记录回访情况。

A. 一年　　B. 两年　　C. 三年　　D. 五年

5. 保险公司在营业场所外通过保险公司员工、保险营销员收取现金保费，依照保险合同单次金额不得超过人民币（　　）。

A. 5000 元　　B. 3000 元　　C. 1000 元　　D. 无限制

二、多选题

1. 以下属于人身保险承保流程的有（　　）。

A. 接受投保申请、初审　　B. 核保

C. 收取保险费、缮制保单　　D. 递送保单、新单回访

2. “零现金”管理制度下的非现金收费方式包括（　　）。

A. 银行转账　　B. POS 机刷卡

C. 手机 APP 交费　　D. 其他网上平台交费

3. 关于附加险的承保要求，正确的有（　　）。

A. 附加险交费方式须与主险一致

B. 附加险保险期限不得短于其对应主险保险期限

C. 附加险的交费年期不得短于对应主险交费年期

D. 附加险与对应主险基本保额的配比关系恰当

4. 以下场合中，保险公司可以采取现金收付费方式的有（　　）。

A. 保险公司的营业场所

B. 保险公司委托保险代理机构在保险代理机构营业场所

C. 证券公司

D. 投保人住所

三、判断题

1. 人身保险的承保就是核保。（　　）

2. 狭义的人身保险承保流程是从接单初审开始的，不包括展业过程。（　　）

3. 附加险必须与主险一起投保，不能单独承保附加险。（　　）

4. 保险营销员可以接受投保人委托代交保险费、代领退保金，但不得接受被保险人或受益人委托代领保险金。（　　）

5. 在犹豫期内，投保人可以无条件解除保险合同，保险公司除扣除工本费以外，应退还全部保费，并不得对此收取其他任何费用。（　　）

6. 投保单、验险报告、批单、保费收据、保险单等每种人身保险单证上都要求复核签章。（　　）

项目训练

一、名称解释

核保　体检医师核保　生存调查　标准体　次标准体　延期体　拒保体　额外死亡

率　人身保险承保

二、简答题

1. 人身保险核保有何意义？

2. 简述人身保险核保流程。

3. 人身保险核保应考虑哪些风险因素？

4. 人身保险核保的资料有哪些？

5. 人身保险核保的结论有哪些？

6. 人身保险中对次标准体如何承保？

7. 简述人身保险承保作业流程。

三、实训练习

1. 通过实训软件和核保手册，完成对以下客户的核保，说明核保过程和核保结论。

2. 分角色扮演，模拟完成以上客户保单递送、签收保单、保单回访流程，掌握工作要领。

客户资料：

被保险人李××，42 岁，男性，公务员，投保寿险、重疾各 20 万元。告知无异常，无吸烟饮酒史，身高 170cm，体重 85kg。家族史：母亲患糖尿病。

第一次体检，结果显示：身高 170cm，体重 88kg；血脂正常；空腹血糖 6. 7mmol/l；轻度脂肪肝；血压、肝功能正常。

第二次体检，复查结果：空腹血糖 6. 5mmol/l，糖化血红蛋白 6. 2%（5%～7%），糖尿病问卷否认糖尿病病史。

四、案例分析

1. 江夏区梁女士近期投保了一份健康险，11 月 26 日交了首期保费 2000 余元，12 月 4 日收到保险员送上门的保单，并签了名。但 5 天后的 12 月 9 日，梁女士的爱人对保险不满意，打算另投其他险种，再找到保险员，可对方称从保单生效日算起，12 月 5 日就过了犹豫期，再退保大概只能退约四成的保费。一下子损失 1200 余元，梁女士十分不解，于是致电到该保险公司客服中心询问。假如你是接电话的工作人员，你如何解答梁女士的问题？

2. 王先生致电询问：“我今年 33 岁，去年 12 月在贵公司投保了一份重大疾病保险，年交保费 5000 多元，分 20 年交。但现在家人建议我退掉这份保险，请问怎样退？能全额退回所交的保费吗？”你如何解答王先生的询问？

3. 小明的妈妈准备给他买保额 20 万元的死亡保险，小明今年 8 岁，身体健康状况良好。如果你是承保人员，能否承保该笔业务？

项目九

人身保险客户服务

【知识目标】

□ 掌握人身保险购买的方法
□ 掌握人身保险的交费方式
□ 掌握保单的查询服务方式
□ 掌握保单的变更、复效、保单贷款等操作
□ 理解人身保险理赔注意事项

【能力目标】

□ 能向客户介绍投保的方式
□ 能向客户介绍交费方式及查询服务
□ 能为客户提供保全服务
□ 能够针对一些实际情况进行理赔处理及单证填写

【引导案例】

解读《保险公司服务评价管理办法（试行）》

原中国保监会发布了《保险公司服务评价管理办法（试行）》，规定人身保险公司服务评价体系包括8个指标，涉及销售、咨询、回访、理赔、保全、投诉六大服务环节。为提升销售环节服务质量和效率，设置保单送达率1项指标，权重为15%；为突出回访工作在防范销售误导的重要作用，设置电话呼入接通率、电话回访成功率2项指标，权重合计为15%；为提升保险公司理赔服务效率和消费者获赔比率，设置理赔服务时效、理赔获赔率2项指标，权重合计为35%；为提高保险公司保全服务效率，降低消费者在保全服务环境的等待时间，设置保全时效1项指标，权重为10%；为引导保险公司减少客户投诉并做好投诉服务，在投诉环节设置了投诉率和投诉件办理及时率2项指标，权

重合计为25%。

资料来源：http：//bxjg. circ. gov. cn/web/site0/tab5207/info3969139. htm。

对绝大多数企业和机构而言，服务是决定其长期成败和能否可持续发展的关键因素。有好的产品还不行，还需要有更好的服务，这样才会留住老客户，才能赢得新、老客户的信赖和支持。只有注重做好服务的公司才能有更远大的发展，保险公司尤其如此。因而现在各保险公司努力做好产品的同时，也在加大对客服的投入。

模块一　投保服务

对于投保人来说，希望能找到最适合的保险购买方式，下面介绍购买保险的几种渠道或方式，客户可根据自身的需求进行选择。

任务一　保险购买方式

【任务情景】

35岁的王先生是一家私营企业的老板，生意正步入上升期。王太太今年32岁，是一名小学老师，工作稳定，社保齐全。王先生上有父母下有一个6岁的女儿，家庭年收入达20万元。王先生没有任何保险保障，希望为自己在规避风险的同时也能为未来的养老做好安排，让自己没有后顾之忧地去打拼事业，真正成为一家之“柱”。

王先生可以通过哪些渠道享受投保服务？

【基础知识】

一、通过网络在线购买

现在大多数保险公司都开通了网上购买保险的功能，这种方式尤其对年轻人或使用网络方便的投保人方便适用。下面介绍中国人寿网上购买保险的方式。

（1）计算价格：在“网上买保险”栏目中，点击某款产品的“我要购买”按钮后，计算价格。

（2）填写信息：根据提示填写投保人、保额等各类投保信息。

（3）投保确认：投保信息提交后，请再次核对所填信息，如有错误可进行修改，最终确认后再提交。

（4）网上支付：投保确认后按提示进行网上支付。现在保险公司一般采用的是中国银联电子支付平台，支持数十种银行卡的网上支付，投保人还可以登录银联网站帮助中心http：//www. chinapay. com/newportal/help/faq. jsp查询所支持的网上银行。

【延伸阅读】

在线购买保险注意事项

银行转账是一种方便、安全、及时的交费方式，为了切实保障投保人的利益，建议投保人通过银行转账方式交纳首期保险费，为确保转账成功，需要考虑账户管理费等因素，确保转账授权后账户中保留足够余额。

投保人要仔细填写健康及其他问卷。被保险人、投保人的健康、财务、已经购买保险等方面的信息是保险公司决定是否承担风险的重要因素。诚信是合同成立的基础，根据我国《保险法》的规定，如实告知是投保人、被保险人的义务，否则保险公司有权不承担保险责任。为了更好地保障投保人的权益，避免不必要的纠纷，投保人应主动向保险公司提供有关情况或答复问询，填写完成投保告知、健康告知、补充告知等各种问卷资料。这些资料将作为保险合同的重要组成部分，保险公司将严格为客户保密。

投保单一定要亲笔签名。投保单是合同的重要组成部分，为了保障客户利益，投保单必须由投保人和被保险人亲笔签名；被保险人为未成年人的，由其监护人签名。切忌由其他任何人代签，避免造成合同无效，损害被保险人的利益。

投保人与被保险人在购买前一定仔细阅读合同条款。

投保人一定要索要并妥善保存重要凭证。在前往公司柜面或者通过销售人员交纳首期暂交保险费后，一定要索要公司的统一收款收据。个人出具的任何凭证都没有法律效力。通过银行转账方式交纳保费的，公司认可账户扣款信息，并将按照预留的有效手机号码提供转账成功的通知信息，保险合同和保险费发票是投保人购买保险公司保险的重要凭证，一定要妥善保管。投保人享有在犹豫期内无条件退保的权利。投保人在收到保险公司签发的保险合同后应仔细阅读所有内容，如条款中明确规定有犹豫期的，在收到合同后10日内投保人可无条件退保，并无息返还保险费。

二、通过销售人员购买

（一）通过销售人员购买的基本流程

（1）联系销售人员：通过保险公司网站、客服电话或朋友推荐，查找当地销售人员，并取得联系，销售人员会协助投保人办理购买手续。

（2）填写投保单：购买保险的过程是一个签订合同的过程，投保人必须提供真实、详尽的相关信息是合同有效的关键，同时保险销售人员也会为投保人提供服务和指导，并帮助仔细填写投保单，投保单一定要亲笔签名。

（3）交纳首期保费：在交纳首期暂交保险费时，投保人可以选择以下几种交费方式：签署银行转账授权书进行银行转账交费；前往公司柜面交纳首期暂交保险费。如果投保前往公司柜面交纳保费或者通过销售人员交纳保费，保险公司会向投保人出具公司统一的收款收据。

（4）公司审核：保险公司审核投保人的投保资料，根据情况，保险公司可能需要对被保险人进行生存调查或健康体检；投保资料审核通过后，保险公司将缮制保险合同。

（5）合同、发票送达：保险公司销售员会把保险合同和保险费发票送达给投保人，并收回收款收据，投保人在保险合同送达回执上签字，保险公司会收回该回执。

（二）通过保险营销员购买保险应注意的环节

根据《保险营销员管理规定》，通过保险营销员购买保险时，投保人应注意以下环节。

（1）查看营销员的展业证、核实编号。展业证是保险营销员接受保险公司委托，代表其从事保险营销活动的证明。保险营销员从事保险营销活动，应当出示展业证。投保人可以在中国保监会指定的媒体和网站上查询保险营销员的资格证书、展业证信息以及保险营销员的诚信记录。

（2）认真了解保险产品的特点。应当索要保险条款并仔细阅读。保险营销员有义务客观、全面、准确地向客户披露有关保险产品与服务的信息，但由于各个营销员的专业水平、责任心不一，为了更好地维护自身的权益，投保人应当对保单的保险责任、交费方式、保险赔偿或给付办法、责任免除、退保手续及退保金额等重要问题进行详细询问。

（3）填写投保单时要严格履行"如实告知"义务。对投保单上需要填写的被保险人的年龄、健康状况等项目要如实填报。这些内容是保险合同的重要组成部分，如果投保人没有如实填写，足以影响保险公司决定是否同意承保或者提高保险费率的，根据《保险法》，保险公司有权解除保险合同。

（4）填写投保单时要亲自签名。如有特殊情况发生了代签名行为的，要尽快到保险公司办理补签名手续，否则可能造成保单无效。

（5）手续办理完毕后，投保人要确保持有保单、收据等重要凭据。通过代理人交纳保费，代理人通常会给投保人一份保费收讫的临时收据，待保费转入保险公司的账户后，保险公司才会将正式收据给投保人。

（6）要有效利用"犹豫期"的规定。

【延伸阅读】

人身保险购买小常识

1. 根据保监会《关于加强人身保险收付费相关环节风险管理的通知》（保监发〔2008〕97号）文件要求，2009年3月1日起，在全国范围内实施收付费零现金管理。各保险公司均采取银行转账等非现金收付费方式。

2. 保险公司的代理机构、代理业务人员和保险销售人员不得接受投保人委托代交保险费、代领退保金，不得接受被保险人或受益人委托代领保险金。

3. 保险公司开通了多家银行（邮政）进行转账收付。目前公司开通的收付费方式有：银行（邮政）自动转账、支（汇）票、汇兑、公司柜面POS刷卡（现金）、银行（邮政）柜面代收等。

4. 根据保监发〔2015〕90号文件，对于父母为其未成年子女投保的人身保险，在被保险人成年之前，各保险合同约定的被保险人死亡给付的保险金额总和、被保险人死亡时各保险公司实际给付的保险金总和按以下限额执行：

（一）对于被保险人不满10周岁的，不得超过人民币20万元。

（二）对于被保险人已满10周岁但未满18周岁的，不得超过人民币50万元。

三、通过银行或邮局网点购买

（1）到公司合作银行或邮局：现在保险公司往往拥有数十家合作商业银行、邮局、信用社等销售合作伙伴，方便投保人购买。

（2）填写投保单：投保单填写需要投保人提供真实、详尽的相关信息，投保单填写也是保险公司为投保人提供服务的基础。

（3）交纳首期保费：投保人在保险公司银保合作银行签署银行转账授权书即可通过该合作银行进行首期保费的划拨。

（4）领取合同：填写完投保单并交纳首期保费后，银行柜面将提供给投保人保险合同及收款收据，投保人必须在投保单的保险单送达回执上签字，保险公司会在投保人签字确认后回收。

（5）到公司服务中心领取发票：如果需要保险费发票，客户可以到当地保险公司客户服务中心领取，服务中心可通过在线自助服务频道进行查询。

四、通过保险公司客服中心购买

（1）到保险公司客服中心或营业网点：在保险公司网站在线自助服务频道可查询公司各客服中心的位置，选择就近购买。

（2）填写投保单：客户可以在保险公司客户服务中心填写投保单。

（3）交纳首期保费：通过保险公司柜面交纳保费，公司会向投保人出具公司统一的收款收据。

（4）公司审核：保险公司将审核投保资料，公司审核通过后缮制保险合同。

（5）合同、发票送达。

五、通过拨打保险公司电话购买

（1）拨打全国服务热线：拨打各人寿的全国服务热线（如中国人寿95519），客户服务人员会推荐销售人员与投保人取得联系。

（2）填写投保单：在电话中可以将投保信息告知保险公司，填写投保单。

（3）交纳首期保费：客户可以通过银行转账或前往保险公司柜面交纳首期暂交保险费。

（4）公司审核。

（5）合同、发票送达。

活动一　选择购买保险的方式

【活动内容】

根据下列情形，设计一种最合适的购买保险方式，并进行相应操作。

1. 小张是一名保险专业的大学生，平时喜欢利用假期去外地旅行，同时也对保险公司网上的一些保险产品有所了解，请问如果他想购买“综合意外险”“旅行保险”该如何操作？温馨提示：中国人寿官网，http：//www. e－chinalife. com/e－sale/。

2. 赵女士是一位个体经营户，有保险意识，但对保险知识不太了解，她想为自己的三口之家做一个保障计划，假设你是保险公司的代理人，请问你如何替她办理保险，并向她解释相应保险条款及投保时的注意事项。

任务二　享受投保服务

【任务情景】

王先生36岁是个体工商户，太太33岁，有一个2岁的女儿，家人都没有任何社会保险，所以他想通过商业保险为家庭提供保障。

王先生可以享受哪些基本的投保服务？

【基础知识】

1. 了解保险需求。客户将保险需求和基本情况（收入、职业、家庭状况等）告诉保险公司业务人员，业务员将为客户量身定做适合的保险套餐。

2. 取得建议书。业务人员将根据客户的具体情况设计个性化的保险建议书，为客户介绍可获得的保险保障。

3. 阅读产品条款、投保提示书等重要单证，确认权益和义务。明确保险计划后，客户需认真阅读产品条款、投保提示书等单证。如果投保的是分红、万能、投资连结保险，业务人员还将出示并讲解产品说明书；如果投保的是健康险，业务人员还将出示并讲解产品告知书。在明确保险责任、免除保险人责任、犹豫期、合同解除等事项后，客户在“投保提示书、产品说明书、产品告知书”上亲笔签名确认。

4. 填写投保书、交纳保险费。投保书是保险合同的重要组成部分。客户需要认真阅读投保书的各项提示与询问，翔实、清晰地填写每一项，并亲笔签名；经公司审核同意之后交纳首期保险费。

5. 取得正式保险合同。一般在投保一周后就可收到正式保险合同，客户需要亲自签收并妥善保管。

【延伸阅读】

《湖北省人身保险业务基本服务标准》节选

第三章　承保服务

第二十三条　保险公司对合同期限超过一年期（不含一年期）的个人人身保险的保单，施行投保人关键信息系统强制录入和关键信息自动校验制度。

关键信息包括：投保人姓名、性别、证件号码、联系地址、联系电话。

关键信息自动校验：投保人身份信息是否符合身份证编码规则，有无逻辑错误；投保人联系电话是否符合电话编码规则；同一电话号码是否有三个及以上不同投保人。

第二十四条　投保人提交的投保单填写错误或者所附资料不完整的，保险公司应当自收到投保资料之日起5个工作日内一次性告知投保人需要补正或者补充的内容。

第二十五条　保险公司认为不需要进行体检、生存调查等程序并同意承保的，应当自收到符合要求的完整投保资料及足额保费之日起15个工作日内完成保险合同制作并送达投保人。

第二十六条　保险公司认为需要进行体检、生存调查等程序的，应当自收到符合要求的投保资料之日起5个工作日内通知投保人体检时间、地点，或生存调查的安排。

第二十七条　保险公司应当自收到被保险人体检报告或者生存调查报告之日起5个工作日内，告知投保人核保结果。同意承保的，应当自收到体检报告或生存调查报告15个工作日内完成合同制作并送达投保人；不同意承保的，应当在告知投保人核保结果的同时出具书面意见。

第二十八条　合同期限超过一年（不包含一年期）的个人人身保险新型产品新单业务，应当在承保后24小时内，以手机短信方式，向投保人提示保单承保生效。

【模块加油站】

一、单选题

1. “犹豫期”是一般指投保人收到保单之日起（　　）日内的一段时间，在犹豫期之内，投保人可以无条件地要求保险公司退还保费，保险公司除收取一定的成本费外，不得扣除任何费用。

A. 10　　B. 20　　C. 30　　D. 40

2. 关于客户投保过程中享受的服务下列说法不正确的是（　　）。

A. 业务员根据客户保险需求将为客户量身定做适合的保险计划

B. 投保过程客户享受服务包括咨询、约访、面谈、缔约、收费等

C. 风险规划与管理服务是投保过程中重要服务内容

D. 投保过程客户享受服务包括合同复效、合同内容变更、生存金的领取

二、多选题

1. 投保服务的内容包括（　　）。

A. 了解保险需求

B. 取得建议书

C. 阅读产品条款、投保提示书等重要单证，确认权益和义务

D. 填写投保书、交纳保险费、取得正式保险合同

2. 客户可以通过哪些方式购买保险产品（　　）。

A. 通过网络在线购买

B. 通过销售人员购买

C. 通过银行或邮局网点购买

D. 通过保险公司客服中心或者电话购买

三、判断题

1. 保险公司销售人员可以代收现金保费，为客户转交保费。（　）

2. 明确保险计划后，客户需认真阅读产品条款、投保提示书等单证。如投保的是分红、万能、投资连结保险，业务人员还将出示并讲解产品说明书。（　）

3. 客户在“投保提示书、产品说明书、产品告知书”上亲笔签名确认。（　）

模块二　交费服务

一般而言，保费交纳方式包括趸交（即一次性交清）、期交（包括年交、半年交、季交和月交等），以及不定期交。很多公司为了方便投保人交纳续期保费，还提供多种收费方式，如授权银行代扣、银行柜台代收、或者网上交费、电话交费等方式。

任务一　新单交费与续期交费

【任务情景】

如何进行新单交费

如果你在中国人寿购买了“国寿祥泰终身寿险”保险单，请问你有哪些方法进行新单交费。

【基础知识】

新单交费与续期交费主要有以下几种方式。

方式一，通过银行转账方式进行交费

1. 填写投保单及《保险费自动转账付款授权书》：交费之前要仔细填写投保单及《保险费自动转账付款授权书》，投保单一定要亲笔签名。

2. 银行转账划款：保险公司通过《保险费自动转账付款授权书》中的银行账户自动转账划款。

3. 通知收费信息：划款成功后，保险公司将根据客户选择的通知方式（如手机短信等）告知收费成功信息。

4. 送达合同及发票：保险公司会把保险合同和保险费发票送达给客户，客户在保险合同送达回执上签字，公司会收回该回执。

方式二，公司客户服务中心交费

1. 客户填写投保单：交费之前客户需要仔细填写投保单，且投保单一定要亲笔签名。

2. 到客户服务中心交纳首期保费：各保险公司网站在线自助服务频道查询服务中

心，到就近的客户服务中心交纳首期保费。

3. 领取收款收据：保险公司会向客户出具公司统一的收款收据。

4. 送达合同及发票：保险公司会把保险合同和保险费发票送达给客户，客户在保险合同送达回执上签字，公司会收回该回执。

方式三，1000 元以下销售人员代收费（部分地区已取消）

1. 客户填写投保单：交费之前客户需仔细填写投保单，且投保单一定要亲笔签名。

2. 销售人员代收首期保费：若首期保费数额少于 1000 元，可由公司销售人员代收首期保费。

3. 领取收款收据：公司会向投保人出具公司统一的收款收据。

4. 送达合同及发票：公司会把保险合同和保险费发票送达给投保人，投保人在保险合同送达回执上签字，公司会收回该回执。

【延伸阅读】

《湖北省人身保险业务基本服务标准》节选

第五章　续期交费

第三十五条　期交保费的保险合同，保险公司应当在当期保费交费日前通过电话、短信、电子邮件或信函等有效方式向投保人发出交费提示 。

第三十六条　续期交费转账成功或其他方式交付后，保险公司应通过短信、电话、信函等方式告知客户。对于客户要求提供续期保费发票，保险公司要采取寄送、专人送达或通知客户领取等有效方式向投保人送达发票 。

活动一　如何进行续期交费

【活动内容】

1. 每位同学根据自己或他人保险购买情况，到保险公司查询进行续期交费的方法。

2. 续期交费最简单的方式是银行自动转账，请上各保险公司网站查询《银行自动转账授权书》并进行相关填写。

【模块加油站】

一、单选题

1. 新单交费最常用的方式是（　　）。

A. 业务员代收费　　　　B. 公司客户服务中心交费

C. 通过银行转账方式　　　　D. 支付宝支付

2. 通过银行转账方式交纳新单保费，需要填写投保单和（　　）。

A. “保险费自动转账付款授权书”　　　　B. “个人保险合同变更申请书”

C. “借款申请书”　　D. “转账申请书”

二、多选题

1. 新单交费的方式有（　　）。

A. 通过银行转账方式进行交费　　B. 公司客户服务中心交费

C. 1000 元以下销售人员代收费　　D. 网络支付

2. 交纳续期保费的方式有（　　）。

A. 授权银行代扣　　B. 银行柜台代收　　C. 网上交费　　D. 电话交费

三、判断题

1. 通过银行转账方式交纳新单保费，保险公司可以不用向投保人出具收款收据或保险费发票。（　　）

2. 交费之前客户仔细填写投保单及《保险费自动转账付款授权书》，投保单一定要亲笔签名。（　　）

3. 交纳续期保费时，保险公司将通过《保险费自动转账付款授权书》中的银行账户自动转账划款。（　　）

模块三　查询服务

人寿保单查询指南指导如何进行保险单查询，各保险公司都推出网上保单查询服务，提供了保单基本信息，应交应领提醒等多种保单信息查询服务，此外，通过保险公司客服电话也可对保单进行查询。以下以中国人寿保险公司为例进行介绍。

任务一　在线查询

【任务情景】

在网上查询所购买保单

如果你或你家人购买的“国寿康宁终身重大疾病保险（2012 版）”生效，需要到网上查询保单的状况，你将如何进行操作？

【基础知识】

在线查询流程

1. 成交客户网上注册：到各保险公司网站在线自助服务频道，点击保单查询，也可用邮箱进行注册。

2. 登录系统：注册完毕后，登录在线客户服务系统。

3. 添加保单：登录系统后可查询到客户购买的相关保单信息，如果保单信息不全，客户可以手动添加相关保单。

4. 查询保单信息：保险公司在线客户服务系统中可查询的保单信息包括购买险种名称、保险金额、投保人等的基本信息；以及最近完成的交费和已给付保险金数额，续期保费交费提示、保险金领取提示等；投连或万能客户还可以查询账户资产状况及对账单等。

活动一　在网上注册查询保单情况

【活动内容】

在网上注册查询保单

如果你（或你家人及朋友）购买了中国人寿的保险，根据购买保单上的一些信息，在网上注册并进行网上查询。

任务二　电话查询

【任务情景】

通过电话查询所购买保单

王先生购买了"国寿福禄双喜至尊版组合计划"，需要电话查询保单的状况，他将如何进行查询？

【基础知识】

电话查询流程

1. 客户可以随时拨打各保险公司的客服电话，根据语音提示选择通过自助服务或人工服务的方式查询保单信息。

2. 如果客户选择自助服务，输入客户身份证号码或保险合同号码或投保单号码进行自助查询，保险公司将提供保单及交费查询、销售人员身份确认、激活卡激活、密码变更等多种自助查询服务。

3. 如果客户选择人工服务，话务代表在确认客户的身份后，将提供咨询、查询、投诉、挂失登记、报案登记和客户回访等服务。

活动一　保单电话查询

【活动内容】

根据客户信息，对所购保单的信息进行电话查询。部分保险公司查询电话如下：

保险公司	电话	保险公司	电话
中国人寿保险	95519	民生人寿保险	95596
太平洋保险	95500	平安寿险	95511
中国人保	95518	嘉禾人寿保险	95581
新华人寿保险	95567	泰康人寿保险	95522

【模块加油站】

一、单选题

1. 如果客户选择（　　），输入客户身份证号码或保险合同号码或投保单号码进行自助查询。

A. 人工服务　　B. 自助服务　　C. 语音服务　　D. 保全服务

2. 投保（　　）产品的客户，可以通过在线查询账户资产状况及对账单等。

A. 意外伤害保险　B. 定期寿险　　C. 重大疾病保险　D. 投连险或万能险

二、多选题

1. 保险公司在线客户服务系统中可查询的保单信息包括（　　）。

A. 购买险种名称　　B. 保险金额

C. 投保人等的基本信息　　D. 最近完成的交费和已给付保险金数额

2. 自助查询服务查询的内容包括（　　）。

A. 保险公司将提供保单及交费查询　　B. 销售人员身份确认

C. 激活卡激活　　D. 密码变更

三、判断题

1. 如果客户选择人工服务，话务代表不需要确认客户的身份，就可以提供咨询、查询、投诉、挂失登记、报案登记和客户回访等服务。（　　）

2. 客户可以拨打各保险公司客服电话，根据语音提示选择通过自助服务或人工服务的方式查询保单信息。（　　）

模块四　保全服务

保单售后服务是指投保人在购买人寿保险后可享受到的保险服务，一般寿险公司保单售后保险服务有对保单合同变更、合同复效/换发/转移、合同借款/还款、保险金领取等保险服务。

任务一 保险合同变更

【任务情景】

保险合同事项变更应及时通知保险公司

刘某购买了保险金额为3万元的寿险，受益人指定为其妻子关某。不久后，刘某与关某由于感情破裂而离婚。之后，刘某娶林某为妻。婚后，刘某与林某到当地公证处办理了一份“自本日起受益人由刘某的前妻变更为林某”的公证书。但是刘某从未将这一公证变更受益人的事情通知保险公司。一年后，刘某因外出办事，在途中不幸遭遇车祸身亡。随即，林某便以受益人的身份向保险公司提出领取保险金的要求。保险公司在审查林某提交的资料和证明时，证实了林某与刘某结婚后，确实到公证处办理了变更受益人的公证书，但是未将变更事项以书面的形式通知保险公司，因此认定该变更无效。保险公司只能按照原合同规定，将3万元的保险金付给原受益人关某。林某不服，将保险公司告上法院。法院审理后判定：保险公司的做法符合法律规定，驳回林某的诉讼请求。

【基础知识】

一、客户信息变更

（一）变更联系方式（通讯地址、邮编、电话、电子邮箱等）

方式一，通过拨打客服电话变更

（1）拨打各保险公司客服电话提出变更要求。

（2）客服人员核实相关信息。

（3）客户告知新的联系方式。

（4）审核通过后保险公司予以变更。

方式二，到服务中心办理

（1）到就近的保险公司客户服务中心，需要携带投保人身份证件等。

（2）填写《个人保险合同变更申请书（非付费类）》。

（3）公司对变更信息进行审核。

（4）变更完毕，保险公司会以书面或短信等方式告知。

方式三，在公司官网、APP、微信自助办理

（1）注册并登录，完成保单绑定。

（2）选择客户联系信息变更服务项目，勾选对应保单，录入新的联系信息。

（3）输入服务密码或短信动态验证码，确认并完成信息变更。

（二）变更姓名、出生日期、性别、证件类别或号码

（1）携带相关资料（被更正人有效身份证件、投保人有效身份证件等）到公司客户服务中心。

（2）填写《个人保险合同变更申请书（非付费类)》。

（3）公司审核，可能需要提供进一步相关资料。

（4）审核通过后，公司将变更相关内容，并以书面方式告知。

（三）变更职业

（1）需要携带被更正人有效身份证件、投保人有效身份证件等。

（2）填写《个人保险合同变更申请书（非付费类)》。

（3）公司进行审核，可能需要提供进一步相关资料。

（4）审核通过后，变更相关内容，并以书面方式告知。

二、受益人变更

受益人变更必须以被保险人生存为前提，并且在申请时应尚未发生保险事故。投保人在进行受益人变更时，需取得被保险人的书面同意。

（1）到保险公司客户服务中心，被保险人携带被保险人有效身份证件、投保人有效身份证件等。

（2）填写《个人保险合同变更申请书（非付费类)》，并由被保险人亲笔签名。

（3）保险公司进行审核，可能需要提供进一步相关资料。

（4）审核通过后，变更相关内容，并以书面方式告知。

三、付款方式变更

方式一，现金付款变更为银行自动转账

（1）投保人填写《银行自动转账授权书》，并携带投保人有效身份证件、账户所有人有效身份证件、账户首页复印件，到公司客户服务中心办理。

（2）公司审核确认。

方式二，变更银行转账账号

（1）投保人填写《银行自动转账授权书》，并携带投保人有效身份证件、新账户所有人有效身份证件、新账户首页复印件到公司客户服务中心办理。

（2）公司审核确认。

【延伸阅读】

保险合同变更申请书

表9－1　太平洋保险公司保险合同变更申请书示例

保险单号码		投保人		申请日期	年　月　日
申请人声明：本人申请变更以下勾选的事项，并认同本申请书上与所申请变更事项相关的内容，同时知晓申请变更事项须经贵公司同意 批准后生效，其生效日以贵公司批单文件所载的批准变更生效日为准。本保险合同变更申请书与本申请有关之各类问卷及资料，对贵公司之各项声明、陈述完全确实无误，并成为贵公司发放保险合同或保险批单之依据。如上述资料不属实并影响贵公司对变更事项之决定，则任何根据此申请所发放之保险合同或保险合同批单无效。 请在需变更的项目前的□内打“√”，用黑色钢笔或黑色签字笔正楷详细填写需变更的内容。申请书内容请避免涂改，若有涂改，请重新填写或由本人在涂改处签字。					

续表

<table>
<tr><td>变更项目</td><td colspan="6">变更后内容</td></tr>
<tr><td rowspan="4">□变更投保人资料
□变更被保险人资料</td><td rowspan="4">□姓名
□性别
□出生日期
□证件号码</td><td>姓名：</td><td colspan="2">性别：□男 □女</td><td colspan="2">国籍：</td></tr>
<tr><td colspan="3">出生日期： 年 月 日</td><td colspan="2">证件类型：</td></tr>
<tr><td>证件号码：</td><td colspan="4"></td></tr>
<tr><td colspan="2">其他需要更正的内容：</td><td colspan="3"></td></tr>
<tr><td rowspan="5">□变更投保人联系资料
□变更被保险人联系资料</td><td colspan="2">家庭地址：</td><td colspan="2">邮编：</td><td colspan="2">家庭电话：</td></tr>
<tr><td colspan="2">单位地址：</td><td colspan="2">邮编：</td><td colspan="2">单位电话：</td></tr>
<tr><td colspan="2">手机：</td><td colspan="4">E－mail：</td></tr>
<tr><td colspan="4">服务地址：□家庭地址 □单位地址 □其他地址：</td><td colspan="2">邮编：</td></tr>
<tr><td colspan="6">本公司按保险合同或保险合同批单所载的最后服务地址所发送的通知均视为已送达投保人。</td></tr>
<tr><td rowspan="4">□变更投保人
（变更投保人需同时变更联系资料及交费方式。含有投保人豁免责任的险种，新投保人须填写《健康与告知声明书》。）</td><td colspan="2">新投保人姓名：</td><td colspan="2">与被保险人关系：</td><td colspan="2">性别：□男 □女</td></tr>
<tr><td colspan="2">出生日期： 年 月 日</td><td>职业：</td><td>职业代码：</td><td colspan="2">国籍：</td></tr>
<tr><td colspan="2">证件类型：</td><td>证件号码</td><td colspan="3"></td></tr>
<tr><td colspan="6">新投保人声明：本人自此项变更生效日起，享有本保险合同项下投保人相关的权利，并愿意履行相关义务。

新投保人签字：
日期： 年 月 日</td></tr>
<tr><td rowspan="3">□交费方式变更
□领取形式变更</td><td colspan="6">□银行转账（请填写下列转账授权信息） □其他＿＿＿＿＿＿＿＿</td></tr>
<tr><td colspan="2">账户所有人：</td><td>证件号码</td><td colspan="3"></td></tr>
<tr><td>开户行：</td><td colspan="2">授权账号</td><td colspan="3"></td></tr>
</table>

<table>
<tr><td rowspan="7">□变更身故保险金受益人</td><td colspan="7">分配方式选择 □法定 □均分 □顺位 □比例</td></tr>
<tr><td>姓名</td><td>国籍</td><td>证件类型</td><td>证件号码</td><td>与被保险人关系</td><td>比例（%）</td><td>电话</td></tr>
<tr><td>1</td><td></td><td></td><td></td><td></td><td></td><td></td></tr>
<tr><td>2</td><td></td><td></td><td></td><td></td><td></td><td></td></tr>
<tr><td>3</td><td></td><td></td><td></td><td></td><td></td><td></td></tr>
<tr><td>4</td><td></td><td></td><td></td><td></td><td></td><td></td></tr>
<tr><td colspan="7">说明：</td></tr>
<tr><td>□保险费自动垫交变更</td><td colspan="7">□申请保险费自动垫交 □取消保险费自动垫交</td></tr>
<tr><td>□保单补发</td><td colspan="7">申请原因：□遗失 损毁 其他＿＿＿＿＿
原保单自补发之日起作废；保单补发将收取工本费10元。</td></tr>
<tr><td>□变更签名</td><td colspan="7">变更对象：□投保人 □被保险人或其监护人
变更类型：□签名风格变化 □补签名： 1□投保单 2□其他单证＿＿
变更原因：＿＿＿＿＿＿＿＿＿＿＿＿＿＿＿＿</td></tr>
<tr><td>□减额交清</td><td colspan="7">变更减额交清保险后的基本保险金额不得低于本公司变更当时规定的最低金额。</td></tr>
</table>

续表

<table>
<tr><td colspan="2">□自动续保变更</td><td colspan="2">□申请（请附续保特约）　　□取消</td></tr>
<tr><td colspan="2">□其他（如特别约定等）</td><td colspan="2"></td></tr>
<tr><td colspan="4">1. 本人已详阅并同意申请人声明及客户须知；2. 本人保证所提供的所有申请资料真实、合法、有效，并授权贵公司向有关部门调查所提供的申请资料的真实性；3. 变更签名客户声明：本人认可原签名所确认的内容，并已详阅保险合同，对保险条款、免除责任条款、投保人解除合同的处理等内容予以认可，今后凡涉及保险合同的一切签名均以此样本为准。
受托人（签名）：　　投保人（签名）：　　被保险人（签名）：　　年　月　日</td></tr>
<tr><td rowspan="3">公司填写</td><td colspan="3">受理渠道：　□公司柜面　□县级柜面　□委托服务人员代办　□委托他人代办
□其他__________</td></tr>
<tr><td colspan="3">公司意见：</td></tr>
<tr><td colspan="2">经办人：　　年　月　日</td><td>复核人：　　年　月　日</td></tr>
</table>

变更申请客户须知

1. 办理保险合同变更申请时，请认真阅读保险合同中的客户服务指南，根据您申请的项目，填写申请书并提供有关证明或资料。

2. 请保持申请书签名与留存于公司的签名样本一致，若有变化请申请“变更签名”。

3. 委托代办的，委托人须填写授权委托书，受托人须填写受托人声明，并提供委托人、受托人身份证明原件。

4. 申请投保人变更，除应取得被保险人同意并签字外，原投保人、变更后的投保人亦须签字确认，需原投保人本人亲自前往公司柜面办理。

5. 委托代办事项涉及资金支出的，我司将采取转账形式支付至申请人本人的账户中。

6. 保单质押贷款、保单迁移、挂失补发、挂失保单的退保、变更签名需由申请人本人亲自前往公司柜面办理。

7. 为确保您的资金安全，我司将对一定金额的代办业务、改变资金划付方式、划付账户的业务以及挂失补发后办理的涉及资金支付的业务实行查验制度，并在 7 个工作日内完成查验。

8. 您可以通过我司客户服务热线 95500、太平洋保险网站（http：//www. cpic. com. cn）、客户服务柜面以及保险服务人员咨询相关手续。

转账授权客户须知

本账户所有人（以下简称立授权书人）兹对中国太平洋人寿保险股份有限公司（以下简称太平洋寿险）授权如下：

1. 立授权书人同意太平洋寿险有权决定相关账户是否可作为授权账户。

2. 立授权书人同意，如对同一保险合同有多次自动转账授权，以太平洋寿险收到并同意之最后一次有效授权为准，且以前提供之转账授权自动作废、并不予退还授权书。

3. 立授权书人承诺所提供的账户确为投保人、被保险人或受益人所有。若因该账户之准确性而引起任何纠纷，均与太平洋寿险无关，由立授权书人承担一切责任。由于账户原因导致的转账时效性问题也由本人承担一切后果。

4. 立授权书人同意授权太平洋寿险与被授权银行，从立授权书人的被授权银行账户内扣取授权保险合同的各期应交保险费。立授权书人同意从账户内扣取合同成立后因基本保险金额变更、增加附加合同、职业等级变更、年龄变更、变更主合同、复效等产生的变更费用。

续表

5. 立授权书人仅对保险合同规定的保险款项具有受领权，对于立授权书人不具有受领权而获取的保险款项，太平洋寿险有权向立授权书人追回。在任何情况下，若因太平洋寿险给付款项的金额或给付对象等有误而导致账户所有人并非基于法律规定或合同约定收到该误付款项，则立授权书人同意无条件地及时返还全部误付之款项予太平洋寿险。

6. 本人同意太平洋寿险对被保险人的生存状况进行不定期的调查，无法与被保险人（或其受益人）取得联系时，有权暂停给付保险金。

7. 立授权书人同意太平洋寿险不对授权账户的失窃或者冒领负责，授权账户失窃、丢失的，立授权书人应及时至被授权银行办理账户挂失手续；立授权书人如果因授权账户失窃或遗失等原因而终止使用该账户，应及时通知太平洋寿险，在收到立授权书人正式书面通知之前，太平洋寿险对按保险合同规定划付到该授权账户的保险款项不负责任。

8. 立授权书人欲终止授权或变更授权账户、联系地址时，须提前一个月向太平洋寿险递交书面通知。本授权书将持续有效直至出现以下情况之一时自动终止效力：

（1）保险合同交费期满；（2）立授权书人申请终止授权；（3）账户终止；（4）保险合同效力终止。

9. 本授权书如有未尽事宜，按《中华人民共和国保险法》及保险条款相关规定执行。

授权委托书

中国太平洋人寿保险股份有限公司__________分公司（中心支公司/支公司）：

本人现委托__________先生/女士（证件号码____________________）在____年__月__日至____年__月__日期间内代为办理保险单号码为__________的保单的变更事宜。

具体事项为：__________________，由此发生的一切纠纷皆由委托人负责。

证件类型：	证件号码	联系电话：
手机：	委托人（签名）：	日期：　年　月　日

受托人声明

本人已于____年__月__日面晤委托人，经核对，确认投保人的身份证件号码与其保险单上所载的身份证件号码一致，委托人签字确系其本人签署。如以上不实，本人愿承担由此引致的法律责任。本人在授权有效期内代为办理委托事宜，应严格遵循委托人的真实意愿，如果所实施的行为超出授权范围，受托人自愿承担相应责任。

国籍	证件类型：	证件号码	
联系地址：		邮政编码：	联系电话：
手机：	受托人（签名）：		日期：　年　月　日

委托授权业务查验回访记录

查验回访方式：☐电话__________　☐上门　☐其他__________

查验回访时间：__________　回访对象：__________　☐核实确认资金支付方式与金额

转账账户：☐原交费账户　☐新账户____________________

查验回访记录：____

____

____

查验回访结论：____

查验回访人：　日期：　年　月　日

【延伸阅读】

保险合同变更注意事项

客户可以委托销售人员或他人到公司客户服务中心办理客户信息变更。委托他人办理时，要填写《授权委托书》，并备齐上述所需资料，交给受托人。受托人凭授权委托书、本人身份证件及上述所需资料到公司客户服务中心办理有关手续。

为保证保险公司与客户的顺利联系，维护客户的权益，请客户在通讯地址或电话发生变更时，及时以电话或书面形式通知保险公司；否则，可能无法收到保险公司发送的重要通知。

若客户办理本项业务是在当期保费转账期间，该项变更将不能立即生效。新授权转账账号或撤销转账账号将自下一次保险费转账时发生效力，此前公司仍按原有授权账号划转续期保险费。

银行自动转账变更为现金交费，客户可拨打公司客服电话，提供相关信息即可直接变更。

任务二　合同复效

【任务情景】

2008 年 12 月 24 日，市民赵先生为自己购买了一份交费期为 20 年的人身保险，附加住院医疗、住院安心、意外伤害、意外医疗等附加险。保险期限自 2008 年 12 月 24 日至终身，年交保险费 5292 元，交费期为 20 年。通过银行转账的方式交纳续期保险费。每年交纳保险费的日期是 12 月 24 日。赵先生连续交纳了 9 年保险费后，在 2018 年 3 月 10 日，将主险的保险费 5300 元存入银行账户，但被保险公司以已经超过 60 天的宽限期，保险合同已经处于效力中止期为由拒绝收取主险保险费，并拒绝了赵先生提出的合同复效申请。

保险公司拒绝复效申请的理由是，赵先生被查出在 2013 年患上了糖尿病。赵先生十分不解，因为他在 2017 年交费时也超过了宽限期，但当时保险公司并没有以糖尿病的理由拒收他的保险费。为什么在交纳了 9 年保险费后，保险公司会提出这样的理由呢？还有，保险公司有义务在 60 天的合同效力宽限期内，通知自己交纳保险费以避免合同效力中止失去保险保障，而保险公司并没有这样做。

赵先生认为，保险公司为了规避因自己患上糖尿病可能给他们带来的风险责任，恶意不履行通知义务。而保险公司不及时恢复合同的效力的行为也有违《保险法》中的诚实信用原则。

请问你如何看待保险公司的做法？

【基础知识】

一、保险合同复效

按我国《保险法》规定，若投保人未在保险合同宽限期（一般为60天）结束前足额交纳续期保险费，将导致保险合同效力中止（或称“失效”）。在合同失效期间发生的保险事故，公司不承担保险责任。

保险合同失效两年内，可以向公司申请复效；失效两年以上的保险合同保险公司有权解除合同。

投保人提出复效申请时必须向保险人：（1）提交复效申请书；（2）提供可保证明；（3）付清欠交保险费用及利息；（4）付清保单借款。

办理保险合同复效的好处主要是：办理复效的保险合同，其保险费仍以原来的投保年龄为准，可用较低的保险费得到相同的保障，而且原来的保单责任准备金也可以继续累积。如果保险合同解除，不但领回的退保金比保单责任准备金低，出现经济损失，而且，若再重新买一张相同的保单，保险费必然要依当前的年龄重新计算，将会增加保险费的负担。相比之下，当然选择办理复效对投保人有利。

不过必须注意，合同复效时，要受告知义务的限制。也就是说，若有违反告知义务的情形，从复效日起两年内，保险公司仍可据此解除合同。因此，在填写复效申请书的告知事项时，应和投保时填写投保书一样，要特别注意。

二、保险合同复效流程

（1）到寿险公司客户服务中心，作为投保人，需要携带本人有效身份证件。

（2）填写《个人保险合同变更申请书（非付费类）》及《补充告知问卷》。

（3）保险合同复效审核期间，提供相关资料或进行体检。

（4）保险公司同意复效的，投保人需要在规定的时间内补交齐欠交的保险费及利息。

（5）保险合同恢复效力。

【延伸阅读】

在办理保险合同复效时，客户需在《个人保险合同变更申请书（非付费类）》和《补充告知问卷》中如实、详细填写有关情况，保险公司需要重新核保，必要时投保人要进行体检或提供有关的就诊资料等文件。

客户可以委托销售人员或他人到保险公司客户服务中心办理复效手续。委托他人办理时，请填写《授权委托书》，并备齐上述所需资料，交给受托人。受托人凭授权委托书、本人身份证件及上述所需资料到保险公司客户服务中心办理有关手续。

活动一　保险合同是否继续有效

【活动内容】

夏先生于2015年12月22日投保了10万元重疾险，附加20万元意外伤害，在交纳了首期和2016年两期保费后，2017年的保费没有及时交，且在60天的宽限期过去后仍然没有交，但他投保时选择了自动垫交保费功能，2018年5月2日，夏先生不幸发生交通意外，抢救无效死亡。保险公司是否应当赔付夏先生的妻子30万元身故保险金？

【活动提示】

投保时选择了自动垫交保费功能，只要合同的现金价值足以垫交保费，保险合同就继续有效。保险公司应当赔付夏先生的妻子30万元身故保险金。

任务三　合同补/换发、保险关系转移

【任务情景】

王先生在搬家时保险合同丢失，请问能不能补发？
张女士的孩子由于不小心把保险合同弄脏，请问能不能换发？
李主任从北京到长沙来工作，请问在北京买的保险关系能转到长沙吗？

【基础知识】

如果由于意外，投保人的合同遗失，或者合同被污损，可以到保险公司进行补发换发。如果客户由于工作方面的调动，保险关系也可以进行异地转换。

一、保险合同补发、换发

（一）保险合同挂失补发流程

（1）拨打客服电话或亲自到保险公司进行挂失登记。

（2）持身份证到客服中心填写“保险合同补/换发申请书”。

（3）公司审核。

（4）交纳工本费。

（5）公司出具新保险合同。

（二）保险合同污损补发流程

（1）持相关资料到公司客户服务中心。

（2）填写“保险合同补/换发申请书”。

（3）公司审核。

（4）交纳工本费。
（5）公司收回污损合同并出具新保险合同。

【延伸阅读】

保险合同补发或换发需由投保人提出申请并办理，保险公司原则上不受理委托。保险合同构件是指投保单影印件、批单、收据、现价表等保险合同的构成凭证。遗失的保险合同可能会被他人利用，造成投保人的损失。所以若保险合同不慎遗失，投保人应及时到保险公司申请办理挂失补发手续；或者拨打保险公司电话进行口头挂失，并在口头挂失后72小时内到保险公司办理正式挂失补发手续。

投保人如果委托销售人员或他人到保险公司客户服务中心办理保险合同补/换发手续。委托他人办理时，需填写《授权委托书》，并备齐上述所需资料，交给受托人。受托人凭授权委托书、本人身份证件及上述所需资料到保险公司客户服务中心办理有关手续。

二、保险关系转移流程

（1）携带相关资料到公司客户服务中心。
（2）公司审核出具“保险关系转移确认书（兼批单）”（客户联）。
（3）携带相关资料到转入地客服中心办理转入手续。
（4）若转移至外省，公司将出具新保险合同。

【延伸阅读】

投保人既可以到原来居住地的保险公司分支机构申请办理保险关系转移，也可以在新居住地的公司分支机构申请办理。投保人妥善保管公司出具的“保险关系转移确认书（兼批单）”（客户联），以作为在转入地领取办理手续的凭证。投保人在办理保险关系转移时，确认保险合同无欠交保险费、无借款未还。

投保人也可以委托销售人员或他人到保险公司客户服务中心办理保险关系转移手续。委托他人办理时，需要填写“授权委托书”，并备齐上述所需资料，交给受托人。受托人凭授权委托书、本人身份证件及上述所需资料到公司客户服务中心办理有关手续。

任务四　保险合同贷款、还款

【任务情景】

保单能借款吗？

某客户现在急需用钱，只有一份康宁终身重大疾病保险的保单，请给他支支招吧。

【基础知识】

一、保单贷款定义

所谓保单贷款，是指投保人以保单作为抵押物，向保险公司或银行申请一定金额的贷款，到期按约归还贷款本息的一种信贷行为。对于投保人而言，在用保单进行贷款抵押后，该保单的所有保障不变，如果投保人在保障期内出险，仍将按合同约定获得赔偿，但赔款首先将用于归还借款。

二、哪些险种有保单贷款的功能

可以用来质押贷款的是具有储蓄功能的养老保险、投资分红型保险及年金保险等人寿保险保单，并且需要交纳保费超过一年。医疗费用保险和意外伤害保险以及财产保险都不能质押。另外，已经发生保费豁免的保单也不能办理贷款。保费豁免即投保人发生意外后，保单受益人无须继续交纳保费，可以继续享受保单保障，该项功能多出现在少儿险产品中。

三、保险合同借款流程

（1）投保人携带保险合同、本人有效身份证件，到保险公司客户服务中心填写“借款申请书”。

（2）经保险公司审核同意，将确认后的《借款申请书》（客户联）交给客户存执，同时保险合同原件将质押在保险公司保存。

（3）领取款项。

四、保险合同还款流程

（1）客户携带“借款申请书”（客户联）、现金或银行存折（卡）到公司客户服务中心办理。

（2）保险公司将计算还款本息。

（3）客户还款后，公司将退还保险合同原件。

【延伸阅读】

保险合同贷款注意事项

仅对于有借款服务内容的保险合同，在保险合同有效期内，可以以不超过申请借款时保险合同现金价值余额的一定比例（一般为70%～80%）向公司申请借款。

可选择的领取和还款方式有现金和银行转账方式，建议您择银行转账，请同时提供本人银行账户复印件，以保证转账的准确性。

借款时间一般不超过六个月，在借款到期之前及时还款。若未及时偿还借款，所有借款利息将被并入原借款本金中，视同重新借款。累积到一定额度时将有可能致使保险合同效力中止。

任务五 生存金/年金/红利领取

【任务情景】

某客户养老保险合同到期，他的养老保险金将如何领取呢？

【基础知识】

1. 生存金。生存金是指到了保险合同约定的日期后，保险公司按合同约定的金额、方式、期限向保单受益人支付的金额。目前，保险公司为客户提供的生存金的领取方式主要有银行自动转账领取、到保险公司领取和委托他人到保险公司领取三种。

2. 生存金、年金领取流程

（1）保险生存金（或年金）受益人携带保险合同、被保险人及本人的有效身份证件，到保险公司客户服务中心填写“个人保险合同变更申请书（付费类）”。

（2）保险将确认到期应付生存金（或年金）。

（3）可以进行领款。

【延伸阅读】

生存金的领取注意事项

在保险合同有效期内，被保险人生存至保险期满或约定领取年龄、约定领取时间，公司将按合同约定向生存金受益人（一般为被保险人）给付满期保险金或生存保险金。

可选择的领取方式有现金领取和银行转账领取，建议选择银行转账领取，同时提供本人银行账户复印件，以保证转账划款的准确性。

领取的生存金可留存在保险公司，以复利方式累积生息。实际累积生息的年利率由公司每年宣布。

年金的领取注意事项

年金受益人可选择的领款方式有现金领取、银行转账领取，建议选择银行转账方式领取。若选择银行转账领取，请同时提供银行账户复印件，以保证转账划款的准确性。

对于没有10年固定年金责任或有10年固定年金责任，但领取期限已超过10年的保险合同，每次领取养老年金时均需提供被保险人的生存证明。

3. 红利领取方式。现金领取（可采取现金或银行转账方式）、累积生息、银行转账、抵交保费，若保险合同有约定的按照约定方式领取。建议选择银行转账领取，请同时提供银行账户复印件，以保证转账划款的准确性。

若选择累积生息，红利将由保险公司管理，并按公司每年公布的利率，从应给付日起以条款规定方式计算利息。

【延伸阅读】

《湖北省人身保险业务基本服务标准》节选

第四章　保全服务

第二十九条　未经投保人或被保险人授权，保险销售人员不得代为办理保全业务；受客户委托办理保全事项的，要将客户资料在公司保全规则要求的时限内送达公司。

第三十条　对于基本资料变更类项目保全，在资料齐全、符合合同约定条件的情况下，保险公司应通过柜面现场受理、电话中心、网站自助、移动终端等平台为客户及时办理。

第三十一条　对于权益变更类项目保全，保险公司应当自收到资料齐全、符合合同约定条件的保全受理之日起2个工作日内完成受理，保全涉及体检或调查的时效不计算在内。

第三十二条　对于收付费类项目保全，保险公司应当自收到资料齐全、符合合同约定条件的保全受理之日起5个工作日内完成。若不是保全申请人亲自办理的收付费类业务，在受理完成后对保全申请人进行短信告知，对于个险业务50000元（银邮业务200000元）以上的支付类业务，应对保全申请人进行电话回访。

第三十三条　保全申请资料不完整、填写不规范或者不符合合同约定条件的，保险公司应当自收到保全申请之日起5个工作日内一次性通知保全申请人，并协助其补正。

第三十四条　保全涉及体检、调查的，保险公司由于特殊情况无法在规定期限内完成的，应当在5个工作日内向保全申请人说明原因并告知处理进度。

活动一　保单售后服务操作

【活动内容】

利用各保险公司网站，熟悉各保险公司的一些变更操作。

1. 进入中国人寿网站，找到“个人保险合同变更申请书（非付费类）”，并对相应信息填写。http：//www. e－chinalife. com/files/forms/2011/apply2011005. pdf。

2. 进入中国人寿网站，找到“银行自动转账授权书”，并对其进行填写。http：//www. e－chinalife. com/files/forms/2011/apply2011010. pdf。

3. 进入中国人寿网站，找到“授权委托书”并填写。http：//www. e－chinalife. com/files/forms/2011/apply2011008. pdf。

4. 进入中国人寿或其他保险公司网站，找到“借款申请书”，熟悉并填写相关内容，http：//www. e－chinalife. com/files/forms/2011/apply2011007. pdf。

5. 进入中国人寿或其他保险公司网站，找到“个人保险合同变更申请书（付费类）”，熟悉并填写相关内容。http：//www. e－chinalife. com/service/baodanshouhoufuwu/baodanshouhoufuwu. html；http：//www. e－chinalife. com/files/forms/2011/apply2011 006. pdf。

【模块加油站】

一、单选题

1. 客户信息变更，不包括（　　）。

A. 变更联系方式　　B. 变更受益人

C. 变更职业　　D. 变更姓名、出生日期、性别、证件类别或号码

2. 受益人变更，下列说法错误的是（　　）。

A. 必须以被保险人生存为前提

B. 在申请时应尚未发生保险事故

C. 投保人在进行受益人变更时，需取得被保险人的书面同意

D. 客户可打电话申请变更受益人

3. 保险合同失效（　　）内，可以向公司申请复效。

A. 半年　　B. 三年　　C. 一年　　D. 两年

4. 不可以利用保单贷款功能的险种是（　　）。

A. 储蓄功能的养老保险　　B. 投资分红型保险

C. 年金保险　　D. 定期寿险

5. 红利领取选择（　　），红利将由保险公司管理，并按公司每年公布的利率，从应给付日起以条款规定方式计算利息。

A. 现金领取　　B. 累积生息　　C. 抵交保费　　D. 银行转账

二、多选题

1. 付款方式变更包括（　　）。

A. 现金付款变更为银行自动转账

B. 变更银行转账账号

C. 银行自动转账变更为现金付款

D. 银行自动转账变更为业务员代收

2. 复效的流程包括（　　）。

A. 到寿险公司客户服务中心，投保人携带本人有效身份证件

B. 填写“个人保险合同变更申请书（非付费类）”及“补充告知问卷”

C. 保险合同复效审核期间，提供相关资料或进行体检

D. 保险公司同意复效的，投保人需要在规定的时间内补交齐欠交的保险费及利息

3. 投保人提出复效申请时必须向保险人（　　）。

A. 提交复效申请书　　B. 提供可保证明

C. 付清欠交保险费用及利息　　D. 付清保单借款

4. 保险公司为客户提供的生存金的领取方式主要有（　　）。

A. 银行自动转账领取　　B. 到保险公司领取

C. 委托他人到保险公司领取　　D. 通过微信领取

三、判断题

1. 失效一年以上的保险合同保险公司有权解除合同。（　　）

2. 合同复效时，投保人无须履行告知义务。（　　）

3. 保单贷款是指投保人以保单作为抵押物，向保险公司或银行申请一定金额的贷款，到期按约归还贷款本息的一种信贷行为。（　　）

4. 对于投保人而言，在用保单进行贷款抵押后，该保单的所有保障也暂时停止，偿还贷款后，保障继续有效。（　　）

5. 红利领取方式有现金领取（可采取现金或银行转账方式）、累积生息、银行转账、抵交保费。（　　）

模块五　理赔服务

当保险事故发生后，受益人（或相关人）或对保险事故进行报案与索赔申请，要求保险公司进行理赔处理，保险公司要积极进行理赔处理。

任务一　认识索赔

【任务情景】

王先生是一份人寿保险合同的指定受益人，2012 年 7 月，王先生出国留学，由于种种原因，王先生与投保人和被保险人中止了联系。2012 年 12 月，被保险人发生车祸身故，投保人知道后既没有向保险公司申请理赔，也没有通知王先生。2018 年 1 月，王先生回国，得知了上述情况，王先生向保险公司提出了索赔申请。由于王先生提出理赔申请已离保险事故的发生有 5 年多的时间，有些必要的证据和事故性质、原因难以认定，因此，保险公司的理赔人员对是否应当给付王先生保险金产生了分歧意见。

请问王先生是否可以申请索赔？

【基础知识】

一、索赔的定义

保险索赔指当被保险人遭受承保责任范围内的风险损失时，被保险人向保险人提出赔偿的要求。

二、报案

（1）及时报案。在条款规定的时限内及时报案。

（2）报案方式可以包括上门报案、电话（传真）报案、业务员转达报案等。
（3）报案内容主要有：
①出险的时间、地点、原因；
②被保险人的现状；
③被保险人姓名、投保险种、保额、投保日期；
④联系电话、联系地址。

三、案件受理

申请保险金应备文件。
（1）保险合同。
（2）保险金给付申请书（受益人需要于申请书签名）。
（3）被保险人发生意外伤害事故的证明文件。
（4）被保险人的门急诊病历和住院证明（包括出院小结和所有费用单据）。
（5）被保险人、受益人身份证明和户籍证明。

四、案件立案条件

（1）保险事故确已发生。
（2）事故者是保险单上的被保险人或投保人。
（3）在保险合同有效期内发生保险事故。
（4）理赔申请在《保险法》规定的时效之内。

五、案件调查

理赔调查是寿险理赔作业中的一个组成部分，但不是寿险理赔的必经程序。对于单证齐全、证明材料充分、保险责任明确的案件可以不调查；对于某些赔案来说，案件调查是必须经过的一个重要步骤。

六、案件的审核

（1）保单状况的审核通过理赔电脑系统可以准确、及时地确认保单的有效性。

（2）被保险人和保障范围的审核：这一步骤是为了确定保险人的责任范围和公司应承担的责任，有利于保护公司免遭骗赔和错误理赔。

（3）索赔材料和事故性质的审核：对索赔材料有效性、合法性的认定有利于确定事故的性质和公司应承担的责任范围。

（4）确定损失并理算保险金：遵循保险条款，保护合同双方的利益。

（5）确定保险金给付受领人：按保险条款规定，医疗费用和残废保险金给付应支付给被保险人本人；身故保险金的给付，则需根据保险合同约定及法律相关规定支付给正确的受领人。

【延伸阅读】

索赔申请时效

根据我国《保险法》的规定，人寿保险以外的其他保险的被保险人或者权益人，对保险人请求赔偿或者给付保险金的权利，自其知道保险事故发生之日起2年不行使而消灭。

人寿保险的被保险人或者权益人对保险人请求给付保险金的权利，自其知道保险事故发生之日起5年不行使而消灭。

投保人、被保险人或者受益人知道保险事故发生后，应当及时通知保险人。故意或者因重大过失未及时通知，致使保险事故的性质、原因、损失程度等难以确定的，保险人对无法确定的部分，不承担赔偿或者给付保险金的责任，但保险人通过其他途径已经及时知道或者应当及时知道保险事故发生的除外。

任务二 理赔基本流程

【任务情景】

周某为自己向保险公司投保20万元人寿保险，指定身故受益人为自己的妻子叶某和弟弟，受益份额分别为10万元。一日，因夫妻争吵冲突，叶某趁周某熟睡，用扳手将周某打晕，然后又拧开煤气开关，夫妻双双死亡。经公安机关调查认定，周某系叶某故意致害死亡，叶某系自杀身亡。事后，周某的弟弟作为受益人向保险公司申请给付被保险人身故保险金10万元，保险公司却拒绝给付保险金。请问保险公司的做法是否恰当？

【基础知识】

一、理赔的定义

理赔指保险事故发生后，保险人对被保险人所提出的索赔案件的处理。被保险人遭受灾害事故后，应立即或通过理赔代理人对保险人提出索赔申请，根据保险单的规定审核提交的各项单证，查明损失原因是否属保险范围，估算损失程度，确定赔偿金额，最后给付结案。如损失系第三者的责任所致，则由被保险人向保险人移交向第三者追偿损失的权利。

二、保险理赔的方式

保险公司在出险后依据保险合同约定向保户理赔有两种方式，即赔偿和给付。

赔偿与财产保险对应，指保险公司根据保险财产出险时的受损情况，在保险额的基础上对被保险人的损失进行的赔偿。保险赔偿是补偿性质的，即它只对实际损失的部分进行赔偿，最多与受损财产的价值相当，但不会高于其价值。

人身保险是以人的生命或身体作为保险标的的，因人的生命和身体是不能用金钱衡量的。所以，人身保险出险而使生命或身体所受到的损害，是不能用金钱赔偿得了的。故在出险时，保险公司只能在保单约定的额度内对被保险人或受益人给付保险金，即人身保险是以给付的方式支付保险金的。

三、保险理赔程序

1. 立案查验。保险人在接到出险通知后，应当立即派人进行现场查验，了解损失情况及原因，查对保险单，登记立案。

2. 审核证明和资料。保险人对投保人、被保险人或者受益人提供的有关证明和资料进行审核，以确定保险合同是否有效，保险期限是否届满，受损失的是否是保险财产，索赔人是否有权主张赔付，事故发生的地点是否在承保范围内等。

3. 核定保险责任。保险人收到被保险人或者受益人的赔偿或者给付保险金的请求，经过对事实的查验和对各项单证的审核后，应当及时作出自己应否承担保险责任及承担多大责任的核定，并将核定结果通知被保险人或者受益人。

4. 履行赔付义务。保险人在核定责任的基础上，对属于保险责任的，在与被保险人或者受益人达成有关赔偿或者给付保险金额的协议后十日内，履行赔偿或者给付保险金义务。保险合同对保险金额及赔偿或者给付期限有约定的，保险人应当依照保险合同的约定，履行赔偿或者给付保险金义务。

保险人按照法定程序履行赔偿或者给付保险金的义务后，保险理赔就告结束。如果保险人未及时履行赔偿或者给付保险金义务的，就构成一种违约行为，按照规定应当承担相应的责任，即“除支付保险金外，应当赔偿被保险人或者受益人因此受到的损失”，这里的赔偿损失，是指保险人应当支付的保险金的利息损失。为了保证保险人依法履行赔付义务，同时保护被保险人或者受益人的合法权益，明确规定，任何单位或者个人都不得非法干预保险人履行赔偿或者给付保险金的义务，也不得限制被保险人或者受益人取得保险金的权利。

四、保险理赔的原则

1. 重合同，守信用。保险合同所规定的权利和义务关系，受法律保护，因此，寿险公司必须重合同、守信用，正确维护保户的权益。

2. 坚持实事求是。在处理赔案过程中，要实事求是地进行处理，根据具体情况，正确确定保险责任、给付标准、给付金额。

3. 主动，迅速，准确，合理。要让保户感觉到保得放心，赔得心服。

【延伸阅读】

免赔额

免赔额是指在保险合同中规定的损失在一定限度内保险人不负赔偿责任的额度，可分为“绝对免赔额”和“相对免赔额”。免赔额的规定主要是为了减少一些频繁发生的小额赔付支出，提高被保险人的责任心和注意力，避免不应发生的损失发生，同时也可以降低保险公司的经营成本。免赔额的规定是国际和国内保险公司的通行做法。

活动一　熟悉人身保险理赔流程

【活动内容】

1. 熟悉中国人寿理赔流程，http：//www. e – chinalife. com/service/baodanlipeifuwu/baodanlipeifuwu. html。
2. 熟悉新华人寿理赔流程，http：//www. newchinalife. com/Channel/11862。
3. 熟悉泰康人寿理赔流程，http：//www. taikang. com/service/claim/。

任务三　理赔应备资料

【任务情景】

消费者常抱怨，保险业务员收取保费时笑脸相迎，随叫随到，甚至不叫也到，可是到了理赔时人难见，脸难看，事难办；保险业务员也有抱怨：不是理赔难，是消费者提供的资料与保险公司要求的手续对接难；同时，保险公司也提出，现场查勘难、调查取证难、理赔控制难、客户沟通难。

作为一个普通客户，保险理赔时需要备哪些材料？

【基础知识】

一、理赔应备资料

理赔类型	应备单证	单证代码说明
意外医疗（门诊）	1～5、6、8、10、11	1. 保险合同 2. 索赔申请书及申请人身份证明原件 3. 索赔委托及受托人身份证明原件 4. 申请人与出险人身份关系证明原件 5. 赔款给付方式协议书 6. 意外事故证明 7. 死亡证明、户口注销证明 8. 医疗诊断证明书和门诊/急诊病历 9. 出院小结或住院病历 10. 医疗费用收据或发票原件和费用明细清单 11. 医疗费用分割单/第三方给付凭证 12. 残疾鉴定书 13. 出险人病理检验、血液检验及其他科学方法检验报告 14. 其他证明和资料
意外医疗（住院）	1～5、6、9、10、11	
意外全残/残疾/全残豁免/失能	1～5、6、8、9、12、14	
意外身故	1～5、6、7、14	
疾病住院医疗	1～5、9、10、11	
疾病全残/残疾/全残豁免/失能	1～5、8、9、12、14	
疾病身故	1～5、7、14	
重大疾病	1～5、6、9、12、13、14	

二、理赔单证说明

单证类型	单证类型说明
索赔申请书	可通过网站下载、柜面领取、服务人员领取。索赔申请书由保险金受益人本人签字，医疗、残疾、失能、重大疾病保险金受益人为被保险人本人，身故为指定受益人或法定继承人；申请人如为无民事行为能力人或限制民事行为能力人，应由其法定监护人申请，同时应出具法定监护证明。如有受托人则需在《索赔申请书》对应授权委托栏填写；申请权利人在委托人处签字
申请人与出险人身份关系证明原件	是指由户籍管理部门出具的合法有效证明或者有效的公证证明，如户籍证明、出生证明、结婚证明、其他关系证明公证书
意外事故证明	涉交通事故需提供由交通管理机关出具的《交通事故责任认定书》；涉及安全生产事故的需提供安全监督管理机关出具的安监事故证明；涉及民事伤害事故的需提供公安机关出具的事故处理证明；涉及刑事案件的需提供人民法院或公安机关出具的事故处理证明；涉及特定场所发生的出险事故，如学校、商场、公共场所等，需提供其管理部门提供的事故处理证明
死亡证明	由公安部门、民政部门或本公司认可医院出具的“死亡证明”
医疗诊断证明书	须加盖公司认可医疗机构的有效签章，如诊断章、医务科、急诊章等；同时在多个医院就诊需同时提供多个医院的诊断证明
门诊/急诊病历	医院就诊时提供的“门诊手册”及处方
医疗费用收据或发票原件	有国家财政税收部门印章的正规有效医疗费用收据或报销发票原件及费用明细清单、出院小结或住院病历
医疗费用分割单/第三方给付凭证	先期在社保、第三方给付情况下需要提供，须提供已报销机构签章认可，列明原始金额、已报销金额的分割证明原件和医疗费用收据复印件，并附费用明细清单
残疾鉴定书	事故发生后接近180天时联系理赔部门，到公司认可的鉴定机构进行鉴定
出险人病理检验、血液检验及其他科学方法检验报告	由本公司认可医院出具的、用以明确诊断，如异常心电图、肌电图、心肌酶检查报告单、骨髓象报告单、病理报告单、肾功能检查报告单、CT和核磁共振检查报告单等
其他证明和资料	投保人或受益人所能提供的与确认保险事故的性质、原因、伤害程度等有关的其他证明和资料

【延伸阅读】

平安保险理赔申请应备资料说明

1. 保单
2. 人身保险理赔申请书
3. 被保险人的身份证明
4. 被保险人的户籍证明
5. 受益人的身份证明、户籍证明、与保险人的关系证明
6. 门（急）诊病历，住院证明
7. 出院小结，出院证明

8. 医疗费用收据原件、费用清单（处方）
9. 医疗费用收据复印件
10. 诊断证明（癌症、重大疾病诊断证明书、需同时提供相关检查、检查结果资料）
11. 手术证明
12. 意外事故证明
13. 死亡证明书
14. 法医学或医院鉴定诊断书
15. 户口注销证明
16. 遗体处理证明
17. 法院出具的宣告死亡的证明文件
18. 存折首页复印件（如选择银行转账）

【延伸阅读】

泰康人寿理赔申请书

理赔申请书

<table>
<tr><td>保单信息</td><td>保险单号</td><td></td><td>业务员</td><td></td><td>业务员电话</td><td></td></tr>
<tr><td rowspan="4">被保险人信息</td><td>姓名</td><td></td><td>性别</td><td></td><td>年龄</td><td></td></tr>
<tr><td>证件类型</td><td></td><td>证件有效期至</td><td>年　月　日</td><td>证件号码</td><td></td></tr>
<tr><td>国籍</td><td></td><td>职业</td><td></td><td>联系方式</td><td></td></tr>
<tr><td colspan="3">工作单位/就读学校/住所/经常居住地</td><td colspan="3"></td></tr>
<tr><td rowspan="7">申请人信息</td><td>姓名</td><td></td><td>性别</td><td></td><td>年龄</td><td></td></tr>
<tr><td>证件类型</td><td></td><td>证件有效期至</td><td>年　月　日</td><td>证件号码</td><td></td></tr>
<tr><td>国籍</td><td></td><td>职业</td><td></td><td>联系方式</td><td></td></tr>
<tr><td colspan="3">工作单位/就读学校/住所/经常居住地</td><td colspan="3"></td></tr>
<tr><td>邮编</td><td></td><td>地址</td><td colspan="3"></td></tr>
<tr><td>申请人身份</td><td colspan="5">□被保险人　□指定受益人　□被保险人的继承人　□监护人　□其他：</td></tr>
<tr><td>转账信息</td><td>开户行</td><td></td><td>户名</td><td></td><td>账号</td><td></td></tr>
<tr><td rowspan="3">索赔信息</td><td>索赔类别</td><td colspan="5">□健康医疗　□身故　□残疾　□重大疾病
□免交保费　□年金　□旅游救援　□其他</td></tr>
<tr><td>您是否在社保、新农合或其他保险公司投保？</td><td></td><td>是否有索赔经历？</td><td></td><td>是否需要其他途径报销？</td><td></td></tr>
<tr><td>您是否报案？</td><td></td><td>报案人</td><td></td><td>报案时间</td><td></td><td>报案方式</td><td></td></tr>
<tr><td rowspan="4">出险概况</td><td>出险原因</td><td>□意外　□疾病</td><td>出险/住院时间</td><td colspan="3"></td></tr>
<tr><td colspan="2">疾病发生过程/意外事故经过</td><td colspan="4"></td></tr>
<tr><td colspan="2">治疗医院</td><td colspan="2"></td><td>就诊科室</td><td></td></tr>
<tr><td colspan="2">伤情及目前情况</td><td colspan="4"></td></tr>
<tr><td>补充说明</td><td colspan="6"></td></tr>
</table>

理赔委托授权声明

<table>
<tr><td colspan="8">现申请人　　　委托　　　先生/女士前往贵公司办理有关保单申请项下事宜。本委托有效期为　　天。(委托日期同本申请书的申请日期。)</td></tr>
<tr><td rowspan="5">代办人
身份信息</td><td>姓名</td><td></td><td>性别</td><td></td><td>年龄</td><td></td></tr>
<tr><td>证件类型</td><td></td><td>证件有效期至</td><td>年　月　日</td><td>证件号码</td><td></td></tr>
<tr><td>国籍</td><td></td><td>职业</td><td></td><td>联系方式</td><td></td></tr>
<tr><td colspan="3">工作单位/就读学校/住所/经常居住地</td><td colspan="3"></td></tr>
<tr><td>与委托人关系</td><td colspan="5">□营销员　□收费员　□亲戚　□朋友　□其他:</td></tr>
<tr><td colspan="4">委托人签名:</td><td colspan="3">代办人签名:</td></tr>
</table>

其他声明与授权

1. 本人声明以上陈述均为事实，并无虚假及重大遗漏。

2. 本人授权任何医疗机构、保险公司或其他机构，以及一切熟悉被保险人身体健康状况之人士，均可以将被保险人身体健康状况之资料向泰康人寿保险股份有限公司如实提供。本授权之影印件亦属有效。

3. 转账授权声明：本人同意泰康人寿保险股份有限公司将理赔金转入“理赔申请书”所提供的银行账户中。本人声明上述银行账户确为申请人本人的账户，开户行名称、户名和账号均真实有效，本人同意承担因银行账户提供错误而导致转账失败而产生的法律、经济责任。

4. 根据保险监管部门规定，以现金方式给付的保险金不得由保险代理机构、保险代理业务人员和保险营销员代领，上述事宜本人已知晓。

(若团体客户) 投保单位签章:　　　　申请人:　　　　日期:

活动一　其他保险公司理赔所需材料

【活动内容】

1. 进入各保险公司网站，找出这些保险公司在理赔时需要准备的材料。

(1) 中国人寿，http://www.e-chinalife.com/service/baodanlipeifuwu/baodanlipeifuwu.html#1。

(2) 太平人寿，http://www.tplife.com/service/group_01_04_lpzn.htm。

2. 根据上面泰康人寿理赔申请书，完成一些相应表格的填写。

【模块加油站】

一、单选题

1. 保险（　　）指当被保险人遭受承保责任范围内的风险损失时，被保险人向保险人提出赔偿的要求。

A. 索赔　　B. 理赔　　C. 核赔　　D. 核保

2.（　　）指保险事故发生后，保险人对被保险人所提出的索赔案件的处理。被保险人遭受灾害事故后，应立即或通过理赔代理人对保险人提出索赔申请，根据保险单的规定审核提交的各项单证，查明损失原因是否属保险范围，估算损失程度，确定赔偿金额，最后给付结案。

A. 索赔　　B. 理赔　　C. 核赔　　D. 核保

二、多选题

1. 报案方式可以包括（　　）。

A. 上门报案　　B. 电话（传真）报案　　C. 业务员转达报案

2. 报案内容主要有（　　）。

A. 出险的时间、地点、原因　　B. 被保险人的现状

C. 被保险人姓名、投保险种、保额、投保日期　　D. 联系电话、联系地址

3. 案件立案条件包括（　　）。

A. 保险事故确已发生

B. 事故者是保险单上的被保险人或投保人

C. 在保险合同有效期内发生保险事故

D. 理赔申请在《保险法》规定的时效之内

三、判断题

1. 理赔调查是寿险理赔作业中的一个组成部分，但不是寿险理赔的必经程序。对于单证齐全、证明材料充分、保险责任明确的案件可以不调查。（　　）

2. 保险公司在出险后依据保险合同约定向保户理赔有两种方式，即赔偿和给付。（　　）

3. 赔偿与人身保险对应。给付与财产保险相对应。（　　）

4. 人身保险是以给付的方式支付保险金的。（　　）

项目练习

一、名词解释

保单抵押贷款　复效　保险索赔　　保险理赔

二、简答题

1. 购买人寿保险的方式有哪些？

2. 新单交费的方式有哪些？

3. 保单售后服务主要有哪些方面？

三、实训题

40岁的王先生是一名个体工商户主，因为生意周转，现在急需用钱，他曾经购买过国寿康宁终身重大疾病保险，交费期20年，现在已经交费10年，他想通过退保来获得资金。

（1）请你为王先生解释说明保单贷款与退保的区别。

（2）请你向王先生说明保单贷款办理的程序。

四、案例分析

狗狗惹祸，保险赔付不够“级别”

市民张先生是一名养狗爱好者，在郑州市养犬办办理了狗证，每年对狗证年检时都及时交纳各项费用，包括年保险费 20 元。张先生称，年检时，养犬办的工作人员告诉他给宠物狗投保了宠物犬责任保险，赔偿限额 2 万余元。去年 5 月 5 日，张先生带着自己的宠物狗遛弯，不幸宠物狗将路过的叶先生的手指头咬掉，住院治疗花费医疗费 1 万余元，张先生为此垫付了医疗费 7221 元。经协商，张先生除垫付医疗费外向叶先生支付误工费、护理费等赔偿共计 2.3 万余元。随后，张先生向保险公司提出宠物狗保险赔付问题，但保险公司仅同意赔付医疗费 400 元，“2 万元的保险赔偿款必须是被狗咬伤的人达到伤残的程度才可拿到”。张先生称，当初买保险时，并没人告知保险赔款必须以构成伤残为支付条件。

协商未果后，张先生将保险公司告上法庭，要求保险公司支付保险合同赔偿款 2.04 万元。

请问如果你是法院工作人员，你该如何审理此案？

附录一

中国人身保险业经验生命表（2010—2013）

年龄	非养老类业务一表		非养老类业务二表		养老类业务表	
	男（CL1）	女（CL2）	男（CL3）	女（CL4）	男（CL5）	女（CL6）
0	0.000867	0.000620	0.000620	0.000455	0.000566	0.000453
1	0.000615	0.000456	0.000465	0.000324	0.000386	0.000289
2	0.000445	0.000337	0.000353	0.000236	0.000268	0.000184
3	0.000339	0.000256	0.000278	0.000180	0.000196	0.000124
4	0.000280	0.000203	0.000229	0.000149	0.000158	0.000095
5	0.000251	0.000170	0.000200	0.000131	0.000141	0.000084
6	0.000237	0.000149	0.000182	0.000119	0.000132	0.000078
7	0.000233	0.000137	0.000172	0.000110	0.000129	0.000074
8	0.000238	0.000133	0.000171	0.000105	0.000131	0.000072
9	0.000250	0.000136	0.000177	0.000103	0.000137	0.000072
10	0.000269	0.000145	0.000187	0.000103	0.000146	0.000074
11	0.000293	0.000157	0.000202	0.000105	0.000157	0.000077
12	0.000319	0.000172	0.000220	0.000109	0.000170	0.000080
13	0.000347	0.000189	0.000240	0.000115	0.000184	0.000085
14	0.000375	0.000206	0.000261	0.000121	0.000197	0.000090
15	0.000402	0.000221	0.000280	0.000128	0.000208	0.000095
16	0.000427	0.000234	0.000298	0.000135	0.000219	0.000100
17	0.000449	0.000245	0.000315	0.000141	0.000227	0.000105
18	0.000469	0.000255	0.000331	0.000149	0.000235	0.000110
19	0.000489	0.000262	0.000346	0.000156	0.000241	0.000115
20	0.000508	0.000269	0.000361	0.000163	0.000248	0.000120
21	0.000527	0.000274	0.000376	0.000170	0.000256	0.000125
22	0.000547	0.000279	0.000392	0.000178	0.000264	0.000129
23	0.000568	0.000284	0.000409	0.000185	0.000273	0.000134

续表

年龄	非养老类业务一表		非养老类业务二表		养老类业务表	
	男（CL1）	女（CL2）	男（CL3）	女（CL4）	男（CL5）	女（CL6）
24	0.000591	0.000289	0.000428	0.000192	0.000284	0.000139
25	0.000615	0.000294	0.000448	0.000200	0.000297	0.000144
26	0.000644	0.000300	0.000471	0.000208	0.000314	0.000149
27	0.000675	0.000307	0.000497	0.000216	0.000333	0.000154
28	0.000711	0.000316	0.000526	0.000225	0.000354	0.000160
29	0.000751	0.000327	0.000558	0.000235	0.000379	0.000167
30	0.000797	0.000340	0.000595	0.000247	0.000407	0.000175
31	0.000847	0.000356	0.000635	0.000261	0.000438	0.000186
32	0.000903	0.000374	0.000681	0.000277	0.000472	0.000198
33	0.000966	0.000397	0.000732	0.000297	0.000509	0.000213
34	0.001035	0.000423	0.000788	0.000319	0.000549	0.000231
35	0.001111	0.000454	0.000850	0.000346	0.000592	0.000253
36	0.001196	0.000489	0.000919	0.000376	0.000639	0.000277
37	0.001290	0.000530	0.000995	0.000411	0.000690	0.000305
38	0.001395	0.000577	0.001078	0.000450	0.000746	0.000337
39	0.001515	0.000631	0.001170	0.000494	0.000808	0.000372
40	0.001651	0.000692	0.001270	0.000542	0.000878	0.000410
41	0.001804	0.000762	0.001380	0.000595	0.000955	0.000450
42	0.001978	0.000841	0.001500	0.000653	0.001041	0.000494
43	0.002173	0.000929	0.001631	0.000715	0.001138	0.000540
44	0.002393	0.001028	0.001774	0.000783	0.001245	0.000589
45	0.002639	0.001137	0.001929	0.000857	0.001364	0.000640
46	0.002913	0.001259	0.002096	0.000935	0.001496	0.000693
47	0.003213	0.001392	0.002277	0.001020	0.001641	0.000750
48	0.003538	0.001537	0.002472	0.001112	0.001798	0.000811
49	0.003884	0.001692	0.002682	0.001212	0.001967	0.000877
50	0.004249	0.001859	0.002908	0.001321	0.002148	0.000950
51	0.004633	0.002037	0.003150	0.001439	0.002340	0.001031
52	0.005032	0.002226	0.003409	0.001568	0.002544	0.001120
53	0.005445	0.002424	0.003686	0.001709	0.002759	0.001219
54	0.005869	0.002634	0.003982	0.001861	0.002985	0.001329
55	0.006302	0.002853	0.004297	0.002027	0.003221	0.001450
56	0.006747	0.003085	0.004636	0.002208	0.003469	0.001585

续表

年龄	非养老类业务一表		非养老类业务二表		养老类业务表	
	男（CL1）	女（CL2）	男（CL3）	女（CL4）	男（CL5）	女（CL6）
57	0. 007227	0. 003342	0. 004999	0. 002403	0. 003731	0. 001736
58	0. 007770	0. 003638	0. 005389	0. 002613	0. 004014	0. 001905
59	0. 008403	0. 003990	0. 005807	0. 002840	0. 004323	0. 002097
60	0. 009161	0. 004414	0. 006258	0. 003088	0. 004660	0. 002315
61	0. 010065	0. 004923	0. 006742	0. 003366	0. 005034	0. 002561
62	0. 011129	0. 005529	0. 007261	0. 003684	0. 005448	0. 002836
63	0. 012360	0. 006244	0. 007815	0. 004055	0. 005909	0. 003137
64	0. 013771	0. 007078	0. 008405	0. 004495	0. 006422	0. 003468
65	0. 015379	0. 008045	0. 009039	0. 005016	0. 006988	0. 003835
66	0. 017212	0. 009165	0. 009738	0. 005626	0. 007610	0. 004254
67	0. 019304	0. 010460	0. 010538	0. 006326	0. 008292	0. 004740
68	0. 021691	0. 011955	0. 011496	0. 007115	0. 009046	0. 005302
69	0. 024411	0. 013674	0. 012686	0. 008000	0. 009897	0. 005943
70	0. 027495	0. 015643	0. 014192	0. 009007	0. 010888	0. 006660
71	0. 030965	0. 017887	0. 016106	0. 010185	0. 012080	0. 007460
72	0. 034832	0. 020432	0. 018517	0. 011606	0. 013550	0. 008369
73	0. 039105	0. 023303	0. 021510	0. 013353	0. 015387	0. 009436
74	0. 043796	0. 026528	0. 025151	0. 015508	0. 017686	0. 010730
75	0. 048921	0. 030137	0. 029490	0. 018134	0. 020539	0. 012332
76	0. 054506	0. 034165	0. 034545	0. 021268	0. 024017	0. 014315
77	0. 060586	0. 038653	0. 040310	0. 024916	0. 028162	0. 016734
78	0. 067202	0. 043648	0. 046747	0. 029062	0. 032978	0. 019619
79	0. 074400	0. 049205	0. 053801	0. 033674	0. 038437	0. 022971
80	0. 082220	0. 055385	0. 061403	0. 038718	0. 044492	0. 026770
81	0. 090700	0. 062254	0. 069485	0. 044160	0. 051086	0. 030989
82	0. 099868	0. 069880	0. 077987	0. 049977	0. 058173	0. 035598
83	0. 109754	0. 078320	0. 086872	0. 056157	0. 065722	0. 040576
84	0. 120388	0. 087611	0. 096130	0. 062695	0. 073729	0. 045915
85	0. 131817	0. 097754	0. 105786	0. 069596	0. 082223	0. 051616
86	0. 144105	0. 108704	0. 115900	0. 076863	0. 091239	0. 057646
87	0. 157334	0. 120371	0. 126569	0. 084501	0. 100900	0. 064084
88	0. 171609	0. 132638	0. 137917	0. 092504	0. 111321	0. 070942
89	0. 187046	0. 145395	0. 150089	0. 100864	0. 122608	0. 078241

续表

年龄	非养老类业务一表		非养老类业务二表		养老类业务表	
	男（CL1）	女（CL2）	男（CL3）	女（CL4）	男（CL5）	女（CL6）
90	0.203765	0.158572	0.163239	0.109567	0.134870	0.086003
91	0.221873	0.172172	0.177519	0.118605	0.148212	0.094249
92	0.241451	0.186294	0.193067	0.127985	0.162742	0.103002
93	0.262539	0.201129	0.209999	0.137743	0.178566	0.112281
94	0.285129	0.216940	0.228394	0.147962	0.195793	0.122109
95	0.309160	0.234026	0.248299	0.158777	0.214499	0.132540
96	0.334529	0.252673	0.269718	0.170380	0.234650	0.143757
97	0.361101	0.273112	0.292621	0.183020	0.256180	0.155979
98	0.388727	0.295478	0.316951	0.196986	0.279025	0.169421
99	0.417257	0.319794	0.342628	0.212604	0.303120	0.184301
100	0.446544	0.345975	0.369561	0.230215	0.328401	0.200836
101	0.476447	0.373856	0.397652	0.250172	0.354803	0.219242
102	0.506830	0.403221	0.426801	0.272831	0.382261	0.239737
103	0.537558	0.433833	0.456906	0.298551	0.410710	0.262537
104	0.568497	0.465447	0.487867	0.327687	0.440086	0.287859
105	1.000000	1.000000	1.000000	1.000000	1.000000	1.000000

原标题：中国保监会关于发布《中国人身保险业经验生命表（2010－2013）》的通知）

保监发〔2016〕107号

各人身保险公司：

现发布《中国人身保险业经验生命表（2010－2013）》，并将有关事项通知如下：

中国第三张人身保险业经验生命表命名为《中国人身保险业经验生命表（2010－2013）》，英文名称为 China Life Insurance Mortality Table（2010－2013），简称：CL（2010－2013）。其中：非养老类业务一表两张，非养老类业务二表两张，养老类业务表两张，分别是：

1. CL1（2010－2013）：非养老类业务一表（男）；
2. CL2（2010－2013）：非养老类业务一表（女）；
3. CL3（2010－2013）：非养老类业务二表（男）；
4. CL4（2010－2013）：非养老类业务二表（女）；
5. CL5（2010－2013）：养老类业务表（男）；
6. CL6（2010－2013）：养老类业务表（女）。

中国保监会

2016年12月21日

养老金业务表+非养老金业务一表（保障型）+非养老金业务二表（储蓄型）。三张表满足了不同保险群体的特点和需要，进一步满足精细化定价和审慎评估的需要。

非养老金业务一表：定期寿险、终身寿险、健康保险；

非养老金业务二表：保险期间内（不含满期）没有生存金给付责任的两全保险或含有生存金给付责任但生存责任较低的两全保险、长寿风险较低的年金保险；

养老金业务表：保险期间内（不含满期）生存责任较高的两全保险、长寿风险较高的年金保险。

但在选择生命表的过程中，要按照审慎性原则和精算原理，考虑产品与产品组合的全部保单、生存责任风险和长寿风险，以及保险人群死亡率的特点。

资料来源：http：//www. sohu. com/a/123404266_ 475899。

附录二

人身保险伤残评定标准（行业标准）

说明：

1. 本标准对功能和残疾进行了分类和分级，将人身保险伤残程度划分为一至十级，最重为第一级，最轻为第十级。与人身保险伤残程度等级相对应的保险金给付比例分为十档，伤残程度第一级对应的保险金给付比例为100%，伤残程度第十级对应的保险金给付比例为10%，每级相差10%。

2. 本标准中出现的“以上”，均包括本数值或本部位。

1 神经系统的结构和精神功能

1.1 脑膜的结构损伤

外伤性脑脊液鼻漏或耳漏	10级

1.2 脑的结构损伤，智力功能障碍

颅脑损伤导致极度智力缺损（智商小于等于20），日常生活完全不能自理，处于完全护理依赖状态	1级
颅脑损伤导致重度智力缺损（智商小于等于34），日常生活需随时有人帮助才能完成，处于完全护理依赖状态	2级
颅脑损伤导致重度智力缺损（智商小于等于34），不能完全独立生活，需经常有人监护，处于大部分护理依赖状态	3级
颅脑损伤导致中度智力缺损（智商小于等于49），日常生活能力严重受限，间或需要帮助，处于大部分护理依赖状态	4级

注：1. 护理依赖：应用“基本日常生活活动能力”的丧失程度来判断护理依赖程度。

2. 基本日常生活活动是指：（1）穿衣：自己能够穿衣及脱衣；（2）移动：自己从一个房间到另一个房间；（3）行动：自己上下床或上下轮椅；（4）如厕：自己控制进行大小便；（5）进食：自己从已准备好的碗或碟中取食物放入口中；（6）洗澡：自己进行淋浴或盆浴。

3. 护理依赖的程度分三级：（1）完全护理依赖指生活完全不能自理，上述六项基本日常生活活动均需护理者；（2）大部分护理依赖指生活大部不能自理，上述六项基本日常生活活动中三项或三项以上需要护理者；（3）部分护理依赖指部分生活不能自理，上述六项基本日常生活活动中一项或一项以上需要护理者。

1.3 意识功能障碍

意识功能是指意识和警觉状态下的一般精神功能，包括清醒和持续的觉醒状态。本

标准中的意识功能障碍是指颅脑损伤导致植物状态。

颅脑损伤导致植物状态	1 级

注：植物状态指由于严重颅脑损伤造成认知功能丧失，无意识活动，不能执行命令，保持自主呼吸和血压，有睡眠－醒觉周期，不能理解和表达语言，能自动睁眼或刺激下睁眼，可有无目的性眼球跟踪运动，丘脑下部及脑干功能基本保存。

2　眼，耳和有关的结构和功能

2.1　眼球损伤或视功能障碍

视功能是指与感受存在的光线和感受视觉刺激的形式、大小、形状和颜色等有关的感觉功能。本标准中的视功能障碍是指眼盲目或低视力。

双侧眼球缺失	1 级
一侧眼球缺失，且另一侧眼盲目 5 级	1 级
一侧眼球缺失，且另一侧眼盲目 4 级	2 级
一侧眼球缺失，且另一侧眼盲目 3 级	3 级
一侧眼球缺失，且另一侧眼低视力 2 级	4 级
一侧眼球缺失，且另一侧眼低视力 1 级	5 级
一侧眼球缺失	7 级

2.2　视功能障碍

除眼盲目和低视力外，本标准中的视功能障碍还包括视野缺损。

双眼盲目 5 级	2 级
双眼视野缺损，直径小于 5°	2 级
双眼盲目大于等于 4 级	3 级
双眼视野缺损，直径小于 10°	3 级
双眼盲目大于等于 3 级	4 级
双眼视野缺损，直径小于 20°	4 级
双眼低视力大于等于 2 级	5 级
双眼低视力大于等于 1 级	6 级
双眼视野缺损，直径小于 60°	6 级
一眼盲目 5 级	7 级
一眼视野缺损，直径小于 5°	7 级
一眼盲目大于等于 4 级	8 级
一眼视野缺损，直径小于 10°	8 级
一眼盲目大于等于 3 级	9 级
一眼视野缺损，直径小于 20°	9 级
一眼低视力大于等于 1 级。	10 级
一眼视野缺损，直径小于 60°	10 级

注：① 视力和视野

级别		低视力及盲目分级标准	
		最好矫正视力	
		最好矫正视力低于	最低矫正视力等于或优于
低视力	1	0. 3	0. 1
	2	0. 1	0. 05（三米指数）
盲目	3	0. 05	0. 02（一米指数）
	4	0. 02	光感
	5	无光感	

如果中心视力好而视野缩小，以中央注视点为中心，视野直径小于20°而大于10°者为盲目3级；如直径小于10°者为盲目4级。

本标准视力以矫正视力为准，经治疗而无法恢复者。

2 视野缺损指因损伤导致眼球注视前方而不转动所能看到的空间范围缩窄，以致难以从事正常工作、学习或其他活动。

2. 3　眼球的晶状体结构损伤

外伤性白内障	10 级

注：外伤性白内障：凡未做手术者，均适用本条；外伤性白内障术后遗留相关视功能障碍，参照有关条款评定伤残等级。

2. 4　眼睑结构损伤

双侧眼睑显著缺损	8 级
双侧眼睑外翻	8 级
双侧眼睑闭合不全	8 级
一侧眼睑显著缺损	9 级
一侧眼睑外翻	9 级
一侧眼睑闭合不全	9 级

注：眼睑显著缺损指闭眼时眼睑不能完全覆盖角膜。

2. 5　耳廓结构损伤或听功能障碍

听功能是指与感受存在的声音和辨别方位、音调、音量和音质有关的感觉功能。

双耳听力损失大于等于91dB，且双侧耳廓缺失	2 级
双耳听力损失大于等于91dB，且一侧耳廓缺失	3 级
一耳听力损失大于等于91dB，另一耳听力损失大于等于71dB，且一侧耳廓缺失，另一侧耳廓缺失大于等于50%	3 级
双耳听力损失大于等于71dB，且双侧耳廓缺失	3 级
双耳听力损失大于等于71dB，且一侧耳廓缺失	4 级
双耳听力损失大于等于56dB，且双侧耳廓缺失	4 级

续表

一耳听力损失大于等于91dB，另一耳听力损失大于等于71dB，且一侧耳廓缺失大于等于50%	4级
双耳听力损失大于等于71dB，且一侧耳廓缺失大于等于50%	5级
双耳听力损失大于等于56dB，且一侧耳廓缺失	5级
双侧耳廓缺失	5级
一侧耳廓缺失，且另一侧耳廓缺失大于等于50%	6级
一侧耳廓缺失	8级
一侧耳廓缺失大于等于50%	9级

2.6　听功能障碍

双耳听力损失大于等于91dB	4级
双耳听力损失大于等于81dB	5级
一耳听力损失大于等于91dB，且另一耳听力损失大于等于71dB	5级
双耳听力损失大于等于71dB	6级
一耳听力损失大于等于91dB，且另一耳听力损失大于等于56dB	6级
一耳听力损失大于等于91dB，且另一耳听力损失大于等于41dB	7级
一耳听力损失大于等于71dB，且另一耳听力损失大于等于56dB	7级
一耳听力损失大于等于71dB，且另一耳听力损失大于等于41dB	8级
一耳听力损失大于等于91dB	8级
一耳听力损失大于等于56dB，且另一耳听力损失大于等于41dB	9级
一耳听力损失大于等于71dB	9级
双耳听力损失大于等于26dB	10级
一耳听力损失大于等于56dB	10级

3　发声和言语的结构和功能

3.1　鼻的结构损伤

外鼻部完全缺失	5级
外鼻部大部分缺损	7级
鼻尖及一侧鼻翼缺损	8级
双侧鼻腔或鼻咽部闭锁	8级
一侧鼻翼缺损	9级
单侧鼻腔或鼻孔闭锁	10级

3.2　口腔的结构损伤

舌缺损大于全舌的2/3	3级
舌缺损大于全舌的1/3	6级
口腔损伤导致牙齿脱落大于等于16枚	9级
口腔损伤导致牙齿脱落大于等于8枚	10级

3.3 发声和言语的功能障碍

本标准中的发声和言语的功能障碍是指语言功能丧失。

语言功能完全丧失	8 级

注：语言功能完全丧失指构成语言的口唇音、齿舌音、口盖音和喉头音的四种语言功能中，有三种以上不能构声、或声带全部切除，或因大脑语言中枢受伤害而患失语症，并须有资格的耳鼻喉科医师出具医疗诊断证明，但不包括任何心理障碍引致的失语。

4 心血管，免疫和呼吸系统的结构和功能

4.1 心脏的结构损伤或功能障碍

胸部损伤导致心肺联合移植	1 级
胸部损伤导致心脏贯通伤修补术后，心电图有明显改变	3 级
胸部损伤导致心肌破裂修补	8 级

4.2 脾结构损伤

腹部损伤导致脾切除	8 级
腹部损伤导致脾部分切除	9 级
腹部损伤导致脾破裂修补	10 级

4.3 肺的结构损伤

胸部损伤导致一侧全肺切除	4 级
胸部损伤导致双侧肺叶切除	4 级
胸部损伤导致同侧双肺叶切除	5 级
胸部损伤导致肺叶切除	7 级

4.4 胸廓的结构损伤

本标准中的胸廓的结构损伤是指肋骨骨折或缺失。

胸部损伤导致大于等于 12 根肋骨骨折	8 级
胸部损伤导致大于等于 8 根肋骨骨折	9 级
胸部损伤导致大于等于 4 根肋骨缺失	9 级
胸部损伤导致大于等于 4 根肋骨骨折	10 级
胸部损伤导致大于等于 2 根肋骨缺失	10 级

5 消化、代谢和内分泌系统有关的结构和功能

5.1 咀嚼和吞咽功能障碍

咀嚼是指用后牙（如磨牙）碾、磨或咀嚼食物的功能。吞咽是指通过口腔、咽和食道把食物和饮料以适宜的频率和速度送入胃中的功能。

咀嚼、吞咽功能完全丧失	1 级

注：咀嚼、吞咽功能丧失指由于牙齿以外的原因引起器质障碍或机能障碍，以致不能作咀嚼、吞咽运动，除流质食物外不能摄取或吞咽的状态。

5.2　肠的结构损伤

腹部损伤导致小肠切除大于等于 90%	1 级
腹部损伤导致小肠切除大于等于 75%，合并短肠综合症	2 级
腹部损伤导致小肠切除大于等于 75%	4 级
腹部或骨盆部损伤导致全结肠、直肠、肛门结构切除，回肠造瘘	4 级
腹部或骨盆部损伤导致直肠、肛门切除，且结肠部分切除，结肠造瘘	5 级
腹部损伤导致小肠切除大于等于 50%，且包括回盲部切除	6 级
腹部损伤导致小肠切除大于等于 50%	7 级
腹部损伤导致结肠切除大于等于 50%	7 级
腹部损伤导致结肠部分切除	8 级
骨盆部损伤导致直肠、肛门损伤，且遗留永久性乙状结肠造口	9 级
骨盆部损伤导致直肠、肛门损伤，且瘢痕形成	10 级

5.3　胃结构损伤

腹部损伤导致全胃切除	4 级
腹部损伤导致胃切除大于等于 50%	7 级

5.4　胰结构损伤或代谢功能障碍

本标准中的代谢功能障碍是指胰岛素依赖。

腹部损伤导致胰完全切除	1 级
腹部损伤导致胰切除大于等于 50%，且伴有胰岛素依赖	3 级
腹部损伤导致胰头、十二指肠切除	4 级
腹部损伤导致胰切除大于等于 50%	6 级
腹部损伤导致胰部分切除	8 级

5.5　肝结构损伤

腹部损伤导致肝切除大于等于 75%	2 级
腹部损伤导致肝切除大于等于 50%	5 级
腹部损伤导致肝部分切除	8 级

6　泌尿和生殖系统有关的结构和功能

6.1　泌尿系统 的结构损伤

腹部损伤导致双侧肾切除	1 级
腹部损伤导致孤肾切除	1 级

续表

骨盆部损伤导致双侧输尿管缺失	5 级
骨盆部损伤导致双侧输尿管闭锁	5 级
骨盆部损伤导致一侧输尿管缺失，另一侧输尿管闭锁	5 级
骨盆部损伤导致膀胱切除	5 级
骨盆部损伤导致尿道闭锁	5 级
骨盆部损伤导致一侧输尿管缺失，另一侧输尿管严重狭窄	7 级
骨盆部损伤导致一侧输尿管闭锁，另一侧输尿管严重狭窄	7 级
腹部损伤导致一侧肾切除	8 级
骨盆部损伤导致双侧输尿管严重狭窄	8 级
骨盆部损伤导致一侧输尿管缺失，另一侧输尿管狭窄	8 级
骨盆部损伤导致一侧输尿管闭锁，另一侧输尿管狭窄	8 级
腹部损伤导致一侧肾部分切除	9 级
骨盆部损伤导致一侧输尿管缺失	9 级
骨盆部损伤导致一侧输尿管闭锁	9 级
骨盆部损伤导致尿道狭窄	9 级
骨盆部损伤导致膀胱部分切除	9 级
腹部损伤导致肾破裂修补	10 级
骨盆部损伤导致一侧输尿管严重狭窄	10 级
骨盆部损伤导致膀胱破裂修补	10 级

6.2 生殖系统的结构损伤

会阴部损伤导致双侧睾丸缺失	3 级
会阴部损伤导致双侧睾丸完全萎缩	3 级
会阴部损伤导致一侧睾丸缺失，另一侧睾丸完全萎缩	3 级
会阴部损伤导致阴茎体完全缺失	4 级
会阴部损伤导致阴道闭锁	5 级
会阴部损伤导致阴茎体缺失大于 50%	5 级
会阴部损伤导致双侧输精管缺失	6 级
会阴部损伤导致双侧输精管闭锁	6 级
会阴部损伤导致一侧输精管缺失，另一侧输精管闭锁	6 级
胸部损伤导致女性双侧乳房缺失	7 级
骨盆部损伤导致子宫切除	7 级
胸部损伤导致女性一侧乳房缺失，另一侧乳房部分缺失	8 级
胸部损伤导致女性一侧乳房缺失	9 级
骨盆部损伤导致子宫部分切除	9 级
骨盆部损伤导致子宫破裂修补	10 级
会阴部损伤导致一侧睾丸缺失	10 级
会阴部损伤导致一侧睾丸完全萎缩	10 级
会阴部损伤导致一侧输精管缺失	10 级
会阴部损伤导致一侧输精管闭锁	10 级

7　神经肌肉骨骼和运动有关的结构和功能

7.1　头颈部的结构损伤

双侧上颌骨完全缺失	2 级
双侧下颌骨完全缺失	2 级
一侧上颌骨及对侧下颌骨完全缺失	2 级
同侧上、下颌骨完全缺失	3 级
上颌骨、下颌骨缺损，且牙齿脱落大于等于 24 枚	3 级
一侧上颌骨完全缺失	3 级
一侧下颌骨完全缺失	3 级
一侧上颌骨缺损大于等于 50%，且口腔、颜面部软组织缺损大于 $20cm^2$	4 级
一侧下颌骨缺损大于等于 6cm，且口腔、颜面部软组织缺损大于 $20cm^2$	4 级
面颊部洞穿性缺损大于 $20cm^2$	4 级
上颌骨、下颌骨缺损，且牙齿脱落大于等于 20 枚	5 级
一侧上颌骨缺损大于 25%，小于 50%，且口腔、颜面部软组织缺损大于 $10cm^2$	5 级
一侧下颌骨缺损大于等于 4cm，且口腔、颜面部软组织缺损大于 $10cm^2$	5 级
一侧上颌骨缺损等于 25%，且口腔、颜面部软组织缺损大于 $10cm^2$	6 级
面部软组织缺损大于 $20cm^2$，且伴发涎瘘	6 级
上颌骨、下颌骨缺损，且牙齿脱落大于等于 16 枚	7 级
上颌骨、下颌骨缺损，且牙齿脱落大于等于 12 枚	8 级
上颌骨、下颌骨缺损，且牙齿脱落大于等于 8 枚	9 级
上颌骨、下颌骨缺损，且牙齿脱落大于等于 4 枚	10 级
颅骨缺损大于等于 $6cm^2$	10 级

7.2　头颈部关节功能障碍

单侧颞下颌关节强直，张口困难Ⅲ度	6 级
双侧颞下颌关节强直，张口困难Ⅲ度	6 级
双侧颞下颌关节强直，张口困难Ⅱ度	8 级
一侧颞下颌关节强直，张口困难Ⅰ度	10 级

注：张口困难判定及测量方法是以患者自身的食指、中指、无名指并列垂直置入上、下中切牙切缘间测量。正常张口度指张口时上述三指可垂直置入上、下切牙切缘间（相当于4.5cm 左右）；张口困难Ⅰ度指大张口时，只能垂直置入食指和中指（相当于3cm 左右）；张口困难Ⅱ度指大张口时，只能垂直置入食指（相当于1.7cm 左右）；张口困难Ⅲ度指大张口时，上、下切牙间距小于食指之横径。

7.3　上肢的结构损伤，手功能或关节功能障碍

双手完全缺失	4 级
双手完全丧失功能	4 级

续表

一手完全缺失，另一手完全丧失功能	4 级
双手缺失（或丧失功能）大于等于 90%	5 级
双手缺失（或丧失功能）大于等于 70%	6 级
双手缺失（或丧失功能）大于等于 50%	7 级
一上肢三大关节中，有两个关节完全丧失功能	7 级
一上肢三大关节中，有一个关节完全丧失功能	8 级
双手缺失（或丧失功能）大于等于 30%	8 级
双手缺失（或丧失功能）大于等于 10%	9 级
双上肢长度相差大于等于 10cm	9 级
双上肢长度相差大于等于 4cm	10 级
一上肢三大关节中，因骨折累及关节面导致一个关节功能部分丧失	10 级

注：手缺失和丧失功能的计算：一手拇指占一手功能的 36%，其中末节和近节指节各占 18%；食指、中指各占一手功能的 18%，其中末节指节占 8%，中节指节占 7%，近节指节占 3%；无名指和小指各占一手功能的 9%，其中末节指节占 4%，中节指节占 3%，近节指节占 2%。一手掌占一手功能的 10%，其中第一掌骨占 4%，第二、第三掌骨各占 2%，第四、第五掌骨各占 1%。本标准中，双手缺失或丧失功能的程度是按前面方式累加计算的结果。

7.4 骨盆部的结构损伤

骨盆环骨折，且两下肢相对长度相差大于等于 8cm	7 级
髋臼骨折，且两下肢相对长度相差大于等于 8cm	7 级
骨盆环骨折，且两下肢相对长度相差大于等于 6cm	8 级
髋臼骨折，且两下肢相对长度相差大于等于 6cm	8 级
骨盆环骨折，且两下肢相对长度相差大于等于 4cm	9 级
髋臼骨折，且两下肢相对长度相差大于等于 4cm	9 级
骨盆环骨折，且两下肢相对长度相差大于等于 2cm	10 级
髋臼骨折，且两下肢相对长度相差大于等于 2cm	10 级

7.5 下肢的结构损伤，足功能或关节功能障碍

双足跗跖关节以上缺失	6 级
双下肢长度相差大于等于 8cm	7 级
一下肢三大关节中，有两个关节完全丧失功能	7 级
双足足弓结构完全破坏	7 级
一足跗跖关节以上缺失	7 级
双下肢长度相差大于等于 6cm	8 级
一足足弓结构完全破坏，另一足足弓结构破坏大于等于 1/3	8 级
双足十趾完全缺失	8 级
一下肢三大关节中，有一个关节完全丧失功能	8 级
双足十趾完全丧失功能	8 级

续表

双下肢长度相差大于等于4cm	9级
一足足弓结构完全破坏	9级
双足十趾中，大于等于五趾缺失	9级
一足五趾完全丧失功能	9级
一足足弓结构破坏大于等于1/3	10级
双足十趾中，大于等于两趾缺失	10级
双下肢长度相差大于等于2cm	10级
一下肢三大关节中，因骨折累及关节面导致一个关节功能部分丧失	10级

注：①足弓结构破坏：指意外损伤导致的足弓缺失或丧失功能。

②足弓结构完全破坏指足的内、外侧纵弓和横弓结构完全破坏，包括缺失和丧失功能；足弓1/3结构破坏指足三弓的任一弓的结构破坏。

③足趾缺失：指自趾关节以上完全切断。

7.6　四肢的结构损伤，肢体功能或关节功能障碍

三肢以上缺失（上肢在腕关节以上，下肢在踝关节以上）	1级
三肢以上完全丧失功能	1级
二肢缺失（上肢在腕关节以上，下肢在踝关节以上），且第三肢完全丧失功能	1级
一肢缺失（上肢在腕关节以上，下肢在踝关节以上），且另二肢完全丧失功能	1级
二肢缺失（上肢在肘关节以上，下肢在膝关节以上）	2级
一肢缺失（上肢在肘关节以上，下肢在膝关节以上），且另一肢完全丧失功能	2级
二肢完全丧失功能	2级
一肢缺失（上肢在腕关节以上，下肢在踝关节以上），且另一肢完全丧失功能	3级
二肢缺失（上肢在腕关节以上，下肢在踝关节以上）	3级
两上肢、或两下肢、或一上肢及一下肢，各有三大关节中的两个关节完全丧失功能	4级
一肢缺失（上肢在肘关节以上，下肢在膝关节以上）	5级
一肢完全丧失功能	5级
一肢缺失（上肢在腕关节以上，下肢在踝关节以上）	6级
四肢长骨一骺板以上粉碎性骨折	9级

注：① 骺板：骺板的定义只适用于儿童，四肢长骨骺板骨折可能影响肢体发育，如果存在肢体发育障碍的，应当另行评定伤残等级。

② 肢体丧失功能指意外损伤导致肢体三大关节（上肢腕关节、肘关节、肩关节或下肢踝关节、膝关节、髋关节）功能的丧失。

③ 关节功能的丧失指关节永久完全僵硬、或麻痹、或关节不能随意识活动。

7.7　脊柱结构损伤和关节活动功能障碍

本标准中的脊柱结构损伤是指颈椎或腰椎的骨折脱位，本标准中的关节活动功能障碍是指颈部或腰部活动度丧失。

脊柱骨折脱位导致颈椎或腰椎畸形愈合，且颈部或腰部活动度丧失大于等于75%	7级
脊柱骨折脱位导致颈椎或腰椎畸形愈合，且颈部或腰部活动度丧失大于等于50%	8级
脊柱骨折脱位导致颈椎或腰椎畸形愈合，且颈部或腰部活动度丧失大于等于25%	9级

7.8　肌肉力量功能障碍

肌肉力量功能是指与肌肉或肌群收缩产生力量有关的功能。本标准中的肌肉力量功能障碍是指四肢瘫、偏瘫、截瘫或单瘫。

四肢瘫（三肢以上肌力小于等于3级）	1级
截瘫（肌力小于等于2级）且大便和小便失禁	1级
四肢瘫（二肢以上肌力小于等于2级）	2级
偏瘫（肌力小于等于2级）	2级
截瘫（肌力小于等于2级）	2级
四肢瘫（二肢以上肌力小于等于3级）	3级
偏瘫（肌力小于等于3级）	3级
截瘫（肌力小于等于3级）	3级
四肢瘫（二肢以上肌力小于等于4级）	4级
偏瘫（一肢肌力小于等于2级）	5级
截瘫（一肢肌力小于等于2级）	5级
单瘫（肌力小于等于2级）	5级
偏瘫（一肢肌力小于等于3级）	6级
截瘫（一肢肌力小于等于3级）	6级
单瘫（肌力小于等于3级）	6级
偏瘫（一肢肌力小于等于4级）	7级
截瘫（一肢肌力小于等于4级）	7级
单瘫（肌力小于等于4级）	8级

注：① 偏瘫指一侧上下肢的瘫痪。

② 截瘫指脊髓损伤后，受伤平面以下双侧肢体感觉、运动、反射等消失和膀胱、肛门括约肌功能丧失的病症。

③ 单瘫指一个肢体或肢体的某一部分瘫痪。

④ 肌力：为判断肢体瘫痪程度，将肌力分级划分为0－5级。

0级：肌肉完全瘫痪，毫无收缩。

1级：可看到或触及肌肉轻微收缩，但不能产生动作。

2级：肌肉在不受重力影响下，可进行运动，即肢体能在床面上移动，但不能抬高。

3级：在和地心引力相反的方向中尚能完成其动作，但不能对抗外加的阻力。

4级：能对抗一定的阻力，但较正常人为低。

5级：正常肌力。

8　皮肤和有关的结构和功能

8.1　头颈部皮肤结构损伤和修复功能障碍

皮肤的修复功能是指修复皮肤破损和其他损伤的功能。本标准中的皮肤修复功能障碍是指瘢痕形成。

头颈部 III 度烧伤，面积大于等于全身体表面积的 8%	2 级
面部皮肤损伤导致瘢痕形成，且瘢痕面积大于等于面部皮肤面积的 90%	2 级
颈部皮肤损伤导致瘢痕形成，颈部活动度完全丧失	3 级
面部皮肤损伤导致瘢痕形成，且瘢痕面积大于等于面部皮肤面积的 80%	3 级
颈部皮肤损伤导致瘢痕形成，颈部活动度丧失大于等于 75%	4 级
面部皮肤损伤导致瘢痕形成，且瘢痕面积大于等于面部皮肤面积的 60%	4 级
头颈部 III 度烧伤，面积大于等于全身体表面积的 5%，且小于 8%	5 级
颈部皮肤损伤导致瘢痕形成，颈部活动度丧失大于等于 50%	5 级
面部皮肤损伤导致瘢痕形成，且瘢痕面积大于等于面部皮肤面积的 40%	5 级
面部皮肤损伤导致瘢痕形成，且瘢痕面积大于等于面部皮肤面积的 20%	6 级
头部撕脱伤后导致头皮缺失，面积大于等于头皮面积的 20%	6 级
颈部皮肤损伤导致颈前三角区瘢痕形成，且瘢痕面积大于等于颈前三角区面积的 75%	7 级
面部皮肤损伤导致瘢痕形成，且瘢痕面积大于等于 $24cm^2$	7 级
头颈部 III 度烧伤，面积大于等于全身体表面积的 2%，且小于 5%	8 级
颈部皮肤损伤导致颈前三角区瘢痕形成，且瘢痕面积大于等于颈前三角区面积的 50%	8 级
面部皮肤损伤导致瘢痕形成，且瘢痕面积大于等于 $18cm^2$	8 级
面部皮肤损伤导致瘢痕形成，且瘢痕面积大于等于 $12cm^2$ 或面部线条状瘢痕大于等于 20cm	9 级
面部皮肤损伤导致瘢痕形成，且瘢痕面积大于等于 $6cm^2$ 或面部线条状瘢痕大于等于 10cm	10 级

注：① 瘢痕：指创面愈合后的增生性瘢痕，不包括皮肤平整、无明显质地改变的萎缩性瘢痕或疤痕。

② 面部的范围和瘢痕面积的计算：面部的范围指上至发际、下至下颌下缘、两侧至下颌支后缘之间的区域，包括额部、眼部、眶部、鼻部、口唇部、颏部、颧部、颊部和腮腺咬肌部。面部瘢痕面积的计算采用全面部和 5 等分面部以及实测瘢痕面积的方法，分别计算瘢痕面积。面部多处瘢痕，其面积可以累加计算。

③ 颈前三角区：两边为胸锁乳突肌前缘，底为舌骨体上缘及下颌骨下缘。

8.2　各部位皮肤结构损伤和修复功能障碍

皮肤损伤导致瘢痕形成，且瘢痕面积大于等于全身体表面积的 90%	1 级
躯干及四肢 III 度烧伤，面积大于等于全身皮肤面积的 60%	1 级
皮肤损伤导致瘢痕形成，且瘢痕面积大于等于全身体表面积的 80%	2 级
皮肤损伤导致瘢痕形成，且瘢痕面积大于等于全身体表面积的 70%	3 级
躯干及四肢 III 度烧伤，面积大于等于全身皮肤面积的 40%	3 级
皮肤损伤导致瘢痕形成，且瘢痕面积大于等于全身体表面积的 60%	4 级
皮肤损伤导致瘢痕形成，且瘢痕面积大于等于全身体表面积的 50%	5 级

续表

躯干及四肢III度烧伤，面积大于等于全身皮肤面积的20%	5级
皮肤损伤导致瘢痕形成，且瘢痕面积大于等于全身体表面积的40%	6级
腹部损伤导致腹壁缺损面积大于等于腹壁面积的25%	6级
皮肤损伤导致瘢痕形成，且瘢痕面积大于等于全身体表面积的30%	7级
躯干及四肢III度烧伤，面积大于等于全身皮肤面积的10%	7级
皮肤损伤导致瘢痕形成，且瘢痕面积大于等于全身体表面积的20%	8级
皮肤损伤导致瘢痕形成，且瘢痕面积大于等于全身体表面积的5%	9级

注：① 全身皮肤瘢痕面积的计算：按皮肤瘢痕面积占全身体表面积的百分数来计算，即中国新九分法：在100%的体表总面积中：头颈部占9%（9×1）（头部、面部、颈部各占3%）；双上肢占18%（9×2）（双上臂7%，双前臂6%，双手5%）；躯干前后包括会阴占27%（9×3）（前躯13%，后躯13%，会阴1%）；双下肢（含臀部）占46%（双臀5%，双大腿21%，双小腿13%，双足7%）（9×5+1）（女性双足和臀各占6%）。

② 烧伤面积和烧伤深度：烧伤面积的计算按中国新九分法，烧伤深度按三度四分法。III度烧伤指烧伤深达皮肤全层甚至达到皮下、肌肉和骨骼。烧伤事故不包括冻伤、吸入性损伤（又称呼吸道烧伤）和电击伤。烧伤后按烧伤面积、深度评定伤残等级，待医疗终结后，可以依据造成的功能障碍程度、皮肤瘢痕面积大小评定伤残等级，最终的伤残等级以严重者为准。